Beck'sche Reihe
BsR 370

Die Geschichtsschreibung scheint die Frauen nie vermißt zu haben. Im Schatten der Männer lohnte es sich offenbar nicht, über sie zu berichten, denn die Welt der Frauen paßte nicht in das von Helden und Taten geprägte Geschichtsbild. Nur wenige Ausnahmen – meist Frauen, die den Männern Konkurrenz machten – ließ der Historikerblick zu. Aber es lohnt sich, dem alltäglichen Leben der Frauen aller Schichten nachzuspüren, zu sehen, wie sich weibliches Selbstverständnis durch die Jahrhunderte wandelte. Das Lesebuch lädt dazu ein, diese Welten zu erkunden.

Andrea van Dülmen lebt als freie Autorin in Saarbrücken; mehrere Buchveröffentlichungen und Rundfunkbeiträge.

Frauen

Ein historisches Lesebuch

Herausgegeben von
Andrea van Dülmen

VERLAG C.H.BECK MÜNCHEN

Mit 7 Abbildungen

CIP-Titelaufnahme der Deutschen Bibliothek

Frauen : e. histor. Lesebuch / hrsg. von Andrea van Dülmen. –
Orig.-Ausg. – 4. Aufl. – München : Beck, 1991
(Beck'sche Reihe ; 370)
ISBN 3 406 33117 3
NE: Dülmen, Andrea van [Hrsg.]; GT

Originalausgabe
ISBN 3 406 33117 3

Vierte Auflage 1991
Umschlagentwurf: Uwe Göbel, München
Umschlagbilder: Marguerite Gérard, Die glückliche Familie, 1795/1800 (Ausschnitt); Anton von Werner, Hausmädchen (Ausschnitt); Tamara de Lempicka, Porträt von Ira P., o. J. (Ausschnitt), © VG Bild-Kunst, Bonn 1988; Suzanne de Valadon, La Chambre bleue, 1923 (Ausschnitt), © Musée national d'art moderne, Centre Georges Pompidou, Paris.

Gesamtherstellung: Presse-Druck Augsburg
Printed in Germany

Inhalt

III. Alltag und Arbeit

IV. Mutterschaft – Alter – Tod

V. Kultur – Wissenschaft – Religion

VI. Hexen

VII. Öffentliche Stellung und Emanzipation

Editorische Notiz: Ein Sternchen (*) am Schluß der Überschrift eines Textes kennzeichnet einen Quellentext. Anmerkungen und Quellenhinweise der Originaltexte wurden für diesen Band gestrichen, Textkürzungen und Erklärungen der Herausgeberin sind durch eckige Klammern kenntlich gemacht.

Vorwort

Frauenliteratur ist in den letzten Jahren sehr in den Vordergrund gerückt: Bücher von Frauen, für Frauen, über Frauen. Aber ein historisches Lesebuch zum Thema „Frauen“ – darf man da viel mehr erwarten als leere Seiten? Denn wo waren die Frauen in der Geschichte? Von der herkömmlichen Geschichtsschreibung werden sie kaum wahrgenommen, in den Quellen nur selten erwähnt. Wo waren die Frauen bei der Gründung der großen und kleinen Reiche, bei der Schaffung der abendländischen Kulturgüter, bei Schlachten und Gesetzgebungen? Wann schon hört man von einer Frau unter all den Philosophen und Dichtern, Staats-männern und Feld-herren, unter Handelsleuten und Künstlern, Entdek-kern und Eroberern?

Natürlich gab es immer wieder in dieser Männerwelt exponierte Frauen mit Bedeutung und Macht; aber selbst diese sind von der Geschichtsschreibung weitgehend ignoriert worden. Alle anderen Frauen aber lebten anonym, den Männern nach- und untergeordnet. Eingebunden in eine patriarchalische Ordnung waren sie fast ausschließlich auf ihre häusliche Welt beschränkt, ohne öffentliche Geltung, aber auch ohne öffentlichen Anspruch. Ihre lebenswichtige, doch unscheinbare Welt schien weder der Dokumentation noch der Beschreibung oder Analyse wert: Frauen hatten keine Geschichte.

Erst mit dem Aufkommen einer Frauenbewegung im 19. Jahrhundert beginnen die Frauen aus dem Schatten der Männer herauszutreten, sich mehr und mehr ihrer Identität bewußt zu werden, Gleichberechtigung zu fordern, öffentlich und politisch tätig zu sein, ihre eigene Geschichte zu bestimmen.

In allerneuester Zeit setzt auch in der Geschichtsschreibung ein Perspektivenwechsel ein, der die Frauen als Frauen in Geschichte und Gesellschaft sichtbar machen und gleichzeitig die männlich bestimmte Definition von Geschichte und Gesellschaft auflösen will.

In diesem Sinn kann es nicht Aufgabe eines historischen Lesebuchs sein, eine Reihe von hervorragenden, „großen" Frauen vorzustellen, deren Leben und Wirkung nicht repräsentativ sein können für die Situation, die Rechte und Lebensverhältnisse ihrer Geschlechts- und Zeitgenossinnen. Die hier zusammengestellten Texte sollen vielmehr einen Einblick geben in die alltägliche Lebenswelt der Frauen durch die Jahrhunderte von der Antike bis heute, und sollen damit wenigstens sporadisch ihr Leben, ihre Geschichte sichtbar machen.

Berührt werden die Lebenskreise von Mädchenzeit, Ehe und Mutterschaft, von häuslichem Alltag, Alter und Tod, über die Arbeitswelten der Frauen – in Haus, Landwirtschaft, Gewerbe und Fabrik –, über ihr Eindringen in die männlich bestimmte Berufswelt wird berichtet. Deutlich werden die männlichen Widerstände gegen eine Selbstbehauptung der Frauen im Bereich von Kultur und Wissenschaft und sogar der Religion. Es geht auch um die Selbstdarstellung der Frauen in der Öffentlichkeit, um ihr kulturelles, soziales und politisches Engagement, um ihre Solidarisierung in den Frauenbewegungen.

Wie ein roter Faden zieht sich durch die ganze Historie und damit auch durch unsere Texte die Diskriminierung der Frauen als Menschen minderer Qualität und Rechte – sie ist so deutlich zu erkennen, daß auf eine eigene Thematisierung dieses Problems verzichtet werden konnte. Einzig die „Frau als Hexe" – gefürchtet, gesucht und verfolgt – steht hier als Beispiel für diese Diskriminierung.

Zusammengestellt ist dieses Lesebuch aus der breiten Palette des Buchprogramms des Verlags C.H.Beck: neben den Büchern speziell zum Thema „Frau und Gesellschaft" finden sich zahlreiche Selbstzeugnisse, Briefe und Texte von Frauen sowie Berichte und Geschichten über sie, die die persönlichen Erfahrungen von Frauen ebenso reflektieren wie objektive Zustände beschreiben und analysieren. So versteht sich dieses Lesebuch durchaus als einen Beitrag zu der immer noch zu wenig erhellten Geschichte der Frauen.

Saarbrücken, März 1988 *Andrea van Dülmen*

I. Kindheit und Erziehung

Matthias Claudius

Ein Wiegenlied beim Mondschein zu singen*

So schlafe nun, du Kleine!
Was weinest du?
Sanft ist im Mondenscheine
und süß die Ruh'.

Auch kommt der Schlaf geschwinder
und sonder Müh';
Der Mond freut sich der Kinder
und liebet sie.

Er liebt zwar auch die Knaben,
doch Mädchen mehr,
gießt freundlich schöne Gaben
von oben her

auf sie aus, wenn sie saugen,
recht wunderbar,
schenkt ihnen blaue Augen
und blondes Haar.

Alt ist er wie ein Rabe,
sieht manches Land;
mein Vater hat als Knabe
ihn schon gekannt.

Und bald nach ihren Wochen
hat Mutter mal
mit ihm von mir gesprochen:
sie saß im Tal

in einer Abendstunde,
den Busen bloß,
ich lag mit offnem Munde
in ihrem Schoß;

sie sah mich an; für Freude
ein Tränchen lief;
der Mond beschien uns beide,
ich lag und schlief,

da sprach sie: „Mond, oh, scheine,
ich hab' sie lieb,
schein Glück für meine Kleine!"
Ihr Auge blieb

noch lang am Monde kleben
und flehte mehr.
Der Mond fing an zu beben,
als hörte er.

Und denkt nun immer wieder
an diesen Blick
und scheint von hoch hernieder
mir lauter Glück.

Er schien mir unterm Kranze
ins Brautgesicht
und bei dem Ehrentanze;
du warst noch nicht.

Iris Origo

Die Tochter eines toskanischen Kaufmanns

Um 1400

Es gab allerdings noch ein Kind im Haus, das Margheritas Aufmerksamkeit in Anspruch nahm, nämlich Francescos kleine Tochter Ginevra. Wie wir sahen, hatte Margherita eingewilligt, sie als eigenes Kind großzuziehen. Als sie mit drei Jahren heim ins väterliche Haus geschickt wurde, schrieb ihr Pflegevater Piero di Stenni aus Montelupo in einem rührenden Brief an Francesco, wie sehr er und seine Frau sie liebgewonnen hätten, und daß er inständig bitte, sie liebevoll zu behandeln. „Denn sie ist ein gutes Kind und auch sehr scheu, und deshalb flehe ich Euch an, seid sanft zu ihr."

Die Pflegeeltern brauchten sich keine Sorgen zu machen: Aus jeder Bemerkung über Ginevra in den Briefen der Datinis sieht man, daß dieses Kind einer Sklavin von Margherita umsorgt und verwöhnt wurde, als wäre es ihr eigenes. Schon bald nachdem Ginevra eingetroffen war, erzählte Margherita voller Stolz, daß das Kind nun niemanden außer ihr mehr brauche.

„In meiner Gegenwart ist sie das beste Kind, das es je gab, aber wenn ich nicht da bin, tut sie einfach nicht, was man ihr sagt." „Mache Dir keine Sorgen um Ginevra", schrieb sie an ihren Mann, als das Mädchen einmal Halsweh hatte, „ich brauche Dir nicht zu sagen, daß ich mich mehr um sie kümmere als wäre sie mein eigenes Kind. Ich betrachte sie ja auch als mein eigenes... Die Platzwunde am Kopf ist eine Bagatelle, aber was mich beunruhigte, war die Halsentzündung."

Wie wurde Ginevra nun erzogen? Sie wuchs in einer Zeit auf, da vielen Kindern Zuwendung nur recht spärlich zuteil wurde – es sei denn die mit der Rute. „Gebt ihnen einfache Kost", schrieb Fra Giovanni Dominici, dessen Predigten Francesco und Margherita sehr bewunderten, „dazu gewöhnliche und billige Kleidung. Laßt sie ihre eigenen Füße benützen, stärkt ihren Körper und gewöhnt sie an harte Arbeit, so daß sie mit wenigem zufrieden sind, wenn es sein muß. Bringt ihnen bei, für sich selbst zu sorgen, laßt sie mindestens einmal in der Woche voll angekleidet bei offenem Fenster schlafen und gewöhnt sie ans Fasten... kurz, behandelt sie, als ob sie einfache Bauernkinder wären."

Die Erziehung einer Tochter war noch spartanischer als die ihrer Brüder. „Wie Du sie fütterst, spielt keine Rolle, solange sie nur am Leben bleibt. Halte sie nicht zu fett." Bis zu ihrem zwölften Lebensjahr trug ein Mädchen nichts anderes als ein kurzes, schmales Hängekleidchen aus grober Wolle oder Baumwolle, je nach Jahreszeit. Ihre Ausbildung kostete nichts, denn nur wenn sie später ins Kloster gehen sollte, brachte man ihr das Lesen bei. Sobald sie mit dem zwölften Geburtstag das heiratsfähige Alter erreicht hatte, mußte sie in strengster Abgeschiedenheit leben. Sie durfte die vier Wände des elterlichen Hauses nur verlassen, um zur Messe zu gehen; und das wiederum sollte sie möglichst im Morgengrauen tun, dicht verschleiert und in Begleitung ihrer Mutter. Die restlichen Stunden des Tages verbrachte sie zu Hause – und weiß Gott nicht müßig.

Bringt ihr alles bei, was sie zur Führung eines Haushalts können muß: wie man Brot backt, einen Kapaun zubereitet, Mehl siebt, Kochen und Waschen, Bettenmachen und Spinnen, auch wie man französische Beutel webt, Seide bestickt, Linnen und Wollstoff zuschneidet, Strümpfe mit Filz oder Stoff besohlt und dergleichen mehr. Kein Mann, dem Ihr sie zur Frau gebt, soll einmal sagen können: „Sie kommt aus den Wäldern." Und keiner wird Euch, die Ihr sie erzogen habt, verwünschen.

Ihre Mutter sollte sie ständig selbst beaufsichtigen und nicht zulassen, daß sie zuviel Zeit bei den Mägden oder anderen dummen Gänschen zubringt – und selbst nicht bei ihren eigenen Brüdern. Auch ihr Vater sollte stets ein wachsames Auge auf sie haben. „Habt Ihr Weiber im Hause, haltet sie in Furcht und Zittern."

Das alles war sicher die Regel. Aber ebenso wie Monna Margherita und ihre Freundinnen ganz offensichtlich ein freieres und vergnüglicheres Leben führten, als Sitte und Tradition es einer jungen Frau jener Zeit vorschrieben, wurde auch Ginevra weniger streng erzogen als die meisten Kinder. Kurz nach ihrer Ankunft machte Francesco in seinem privaten Ausgabenbuch einen Eintrag über 2 *lire* 10 *soldi* für den Kauf eines Tambourins für Ginevra. Domenico di Cambio hatte einen ganzen Tag damit verbracht, in Florenz eines aufzutreiben, „auf daß die Kleinen (Ginevra und Tina) sich freuen". Auch wurde ihr ganz sicher das Lesen beigebracht, denn im Jahr 1401, als sie neun Jahre alt war, trug Francesco in sein Buch ein: „Für Ginevra ein Goldgulden, frisch geschlagen, den sie ihrer Lehrerin geben soll, die sie das Lesen lehrt."

Wie wir sehen werden, bekam sie sehr viele schöne Gewänder, und lange bevor sie ins heiratsfähige Alter kam, spielte ihre Verheiratung bereits eine große Rolle in den Überlegungen ihres Vaters.

Ferdinand Gregorovius

Mädchenerziehung im Renaissance-Italien

Der italienischen Sitte gemäß, die bis heute fortgedauert hat, wurde die Erziehung von Töchtern Frauen eines Klosters übertragen, worin junge Mädchen einige Jahre zuzubringen pflegten, um dann aus ihm in die Ehe und in die Welt zu treten. [...]

Kirchliche Frömmigkeit war zu allen Zeiten die Grundlage der Erziehung einer italienischen Frau. Sie war nicht Herzens- und Seelenbildung, sondern eine schöne Form religiösen Anstandes, innerhalb welcher der Glaube dem Weibe einen moralischen Halt geben konnte. Das Sündigen machte kein Weib häßlich, aber selbst von der ausgelassensten Sünderin forderte die Sitte, daß sie allen kirchlichen Pflichten genügte und als eine wohlgeschulte Christin erschien. Skeptische oder freigeistige Frauen gab es kaum; sie würden in der damaligen Gesellschaft unmöglich gewesen sein. [...]

Es ist irrig, solches Wesen nur als Maske aufzufassen; denn dies würde ein selbständiges Denken über religiöse Fragen oder einen moralischen Prozeß voraussetzen, welcher dem damaligen Weibe fremd war und noch heute den Frauen Italiens fremd ist. Die Religion war und ist hier Erziehungsform, und welchen geringen ethischen Wert diese auch haben mag, so war sie doch immer eine schöne Gesetzmäßigkeit, von welcher das tägliche Leben wie von einem Rahmen sicher umfaßt wurde.

Den Unterricht in den Studien der Humanität konnten die Töchter bemittelter Häuser nicht in Klöstern erhalten; sie empfingen ihn durch Lehrer, die ihnen vielleicht zusammen mit den Söhnen gegeben wurden. Es ist keine Übertreibung zu sagen, daß die Frauen der guten Gesellschaft im 15. und 16. Jahrhundert eine gründlichere und gelehrtere Bildung besaßen, als sie in unserer Zeit besitzen. Dies lag nicht in der Größe, sondern in der Einseitigkeit oder Beschränktheit der damaligen Kultur. Denn es fehlte ihr der heute kaum zu übersehende Vorrat an Bildungsstoffen, welche die Entwicklung des europäischen Geistes im Fortschritt dreier Jahrhunderte erzeugt hat. Die Bildung der Frauen in der Renaissance war wesentlich auf das klassische Altertum angewiesen, gegen welches alles, was damals modern genannt werden konnte, in die Unbedeutsamkeit herabsank. Sie war deshalb eine gelehrte zu nennen. Umgekehrt ist die heutige Frauenkultur keine solche mehr, sondern sie zieht ihre Nahrung ausschließlich aus dem modernen Bildungsschatz. Aber gerade die Vielseitigkeit dessen, was ihr dieser darbietet, erzeugt den Mangel jener Sicherheit, welche den Frauen der Renaissance der beschränkte Kreis der Erziehung gab. Die gegenwärtige Frauenbildung, selbst in dem durch seine Schulen gepriesenen Deutschland, ist durchschnittlich grundlos und oberflächlich, wissenschaftlich sogar nichtig zu nennen. Sie kommt meistens doch nur auf die Erlernung zweier moderner Konversationssprachen und auf das Klavierspiel hinaus, worauf eine unverhältnismäßige Zeit verwendet wird. Auch läßt die Massenhaftigkeit der Journallektüre, der Belletristik und des Romans bei unseren Frauen eine ernsthafte Bildung kaum mehr zu.

In der Renaissance war das Klavier unbekannt; aber jede wohlerzogene Frau übte das Lautenspiel. Die Laute hat den Vorzug, daß sie in den Händen der Dame, die darauf spielt, ein wohlgefälliges Bild zum Anschauen darbietet, während das Klavier nur eine Maschine ist, welche die Frau und den Mann, die es handhaben, stets in häßlicher und oft in lächerlicher Bewegung erscheinen läßt.

Alexander Smith

Wehret den Anfängen! – Kindheit einer Straßenräuberin*

16. Jahrhundert

Mary Frith, insgemein nur Moll Cutpurse, das ist Maria Beutelschneiderin, genannt von ihrer Profession, die anfangs im Beutelschneiden bestand, war beim Barbican in der Aldersgate Street geboren im Jahr 1589. Ihr Vater war ein Schuster. [...] Vater und Mutter wußten dieses allerliebste Töchterlein (weil sie sonst kein Kind mehr am Leben hatten) nicht genugsam zu verhätscheln, insonderheit die Mutter, welche nach Art der Zärtlichkeit dieses Geschlechts, das gemeiniglich von Natur gütiger als das männliche ist, ihr in ihrer Kindheit allen Willen ließ. [...]

Sie war ein rechter Wildfang und eine Gassenrange und suchte ihr Vergnügen und Kurzweil bloß in solchen Spielen und Zeitvertreib, dergleichen die Knaben vorzunehmen pflegen, wo man sie gemeiniglich mitten drunter fand, niemals aber in Gesellschaft von Mädchen. Dieses ungezogene Wesen verursachte ihr manchen Schlag, sie war aber keinesweges zu zähmen noch von ihrer wilden Art abzugewöhnen; sie hatte durchaus kein Sitzfleisch und konnte des Nähens, Stickens und Strickens unmöglich gewohnt werden; das Modeltuch war ihr so fürchterlich als das Leichentuch; an Nähnadel und Fingerhut konnte sie ohne Erschrecknis nicht gedenken, wünschete, daß sich solche in Degen und Stilett verwandeln möchten. Ihre Haube und Mütze (oder was zur selbigen Zeit

Mode war, wonach sich die Mädchen kleideten) legte sie gleichfalls allemal mit Verdruß an und trug solche so knapp und manierlich wie der Hund ein Wams; und hielt sich so reinlich, daß sie die Henkel von Kochtöpfen und Bratpfannen, wenn man sie dagegen gehalten, beschämt haben würden: Kurz, sie war ein rechter Mistfink, Sudeltopf und Waschklatsche. Dieses setzte ihre Eltern und Verwandtschaft in nicht geringe Bestürzung, sie pflegten sich zwar mit dem ihrer Hoffnung gemäßen Sprichwort zu trösten, daß aus lüderlichen Jungfern gemeiniglich die besten Weiber würden; allein ihre Aufführung stimmete in die Länge und Ferne nicht mit diesem frommen Glauben überein; so erlebten solches ihre Eltern auch nicht, dieweil selbige noch bei ihrer Minderjährigkeit hinwegstarben, wodurch sie folgends Gelegenheit bekam, in ihrem Sott recht aufzuwachsen und ihrem unordentlichen Naturell willkürlich nachzufolgen.

Sie pflegte mit den Knaben um die Wette zu rennen, zu hüpfen und zu springen, ja sich mit ihnen herumzuschlagen und solche tapfer abzubleuen. Sie hatte einen Geistlichen zum Oheim, vor diesem mußte sie sich noch ein klein wenig scheuen, doch war die Furcht nicht so groß, daß sie solche in ihrer übeln Lebensart hätte hemmen können. Als er demnach sah, daß dem eingewurzelten Übel in ihren Sitten auf keinerlei Weise abzuhelfen sei, lockte er sie auf gute Art nach Gravesend, wo ein Kauffahrteischiff lag, so nach Neu-England segeln wollte, und gedachte sie mit dahin zu senden: weil aber der Wildfang schwimmen gelernet, sprang sie eine Nacht zum Schiffe hinaus und schwamm ans Ufer; nach dieser Flucht kam sie ihrem Oheim nicht wieder zu nahe.

Sophie von La Roche

Mädchenjahre und Bildung*

18. Jahrhundert

Mein Vater war ein sehr gelehrter, aber sehr harter Mann; meine Mutter eine gefühlvolle, sanfte Frau. Er ermunterte meinen Kopf zum Wissen, sie mein Herz zur Güte. Er leitete mich zu Natur- und Völkergeschichte, sie sorgte für Haushaltungskenntnis und gute Anwendung der Stunden in Französisch, Musik, Zeichnen und Malen in Wasserfarbe, auch in der Stickerei und andren. So wuchs ich bis in das 16. Jahr, da der Zufall den Herrn Bianconi, Leibarzt des Fürsten von Augsburg, der als Sächsischer Resident in Rom starb, in unser Haus führte und ihn den Plan entwerfen machte, mich zu seiner Gattin auszubilden und jede Fähigkeit meines Geistes anzubauen. Rohaults Mathematik, dann seine eigene Philosophie, alle Poeten seines Vaterlands, schöne Künste, Liebe zu eingezogenem Leben mit Büchern war, was der edle Mann in drei Jahren mir mitteilte und, ich darf sagen, eigen machte. Natürlich nährte er auch die Anhänglichkeit an ihn. Mein Vater, der sehr zufrieden mit dieser Heirat war, reiste mit ihm nach Bologna, aber versagte mich ihm, da alle Kinder katholisch sein sollten. Bianconi wollte mich entführen; ich wollte nicht ohne den väterlichen Segen aus dem Haus, und da wurde das Schicksal meines Geists entschieden. Bianconi war nach Dresden; mein Vater sah mich traurig und wollte das Andenken an diesen Mann auslöschen. Ich mußte also Briefe, Bücher, Schriften, alles, was ich hatte, bringen und sehen, wie mein Vater alles zerriß und verbrannte. Als er meine mathematische Übungen angriff, fiel ich auf meine Knie und bat ihn, mir nur die Früchte meines Fleißes zu lassen; er tat es nicht und zerriß und verbrannte auch diese. Meine Seele wurde empört. Ich hatte dem kindlichen Gehorsam meine Liebe geopfert und hielt mich mißhandelt. Ich wollte katholisch und eine Nonne werden. Der Bischof, an den ich schrieb, sagte es dem großen Bruder, dieser machte Vorstellungen in meiner Familie, und man erkannte, daß die Maßregeln unrecht waren. Bianconi war mir noch einer der beste, liebste und verehrungswürdigste Sterbliche. Ich konnte nichts mehr für ihn tun, aber ich tat ein Gelübd, daß nie kein Mann mehr mich Singen, Klavierspielen oder Italienisch reden hören sollte, daß jede Kenntnis, die er mir in Berechnung des Glücks seines Lebens gegeben, in meiner Seele verschlossen bleiben sollte. Ich hätte ihm alle Liebe geopfert; nun weihte ich seinem Andenken das Opfer jedes Lobes, das ich durch diese Talente erhalten konnte, die ich in hohem Grad besaß. Sie sehen, daß ein einziger Zug Leidenschaft den schönen Gang edler, gründlicher Kenntnis in mir unterbrach. [...] Bianconi hatte mit einer mir unbekannten Kunst die Saiten meiner Seele für Wissenschaft und Liebe in ewigem Einklang gehalten und muß sie mit einer Meisterhand gestimmt haben, denn sie schlagen immer noch mit gleicher Stärke an und haben immer in dem größten Kummer meines Lebens, in Stürmen des Unglücks selbst, die Schmerzen der Seele gelindert und mir Ruhe geschenkt. Segen sei seiner Asche dafür. Ihm danke ich, daß ich von jeder Wissenschaft den Wert und Umfang zu schätzen weiß und jede innig liebe. Ihm danke ich das lebendige Gefühl für alles Edle und Schöne und die Wärme, mit welcher mein Herz das Verdienst ehrt und liebt; der Ton Zärtlichkeit für Mann, Kinder und Freunde – alles ist von ihm.

Dorothee Henriette von Runckel

Über die Erziehung eines jungen Fräuleins*

18. Jahrhundert

Ich fange natürlich bey der *Religion* an. Diese muß nothwendig das wichtigste Stück bey jeder guten Erziehung seyn. Man kann der Jugend nicht früh genug die Ehrfurcht und Liebe gegen das höchste Wesen einprägen. Hierzu gehören solche Begriffe, die der Größe ihres Gegenstandes gemäß sind; und welche sind diese? Keine andere, als erhabene, schriftmäßige und überzeugende Begriffe. [...]

Man verknüpfe mit diesem Unterrichte unmittelbar *die allgemeine Sittenlehre* und die Anleitung zu deren Ausübung. Diese zeiget der jungen Schülerin diejenigen Handlungen und Pflichten, die sie Gott, sich selbst, und einem jeden Mitgliede der menschlichen Gesellschaft nach dem Grade derjenigen nähern und größern Verbindung schuldig ist, worinnen sie mit demselben stehet; und nach dem Maaß der Kräfte, das sie von der Vorsehung zur Ausübung dieser Pflichten erhalten hat. [...]

Sie haben mir das Alter des jungen Fräulein nicht bestimmt; gesetzt aber, daß sie schon zehn Jahre und drüber wäre: so würde ich mich mit derselben noch beym Lesen aufhalten. Sie lachen, liebste Freundin. Sie sagen, das junge Fräulein würde sich beleidiget halten, daß ich so wenig Zutrauen zu ihr hätte, und nicht vermuthete, daß sie lesen könne. Ich glaube ganz gewiß, daß sie Worte und Sylben zusammen setzen kann: allein ich verlange, daß sie deutlich, angenehm und verständlich, kurz zu sagen, daß sie mit Empfindung lese, und dem Sinne des Verfassers nichts vergebe. Sie soll jeder Schreibart ihr Recht wiederfahren lassen, keines Verfassers Schrift durch ihren Ton entstellen, und sich nicht auf das Vorurtheil stützen: ein Frauenzimmer dürfe nicht so gut als ein Gelehrter lesen. Daß manches Frauenzimmer gewisse Geschicklichkeiten nicht hat, beweißt noch gar nicht, daß sie dieselben nicht haben könne und solle. Ein fleißiges Vorlesen in Gegenwart ihrer Lehrmeister wird das beste Mittel seyn diese Kunst zu erlernen, und sie in der *Rechtschreibung* festsetzen, die ein zuverläßiger Beweis eines guten Unterrichts ist. Ich verstehe darunter, daß sie den Grund anzuführen wisse, warum sie ein Wort so und nicht anders schreibt. Hieraus folget eine gründliche Kenntnis ihrer *Muttersprache*. In dieser muß sie die besten Ausdrücke in ihrer Gewalt haben, und sich kurz, deutlich und angenehm erklären lernen, ohne in den pedantischen, schwülstigen Ton zu verfallen. Eine gute Wahl auserlesener Schriften wird bey unserer Schülerin nicht allein Lust zum Lesen erwecken; sie wird auch ihr Ohr und ihre Zunge unvermerkt zu den besten Ausdrücken gewöhnen; eine Vollkommenheit, wodurch gut erzogene Personen sich von dem Pöbel auch in der Sprache unterscheiden sollen.

Die Schreibekunst ist ein Stück, worinnen man nie genug von jungen Leuten fordern kann. Nicht des Nutzens zu gedenken, daß ihre natürliche Flüchtigkeit durch diese Uebung, ohne ihren Verstand anzustrengen, einigermaßen gehemmet wird, so ist eine schöne Handschrift für ein junges Frauenzimmer eine große Zierde, die ihrem Fleiße und ihrer Aufmerksamkeit Ehre macht.

So bald die Hand geübet ist, soll die junge Schülerin *deutsche Briefe* schreiben. Hierzu gebe ich keine andere Anweisung, als daß man selbst richtige Begriffe von allem habe, was man schreiben will, und seine Gedanken ordentlich, deutlich und in möglichster Kürze ausdrücke. [...]

Die Erdbeschreibung ist einem jungen Frauenzimmer gleichfalls unentbehrlich. Es klingt in dem schönsten Munde lächerlich, wenn der Sitz des römischen Kaysers nach Rom, und der Stuhl des Pabstes nach Constantinopel versetzt wird. Sie soll nicht nur einige Begriffe, sondern eine gründliche Kenntnis davon haben. Hierzu gesellet sich die *Genealogie* der deutschen hohen Häupter und ihrer eigenen Durchl. Landesherrschaft, nebst denen mit derselben verbundenen fürstlichen Häusern. Ein wohlerzogenes Fräulein kann ohne diese Kenntnis eben so wenig, als ohne einige kleine Wissenschaft der *Heraldic* seyn. [...]

Die Rechenkunst muß mit den erwähnten Wissenschaften in gleichem Range stehen. Die fünf Species und die Regel de Tri sind unentbehrlich. Eine in der Rechenkunst ungeübte Person wird, dies wissen Sie, niemals eine vollkommene Wirthin seyn.

Das Tanzen ist sowohl in Absicht auf die Erziehung, als auf die Gesundheit vortheilhaft. Der beste Meister muß sowohl in dieser Kunst, als in allen übrigen gewählet werden. Die junge Person muß geraume Zeit zubringen, blos ihre Stellung, ihr Gehen, Stehen, Niedersitzen, Hinausgehen, Hereinkommen und ihre Verbeugungen einzurichten, bevor noch von einem Pas die Rede ist. [...]

Die neuern Sprachen sind ein Vorzug, ohne welchen ein Frauenzimmer vom Stande fast nicht wohl erzogen heißen kann. Insonderheit ist die französische Sprache höchstnöthig. Diese muß sie bis zur Vollkommenheit zu bringen suchen. Von den übrigen wünschte ich, daß sie so viel davon erlernte, als erfordert wird die vortreflichsten Schriftsteller zu verstehen, die jede von ihnen aufzuweisen hat, und die jedes Frauenzimmer lesen soll und kann, ohne pedantisch zu scheinen.[...]

Die Vernunftlehre soll eine ihrer wichtigsten und vornehmsten Beschäftigungen seyn. Sie lehret uns die Kräfte unsers Verstandes in Untersuchung der Wahrheit recht gebrauchen, uns nicht durch Scheingründe verblenden zu lassen, und Trugschlüsse für Wahrheiten anzunehmen. Eine Wissenschaft, die uns in tausend Fällen des Lebens zu statten kommt, unserer practischen Klugheit die rechte Richtung giebt, sich über jede unserer Handlungen verbreitet, und die beste Richterin über dieselben oder über deren Bewegungsgründe ist. Kurz, sie macht dasjenige, was wir im gemeinen Leben mit einem unbestimmten Namen eine vernünftige Person zu nennen pflegen.

Dieses sind meiner Meynung nach *die nöthigen und ganz unentbehrlichen Wissenschaften.*

Georg Forster

An meine kleine Therese*

Meine liebe Tochter,

ich schicke dir durch die Mamsell Boulanger ein Halstuch, ein Taschenbuch und einen Fingerhut. Das Halstuch thust du des Abends um, wenn du im Kühlen spazieren gehst; das Taschenbuch brauchst du, wenn du bei deiner Mutter nähest, denn es ist eine Scheere(,) ein kleines Federmeßer, eine Schnürnadel und ein Ohrlöffel drin, auch ein fleckchen Tuch um Nähnadeln drauf zu stecken, und eine Tasche um Zwirn drin aufzuheben. Es ist auch ein kleiner Spiegel drin; ich rathe dir aber, daß du niemals hineinguckst, ausgenommen des Morgens, um zu sehen, ob du auch rein gewaschen bist. – Den Fingerhut wirst du fleißig beim Nähen brauchen(,) aber ich fürchte er ist dir noch zu groß; wenn das wäre, so hebst du ihn dir auf bis du größer bist.

Ich hoffe, mein liebes Kind, daß du nun schon lesen kannst. Bald wirst du auch wohl so viel verstehen, daß du mir ein paar Worte zur Antwort schreibst. Ich wäre so gern bey dir und deiner Schwester und deiner Mutter; aber ich kann nicht zu euch kommen, und ihr könnt nicht zu mir, weil es nun ein schlimmer Krieg ist und wir alle kein Geld zum reisen haben. Aber ich denke alle Tage an euch, und wenn ihr recht gute Kinder seyd, Du und die liebe Kläre, und fleißig nähen, stricken, schreiben, lesen, französisch und alles lernt, was die Mutter euch lehrt, so wird es mir vielleicht eher möglich, euch zu besuchen und euch herzlich zu küßen. Der Kläre habe ich nur ein Halstuch geschickt, weil sie einen Fingerhut und ein Taschenbuch noch nicht brauchen kann. Seyd immer recht froh und recht gesund, meine lieben Kinder; habt eure Mutter sehr lieb, und denkt oft an euren Vater, der euch sehr lieb hat und oft recht traurig ist, daß ihr nicht um ihn seyd. Ich will mich recht freuen wenn ich höre, daß ihr mein kleines Geschenk erhalten habt und daß es euch Freude gemacht hat.

Die Mutter wird Euch in meinem Namen küßen und lieb haben und wenn ihr gern Euer Väterchen umarmen möchtet, so lauft nur zu ihr und schickt mir eure Küße. Das wird mir sehr viel Freude machen, wenn mirs die Mutter schreibt.

Lebt wohl, meine lieben Kinder und habt euch lieb untereinander. Ich bin euer treuer und zärtlicher Vater

Forster.

Paris d. 16. Junius 1793

Erika Küpper

Die höheren Mädchenschulen

19. Jahrhundert

In allen deutschen Staaten bestanden, teilweise bereits seit dem 18. Jahrhundert oder noch länger, gesonderte Schulen für Mädchen, die zunächst Töchterschulen, höhere Töchterschulen, Bürgermädchenschulen, auch Institute, Pensionate und anders genannt wurden; im folgenden soll zusammenfassend von höheren Mädchenschulen gesprochen werden. Diese Schulen hatten bis zum Beginn des 20. Jahrhunderts eine ambivalente Stellung innerhalb des Bildungswesens inne. Einerseits waren sie vom Elementarschulwesen deutlich abgehoben. Als Schulen für Mädchen aus mittleren und höheren Sozialschichten hatten sie auf diese Schichten bezogene Erziehungs- und Bildungsaufgaben zu erfüllen sowie in ihrer Außendarstellung den sozialen Abstand zu den Elementarschulen zum Ausdruck zu bringen. Andererseits durften sie als Schulen für Mädchen Bildung – im Vergleich zu den sozial jeweils entsprechenden höheren Knabenschulen – nur eingeschränkt vermitteln; die in diesen Schulen und in Universitäten gelehrte allgemeine höhere Bildung wurde dem weiblichen Geschlecht verwehrt. [...]

Die Schülerinnen rekrutierten sich überwiegend aus den gebildeten und besitzenden Schichten. An den Schulen unterrichteten sowohl Lehrerinnen wie Lehrer; unter den Lehrern dominierten solche mit akademischer Vorbildung. Der Gesamtkursus der höheren Mädchenschulen führte im allgemeinen über die Schulpflichtgrenze hinaus, auch wenn die oberen Klassen nur schwach frequentiert waren. Die höheren Mädchenschulen sollten der Bildung der zukünftigen Gattin, Hausfrau und Mutter dienen. Zum Lehrplan der Schulen gehörte nahezu immer das Fach weibliche Handarbeiten. [...]

Die Höhe des Schulgelds zeigt, daß die höhere Bildung für die Töchter sicherlich auch mit der Überlegung verknüpft wurde, die Chancen auf Verheiratung zu verbessern und/oder die Möglichkeiten einer standesgemäßen Erwerbstätigkeit zu wahren. Für den Kaufmannsstand war eine höhere Bildung der Ehefrauen und Töchter wichtig; man denke an den geschäftlichen Verkehr mit Kunden, für den die Beherrschung der französisch durchsetzten Fachsprache unabdingbar war, oder an buchhalterische Kenntnisse. Beamten-, Lehrer- und Pfarrerfamilien dürften ein Interesse gehabt haben, ihre Töchter mit einer grundlegenden Bildung für den Fall auszurüsten, daß sie unverheiratet blieben und als Gouvernanten oder Lehrerinnen Anstellung suchen mußten: Disziplin, Ordnung und Übersicht über die finanzielle Situation des Haushaltes waren für die zukünftige Ehefrau eines Beamten ohne eigenen Besitz unentbehrliche Eigenschaften. Pädagogen und Ärzte wiesen auf die Bedeutung der frühen Kindheit für die emotionale und intellektuelle Entwicklung hin, forderten die Mütter zur Übernahme der Erziehung in dieser Phase auf und betonten dabei die Bedeutung der sicheren Beherrschung der Muttersprache. Eine Bildung, die den Ehefrauen auch die Beaufsichtigung der Hausaufgaben der Töchter und der Söhne ermöglichen sollte, konnte für den Fall nützlich sein, daß dem studierten Vater neben Haupt- und Nebenamt keine Zeit blieb. Das Ideal kultivierter Häuslichkeit, entworfen für das besitzende und gebildete Bürgertum, beinhaltete Anforderungen an die Persönlichkeit der Frauen, die sich auf literarisch-ästhetisches Wissen und gebildeten Charakter bezogen. Dies beeinflußte die Bildungskonzeption der Mädchenschulen. [...]

Entscheidend für die höheren Mädchenschulen in der zweiten Hälfte des 19. Jahrhunderts wurden folgende Entwicklungsprozesse, die in erster Linie von Preußen ausgingen und auf die anderen Bundesstaaten einwirkten: die Ausbildung eines besonderen Standesbewußtseins der an den Mädchenschulen tätigen Lehrer, die Entwicklung großstädtischer Anstalten, die Ausweitung der Lehrerinnenbildung und die Anstellung von Lehrerinnen in Volks- und höheren Mädchenschulen sowie die Formierung von Frauen zur sogenannten bürgerlichen Frauenbewegung. Diese Prozesse verstärkten die bereits gegebene Tendenz der höheren Mädchenschulen zur Überschreitung der geschlechtsspezifisch begründeten Bildungsgrenzen und führten jene Konfliktsituation herbei, die das ausgehende 19. Jahrhundert im Bereich der Mädchenbildung kennzeichnete und in der es um akademische Erwerbstätigkeit von Frauen und um eine darauf vorbereitende Mädchenbildung ging.

Bereits 1848 kam eine erste standespolitische Initiative der an höheren Mädchenschulen tätigen Lehrerinnen und Lehrer zustande, die allerdings in der Restaurationsphase nach 1850 zunächst wieder erlahmte. 1872 begann eine kontinuierliche Interessenvertretung. Gegenstand der Politik war die Forderung nach Anerkennung der höheren Mädchenschule als höherer Lehranstalt und damit Einordnung in das System der höheren Knabenschulen; dies wurde begründet unter Verweis auf den angestrebten und an verschiedenen Orten erreichten Ausbaustand der Anstalten: Der vollständige

Schulbesuch dauerte 10 Jahre (einschließlich 3 Vorklassen); unterrichtet wurde in 2 Fremdsprachen. Unter Einbeziehung der Bildungsanstalten für Lehrerinnen, die in allen größeren Städten an die öffentlichen höheren Mädchenschulen angegliedert waren, dauerte der Schulbesuch bis zum 18. Lebensjahr und wurde mit einer Prüfung abgeschlossen; so wurde die Lehrerinnenprüfung als Äquivalent des Abiturs verstanden. Den Ausbaubestrebungen kam dabei entgegen, daß die Volksschullehrerausbildung nicht mit dem Bevölkerungswachstum Schritt hielt und damit auch Lehrerinnen verstärkt eine Anstellungschance im Schulwesen erhielten; in der katholischen Bevölkerung war die „Lehrschwester" bereits anerkannt. Für die Töchter des neuen Mittelstandes bedeutete die Lehrerinnenprüfung die Grundlage selbständiger Lebenssicherung. Mit der Vergrößerung der einzelnen Anstalten wurde die stundenweise Beschäftigung von akademischen Lehrern und von Frauen als Handarbeitslehrerinnen durch feste Anstellung von Lehrerinnen und Lehrern ersetzt, ein Entwicklungsprozeß, der möglicherweise mehr und besser ausgebildete Lehrerinnen erforderlich machte.

Die in der Mitte des 19. Jahrhunderts zentral und mit allgemeinverbindlicher Gültigkeit erlassenen Prüfungsordnungen – regional war die Lehrerinnenprüfung bereits seit den 20er Jahren geregelt – förderten die Ausbildung der Lehrerinnen in Anstalten, auch wenn die private Vorbereitung bis in das 20. Jahrhundert hinein möglich blieb. Der Erlaß dieser Prüfungsordnungen bedeutete die erste staatliche Festlegung und Normierung eines – berechtigten – Bildungsabschlusses für Mädchen. Die Beschränkung der anerkannten Erwerbstätigkeit bürgerlicher Frauen auf den Lehrerinnenberuf in dieser Phase hat ihn zum Modell für die anderen, erst an der Wende zum 20. Jahrhundert eröffneten sozialen, lehrenden und pflegerischen Berufe werden lassen.

Georg Ratzinger

Bäuerinnen brauchen keine Bildung*

Ende des 19. Jahrhunderts

Noch viel wichtiger für den Bauernhof ist die Bäuerin. Auf ihr ruht die ganze Last wirthschaftlicher und häuslicher Sorgen...

Angesichts dessen ist es eine himmelschreiende Verirrung unseres Schul- und Erziehungswesens, daß man auf das Land „Arbeitslehrerinnen" verpflanzt, um die Bauernmädchen mit den „feineren" Arbeiten bekannt zu machen, d. h. ihnen den Geschmack an den landwirthschaftlichen Arbeiten zu verleiden, sie zur Bequemlichkeit und Müßiggang, zu Nascherei und Genußsucht zu verleiten. Siebentes Schuljahr und Arbeitslehrerinnen gehören zu den größten Modeverirrungen der Gegenwart. Wir wissen, daß wir den Vorurtheilen der Gegenwart gegenüber mit unserer Stimme nicht durchdringen, aber wir wollen wenigstens vor der Zukunft das warnende Wort ausgesprochen haben. Schon hat unser Schulwesen den Keim des Verderbens in die weiblichen Dienstboten verpflanzt. Man frage nach, wo unter den landwirthschaftlichen Mägden noch die frühere Einfachheit und Thätigkeit, Sparsamkeit und Zufriedenheit, die Liebe und Hingabe an die Arbeit in Stall und Feld zu finden sei? Die Mägde, welche musterhaft ihren Stall regierten und mit ängstlicher Sorgfalt und mit wahrhaft unermüdlicher Fürsorge um jede Kuh und jedes Kalb bekümmert, welche von früh Morgens bis spät Abends mit Eifer und heiterer Gemüthlichkeit bei der Arbeit waren, sie sind verschwunden. Es fehlt nur noch, daß die Bäuerinnen sich zur Kaffeetasse setzen und mit „feineren Arbeiten" den Tag todtschlagen, um unsern Bauernstand von Grund aus zu ruiniren. Kein Gesetz und keine wirthschaftliche Reform kann unseren Bauernstand retten, wenn die Bäuerinnen aufgehört haben, die Seele der Wirthschaft zu sein, den Tag und die halbe Nacht zu sorgen in Küche und

Keller, im Stall und auf dem Felde. Eine tüchtige Bäuerin ist Tag und Nacht so beschäftigt, daß sie keine Viertelstunde Zeit findet, sich an den Tisch zu setzen, um „feinere" Handarbeiten vorzunehmen. Jede wirthschaftliche Bäuerin hat für die nothwendigsten Arbeiten dieser Art eine Näherin auf „Stöhre".

Man verpflanze doch auf das Land nicht die Vielwisserei. Das Beste, was die Landschulen bieten und die Erziehung gewähren kann, ist die Liebe zur Arbeit und Thätigkeit, zu Entbehrung und Sparsamkeit. Demgegenüber ist es höchst gleichgiltig, ob die Bäuerin etwas besser lesen oder schreiben kann. Das Kopfrechnen lernt sie im Hause meist besser, als in der Schule. Die überflüssig lange Zeit, welche die Kinder in der Schule zubringen müssen, gewöhnt sie an Bequemlichkeit und Müßiggang, und das ist die schwerste Anklage gegen das siebente Schuljahr auf dem Lande. Alle Vortheile, welche man anführt, fallen hiergegen nicht in's Gewicht.

Gertrud Hermes

Teure Ausbildung der Bürgertöchter*

Ende des 19. Jahrhunderts

Das Schulgeld der zwei Töchter stieg pro Kind von 45 M. vierteljährlich in den Unterklassen auf 54 M. vierteljährlich in den Oberklassen. Für Klavierunterricht der beiden Mädchen zahlte der Vater jährlich 300 M. Nach dem Abgang von der Schule bekam die ältere Tochter Gesangsunterricht, die Stunde zu 5 M. Insgesamt wurden in dem musikalischen Hause von 1867–1889, ohne daß eine berufliche Ausbildung in der Musik stattgefunden hätte, 4806 M. für Musikstunden ausgegeben.

Die Zukunft der Töchter machte dem Hausvater ernsteste Sorge, denn als Menschenkenner wußte er, daß ihre Aussichten auf Versorgung durch eine Heirat bei dem Mangel an Vermögen keine günstigen waren. Eine Berufsausbildung der Mädchen wurde damals von dem überwiegenden Teile der Standesgenossen als nicht standesgemäß betrachtet; schwerwiegender noch war, daß sie als Emanzipiertheit verpönt war. Aber so treu O. sonst an der Sitte als einem heiligen Erbteil der Väter festhielt, so wenig ließ er sich beirren, wenn es sich um die Zukunft seiner Kinder handelte. In der Wahl eines Berufes sah er das einzige Mittel, seine Töchter vor äußerer Not und seelischer Verkümmerung zu bewahren, und mit der ganzen Schroffheit seines Wesens hielt er ihrer sorglosen Jugend immer wieder diese ernsten Notwendigkeiten vor Augen. „Hübsch seid ihr nicht, Geld habt ihr nicht, also von Heiraten ist keine Rede." Es gelang ihm nicht, das überschäumende Temperament der älteren Tochter in die Zwangsjacke einer Berufsausbildung zu pressen, zumal ein energisches Durchgreifen des Vaters sich mit Rücksicht auf eine schwere, langnachwirkende Krankheit des heranwachsenden Mädchens verbot. Die Gesamtkosten ihrer Aufbringung in den 21 ½ Lebensjahren von ihrer Geburt bis zum Schluß der Rechnungsbücher (1889) berechnen sich auf 36756 M., während die Erziehung und Berufsausbildung des ältesten Sohnes – freilich in die ältere Zeit mit billigeren Preisen fallend – nur 33666 M. in Anspruch nahmen. Und zwar handelt es sich bei dem Sohn um ein Anlagekapital, das ihm in der Folgezeit selbst die Einnahmen eines hohen Beamten eintrug, bei der Tochter dagegen zum großen Teil um Ausgaben unproduktiver Natur infolge der hohen Lebenshaltung. Die ganze Tragik in dem Schicksal der anspruchsvoll gewöhnten, berufslosen Töchter vornehmer Beamter ohne Vermögen kommt in diesen Zahlen zum Ausdruck.

Die jüngere Tochter trat 1890 mit 17 Jahren in ein Lehrerinnenseminar ein. Es ist bezeichnend für das Maß von Einsicht, mit dem man damals in diesen Kreisen weibliche Berufsarbeit beurteilte, selbst in einem Falle, wo sie durch die ökonomischen Verhältnisse unbedingt geboten erschien, daß dieser Schritt von vielen Seiten als Blaustrümpfigkeit kritisiert wurde, zum mindesten als eine Sache, die nicht „ladylike" sei. Ueber die Kosten ihrer Berufsausbildung berichten die Rechnungsbücher nicht mehr.

Hedwig Dohm
Reform der Mädchenschule*
Anfang des 20. Jahrhunderts

Wir aber fordern für das *weibliche* Kind dieselben Bildungsmöglichkeiten, die dem männlichen Kinde gewährleistet sind. Und wir wollen die gemeinsame Erziehung der Geschlechter. Durch die Trennung der Knaben und Mädchen in der Schule wird von vornherein die Geschlechtsunterschiedlichkeit scharf betont, wird darauf hingewiesen, daß dem Knaben anderes – das heißt *mehr* gebühre, als dem Mädchen. Und damit der Grund gelegt zu der Geringschätzung des Knaben dem Mädchen gegenüber. Eine Geringschätzung, die konsequenterweise zur Verweigerung des Stimmrechts führen mußte.

Die kleinen Kindermenschen wissen von ihrem Geschlecht nichts. Künstlich zieht man sie von Anfang an zur Unterschiedlichkeit auf, suggeriert ihnen schon durch das Spielzeug die Wesensart, die sie haben sollen. Dem Mädchen die Puppe, dem Knaben die Soldaten. [...]

Das Mädchen auf ihren künftigen Beruf hin zu unterrichten, bedeutet einen Verzicht auf die Reform der weiblichen Erziehung... Es wird die alte Identifizierung von Geschlecht und Beruf, die jedenfalls eine Fortentwicklung des weiblichen Typus unmöglich macht, verewigt; es wird dem sozialen und intellektuellen Fortschritt Halt geboten zugunsten eines täglich fragwürdiger werdenden Häuslichkeitsideals.

Der ernsteste Einwurf gegen die Koedukation geht von der biologischen Seite des Weibes aus, von der Ansicht, daß durch die Betonung des Geistigen seine biologische Seite verkümmern müsse.

Neuerdings ist wieder von gelehrten Professoren (gelegentlich der Mädchenschuldebatten) in Schriften und Vorträgen betont worden, daß dem Weibe „durch zu viel Wissen nicht nur die Herzensbildung, auch die Unmittelbarkeit ihres Empfindens und Urteilens verloren gehe". Einer der Professoren fügte sogar spöttisch hinzu: „Man wolle wohl die Natur des Weibes orthopädisch korrigieren."

„Je mehr Wissen man den Mädchen aufpfropft, je dümmer werden sie." Im Reichstage fiel diese männerkluge Äußerung.

So darf ich denn wohl – unstudiert wie ich bin – mit der von Professors Gnaden mir verliehenen unverfälschten Unmittelbarkeit des Denkens und Urteilens die Frage der Mädchenbildung zu lösen versuchen. Sie ist für mich wie das Ei des Columbus. Zwei Worte erledigen sie: *Einheitsschule* und *Koedukation*. [...]

Alle anderen Vorschläge und Ideen über die Reformierung der Mädchenschulen verwerfe ich. Vor allem den Reformplan des früheren Kultusministers Studt. [...] Der Kultusminister a. D. verlangte, daß „die reformierte Mädchenschule sich darauf beschränke, auf religiös-sittlicher Grundlage – eine allgemeine Grundlage zu geben, die Mädchen zum Leben in Gottes Wort zu erziehen, sie zu befähigen, durch ihren Wandel und durch freudige Beteiligung am gottesdienstlichen Leben der Gemeinde, sowie an christlichen Liebeswerken, die ihnen im Leben zufallende besondere Aufgabe zu lösen". (Wenn diese Erziehungsregeln nichts mehr als Phrasen sind, lasse ich mich hängen.) [...]

Zu meinem Erstaunen haben sich auch fortschrittlich gesinnte Frauengruppen nur flau und lau (wenn sie nicht gar zustimmten) gegen jenen ministeriellen Erlaß zur Wehr gesetzt [...]

Vielleicht auch beruhte die Bescheidenheit der Frauen auf einem Gefühl der Dankbarkeit. Dankbar für das bereits Erreichte.

Und in der Tat, wenn ich an meine Jugend zurückdenke, stehe ich erstaunt, entzückt vor den Errungenschaften der letzten fünfzig Jahre.

Wehe über das Schulkind meiner Zeit! Noch vor 50 oder 60 Jahren galt das Stillverhalten – äußeres und inneres – des weiblichen Kindes als etwas von der Natur Gewolltes. Als ob so ein armer Wurm seine Verfehlung, nicht als Knabe geboren worden zu sein, absitzen müßte.

In den Freistunden Strümpfe stricken und sie stopfen! Je mehr Touren in einer bestimmten Zeit herumgestrickt wurden, je braver war das Kind (erinnert an Aschenputtels Erbsenlesen). Was für eine große Rolle die Strümpfe damals spielten! Noch war die Strickmaschine nicht Allgemeingut, noch hatte kein Kneipp die Barfüßigkeit – wenn auch nur zeitweise – entsündigt.

Ein Schlittern, etwa auf dem Rinnstein, war ein Bubenstreich. Selbst der Schneeball mußte verstohlen, mit bösem Gewissen, von Mädchenhänden geworfen werden.

Mit unaussprechlicher Bitterkeit denke ich an jene Zeit physischer und geistiger Hemmungen zurück, die jedes begabtere weibliche Geschöpf, das geboren wurde, ein ganzer Mensch zu werden, zu einem automatenhaften Gebilde verkrümmten, zermürbten.

Nur wer dieses Zeitalter als ein Schicksal erlebt hat, weiß von seiner Tragik.

Heinrich Lee

Erste Studentinnen um 1900*

Der alte Bursche und Philister, der heute durch die hohen, hellen Korridore der Friedrich-Wilhelm-Universität (in Berlin) streicht, geniesst eine ungewohnte Augenweide. Junge Damen tauchen vor ihm auf – erst in der großen Mittelhalle vor dem schwarzen Brett, wo sie im dichten Gedränge, Kopf an Kopf mit den Kommilitonen, die Anschläge studieren, dann im rechten Seitenflügel an der Tür, wo es von den blauweißen Fliessen zum Herrn Universitätssekretär hineingeht. Die berühmte Stube mit dem grünen Tisch und dem wohl nie benutzten grünen Sofa ist, weil das Semester gerade anhebt, dicht gefüllt. Die Damen, jede mit einem Dokumente in der Hand, reihen sich den Wartenden an. Manche, die Jüngsten, sehen schüchtern und verlegen aus, und beharrlich wenden sie den Blick zu Boden oder zur Seite. Andere mit blassem Teint, schon geschärften Zügen und gewöhnlich einem Pincenez, durch das ruhige und kalte Augen blicken, geben deutlich zu verstehen, daß die Zeiten jugendlicher Furchtsamkeit für sie vorüber sind. Wieder andere in der gelassen-vornehmen Haltung der selbständigen jungen Lady, an der es nichts zu fragen und zu verwundern gibt, und schliesslich solche Damen, die erst nicht wie die anderen warten wollen, bis die Herren vor dem grünen Tische sämtlich Platz gemacht haben, sondern sich munter, die Wachstuchtasche unter dem Arm, gleichfalls um ihre Plätzchen bemühen. In der Toilette ist jeder auffallende Ton sorgsamst vermieden. Vorherrschend ist schwarzes Kleid und dunkles Jaquet. Das Dokument in ihrer Hand ist das Zeugnis des an einem Seminare bestandenen Lehrerinexamens, auf Grund dessen ihr – wenn sie nicht etwa Ausländerin ist, für welche die Bestimmungen wieder andere sind – der Erlaubnisschein zum Besuch der Vorlesungen erst ausgestellt wird.

Zweihundert Damen haben im Semester 1897/98 die Berliner Universität besucht. Erst zwei Jahre ist es her, dass sie die ablehnende Haltung gegen die Damen endgiltig aufgegeben hat...

Die soeben mit dem beginnenden Semester herausgegebenen Bestimmungen „über die Zulassung von Frauen zu den Vorlesungen an der Universität Berlin" dürften unter solchen Umständen also interessant sein: „Frauen", heisst es, „die an den Universitätsvorlesungen als Gasthörerinnen teilnehmen wollen, haben zunächst schriftlich die Genehmigung des königlichen Universitätskuratoriums nachzusuchen... Nach erteilter Genehmigung des Kuratoriums ist die Ausstellung des Rektoratserlaubnisscheines nachzusuchen. Sodann ist die schriftliche Einwilligung der Herren Professoren und Dozenten, deren Vorlesung zu hören gewünscht wird, einzuholen und der Universitätsquästur vorzulegen, welche beim Belegen der Vorlesungen den Rektoratserlaubnisschein aushändigt. Die Ausstellung eines Rektoratserlaubnisscheines ist in jedem Semester nachzusuchen..."

Wie sehr aber die Zulassungsbestimmungen der Einschränkung bedürfen, glaubt der Herr Rektor damit begründen zu können, dass ohne solche in Berlin nicht zweihundert, sondern zweitausend Damen der Drang in den Hörsaal führen würde, und das geht allerdings nicht. Man hat weiter zu bedenken, dass Damen auf preussischen Universitäten vorläufig noch kein Staatsexamen machen können und dass der Herr Kultusminister, was die künftige Entwicklung des Frauenstudiums innerhalb seines Bereiches betrifft, etwaige interessierten Kreise darüber vollständig im Dunkeln lässt.

Hedwig Dohm

Weibliches Studententum*

Ende des 19. Jahrhunderts

Unentbehrlich auch für des Weibes zukünftige Stellung in der Gesellschaft ist ihre Eroberung der Universität.

Willkommen – viel willkommen sei uns die Studentin. Wissen, Erkenntnisse sind die vornehmsten Faktoren in der Erziehung zum Stimmrecht. Die freien Vorträge, wie sie besonders in der freien Studentenschaft üblich sind – die Diskussionen, die rhetorische Begabungen erwecken und entwickeln, sie bilden recht eigentlich eine Vorschule für parlamentarische Tätigkeit.

Aus den Reihen der akademisch gebildeten Frauen werden uns vielleicht die ersten Volksvertreterinnen erstehen. [...]

Wie muß das männliche Geschlecht seine Begriffe vom Weibe korrigieren, wenn der Jüngling auf der Universität das Mädchen, das bis dahin für ihn nur eine Mitliebende war, als eine Mitdenkende, Mitstrebende, Mitarbeitende kennenlernt.

Und das studierende junge Mädchen? Man befrage sie um die Eindrücke ihrer Universitätszeit. [...]

Es ist, als wollte die Studentin alle Lebensinhalte, die den früheren Frauengenerationen vorenthalten wurden, konzentriert in sich aufnehmen. Ich habe nie beglücktere weibliche Geschöpfe gesehen, als unter den studierenden Jungfrauen.

Und in dem wetteifernden Arbeiten und Streben mit den Studenten, wandeln sich allmählich ihre Gewohnheiten und Sitten, mag immerhin dabei eine gewisse Absichtlichkeit in der Betonung ihrer neuen jungen Würde, die Drolligkeiten nicht ausschließt, mitunterlaufen.

Elegante Kostüme, Toilettenfirlefanz sind gewesen. Einfaches Wollenkleid. Kurzer Rock, Lodenmantel. Unbewimpeltes Stroh- oder Filzhütchen. Keine Handschuhe. Keusche Menüs bis zur vegetarischen Studentenkneipe herunter.

In der Tat – schön ist ihr feuriger Wille zur Erkenntnis, zur Eigenkraft. Und bis jetzt nicht das leiseste Symptom einer Abirrung in wüste Studenterei.

Karen Hagemann

Ausbildung von Arbeitertöchtern

Anfang des 20. Jahrhunderts

„Mutter meinte, ich sollte Kindergärtnerin werden. Sie sagte immer: ‚Meine Tochter soll etwas Richtiges lernen, die soll nicht den ersten besten Mann heiraten. Von ihrem Beruf muß sie allein existieren können.‘ Das war in den 20er Jahren gar nicht so selbstverständlich. Selbst bei Genossentöchtern hieß es: ‚Hast Du nichts Besseres zu tun? Du heiratest ja doch!‘ Viele Sozialdemokraten waren in ihren Familien nicht selten die größten Spießbürger...

1928 wurde ich aus der Volksschule entlassen. Im Anschluß besuchte ich den einjährigen hauswirtschaftlichen Kursus der Schule für Frauenberufe. Der war Voraussetzung für die spätere Ausbildung am Fröbelseminar. Da mein Vater damals wenig verdiente, brauchte ich kein Schulgeld zu bezahlen. Danach, 1929 bis 1931, bin ich dreimal die Woche abends zur Allgemeinen Berufsschule gegangen und habe meinen Realschulabschluß nachgeholt. Meinen Unterhalt verdiente ich mir mit Morgenstellen als Zugehmädchen. Im Sommer arbeitete ich als Junghelferin auf dem Köhlbrand. 10 Mark erhielt ich pro Woche, später mit 18 Jahren 18 Mark. Das Geld gab ich zum größten Teil zu Hause ab...

Für den Abendkursus mußte ich viel Schularbeiten machen. Irgendwann merkte meine Lehrerin, daß bei uns zu Hause einfach nicht der Raum und die Ruhe dazu vorhanden waren. Sie sorgte dafür, daß ich in der Schule einen Raum zum Schularbeiten machen bekam. Die Abschlußprüfung bestand ich. Dabei hat mir viel meine Mitarbeit in der SAJ (Sozialistische Arbeiterjugend, d. V.) geholfen. 1928 trat unsere Kinderfreunde-Gruppe geschlossen in die SAJ über. Wir waren jetzt alle 14 Jahre alt. Dort bin ich freier geworden und hab' das Reden gelernt. Das hat mir auch auf dem Fröbelseminar geholfen, auf das ich 1932 kam. Bis dahin arbeitete ich als Hausangestellte. Etwas anderes fand ich nicht. Mein Vater wurde arbeitslos, ein halbes Jahr bevor ich mit der Schule anfangen wollte. Uns ging es finanziell deshalb sehr schlecht. Die AWO bot mir ein Stipendium von 24 Mark im Monat an, das mußte ich nachher an die NSV (NS-Volkswohlfahrt, d. V.) zurückzahlen. Ich konnte meinen Abschluß machen, obwohl die Nazis bereits an der Macht waren. Später erhielt ich eine Aushilfsstelle als Kindergärtnerin. Doch existieren konnte ich von den 56 Mark Monatsgehalt nicht. So hatte ich zwar einen Beruf, aber keine Existenz. Immer wollte ich einen Beruf haben, um nicht zu heiraten. Wenn ich an meine spätere Zukunft dachte, stellte ich mir nur Beruf und Kind, aber keinen Mann vor. Meinen Beruf wollte ich mit der Arbeit in der sozialdemokratischen Bewegung verbinden, vielleicht bei den Kinderfreunden... Die beste Jugendzeit, alle Pläne sind für uns durch die Nazis kaputt gegangen!"

Im Unterschied zur Generation ihrer Mutter bestanden für Grete Appen, die in der Weimarer Republik die Schule besuchte, bereits mehr Möglichkeiten einer beruflichen Ausbildung. Doch der Weg, den sie beschritt, blieb eine Ausnahme, war beschwerlich und für die meisten Arbeiterfamilien nicht finanzierbar. Zwar waren immer weniger großstädtische Arbeitertöchter bereit, wie früher ihre Mütter „in Stellung zu gehen", aber der Weg einer qualifizierten Berufsausbildung blieb den meisten verschlossen. Der Eintritt ins Berufsleben allerdings war für die jungen Mädchen zur Selbstverständlichkeit geworden. Immer mehr Töchter auch aus Familien des Mittelstandes waren gezwungen, sich möglichst bald den Unterhalt selbst zu verdienen. Rund 77% der

Unter-Zwanzigjährigen waren 1925 in Hamburg außerhäuslich erwerbstätig (1907: 24%). Eine ähnliche Entwicklung zeigte sich im Reich. Allgemein stellten die Frauen rund ein Drittel der Erwerbstätigen. Die Jüngeren arbeiteten in den 1920er Jahren vor allem als an- oder ungelernte Fabrikarbeiterin, Schneiderin oder Näherin im Bekleidungsgewerbe oder als kaufmännische Angestellte. Die Tätigkeit als Verkäuferin oder Kontoristin erschien ihnen als erstrebenswerter Aufstieg. 40% der schulentlassenen Mädchen wollten diese Berufe ergreifen. 1925 gab es in Hamburg, wie auch in anderen Großstädten, bereits mehr weibliche Angestellte als Arbeiterinnen; Handel und Verwaltung expandierten. Die meisten Angestellten schieden allerdings bereits mit 25 Jahren, dem durchschnittlichen Heiratsalter der damaligen Zeit, wieder aus dem Berufsleben aus. Sie hofften wie ihre Mütter auf die Ehe als Befreiung vom notwendigen Übel der unbefriedigenden und ermüdenden Erwerbsarbeit, für die sie auch noch wesentlich schlechter entlohnt wurden als ihre männlichen Kollegen.

Christine Schmarsow

Ausbildungssituation heute

Trotz aller Fortschritte ist die Frauenfrage im Ausbildungssystem nach wie vor ungelöst. Die Frauenanteile in den betrieblichen, schulischen und hochschulischen Ausbildungsgängen sind zwar unterschiedlich. Entscheidender Maßstab für die Chancengleichheit von Frauen, eine qualifizierte Berufsausbildung zu erlangen, muß jedoch die Antwort auf die Frage sein: Können Frauen ihre gleichen Rechte beim Zugang zu Berufsausbildung und ausbildungsadäquater Beschäftigung auch verwirklichen? Dies ist – wenn auch in abgestufter Form für die einzelnen Ausbildungsgänge – zu verneinen. Von Ausbildungs- und Arbeitsplatznot sind Frauen besonders betroffen, und zwar sowohl was die Quantität als auch was die Qualität des ihnen verfügbaren Angebotes betrifft. Hauptursache dafür sind nicht Defizite an marktgerecht verwertbaren Qualifikationen, sondern frauenfeindliche und diskriminierende Strukturen des Beschäftigungssystems und ebensolche Verhaltensweisen von Arbeitgebern. Die scheinrationale Begründung von Abwehrmechanismen mit Kosten- und Arbeitsorganisationsargumenten macht sie gesellschaftspolitisch nicht akzeptabler.

Mädchen verlassen die Schule im Schnitt mit besseren Abschlüssen als Jungen. So stellen sie z. B. bei den Hauptschulabgängern ohne Abschluß nur ein gutes Drittel, sind bei denen mit mittleren Abschlüssen deutlich in der Mehrheit und machen bei Abiturienten die Hälfte aus. Trotzdem haben Frauen größere Schwierigkeiten als Männer, einen Ausbildungsplatz zu finden, obwohl sie sich häufiger bewerben und in ihren Plänen „flexibler" sind, d. h. auch ihre Berufswünsche schneller herunterschrauben. Von den 1981 unvermittelt gebliebenen Ausbildungsbewerbern waren 60% Frauen, darunter bei denen mit mittlerem Abschluß sogar 69%. Diese Zahlen bilden die Wirklichkeit allerdings noch „besser" ab, als sie ist, denn diejenigen, die sich bei der Arbeitsverwaltung gar nicht melden, werden nicht erfaßt. Bei den Auszubildenden (1,677 Mio) betrug 1981 der Frauenanteil 38,6%. Er ist in den letzten Jahren leicht, aber stetig gestiegen. In den Fertigungsberufen, die über die Hälfte aller Ausbildungsstellen ausmachen, liegt der Frauenanteil leicht über 7%; bei den Dienstleistungsberufen, deren Gesamtanteil 40% beträgt, bei 76%. Jede 4. junge Frau, aber nur jeder 14. junge Mann lernen in einem Beruf mit nur zweijähriger Ausbildungsdauer. Mit 42% liegt der weibliche Anteil an den erfolgreich bestandenen Lehrabschlußprüfungen höher als der Anteil der Frauen an den Auszubildenden. Beim Übergang von der Ausbildung in die Erwerbstätigkeit helfen ihnen diese positiven Ergebnisse aber nicht. Denn unter den jugendlichen

Arbeitslosen mit abgeschlossener Ausbildung sind Frauen wiederum in einer traurigen Mehrheit. 1981 waren die fünf am stärksten besetzten Ausbildungsberufe bei Männern: Kfz-Mechaniker, Elektroinstallateur, Maschinenschlosser, Tischler, Maurer; in diesen Berufen wurden 26% der männlichen Lehrlinge ausgebildet. Die vergleichbaren Berufe bei Frauen: Verkäuferin, Friseurin, Verkäuferin im Nahrungsmittelhandwerk, Bürokauffrau, Arzthelferin; auf diese fünf Berufe (Sackgassenberufe mit geringem Einkommen) konzentrierten sich 38% der weiblichen Auszubildenden. Anders als bei den Männern hat allerdings die Konzentration bei den Frauen auf diese wenigen Berufe leicht abgenommen, was auf ihren Anstieg in gewerblich-technischen Berufen zurückgeht. Unterstützt durch das Modellprogramm des Bundes und die Zuschußprogramme der Länder, hat sich die Zahl der Frauen, die in einem „Männerberuf“ ausgebildet werden, von 1977 bis 1981 fast vervierfacht: von 11500 auf 41300. In diesen Berufen lernen damit 6,4% aller weiblichen Auszubildenden. In schulischen Berufsausbildungsgängen sind junge Frauen stärker vertreten als Männer. Bei den Berufsfachschulen und den Fachschulen liegt ihr Anteil an den Schülern bei rd. 65%. Damit können sie ihre schlechteren Ausbildungschancen aber nur zum Teil ausgleichen, denn vor allem die stark besuchten ein- und zweijährigen Berufsfachschulen (z. B. Handelsschulen) führen nicht zu einem anerkannten Ausbildungsabschluß. Der Anteil der Frauen unter den Studienanfängern ist in den letzten 10 Jahren erheblich gestiegen. Die Konzentration der Frauen auf Studiengänge, die inhaltlich nahe bei der herkömmlichen Frauenrolle liegen und arbeitsorganisatorisch günstig erscheinende Möglichkeiten zur späteren Vereinbarkeit von Beruf und Familie aufweisen, wiederholt sich auch hier. Ebenso haben Hochschulabsolventinnen schlechtere Chancen, einen ersten Arbeitsplatz zu finden, als gleichqualifizierte Männer.

II. Brautstand – Hochzeit – Ehe

Wolfgang Amadeus Mozart

Kleiner Rat*

An seine Schwester Nannerl

Du wirst im Eh'stand viel erfahren,
was dir ein halbes Rätsel war;
bald wirst du aus Erfahrung wissen,
wie Eva einst hat handeln müssen,
daß sie hernach den Kain gebar.

Doch, Schwester, diese Eh'standspflichten
wirst du von Herzen gern verrichten,
denn glaube mir, sie sind nicht schwer.
Doch jede Sache hat zwo Seiten:

Der Eh'stand bringt zwar viele Freuden,
allein auch Kummer bringet er.

Drum, wenn dein Mann dir finstre Mienen,
die du nicht glaubest zu verdienen,
in seiner übeln Laune macht,
so denke, das ist Männergrille,
und sag: Herr, es gescheh' dein Wille
bei Tag, und meiner in der Nacht.

Johanna Schopenhauer

Brautstand einer Kaufmannstochter*

Ende des 18. Jahrhunderts

Heinrich Floris Schopenhauer, so hieß der Mann, der während einer bedeutenden Reihe von Jahren mich treulich durchs Leben begleitet hat, wußte wenigstens die Gewißheit, daß ich seine Hand nicht ausschlagen würde, von mir zu erhalten, ehe er an meine Eltern sich wandte, was damals, in jenen aller Romantik abholden Tagen ohne Vorwissen der am meisten dabei betheiligten Hauptperson, noch oft der Fall war. Furchtlose Offenheit war ein Hauptzug seines Charakters; auch kannte er mich schon genug, um vorauszusehen, daß mein, bei der kindlichsten Anspruchslosigkeit doch stolzes Gemüth, eine andere Handlungsweise nie ertragen haben würde.

Aus freiem Entschluß sprach ich in Gegenwart meiner Eltern das erbetene Ja sogleich aus, sogar ohne die damals gewohnte Bedenkzeit von drei Tagen mir vorzubehalten. Alfanzereien dieser Art strebten meinem geraden Sinn immer entgegen, und ohne es zu wissen, stieg ich durch dieses mein ungeziertes Benehmen in der Achtung des vorurtheilfreiesten Mannes, den ich je gekannt. [...]

Meine Eltern, alle meine Verwandten, mußten meine Verbindung mit einem so bedeutenden Manne, wie Heinrich Floris Schopenhauer in unserer Stadt es war, für ein sehr glückliches Ereigniß nehmen, doch haben weder mein Vater noch meine Mutter sich erlaubt, meinen Entschluß leiten zu wollen, obgleich Herrn Schopenhauers Betragen gegen mich zu auffallend war, als daß seine Erklärung sie hätte überraschen können. [...]

Glühende Liebe heuchelte ich ihm eben so wenig, als er Anspruch darauf machte, aber wir fühlten Beide, wie er mit jedem Tage mir werther wurde. An das bedeutende Mißverhältniß zwischen acht und dreißig und achtzehn dachte ich kaum; es konnte keineswegs mir störend auffallen, war doch auch mein Vater funfzehn Jahre älter als meine Mutter.

Mein Brautstand währte nur wenige Wochen; vom zehnten April bis zum sechzehnten Mai ist eine gar kurze Zeit; viele meines Geschlechts achten die Brauttage für die glücklichsten ihres Lebens; mir waren sie es nicht, obgleich ich gegen das Gefühl, sowohl in der Familie, als in der Gesellschaft plötzlich eine Hauptperson geworden zu sein, nicht ganz gleichgültig bleiben konnte. Auch mag ich nicht leugnen, daß die geschmackvollen, und zum Theil sehr kostbaren Geschenke mich freuten, mit welchen mich, die auch in dieser Hinsicht an Mäßigkeit Gewöhnte, mein Bräutigam verschwenderisch überhäufte; das liebste von Allen war mir immer der aus den seltensten und duftendsten Blumen zusammengesetzte Strauß, der Morgens mein Erwachen begrüßte. Sonntags und bei großen festlichen Gelegenheiten war ein solcher Strauß ein althergebrachter Tribut, den jede Braut zu erhalten erwarten durfte; ich erhielt den meinigen alle Tage, weil mein Bräutigam behauptete, daß jetzt in seinem Kalender lauter Sonntage ständen.

Carl Büchsel

Werbung auf dem Land*

19. Jahrhundert

Es gehört zu den sehr seltenen Fällen, daß eine wirklich vollzogene Verlobung wieder rückgängig wird, aber es dauert oft lange, ehe sie zu stande kommt, gewöhnlich liegt es daran, daß die Väter sich nicht einigen können über die Art und Weise, wie sie für die Zukunft der Kinder sorgen wollen. Während des Brautstandes hält sich das ordentliche Mädchen zurückgezogen und vermeidet das Gespräch mit anderen jungen Männern, und wenn sie zur Hochzeit oder zum Kindtaufen mit dem Bräutigam geladen wird, so sitzt sie neben ihm und tanzt auch nur allein mit ihm, wie denn auch der verheiratete Mann nur allein mit seiner Frau tanzt. Dem Manne steht freilich allein das Recht der Bewerbung zu, er sucht aber vorher sich zu überzeugen, ob das Mädchen auch willig dazu ist. Wenn es auf dem Jahrmarkt kleine Geschenke von ihm annimmt, oder zur Zeit der Ernte eine mit künstlicher Schnitzerei versehene Harke, oder im Herbste einen bunten, oft mit Fleiß und Geschick gearbeiteten Wocken am Spinnrade, und wenn das Geschenk erwidert wird durch ein schönes Band an der Sense oder einen Strauß am Hut, wenn die Ernte beginnt, so weiß er, daß seine Absicht gebilligt wird. Einen wirklichen Korb sich zu holen, gibt zum Gespött und zu Redereien viel Veranlassung. Gewöhnlich sieht das Mädchen Gottes Willen in der Bewerbung des Mannes und unterdrückt jede andere Neigung, die es etwa hat. Es ist, als dürfte sie durchaus nicht eher an's Heiraten denken, bevor nicht der Mann sich gefunden hat, der um sie wirbt. Eine Härte liegt darin, wenn von ihr verlangt wird, daß sie sofort sich entschließen und ja oder nein sagen soll, zumal wenn der Bewerber ihr wenig bekannt war, oder ihr Interesse noch nicht auf sich gezogen hatte. Wenn es gewiß ein Zeichen von schnödem Leichtsinn, Charakterlosigkeit, gänzlicher Unzuverlässigkeit und der bösesten Untreue ist, wenn der Mann nach der Verlobung sich zurückzieht und das Mädchen sitzen läßt, so sollte man nicht ganz so streng darüber urteilen, wenn ein Mädchen, das zum schnellen Entschlusse gedrängt wurde, später schwankend wird, wenn es den Mann näher kennen zu lernen Gelegenheit hatte, und die Ueberzeugung gewinnt, daß aus ihr und ihm keine glückliche Ehe werden könne. Die verlassene Braut ist sehr unglücklich und wird bei oft völliger Unschuld hart verdächtigt. Der junge Mann sucht seinen frevelhaften Leichtsinn, in dem er mit der Lebensruhe eines anderen Herzens gespielt hat, zu entschuldigen – ihre Tränen aber verklagen ihn vor Gott. Jeder Pastor, der das Vertrauen der Jugend in der Gemeinde hat, weiß recht gut, welche Kämpfe manche arme Braut zu kämpfen hat, wenn ein anderer kommt und um sie wirbt, als der, den sich ihre Augen ersehen hatten und den sie wünschte. Die Ordnung Gottes und die Sitte verbieten es ihr, ihre Wünsche auszusprechen, sie muß warten, bis der Mann die ersten Schritte tut, aber die Liebe und Neigung läßt sich nicht gebieten, sie bewegen sich in völliger Freiheit und oft nach ganz unbegreiflichen Gesetzen. Der Rat, daß das Mädchen lieber gar nicht heiraten solle, außer wenn eine wirkliche Neigung vorhanden ist, ist leichter gegeben als befolgt.

Rainer Beck

Die Ehre der Frau – voreheliche Sexualität auf dem Lande

17. und 18. Jahrhundert

Sich „fleischlich vereinigen" ist in der Gesellschaft des 17. und 18. Jahrhunderts keine nur sexuelle Interaktion, vielleicht noch nicht einmal primär eine sexuelle Interaktion, sondern Teil eines umfassenderen Transaktionsprozesses.

Immer steht es [...] im Zusammenhang mit einer Art Tausch, mit einer Forderung nach Reziprozität, die über die Sphäre der Sexualität hinausweist. Eine Frau konnte sich nicht einfach dazu hergeben, mit einem Burschen sexuell zu verkehren; sie konnte es nur dann, wenn sie dafür etwas bekam. Denn der eigentlich sexuelle Akt stellt sich in den Quellen nicht als ein sich selbst genügender Austausch dar, als ein Vergnügen, das man sich gegenseitig bereitet, sondern ganz einseitig als ein Geben der Frau und ein Nehmen des Mannes. Die Jungfräulichkeit – weniger als ethischer, denn als physischer, als materieller Wert – ist der Inbegriff dieser Verhältnisse. Sie wird gegeben und genommen und verdeutlicht damit die Verschmelzung von Sexualität und Ökonomie, ja im Grunde genommen die fast ausschließliche Betonung der ökonomischen Seite und damit der Einseitigkeit der sexuellen Interaktion. Der Verlust, den die Frau erleidet, indem sie gibt, wird erst dadurch kompensiert, daß der Mann seinerseits etwas gibt, d. h. indem er das eingebrachte Kapital „widerlegt".

Eine Frau zu „nehmen", ausgedrückt im „rapere florem" bzw. der Kopulation, ist damit gebunden an eine Verpflichtung, diese Frau auch zu versorgen. Sie tritt in gewissem Umfang aus dem Versorgungsverband ihrer Familie aus, geht über in eine Versorgungsverpflichtung des Mannes. Die sexuelle Interaktion fällt damit ineins mit dem Beginn der Stiftung einer neuen ökonomischen Einheit. [...]

Sexualität, das „Sich im Fleisch erkennen“, impliziert einen Vorgang „sozialer Plazierung“, der häufig nur in dem formalisierten Ereignis einer Eheschließung erkannt wird, tatsächlich aber längst vorher eingeleitet worden sein konnte. Die ihrer sexuellen Praxis immanente soziale Bestimmung dürfte den Akteuren, unter ihnen vor allem den Frauen, so selbstverständlich gewesen sein, daß es keines bewußten Kalküls bedurfte, dem gerecht zu werden. [...] Die Frauen waren es, die das primäre Risiko vorehelicher Beziehungen trugen, denn hier fielen die einzelnen Schritte des Austauschs zeitlich auseinander, stand einem tatsächlichen Geben der Frau ein lediglich versprochenes Bekommen entgegen. So erklärt sich die Tatsache, daß es in der überwiegenden Mehrzahl Frauen waren, welche die Ehe einzuklagen versuchten, nicht aus irgendeiner weiblichen „Natur“ heraus, sondern eher aus ihrer strukturellen Benachteiligung, d. h. den Versuchen von Männern, den zweiten Teil der Transaktion, den „Tausch“ nicht zu realisieren.

Eine eingegangene sexuelle Verbindung war noch kein unwiderruflicher Schritt, wie ihn weitgehend eine vollzogene Eheschließung bedeutete. Aber die Auflösung dieser Verbindung konnte auf zwei sehr verschiedene Arten, konnte unter konträren Bedingungen erfolgen, die die Situation der Frau gänzlich unterschiedlich pointierten. Realisierte ein Mann sein Versprechen nicht freiwillig, so galt es dieses Versprechen aufzuweisen oder zumindest durch den Nachweis schlüssiger Handlungen plausibel erscheinen zu lassen. Das verlangte, daß die Frau mit ihrem „Kapital“ umzugehen verstand, daß sie sich in sexueller Zurückhaltung übte, deren Repräsentation die ihr als Verhaltensvorschrift auferlegte „Verweigerung“ gegenüber „unehrenhaften“ männlichen Anträgen war.

Wer seine Ehrhaftigkeit im Zweifelsfall nicht nachweisen konnte, der hatte betrogen oder war betrogen; und wer betrügbar war, auf den fiel selbst noch Schuld zurück, war doch auch er leichtfertig gewesen, indem er die Möglichkeit zu diesem Betrug bot. Im Unterschied dazu konnte eine Frau, die „sich nichts zuschulden kommen ließ", die Wiederherstellung ihrer Ehre verlangen, verbunden mit einem „Ersatz" für ihre verlorene Jungfräulichkeit, vermutlich in der Höhe dessen, was ihr als elterliche Mitgift zugestanden wäre. Über das soziale Kapital der Ehre war Jungfräulichkeit umsetzbar in das Bar-Kapital einer ehelichen Aussteuer.

Carola Lipp

Voreheliche Sexualität der Arbeiterinnen

Ende des 19. Jahrhunderts

Obgleich die Situation nach dem Tanz und die Erwartungen, die sich daran knüpften, eindeutig waren, gab es doch Regeln, die vor allem die Frauen betrafen. Denn wer von ihnen gleich beim ersten Mal „ja" sagte, geriet schnell in Verruf, eine zu sein, die „leicht zu haben" war. Frauen mußten mit ihren Zugeständnissen dosiert umgehen. Voraussetzung für eine sexuelle Beziehung war in der Regel eine längere Bekanntschaft. [...]

Um dabei ihre „Ehre" nicht zu verlieren, waren Frauen gezwungen, eine schwierige Balance zwischen Permissivität und Respektabilität zu halten. Geschlechtsverkehr zwischen jungen ledigen Leuten war so zwar „kein Verstoß gegen gute Sitten", wie ein Soziologe in einer Untersuchung über Daimlerarbeiter 1910 feststellt, er setzt aber wohlweislich hinzu, „sofern der Bursche sein Mädchen heimführt".

Für das Arbeitermilieu um 1900 zumindest galt die Regel, daß erst zusammengeschlafen wurde, wenn die Absichten ernsthafter Natur schienen oder eine Ehe möglich war, falls der Verkehr Folgen haben sollte. „Eine Berliner Arbeiterin erblickt im außerehelichen Geschlechtsverkehr nichts Schändendes, sobald er sich nur auf einen erstreckt, von dem sie es dann aber auch für selbstverständlich hält, daß er sie heiratet, ebenso wie er es als unehrenhaft empfinden würde, die Geliebte zu verlassen." Die „Ehre" bestand nicht darin „keusch" zu bleiben; Jungfräulichkeit besaß keinen eigenständigen Wert. Der „Ehre" war Genüge getan, wenn der Entschluß zur Heirat oder zum Miteinandergehen gefallen war, es bestand dann kein moralischer Anreiz mehr, sexuelle Bedürfnisse aufzuschieben. Im Gegenteil: Da niedrige Löhne in den ersten Fabrikarbeitsjahren, Wohnungsprobleme oder Schwierigkeiten mit der Aufenthaltserlaubnis oft eine Familiengründung erschwerten, schaffte der voreheliche Verkehr als Antizipation der Ehe Bindungen, die es erst erlaubten, gemeinsam auf die Schaffung einer wirtschaftlichen Basis hinzuarbeiten. Die Heirat selbst wurde möglichst lange hinausgeschoben, und viele Paare waren bis zu 8 bis 10 Jahre miteinander verlobt. [...]

Eine Normverletzung, die auch die „Ehre" der Frau in Mitleidenschaft zog, lag dann vor, wenn eine Ehe nicht zustande kam und die Mutter mit dem Kind allein blieb. Die „Ehre" der Frau hing also vom Verhalten des Mannes ab. Zwar heißt es etwa aus der Wuppertaler oder Stuttgarter Gegend, daß ein Mann, der sein Mädchen sitzen ließ, „der Verachtung seiner Freunde, Kameraden und Kollegen verfiel" und mit „Prügel und Katzenmusiken" gezwungen wurde, „das Mädchen, das er verführt hatte, zu heiraten oder den Ort zu verlassen". Doch war die Durchsetzung dieser ländlichen Form der Kontrolle – die in der Schweiz des frühen 19. Jahrhunderts typischerweise „zu Ehren ziehen" hieß – angesichts der hohen Mobilität der Arbeiter im späten 19. Jahrhundert mehr als fraglich.

Von den 1895 in Frankfurt geborenen unehelichen Kindern von Fabrikarbeiterinnen wurden nur 28,4% legitimiert. Die Legitimationen lagen damit zwar höher als bei den sexuell noch häufiger ausgebeuteten Dienstbotinnen, dennoch hieß dies, daß zwei von drei Frauen ihre Kinder allein aufziehen, in Heime, zur Verwandtschaft oder in Kost geben mußten.

Häufiger als in anderen Schichten heirateten Arbeiter zwar Frauen mit unehelichen Kindern, doch ihre Toleranz hatte offensichtlich Grenzen. In einer 1910 gemachten brieflichen Umfrage beklagte sich eine große Zahl von Frauen, die nicht die Väter ihrer ersten Kinder geheiratet hatten, daß ihre Ehemänner sie mit „bittersten Vorwürfen über ihre Vergangenheit" quälten.

Die Grenzen des Anstands verliefen nicht nur zwischen einer sozial anerkannten Verbindung und sexueller Promiskuität, sondern waren auch eine Frage der Partnerwahl und damit der sozialen Perspektive einer Beziehung. „Eben so derb und frei wie die Arbeiterinnen in der Liebe sind", stellte eine Soziologin 1893 fest, „zeigen sie tiefe und ernste Empörung für jede gewerbsmäßig betriebene Unzucht, und ganz speziell für solche Mädchen, die sich an feine Herren vergeben." Die Abwehr von Frauen gegenüber sich prostituierenden Geschlechtsgenossinnen fällt umso heftiger aus, als das Abgleiten in „gewerbsmäßige Unzucht" eine präsente Gefahr und in Zeiten der Arbeitslosigkeit für viele Frauen der letzte Ausweg war, sich zu erhalten. Immerhin kam 1875 ein Viertel der Berliner Prostituierten aus Arbeiterfamilien, und stellten um 1900 die Hand- und Fabrikarbeiterinnen in Stuttgart allein 37% der nichtregistrierten, heimlichen Prostituierten.

Herrad Schenk

Eheanbahnung für „höhere Töchter"

19. Jahrhundert

Die „höhere Tochter" des Bürgertums lernte ihren zukünftigen Mann auf Bällen oder bei geselligen Veranstaltungen ihres Elternhauses oder bekannter Familien kennen. Wenn der Mann ernsthaftes Interesse signalisierte, wurde er von den Eltern der Frau einige Male eingeladen, während sie zugleich begannen, mehr oder weniger diskret Erkundigungen über seine Familie und seine Vermögenslage anzustellen – wie er es umgekehrt auch tat. Bewegten sich die Auskünfte in einem akzeptablen Rahmen, dann war gegen eine Hochzeit nichts einzuwenden, und die Eltern der Frau drängten auf die Verlobung, die dem Paar einen etwas freieren Umgang miteinander erlaubte – allerdings im allgemeinen immer noch in Gegenwart Dritter. [...]

Das Ideal der bürgerlichen Ehe war die „vernünftige" Liebe: Mann und Frau sollten einander schätzen und achten, und die Frau sollte nicht geradezu Widerwillen beim Gedanken an die physische Vereinigung empfinden, aber gefragt war keineswegs eine blinde Leidenschaft, die sich über alle finanziellen Erwägungen hinwegsetzte. Damit waren die Wahlmöglichkeiten schon erheblich eingeschränkt, vor allem für die Frauen, die sich häufig nicht leisten konnten, einen Antrag abzulehnen, da die Alternative, als „alte Jungfer" sitzenzubleiben, besonders trostlos erschien. Es bedeutete, nach dem Tod der Eltern, die soziale Isolation, wenn nicht verheiratete Brüder oder Schwestern bereit waren, sie zu sich zu nehmen, und es bedeutete sehr häufig eine quälende finanzielle Abhängigkeit. Nur wenige Frauen erbten so viel Vermögen, daß sie sich davon auf Dauer allein unterhalten konnten, und außer Gesellschafterin oder vielleicht noch Lehrerin gab es keinerlei Berufe, die den Frauen der Mittelschicht offengestanden hätten. Die Perspektivelosigkeit der unverheirateten Frauen des Bürgertums war einer der Hauptgründe für die Entstehung der bürgerlichen Frauenbewegung im vorigen Jahrhundert.

Im Bürgertum gab es eine große Zahl unverheirateter Frauen. Das hing damit zusammen, daß viele Männer es sich nicht leisten konnten, eine Familie zu gründen. [...]

Die Heiratschancen einer Frau hingen weit weniger von ihrer Schönheit als von der Höhe ihrer Mitgift ab – und die stand im umgekehrten Verhältnis zur Zahl der Geschwister. Das Einkommen der bürgerlichen Familie wurde in erster

Linie in die Ausbildung der Söhne investiert. Eine Mitgift, die den Töchtern gezahlt wurde, bedeutete häufig Kapital, das dem Familienunternehmen entzogen werden mußte: Bei mehreren Töchtern konnte es an die Substanz gehen – es sei denn, sie machten ausgezeichnete Partien, die der Familie andere Geschäftsvorteile brachten.

Eduard Fuchs

Heiratsannonce*

Um 1900

Das junge Mädchen, das zur Heirat vergeben werden soll, wird gewöhnlich vom Vater, Bruder oder sonstigen Verwandten ausgeboten. Kann es ein verlockenderes Angebot geben als dieses, das ein fürsorglicher Vater erläßt: „Zwecks Heirat. Im Hinblick auf mein Alter suche als Vater, völlig sekreter Weise allen Angehörigen gegenüber, für meine Tochter, evang., 25 Jahre alt, stattliche Erscheinung, angenehm gebildet, auch musikalisch und sprachlich, sowie in Kunstfertigkeiten geübt, dabei sehr häuslich und bescheiden, vornehm in Gesinnung und Charakter, zwecks Heirat, akademisch gebildeten Mann von empfehlendem Äußeren, größerer Figur, bester Gesundheit und zweifellos gediegenem Charakter, etwa anfang Dreißiger, bevorzugt Arzt, Jurist, höherer Beamter, Oberlehrer, Apotheker. (Witwer ausgeschlossen). Bei angenehmer Aussteuer Jahreszuschuß circa 5000 M. als Zinsen, sichergestelltes Kapital von 100000 M. Diskretion gegen Diskretion. Streng reelle, möglichst erschöpfende Zuschriften, zunächst wohl anonym, unter... innerhalb acht Tagen erbeten. Ev. Antwort etwa 14 Tage darauf zu gewärtigen." Natürlich soll es trotzdem eine Neigungsehe sein.

Herrad Schenk

Ehen in Sparta und Athen

In Sparta war die Ehe relativ informell und locker. Männer wie Frauen heirateten gewöhnlich mit 18 Jahren, doch die Männer lebten bis zu ihrem 30. Lebensjahr mit den anderen waffentragenden Männern zusammen und besuchten ihre Ehefrauen nur gelegentlich in der Nacht, meist sogar heimlich. Ein Zweck der etwa ein Jahrzehnt dauernden Trennung bestand wahrscheinlich darin, das sexuelle Verlangen lange aufrechtzuerhalten und so die Fruchtbarkeit zu steigern. Wenn eine Frau nicht schwanger wurde, so konnte sie die Verbindung, die den Charakter einer „Ehe auf Probe" hatte, ohne weiteres von sich aus lösen und eine neue eingehen. [...]

Die große Unabhängigkeit der Spartanerinnen hing einerseits mit der häufigen und langen kriegsbedingten Abwesenheit der Männer zusammen, mit dem jahrelang nach Geschlechtern getrennten Wohnsitz, der zur Folge hatte, daß die Frauen bei der Organisation ihres Alltags auf sich selbst und die Gruppe der Frauen angewiesen blieben, andererseits auch mit dem – im Vergleich zu sonstigen Völkern der Antike – recht hohen Heiratsalter der Spartanerinnen, die im allgemeinen nicht viel jünger waren als ihre Männer.

In Athen dagegen, wo das Verwandtschaftssystem patrilinear und die Ehe streng patriarchalisch angelegt war, heirateten die Frauen sehr jung, idealerweise mit 14 Jahren, während der Mann, der vor der Ehe seinen Militärdienst abgeleistet haben sollte, schon 30 Jahre alt war – ein Altersabstand, der nicht ohne Auswirkung auf die Autoritätsstruktur in der Ehe bleiben konnte. Die jungen Mädchen wurden so früh verheiratet, weil man sie für besonders lüstern hielt und viel Wert darauf legte, daß sie jungfräulich in die Ehe gingen. Ein Athener konnte eine vollgültige Ehe nur mit einer gebürtigen Athenerin eingehen; Nicht-Athenerinnen konnten nur Konkubinen werden.

Die Athenerin stand ihr Leben lang unter männlicher Vormundschaft, zunächst unter der ihres Vaters bzw. des nächsten männlichen Verwandten, und nach der Verheiratung unter der ihres Gatten. Wenn dieser verstarb, war ihr ältester Sohn ihr Vormund, und wenn sie keine männlichen Nachkommen hatte, dann trat wieder das männliche Oberhaupt der Herkunftsfamilie an die alte Stelle. Vater oder Vormund wählten für die Frau den passenden Ehemann und führten die Eheverhandlungen. Jede Athenerin mußte in die Ehe eine Mitgift einbringen; ohne sie war die Verbindung nicht rechtskräftig. Die Mitgift hatte die Funktion einer sozialen Sicherung der Frau: Der Ehemann verwaltete sie, durfte sie aber nicht antasten und mußte die Zinsen dieses Kapitals für den Unterhalt seiner Frau verwenden. Im Falle einer Scheidung hatte er die Mitgift an die Familie der Frau zurückzuerstatten oder ihr weiterhin die Zinsen zu zahlen. Die unangetastete Mitgift war für die geschiedene Frau wie für die Witwe die materielle Voraussetzung für eine zweite Ehe. Viele Athenerinnen heirateten mehrmals, denn Witwenschaft schon in frühem Alter war keine Seltenheit, und die Zahl der Frauen war insgesamt in der klassischen Antike sehr viel niedriger als die der Männer. Scheidungen ließen sich leicht herbeiführen, und sie galten für beide Teile nicht als unehrenhaft. Wünschte der Ehemann die Scheidung, so brauchte er seine Frau bloß aus dem Haus zu weisen; wollte die Ehefrau geschieden werden, so mußte sie allerdings ihren Vater oder einen anderen männlichen Verwandten bitten, ihren Wunsch dem Archon, dem höchsten Beamten im alten Athen, vorzutragen. Die Kinder galten in jedem Fall als der Familie ihres Vaters zugehörig und blieben dort.

Die Ehre der Athenerinnen, die allein athenische Staatsbürger gebären konnten, wurde dadurch gehütet, daß sie – als junge Mädchen wie als Ehefrauen – ganz abgeschlossen von der Öffentlichkeit in der Familie lebten. Verheiratete Frauen sahen außer ihrem Ehemann nur die Kinder und Sklavinnen, seltener Sklaven. Das soziale Leben der Männer spielte sich zum größten Teil außerhalb des Hauses ab, und auch die Liebeskultur war eine außereheliche, geprägt von Homosexualität, Hetärismus und Prostitution. Was den Geschlechtsverkehr innerhalb der Ehe anging, so hatte der Gesetzgeber Solon befunden, daß dreimaliger Verkehr im Monat ausreichend sei; wenn genügend legitime Nachkommen vorhanden waren, konnte auch darauf verzichtet werden.

Viele Athener hatten, vor allem wenn sie schon legitime Söhne aus einer vollgültigen Ehe besaßen, neben oder statt einer Ehefrau eine Konkubine. Perikles beispielsweise lebte viele Jahre lang mit der ehemaligen Hetäre Aspasia im Konkubinat. Äußerlich unterschied sich der Status der Konkubine nur wenig von dem der Ehefrau. Sexuelle Attraktion und individuelle Zuneigung spielten beim Zustandekommen solcher Beziehungen – jedenfalls auf seiten des Mannes – eine weitaus größere Rolle als bei der Wahl der Ehegattin. Die Konkubinen allerdings waren als Nicht-Athenerinnen, ohne Mitgift und ohne einen sie bevormundenden, aber in gewisser Weise auch über ihre Interessen wachenden Familienverband im Hintergrund, von ihren Männern noch abhängiger als die rechtmäßigen Ehefrauen. Außerdem bekamen ihre Kinder kein athenisches Bürgerrecht und hatten keinen gesetzlichen Anspruch auf das väterliche Erbe.

Carl Schneider

Hellenistische Ehekontrakte

Die neue Stellung der Frau hat sich auch positiv auf die Ehe ausgewirkt. Zwar hatte sich juristisch im griechischen Bereich wenig geändert: zur Ehe gehörte ein ordnungsgemäßer Ehevertrag (ἐγγύησις), was zahllose erhaltene Papyrusurkunden beweisen. Neu war nur, daß bei der ἔκδοσις, der

Übergabe des Mädchens an den Bräutigam, der Vater nicht mehr in allen Fällen eingeschaltet wurde, sondern daß die Braut die Zeremonie allein vollziehen konnte. Neu war auch eine genauere Differenzierung der einzelnen Formen der Ehekontrakte, besonders im Ptolemaierreich unter ägyptischen Einflüssen. Neu war wohl auch eine standesamtliche Beurkundung der Eheschließung, die wenigstens für den ptolemaischen Bereich und für Mykonos bezeugt ist. Die Ehekontrakte wurden vor Notaren oder als Notare fungierenden Priestern ausgestellt, nachdem sich die Brautleute vorher mit oder ohne Eltern besprochen hatten. In konsequenter Fortführung älteren griechischen Eherechtes enthielten sie genaue Bestimmungen über die Mitgift, die Mitgiftquittung lag häufig bei. Stärker als zuvor schützten die hellenistischen Kontrakte die Ehefrau, einige wurden ganz einseitig zu ihren Gunsten abgefaßt. Beachtlich ist, daß in ihnen der Mann nicht nur die Unterhaltspflicht in jeder Weise auf sich nahm, sondern sich auch in vielen Fällen zu absoluter ehelicher Treue verpflichtete. Abgesehen von den vorläufigen Ehekontrakten im ptolemaischen Ägypten, die erst nach einer gewissen Zeit durch endgültige abgelöst wurden, galten die meisten auf Lebenszeit. Kam es doch zu einer Auflösung der Ehe, mußte, wie im früheren griechischen Recht, die Mitgift voll zurückgezahlt werden. Das im Gebrauch der Frau befindliche Heiratsgut (παράφερνα) war sofort, das vom Mann verwaltete (φερνή) nach einigen Wochen zurückzuerstatten. Nur während der Ehe hatte der Ehemann Verfügungs- und Nutzungsrecht über die Mitgift, indes die Frau völlig selbständig über ihr eingebrachtes Sachgut, über Schmuck, Kleider und Hochzeitsgeschenke verfügte.

Dacre Balsdon

Eheschließung im alten Rom

Die junge Braut weihte ihr Kinderspielzeug den Hausgöttern und ebenso ihr Kindergewand, das noch gegen Ende der Republik in einer Toga *(toga praetexta)* bestand. Dann wurde sie für die Hochzeitszeremonie zurechtgemacht.

Das wichtigste war die Frisur. Bisher hatte sie keinen Scheitel getragen; ihr Haar war zurückgekämmt und am Hinterkopf mit einem Band oder einer Nadel zusammengehalten worden und dann offen über den Hals auf den Rücken herabgefallen. Für die Hochzeit wurde es nun in sechs Partien oder Stränge *(crines)* geteilt, die mit Wollbändern *(vittae)* zusammengehalten und in Form eines Kegels *(meta)* auf dem Kopf zu dem sogenannten *tutulus* aufgetürmt wurden. Es war eine schlichte Haartracht, die außer bestimmten Priesterinnen nur die Braut, und auch sie nur an ihrem Hochzeitstag trug. Das Haar mußte mit einer gebogenen Speerspitze aus Eisen gescheitelt werden. [...]

Der „Brautschleier" bestand aus einem länglichen, transparenten Gewebe, ähnlich unserem Georgette oder Voile, und war eher ein Schal als ein Schleier zu nennen; er bedeckte ihr Haupt, ließ aber das Gesicht frei. Seine Farbe war leuchtend orange oder flammend rot und paßte genau zu der Farbe der Schuhe. Auf dem Haupt trug sie einen Kranz aus Majoranblüten *(amaracus)*. Das Hochzeitsgewand bestand aus einer Tunika *(tunica recta)* und war – auf einem aufrechtstehenden altertümlichen Webstuhl – aus weißem feinen Flanell oder locker durchschossenen Musselin gewebt. Wie das Hochzeitskleid unserer Zeit, wurde es in seiner ursprünglichen Form nie wieder getragen. Später, als Matrone, würde die Braut sich in eine *stola* hüllen. Die Tunika wurde um die Taille mit einem wollenen Gürtel gehalten, der mit einem sogenannten „Herculesknoten" gebunden war, einer Art von Talisman, der sie gegen Unglück schützen sollte.

Als Gäste versammelten sich Freunde und Klienten beider Familien, die zur Teilnahme an der Hochzeit gesellschaftlich verpflichtet waren *(officium)*. Wenn der Bräutigam eintraf – und auf die religiösen Preliminarien, das Abhalten der Auspizien, die in der frühen republikanischen Zeit noch üblich gewesen waren, verzichtete –, erklärte sich die Braut zu seiner Frau mit dem Spruch: „*Ubi tu Gaius, ego Gaia*" (Wo du Gaius bist, da bin ich, Gaia). (Es ist nicht mit absoluter Sicherheit nachzuweisen, daß diese Formel gerade zu jenem Zeitpunkt ausgesprochen wurde. Vielleicht wurde sie auch später geäußert, dann nämlich, wenn die Braut zum ersten Mal das Haus des Bräutigams betrat). Das hieß nicht, daß sie seinen Namen annahm, denn ihr Name blieb tatsächlich unverändert; vielmehr bedeutete es: „Welcher Familie oder Sippe du angehörst, der gehöre auch ich an." Und nun führte eine Brautjungfer (die *pronuba)* die Braut ihrem Manne zu, und beide reichten sich die Hände. Dann wurde geopfert – für gewöhnlich ein Schwein. Waren die Brautleute eine Konfarreationsehe (besonders zeremonielle und unauflösliche Form der Eheschließung, A. v. D.) eingegangen, nahmen sie auf zwei Stühlen Platz, über die man ein Vlies gebreitet hatte, und teilten den Weizenspeltkuchen.

Das nächste war – jedenfalls seit der frühen Kaiserzeit – der Ehevertrag, die *tabulae nuptiales*. Der *auspex* – ein Mittelding zwischen Hausgeistlichem und Brautführer – sprach die notwendige Formel und erfüllte damit die Funktion, die einst ein wirklicher Priester innegehabt hatte. Dann wurde der Ehevertrag, der die Abmachungen über die Mitgift enthielt, von einer Reihe von Hochzeitsgästen – vermutlich waren es zehn – unterzeichnet. [...]

Nach der Unterzeichnung des Vertrages war für die Gäste der Augenblick gekommen, dem Paar Glück zu wünschen; sie riefen „Feliciter". Jetzt müssen alle schon für das Hochzeitsfrühstück *(cena)* bereit gewesen sein, bei dem die Braut neben dem Bräutigam zu Tisch lag, der, wie es scheint, die Kosten für die Bewirtung trug. Diese durften einen bestimmten Betrag nicht überschreiten: Augustus hatte die Höchstgrenze auf 1000 Sesterzen festgesetzt.

Damit erreichte der erste Teil der Hochzeitszeremonie sein festliches Ende.

Am Abend entriß der Bräutigam formell die Braut den Armen ihrer Mutter (was noch den Raub der Sabinerinnen symbolisiert haben mag oder auch nicht), und dann wurde sie, mit sittsamem Widerstreben mädchenhafte Scheu demonstrierend, von Freunden und Familienangehörigen im Brautzug zu ihrem neuen Heim geleitet.

Hans-Werner Goetz

Heirat im Mittelalter

Die Eheschließung war ursprünglich ein ebenfalls sippenrechtlicher Vorgang, der zur Versippung zweier Familien führte, deren Einverständnis folglich notwendig war. [...]

Mit der Heirat ging die Frau aus der Munt, also dem Schutz wie der Herrschaft, der Eltern in die Munt des Ehemannes über. Daß solche Ehen oft eher dem Willen der Eltern als der Verheirateten und vor allem der Braut entsprachen, liegt auf der Hand; erst im Laufe der Zeit forderten kirchenrechtliche Bestimmungen eine Einwilligung der Braut, bis die Ehe schließlich allein zwischen Bräutigam und Braut geschlossen wurde. Dennoch wurden viele Ehen auch weiterhin schon früh von den Eltern gestiftet. Das kanonische Mindestalter betrug später 14 Jahre für den Mann, 12 Jahre für die Frau, das durchschnittliche Heiratsalter dürfte beim Mann zwischen 20 und 24, bei der Frau zwischen 14 und 16 Jahren gelegen haben, möglicherweise werden hier die wenigen bekannten Beispiele von Frühehen aber auch überbewertet. Zumindest bei den Oberschichten war die Eheschließung häufig ein Mittel des sozialen Aufstiegs und eine politische

Angelegenheit, so daß, zumal bei Frühehen, Liebesheiraten wohl kaum allzu häufig vorkamen. [...]

Die Eheschließung selbst vollzog sich in festen *Formen*: Der *petitio* (Bitte im Sinne von Werbung) folgte die Verlobung *(desponsatio)*, die durchaus bindenden Charakter hatte, und schließlich die Hochzeit selbst *(nuptiae)*. Zuvor zahlte der Bräutigam die Brautgabe, das Wittum *(dos)*, zunächst an die Sippe der Braut, später an die Braut selbst, in deren Besitz sie, gewissermaßen als Witwenversorgung, zumindest teilweise verblieb. Bei begüterten Personen bestand das Wittum in der Regel aus einem Landgut mit Haus, Speichern, Ländereien, Vieh und Hörigen, außerdem aus Kleidern und Schmuck. Der Wert richtete sich nach dem Vermögen des Bräutigams. [...] Erbe des in die Ehe eingebrachten Gutes war nämlich nicht der Ehegatte, sondern, wenn keine Kinder da waren, jeweils die Familie des Mannes oder der Frau. Die „Trauung“ (*traditio*, also eigentlich die Übergabe) war ein feierlicher, und zwar weltlicher und öffentlicher, durch Zeugen abgesicherter Rechtsakt, bei dem das Jawort das entscheidende Element bildete. Danach folgte die „Heimführung“ der Braut in das Haus des Mannes und die „Beschreitung“ (bzw. Beliegung) des Ehebettes vor den Verwandten, die den Brautleuten wohl noch schnell letzte Ratschläge erteilten. Nach der Hochzeitsnacht erhielt die Frau die „Belohnung“ in Form der Morgengabe, die aber bald, auch begrifflich *(dos)*, mit dem Wittum verschmolz. In christlicher Zeit kam schließlich noch der Segen des Priesters hinzu.

Werner Rösener

Die bäuerliche Ehefrau im Mittelalter

Die mindere Rechtsstellung der Bäuerin gegenüber ihrem Mann kam vor allem in der „Munt" zum Ausdruck, die den Charakter eines Schutz- und Gewaltverhältnisses trug: die Frau stand zeit ihres Lebens unter der Vormundschaft ihres Ehemannes und war seiner „Herrschaft" unterworfen. So heißt es in einem Weistum von 1424 lapidar: *ain frow mus tun, was ain mann will.* Der Ehemann galt als Herr im Haus und verwaltete den gesamten Besitz mitsamt dem Vermögen, das die Frau in die Ehe gebracht hatte. Wenngleich er beim Verkauf dieser Güter ihre Zustimmung einholen mußte, hinderten ihn solche Einschränkungen nicht daran, seine hausherrliche Gewalt voll auszuüben. Furcht vor ihren Ehemännern gehörte offenbar zum Alltagsleben vieler Frauen, wie sich aus den Aussagen von Bäuerinnen im Pyrenäendorf Montaillou ergibt.

Kraft seiner Munt und der darin verankerten Gehorsamspflicht der Ehefrau besaß der Mann auch ein Züchtigungsrecht gegenüber seiner Frau. Wenn sich die Ehefrau gegen Außenstehende verfehlte und es zu Beleidigungen kam, hatte der Mann das Recht, seine Frau zu strafen. Dieses Züchtigungsrecht wurde stellenweise zur Pflicht erklärt: Falls ein Mann seine Frau nicht strafte, mußte er eine Buße zahlen. In den meisten Gegenden des hochmittelalterlichen Frankreichs stand es dem Manne ebenfalls gewohnheitsrechtlich zu, seine Frau zu züchtigen. Ein Rechtssatz des 13. Jahrhunderts aus dem Beauvaisis lautet: „Es ist gut für den Mann, seine Frau zu schlagen ohne Tod und ohne Verletzung, wenn sie ihren Gatten leugnet." In Bergerac war es gestattet, eine Frau bis zum Blutvergießen zu schlagen, vorausgesetzt, es geschähe in guter Absicht, um sie zu bessern. Auf der anderen Seite verhielt sich die Dorfbevölkerung denjenigen Männern gegenüber hart, die ihre Autorität nicht durchsetzten. In Senlis bestand im 14. Jahrhundert die Sitte, daß die Ehemänner, die sich von ihren Frauen schlagen ließen, dazu gezwungen wurden, auf einem Esel durchs Dorf zu reiten.

William H. Hubbard (Hg)

Ehegesetzgebung 1794/1900/1980*

Allgemeines Landrecht 1794

§ 184. Der Mann ist das Haupt der ehelichen Gesellschaft; und sein Entschluß giebt in gemeinschaftlichen Angelegenheiten den Ausschlag.

§ 185. Er ist verbunden, seiner Frau standesmäßigen Unterhalt zu gewähren.

§ 186. Mit dem nothdürftigen Unterhalte muß sie sich begnügen, wenn ihr der Mann den standesmäßigen nicht verschaffen kann.

§ 188. Der Mann ist schuldig und befugt, die Person, die Ehre, und das Vermögen seiner Frau, in und außer Gerichten zu vertheidigen.

§ 189. In der Regel kann daher die Frau, ohne Zustehung und Einwilligung des Mannes, mit Andern keine Prozeße führen.

§ 194. Sie ist schuldig, dem Hauswesen des Mannes nach dessen Stande und Range vorzustehen.

§ 195. Wider den Willen des Mannes darf sie für sich selbst kein besonderes Gewerbe treiben.

§ 196. Ohne des Mannes Einwilligung kann die Frau keine Verbindung eingehen, wodurch die Rechte auf ihre Person gekränkt werden.

§ 197. Der Mann kann aber auch, ohne die Einwilligung der Frau, keine Verbindungen treffen, wodurch ihre Person einem Dritten verhaftet wird.

§ 205. Durch die Vollziehung der Ehe geht das Vermögen der Frau in die Verwaltung des Mannes über, in so fern diese Verwaltung der Frau durch Gesetze oder Verträge nicht ausdrücklich vorbehalten worden. [...]

Bürgerliches Gesetzbuch 1900

§ 1353. Die Ehegatten sind einander zur ehelichen Lebensgemeinschaft verpflichtet. [...]

§ 1354. Dem Manne steht die Entscheidung in allen das gemeinschaftliche eheliche Leben betreffenden Angelegenheiten zu; er bestimmt insbesondere Wohnort und Wohnung. [...]

§ 1356. Die Frau ist, unbeschadet der Vorschriften des § 1354, berechtigt und verpflichtet, das gemeinschaftliche Hauswesen zu leiten. Zu Arbeiten im Hauswesen und im Geschäfte des Mannes ist die Frau verpflichtet, soweit eine solche Thätigkeit nach den Verhältnissen, in denen die Ehegatten leben, üblich ist.

§ 1357. Die Frau ist berechtigt, innerhalb ihres häuslichen Wirkungskreises die Geschäfte des Mannes für ihn zu besorgen und ihn zu vertreten. [...] Der Mann kann das Recht der Frau beschränken oder ausschließen. [...]

§ 1359. Die Ehegatten haben bei der Erfüllung der sich aus dem ehelichen Verhältniß ergebenden Verpflichtungen einander nur für diejenige Sorgfalt einzustehen, welche sie in eigenen Angelegenheiten anzuwenden pflegen.

§ 1360. Der Mann hat der Frau nach Maßgabe seiner Lebensstellung, seines Vermögens und seiner Erwerbsfähigkeit Unterhalt zu gewähren. Die Frau hat dem Manne, wenn er außer Stande ist, sich selbst zu unterhalten, den seiner Lebensstellung entsprechenden Unterhalt nach Maßgabe ihres Vermögens und ihrer Erwerbsfähigkeit zu gewähren. [...]

§ 1363. Das Vermögen der Frau wird durch die Eheschließung der Verwaltung und Nutznießung des Mannes unterworfen (eingebrachtes Gut). Zum eingebrachten Gute gehört auch das Vermögen, das die Frau während der Ehe erwirbt.

§ 1432. Die Ehegatten können ihre güterrechtlichen Verhältnisse durch Vertrag (Ehevertrag) regeln, insbesondere auch nach der Eingehung der Ehe den Güterstand aufheben oder ändern. [...]

Bürgerliches Gesetzbuch 1980

§ 1353. (1) Die Ehe wird auf Lebenszeit geschlossen. Die Ehegatten sind einander zur ehelichen Lebensgemeinschaft verpflichtet.

§ 1356. (1) Die Ehegatten regeln die Haushaltsführung im gegenseitigen Einvernehmen. Ist die Haushaltsführung einem der Ehegatten überlassen, so leitet dieser den Haushalt in eigener Verantwortung. (2) Beide Ehegatten sind berechtigt, erwerbstätig zu sein. Bei der Wahl und Ausübung einer Erwerbstätigkeit haben sie auf die Belange des anderen Ehegatten und der Familie die gebotene Rücksicht zu nehmen.

§ 1357. (1) Jeder Ehegatte ist berechtigt, Geschäfte zur angemessenen Deckung des Lebensbedarfs der Familie mit Wirkung auch für den anderen Ehegatten zu besorgen... (2) Ein Ehegatte kann die Berechtigung des anderen Ehegatten, Geschäfte mit Wirkung für ihn zu besorgen, beschränken oder ausschließen; [...]

§ 1360. Die Ehegatten sind einander verpflichtet, durch ihre Arbeit und mit ihrem Vermögen die Familie angemessen zu unterhalten. Ist einem Ehegatten die Haushaltsführung überlassen, so erfüllt er seine Verpflichtung, durch Arbeit zum Unterhalt der Familie beizutragen, in der Regel durch die Führung des Haushalts.

§ 1360a. (1) Der angemessene Unterhalt der Familie umfaßt alles, was nach den Verhältnissen der Ehegatten erforderlich ist, um die Kosten des Haushalts zu bestreiten und die persönlichen Bedürfnisse der Ehegatten und den Lebensbedarf der gemeinsamen unterhaltsberechtigten Kinder zu befriedigen. (2) Der Unterhalt ist in der Weise zu leisten, die durch die eheliche Lebensgemeinschaft geboten ist. [...]

§1363. (1) Die Ehegatten leben im Güterstand der Zugewinngemeinschaft, wenn sie nicht durch Ehevertrag etwas anderes vereinbaren. (2) Das Vermögen des Mannes und das Vermögen der Frau werden nicht gemeinschaftliches Vermögen der Ehegatten; dies gilt auch für Vermögen, das ein Ehegatte nach der Eheschließung erwirbt. Der Zugewinn, den die Ehegatten in der Ehe erzielen, wird jedoch ausgeglichen, wenn die Zugewinngemeinschaft endet.

§ 1364. Jeder Ehegatte verwaltet sein Vermögen selbständig. [...]

Des Knaben Wunderhorn

Die traurig prächtige Braut*

Komm heraus, komm heraus du schöne, schöne Braut,
deine gute Tage sind alle alle aus.
O weiele weh! O weiele weh!
Was weinet die schöne Braut so sehr,
mußt die Jungfern lassen stehn,
zu den Weibern mußt du gehn.

Lege an, lege an auf kurze kurze Zeit
darfst du ja wohl tragen das schöne Hochzeitskleid.
O weiele weh! O weiele weh!
Ach was weinet die schöne Braut so sehr!
Mußt dein Härlein schließen ein
in dem weißen Häubelein.

Lache nicht, lache nicht, deine rote rote Schuh
werden doch wohl drücken, sind eng genug dazu.
O weiele weh, o weiele weh!

Ach was weinet die schöne Braut so sehr.
Wenn die andern tanzen gehn
wirst du bei der Wiege stehn.

Winke nur winke nicht, sind gar leichte leichte Wink
bis du an dem Finger einen goldnen Hochzeitring.
O weiele weh, o weiele weh!
Ach was weinet die schöne Braut so sehr!
Goldne Ketten legst du an,
mußt in ein Gefängnis gahn.

Springe heut, springe heut deinen letzten letzten Tanz,
morgen kannst du weinen auf den schönen Hochzeitskranz.
O weiele weh, o weiele weh!
Ach was weinet die schöne Braut so sehr!
Mußt die Blumen lassen stehn.
Auf den Acker mußt du gehn.

Ingeborg Weber-Kellermann

Hochzeitsnacht

19. Jahrhundert

Daß der „schönste Tag" oft mit einem Schock für die junge, naive und gänzlich unaufgeklärte Braut endete, ist selten zugegeben worden. Vicki Baum berichtet in der ihr eigenen Offenheit von der Hochzeitsnacht ihrer Mutter:

„Ich glaube, daß meine Mutter noch bis zu diesem Tag mit Puppen gespielt hat. Und da auch ihre Mutter ein Kind geblieben war, ließ sie ihre Tochter in die Hochzeitsnacht stolpern, ohne ihr weitere Instruktionen mitzugeben, als daß eine Braut sich in jegliches, noch so unangenehm und unanständig geartetes Tun des Bräutigams zu fügen habe. Für meine Mutter hörte sich das ähnlich an wie die Predigt vor dem ersten Gang zum Zahnarzt. In ihrer unglaublichen Unwissenheit hoffte die kleine Braut wahrscheinlich, ohne wesentliche Belästigungen davonzukommen. Schließlich hatte ja auch der Zaharzt niemals einen Defekt an ihren kräftigen weißen Zähnen gefunden und ihr niemals weh getan ...

Jetzt ist sie also – und dies habe ich von ihr selbst – zum erstenmal allein mit ihrem Mann. Ganz Unschuld, Dummheit, Gehorsam, mit den allerfeinsten handgestrickten weißen Seidenstrümpfen, weißen Satinschuhen in Kindergröße, weißem Schleier und weißem Myrtenkranz. Auch Vater bebt vermutlich in seinen Lackschuhen, denn, um Himmels willen, wie machte man den Anfang mit einer Jungfrau? Er stellt ihr ein paar ungeschickte Fragen, entdeckt ihre abgrundtiefe Unkenntnis der Dinge. Es rührt ihn zwar an, doch es macht die ohnehin schwierige Situation noch um – oh – so viel schwieriger. Die Mietdroschke rattert über das Kopfsteinpflaster, es wird dunkel, es regnet. Vater sagt dem Kutscher, er solle eine Fahrt um den Ring machen. Das ist kostspielig, aber es braucht Zeit, um seiner kleinen Frau die schrecklichen Tatsachen des Lebens zu erklären. Ich bin sicher, daß er es mit Methode tat, in echtem Revisorenstil und den rauhen, ungeschminkten Ausdrücken eines älteren Junggesellen.

Mama fröstelte, zitterte, seufzte vor Angst, hielt mühsam die Tränen zurück. Woher wußte er nur all diese schmutzigen Dinge? So überlegte sie ... Bis sie zu Hause anlangten (Flitterwochen entfielen als zu teuer), war Mama zu Stein geworden.

Um die Mitte dieser gänzlich viktorianischen Hochzeitsnacht lief sie fort. Zurück zu den Eltern wie so manche andere entsetzte junge Braut. Früh am nächsten Morgen übergab ihr Vater, der Mann von Welt, der stürmische Romantiker, sie ihrem Ehemann erneut zu treuen Händen. Vielleicht mit ein paar zarten Winken, wie man eine noch sehr kindliche, empfindsame Braut behandelte. Und sie fügte sich, ganz wie man es ihr gesagt hatte – und wie Tausende von Mädchen sich einem unerwünschten, ungeliebten Manne fügten.“

Das waren nicht gerade ideale Voraussetzungen für sexuelle Harmonie in der Ehe. Da die jungen Mädchen auf diese Seite des Ehelebens genauso wenig vorbereitet wurden, wie ihre Mütter es gewesen waren, setzte sich die Ansicht fort, daß dies Thema für wohlerzogene Frauen kein Gesprächsstoff sei. Auch in den bürgerlichen Ehebetten mit ihren Baldachinen wird nicht viel gesprochen worden sein, und die rosa Marmorampel war meist erloschen. Lebendige Sinnlichkeit erwartete man nicht von der bürgerlichen Hausfrau, und selten dürfte sie in ihr geweckt worden sein. Das schickte sich nicht.

Und so vertiefte sich auch innerhalb dieser intimsten Begegnung der Ehegatten die familiäre Sprachlosigkeit, die Unfähigkeit, über wichtige persönliche Dinge miteinander zu sprechen, die dann später die Mutter daran hinderte, die Tochter über ihre körperliche Entwicklung aufzuklären. Die allerweiblichsten Gespräche waren in jener Gesellschaft kein weibliches Thema.

Herrad Schenk

Hochzeitsnacht und eheliche Sexualität

19. Jahrhundert

So verfügten die Männer zu Beginn einer Ehe im allgemeinen über einen großen Erfahrungsvorsprung, der sich – zusammen mit der den Frauen anerzogenen Prüderie und Körperfeindlichkeit – sehr negativ auf die sexuelle Beziehung auswirken konnte. Selbst wenn Zuneigung oder Verliebtheit die Grundlage der Ehe war, konnte eine Frau auf diesem Hintergrund „das große tiefe Geheimnis des Geschlechts... wie eine gräßliche Untat“ erleben. So schreibt die Sozialistin und Feministin Lily Braun, geboren 1865, in ihren Memoiren: „Sie hat mir oft erzählt, daß sie in den ersten acht Tagen ihres

Zusammenlebens mit ihrem Mann am liebsten davongelaufen wäre, wenn sie sich nicht vor ihren Eltern geschämt hätte. Erst ganz allmählich kam ihr die Erkenntnis, daß ihr Gatte kein Verbrecher, ihr Schicksal kein abnormes war." Es gibt zahlreiche literarische, biographische oder dokumentarische Beispiele dafür, daß die Frauen des 19. Jahrhunderts, wenn nicht mit Widerwillen und Angst, so doch mit abwehrender Gleichgültigkeit auf die eheliche Sexualität reagierten. „Das Geschlechtliche wäre mir ganz gleichgültig; nur ärgert es mich, daß man nicht gleichzeitig dabei Strümpfe stricken kann", erzählte eine in „außerordentlich glücklicher Ehe lebende Frau" noch Anfang des 20. Jahrhunderts einem protestantischen Züricher Pfarrer.

Oswald von Wolkenstein

Liebeslied an seine Frau Margarete*

„Simm Gredlin, Gret, mein Gredelein,
mein zarter bül, herz lieb gemait,
dein züchtlich er an mir nicht weich!"
„Halt wie es get, mein Öselein,
inn deiner schül treu stetikait,
die wil ich leren ewikleich."
„Die wort sol ich behalten mier
und schreiben in meins herzen grund
von deinem röselochten mund."
„Mein hort, das selb ist wol mein gier,
wann ich wil nicht wencken."
„Gedenck, liebs Öselein, an mich,
dein Gredlin sol erfreuen dich."

„Du kanst mich nicht erfreuen bas,
wann das ich läg an deinem arm,
verslossen als ain kleusener."

„in deiner phlicht wurd ich nicht lass,
an sainlich träg mach ich dir warm
und ist mir das ain klaine swër."
„Hab danck, mein trauter aidgesell,
das sol ich dir vergessen klain,
wann du bist wol, die ich da main."
„An wanck von mir kain ungevell,
herzlieb, nicht enwarte!"
„danck so hab die zarte."
„zart liebster man, mir ist so wol,
wenn ich dein brust umbsliessen sol."

„Vor aller freud tröst mich dein herz,
dorzu dein wunniklicher leib,
wenn er sich freuntlich zu mir smucket."
„Gesell, so geud ich wol den scherz,
und gailt sich fro dein ainig weib,
wenn mir dein hand ain brüstlin drucket."
„Ach frau, das ist mein zucker nar
und süsst mir alle mein gelid,
seid du mir haltst günstlichen frid."
„Getraw mir sicherlichen zwar,
Öslin, gar an ende!"
„Gredlin, das nicht wende!
kain wenden zwischen mein und dir
sei uns mit hail beschaffen schier."

Margarete von Wolkenstein
Brief an ihren Gemahl Oswald*

Mein frauntlichen, willigen dienst wist allzeit bevor.
Herzenliebster her.

Das ir wol möcht und wol ging, das wer mir ein grösse fraüd. Und las euch wissenn, wie etlich zu Kastelrutt geredt haben und euch darzu übel geflücht haben, [...] es sey nyemant als schuldig an den sachen, [...] dann ir, und wa ir in gehindern möcht, das tät ir geren, und sei, das euch die sach zu gutem gedeyhen werd, das nem si ymmer wunder. [...] Und pitt euch, herzenliebster herr, ir welt euch in allen sachen fürsehen, damit das euch kayn smachait noch schad widervar, wann ir euch wol dürfft fürzesehen. Lieber her, getraut dem Gufidauner nicht, wann er und der Tunner und her Tibolt ain ding ist. Auch las ich euch wissen, wie man geredt hat, ir habt laider der schintl züvil auf dem dach; wer aber dasselb nicht, so wolt man wol ainen weg treffen, damit das ir die laüt pei ainem geleichen liesset peleiben. Tüt als wol, herzenliebster herr, wert ir lenger in dem rat peleiben, so schickt nach mir! Das wil ich immer umb euch verdienen, wann ich doch von euch nicht sein wil, es sei da oder anderswa. [...]

Lieber herr, möcht ir mit dem Jösen gereden, das er herwider käm, oder umb ainem andern frumen knecht, damit das ir versorgt wert, des pedörfften wir wol auf dem haus. Auch las ich euch wissen, das ich zwen ochsen kaufft han umb 10 ducaten und 1 ℔, und hat der Pasayer die 9 ducaten daran ausgericht. Auch will der probst noch der [H]a[n]ß das smalz nicht habn. Welt irs aber dem Größkopf geben, der wils geren nemen 1 ℔ umb 9 fierer und nicht höcher. Doch maynt der Fräl, er wolts zü Tramyn gar wol an werden, wolt ir ims geben. Und was eur wolgefallen sey, das lat mich in geschrift herwider wissen umb das und umb ander sach, wie es euch ergee oder wie ir mügt, pei dem Geyr. Und schickt mir den zu stund herwider, wann ich sein nicht enpern mag zü dem haus. Und wais nicht anders, oder es stond wol zu Hauenstain. Damit so phleg eur der allmächtig got! Geben zu Hauenstain am freitag nach gots leichnams tag anno domini 45 [1445]

Margret von Wolkenstain.

(Adr.) Dem edlen, strengen ritter, herren Oswalt von Wolkenstain, meinem lieben gemaheln etc.

Iris Origo

Ein schwieriger Eheherr

Um 1400

Ohne Zweifel war Francesco ein schwieriger Mensch, schwer zufriedenzustellen, nicht leicht zu lieben. Was seine Frau aber vollends zur Verzweiflung brachte, war, daß er einerseits die ganze Last und Verantwortung für den Haushalt ihr aufbürdete, andererseits aber beileibe nicht aufhörte, sie sogar aus der Ferne noch zu kontrollieren, und immer etwas auszusetzen hatte. „Als allererstes sag' mir jetzt einmal", schrieb er in einem Brief vom 22. August 1398, der sie ganz besonders kränkte, „hast Du auch den Traubenessig *[agresto]* vom Wasser abgezogen, denn Du weißt ja, daß Du ihn immer verwässern oder ihn auslaufen läßt?" Um das Maß voll zu machen, warf er ihr auch noch vor, sie habe Wasser von der Straße in den Keller laufen lassen. „Dabei steht Dir so eine große Schar von Frauen zur Verfügung, daß Du sie wahrlich hättest beauftragen können, etwas Sand von dem Platz vor dem Marienbild zwischen unserem Haus und dem von Messer Piero zu holen, und damit unsere Türen abdichten können, so wie ich es gewöhnlich mache." Nicht genug damit, er verglich auch noch Margheritas Wirtschaften sehr ungnädig mit dem der Frau seines adeligen Freundes Guido del Palagio, die ihm, „in den 34 Jahren, die sie mit ihm zusammenlebt, nicht ein einziges Mal Verdruß bereitet hat".

Margheritas Antwortbrief, den sie noch am selben Tag schrieb, zeigt, wie dieser Vergleich sie innerlich getroffen hatte. „Warum Du mich wegen des Traubenessigs fragst, weiß ich wirklich nicht, denn wenn ich Dir die Wahrheit sagte, Du würdest sie mir ja doch nicht glauben. Wenn der Essig verwässert und verdorben war, so ist das nicht meine Schuld, sondern der Essig ist deswegen verdorben, weil das Fäßchen schadhaft war..." Dann gab sie sich einen Ruck und kam auf das zu sprechen, was sie am tiefsten verletzt hatte.

Du erzählst von Guido, daß seine Frau ihm noch nie Verdruß bereitet habe. Ich glaube ja, daß er die Wahrheit sagt; aber ich glaube, *er* hat *ihr* noch weniger Verdruß bereitet, als sie ihm. Und Guido kann nicht nur eine Frau regieren, er regiert ja eine ganze Stadt. Ich habe mich recht genau bei Ser Lapo und bei seiner Schwiegertochter erkundigt, die hier war, wie Guido zu Hause so ist. Guido kann man nicht mit anderen Männern vergleichen; er behandelt sein Weib wie eine Herrin und nicht wie eine Gastwirtsfrau. Denn nun sind es 15 gesegnete Jahre, daß ich hierherkam und hier wie in einem Gasthaus lebe...

Dann kam ein ganzer Schwall von angestautem Ärger, großem und kleinem, über allerhand Vorkommnisse, deren letztes war, daß am Abend zuvor Francescos Maultier total überfressen in Prato angekommen war, „dem Du so viele Leckerbissen und so viel Müßiggang gegönnt hast, daß es am Bersten war, und um drei Uhr früh mußten wir es zur Ader lassen... Wollte Gott, Du würdest mich so gut behandeln wie Dein Maultier!"

Francesco wisse ja doch wohl, so schloß sie, daß er selbst immer mehr als genug zu arbeiten habe, wenn er zu Hause sei, „und jetzt habe ich sowohl Deine als auch meine Arbeit allein zu tun... und ich bin nicht mehr so gesund, wie ich es einmal war. Aber ich würde alles ertragen, wenn wenigstens ein Teil von dem, was ich tue, anerkannt würde."

Solch einen Brief schreibt nur eine völlig verzweifelte Frau, aber eben eine, die keine Angst hat, ihren Mund aufzumachen.

Martin Luther

Briefe an Katherin, seinen lieben Herrn*

Dessau, 29. Juli 1534

Meinem freundlichen, lieben Herrn, Frau Katherin von Bora, Doktorin Lutherin zu Wittenberg.

Gnad und Fried in Christo! Lieber Herr Käthe! Ich weiß Dir nichts zu schreiben, weil Magister Philipps samt den andern selbst heim kommen. Ich muß länger hie bleiben um des frommen Fursten willen. Du magst denken, wie lange ich hie bleiben werde, oder wie Du mich los machest. Ich halt, Magister Franciscus wird mich wieder los machen, wie ich ihn los gemacht habe. Doch nicht so balde.

Gestern hatte ich ein bosen Trunk gefasset, da mußt ich singen: Trink ich nicht wohl, das ist mir leid, und tät's so rechte gerne. Und gedacht, wie gut Wein und Bier hab ich daheime, dazu eine schone Frauen oder (sollt ich sagen) Herren. Und Du tätest wohl, daß Du mir heruber schickest den ganzen Keller voll meins Weins und eine Pfloschen Deines Biers, so erst Du kannst, sonst komme ich vor dem neuen Bier nicht wieder. Hiemit Gott befohlen samt unser Jungeren und allem Gesinde, Amen. Mittwochs nach Jacobi 1534.

Dein Liebchen
Mart. Luther D.

Eisleben, 10. Februar 1546

Der heiligen, sorgfältigen Frauen, Frauen Katherin Lutherin, Doktorin, Zülsdorferin zu Wittenberg, meiner gnädigen lieben Hausfrauen.

Gnad und Friede in Christo! Allerheiligeste Frau Doktorin! Wir danken Euch ganz freundlich fur Euer große Sorge, dafur Ihr nicht schlafen kunnt. Denn seit der Zeit Ihr fur uns gesorget habt, wollt uns das Feur verzehret haben in unser Herberge, hart vor meiner Stubentur, und gestern, ohn Zweifel aus Kraft Euer Sorge, hätte uns schier ein Stein auf den Kopf gefallen und zuquetscht wie in einer Mausefalle. Denn es in unserm heimlichen Gemache wohl zween Tage uber unserm Kopf rieselt Kalk und Leimen, bis wir Leute dazu nahmen, die den Stein anruhreten mit zweien Fingern, da fiel er herab, so groß als ein lang Kissen und einer großen Hand Breit. Der hatte im Sinne, Euer heiligen Sorge zu danken, wo die lieben Engel nicht gehutet hätten. Ich sorge, wo Du nicht aufhörest zu sorgen, es mocht uns zuletzt die Erden verschlingen und alle Element verfolgen. Lehrest Du also den Katechismus und Glauben? Bete Du und lasse Gott sorgen, Dir ist nichts befohlen, fur mich oder Dich zu sorgen. Es heißt: „Wirf dein Anliegen auf den Herrn, der sorget fur dich“, Psalm 55, und viel mehr Orten.

Wir sind, gottlob, frisch und gesund, ohn daß uns die Sachen Unlust machen und daß Jonas wollt gern ein bosen Schenkel haben, daß er sich an einer Laden ohn Gefahr gestoßen hat. So gar groß ist der Neid in Leuten, daß er mir nicht will gonnen, allein ein bose Schenkel zu haben. Hiemit Gott befohlen. Wir wollten nu fort gern los sein und heim fahren, wenn's Gott wollt, Amen. Am Tag Scholasticae 1546.

Euer Heiligkeit williger Diener
Martinus Luther

Jörg Wickram

Einer leidt mit seiner frauwen lieb und leidt*

1555

Ein schneider, fast ein zenckischer mensch, welchem die frauw, wiewol sie frumm unnd treüw was, so kundt sy im doch nimmer recht thůn; er war allweg mit ir zů unfriden, schlůg unnd raufft sy stetz. Deßhalb die oberkeit darinn sehen můßt und legt in ein zeitlang in gefencknuß. Unnd als man meint, er hette nun wol gebůßt, er solt witzig werden und mit seinem weib furthin freüntlich låben, ließ man in wider herauß; er aber můßt ein eydt schweren, das weib nimmer zů schlahen, sunder solt freündtlich mit ir leben, auch lieb und leid mit leiden, wie sich under eeleüten gebürt. Der schneider schwůr.

Als er nun ein zeit lang fridlich mit ir lebt, kam im seine alte weiß wider an, daß er mit ir zanckt; er dorfft sy aber nit schlagen, darumb wolt er sy bey dem har erwůtschen. Das weib aber war im zů geschwind und entsprang; do erwůtscht er die schår und warffs ir nach, jagt sy im hof umb, und was er erwütscht, warff er ir nach. Wenn er sy traff, so lachet er, unnd wenn er iren felt, flůcht er. Das treib er so lang, biß ir die nachpauren zů hilff kamen.

Der schneider ward wider für die herren beschickt, die hielten im für, ob er nit wußt, was er geschworen hett. Antwort der schneider: ‚Lieben herren, ich hab mein eyd gehalten; hab sy nit geschlagen, sunder, wie ir mir befolhen haben, sol lieb und leid mit ir leiden, das hab ich gethan.' Die herren sagten: ‚Wie kan das sein? Sy fůrt doch ein grosse klag.' Er antwortet unnd sprach: ‚Ich hab sy nur ein wenig bey dem haar wöllen ziehen, also ist sy mir entwichen; do bin ich ir nachgeilt, nach ir mit benglen und, was ich erwütscht hab, geworffen. Wenn ich sy hab troffen, ist es mir lieb gewesen und ir leid; wenn ich hab gefelt, ist es ir lieb gewesen und mir leid. Also hab ich ir lieb und leid mit ir gelitten, wie ir mir befolhen haben.‘ Solch findt man etwan fantasten, mit denen man ein gantz jar zů schaffen hett, so man inen losete. Die herren geboten im, er solt sy nit mer schlagen, auch kein lieb noch leid in solcher gestalt mer mit ir leiden, sunder lůgen, daß das weib kein klag mer über in fůrt, es wurde im nümmen mit einem schertz außschlitzen.

Johanna Schopenhauer

Eheleben*

18. Jahrhundert

Gerade wenn man es am wenigsten erwartet hatte, konnte die unbedeutendste Veranlassung zu wildestem, freilich sich schnell wieder legenden Zorn ihn aufbringen. Dann erbebte vor seiner Donnerstimme das ganze Haus; wir Kinder waren ohnehin gewöhnt, uns still zu verhalten, wenn es hieß: „Der Vater kommt“, doch alle andere Hausgenossen, bis auf Hund und Katze, liefen ihm dann voll Angst aus dem Wege.

Nur meine liebe sanfte Mutter ließ durch ein solches häusliches Ungewitter sich nicht aus der Fassung bringen; sie wartete in großer Gelassenheit, bis ihr Alter ausgetobt hatte. Sie predigte ihm nicht, sie schmeichelte ihm nicht, sie redete sogar ihm nicht zu; aber sie verstand es, ihn ganz unmerklich zu besänftigen und ihren grimmigen Löwen dahin zu bringen, daß er fromm wie ein Lamm seiner Übereilung sich innerlich schämte. Uns, jung wie wir waren, entging dies nicht, und wir hatten ihn deshalb nur um so lieber, denn ein Kindergemüt weiß jedes rein menschliche Gefühl gleich anzuerkennen.

Eine gewisse altfränkische Galanterie gegen unser Geschlecht hielt übrigens meinen Vater stets ab, sich gegen unsre Mutter merklich zu vergessen. Während seines langen Aufenthalts in Frankreich hatte er sie sich wahrscheinlich angeeignet, und sie war zur zweiten Natur ihm geworden, ohne jedoch ins Lächerliche zu fallen. Jetzt ist diese alte Sitte dermaßen aus der Mode gekommen, daß meine Leser kaum verstehen werden, was damit eigentlich gemeint ist; sogar uns Töchtern kam diese mildere Sitte zugute. In einer ruhigen Stimmung konnten wir als ganz kleine Mädchen vom Vater alles erhalten, was wir wünschten; sobald wir nur nicht zudringlich ungeschickt oder in unserm Verlangen gar zu unverständig uns bezeigten.

Mit wenigen Strichen ist das Bild meiner Mutter, Elisabeth, geborne Lehmann, recht getreu und charakteristisch darzustellen. Ein kleines zierliches Figürchen mit den niedlichsten Händchen und Füßchen, ein Paar große sehr lichtblaue Augen, eine sehr weiße feine Haut und schönes langes lichtbraunes Haar, so war sie in der äußern Gestalt.

Hübsch angezogen sein war ihre Freude, auch mein Vater sah seine kleine Frau gern geputzt und nahm, ohne daß sie ihn dazu aufzufordern nötig hatte, jede Gelegenheit wahr, welche seine Geschäftsverbindungen ihm boten, um aus Lyon mit Kleidern, Blonden und Hauben, aus Italien mit den schönen Blumen sie zu beglücken, die damals in jenem Lande aus Eierhäutchen und Seidenwürmerkokons der Natur täuschend nachgebildet wurden.

Zur rührigen Hausfrau, in dem Sinne der damaligen Zeit, eignete meine Mutter ihrer Natur nach sich wenig, auch war mein Vater keineswegs gesinnt, dieses von ihr zu verlangen; er war völlig damit zufrieden, daß sie die Oberaufsicht über ihr Hauswesen recht verständig zu führen verstand. Übrigens war sie an ihrem Nähtisch vom Morgen bis zum Abend für sich und die Ihrigen beschäftigt; das alte Sprichwort: Was ihre Augen sehen, wissen ihre Hände zu machen, galt im vollsten Maße von ihr.

In Hinsicht auf das, was in unsern Tagen von Frauen und Mädchen gefordert wird, war freilich die Erziehung meiner Mutter nicht minder vernachlässigt worden, als die der Mehrzahl ihrer Zeitgenossen. Ein paar Polonaisen, ein paar

Murkys auf dem Klavier, ein paar Lieder, bei denen sie selbst sich zu akkompagnieren wußte, Lesen und Schreiben für den Hausbedarf, das war so ziemlich alles was man sie gelehrt hatte. Doch Mutterwitz, natürlicher Verstand und jene rege, den meisten Frauen eigne Auffassungsgabe entschädigten sie für diesen Mangel an erworbenen Kenntnissen.

Christoph Martin Wieland

Die ideale Gattin*

18. Jahrhundert

Meine kleine Frau weiß, wie Sie sehen, nicht auszudrücken, was sie fühlt: [...] Von Natur aus beschränkt und wenig lebhaft, hat die Art von Erziehung, die man ihr gegeben hat, ihre Seele in einer Art von Kindheitszustand gelassen, aus dem sie nur durch unmerkliche Schritte heraustreten kann; man muß ihr nicht allein Ideen geben und sie das Denken lehren; sie muß auch das Sprechen erst lernen, denn das gute Mädchen weiß von unserer Sprache nichts, als was es im Schoß einer Familie lernen konnte, in der kaum eine andere Lektüre in Frage kommt als Bibel und Almanach. Fürchten Sie indessen nicht, daß sie das in meinen Augen ins Unrecht setzte; ich liebe sie so, wie sie ist, ich bin zufrieden und brauche dazu keine Philosophie und sokratische Weisheit, um es zu sein. Seit sie die meine ist, hat sie mir keinen einzigen Moment Mißvergnügen oder Reue bereitet; ich spreche von unserem häuslichen Leben; denn in Warthausen und selbst hier außer Hause und den Leuten gegenüber, die wir bei der Zeremonie gesehen haben, hat sie mir zuweilen schon einzig und allein durch die Vorstellung Schmerz bereitet, daß dieser Mangel an Umgangsformen, dieses verlegene Aussehen, schließlich dieser Mangel an Geist, der natürlich aus Unwissenheit folgt, nur einen ungünstigen Eindruck hinterlassen können. Aber in ihren Beziehungen zu meinem Individuum ist sie in jedem Sinne das, was ich wünsche. Ohne Launen, gleichmütig, ruhig, gefällig, leicht zu amüsieren, an eine beinahe klösterliche Lebensweise gewöhnt, mit allem zufrieden, wenn sie nur in meinem Gesicht (dessen verschiedene Ausdrucksweisen sie mit der ganzen Klugheit des Gefühls kennt) den Ausdruck meiner Zufriedenheit oder Zärtlichkeit liest – sie bequemt sich, ohne daß es ihr Mühe oder Zwang bereitet, nach meinem Geschmack, nach meiner Laune, nach meiner Lebensweise; ihre Zärtlichkeit macht mir immer Vergnügen, ohne mir jemals beschwerlich zu fallen; es gibt Augenblicke, in denen eine naive und kindliche Fröhlichkeit sie in meinen Augen charmant macht, und andere, in denen die Empfindsamkeit ihres Herzens, die in Gesellschaft verborgen ist wegen des Mangels, sie in passenden Begriffen zum Ausdruck zu bringen, sich durch die universale Sprache des Gefühls äußert, und zwar auf eine Weise, die für ein Herz wie das meine wahrhaft köstlich ist. Ich hatte die Klugheit, sie seit den ersten Tagen unserer Verbindung auf dem Fuß zu behandeln, auf dem ich sie immer behandeln werde; Vorsichtsmaßnahmen, wie sie Männer immer treffen müssen gegen ihre jungen Ehefrauen, insbesondere, wenn sie noch so neu sind wie die meine. Es gibt nichts Dümmeres als diese kochende Hitze, der man sich zu Beginn einer Ehe zu überlassen pflegt; ich bin fest überzeugt, daß es die Herren Männer selbst sind, die ihre Frauen verderben, und sie haben sehr unrecht, wenn sie dann lauthals protestieren gegen die Fehler und selbst Laster, die sie ihnen so angelegentlich selbst beigebracht haben. Ich sehe mit Gewißheit, daß ich von meiner kleinen Frau geliebt werde und daß sie sich glücklich schätzt; ich sehe sogar, daß sich ihre Seele von einem innerlichen Glücksgefühl nährt; die Natur, die ihr die Leidenschaften versagt hat, hat sie wohl entschädigt durch die Anlage zu einer ruhigen Fröhlichkeit und durch eine Art der Fühlbarkeit, die durch Dauerhaftigkeit ersetzt, was ihr an Lebhaftigkeit abgeht. Die Freiheit von Schmerz, scheint mir, macht sie glücklicher als das Vergnügen; es gibt nichts, das sie nicht zu tun bereit wäre, um Frieden zu haben; in den Urteilen, die sie über diejenigen fällt, die sie schon lange kennt, habe ich gesunden Menschenverstand gefunden; aber ich habe ganz allgemein beobachtet, daß sie sich nicht gern über die Fehler der Leute aufhält und daß sie gewöhnt ist, alles von der guten Seite her aufzunehmen [...] Meine schöngeistigen Freunde von früher hätten Mühe, etwas zu begreifen von meinem Glück mit einer Frau, die weder Geßner, noch Gellert, noch Hagedorn kennt, die nicht weiß, was ein englischer Roman ist, und die kaum meine *Moralischen Erzählungen* versteht, weil ihr die mit Bildern und poetischen Figuren gespickte Sprache wie Griechisch vorkommt [...] Ich verlange kein bißchen Geist von meiner Frau; ich habe so viel davon in meinen Büchern, und, die Wahrheit zu sagen, ich bin davon so gesättigt, daß ich selbst in den Büchern nur noch das einfache und natürliche Wahre liebe. Folgerung: ich bin zufrieden.

Herrad Schenk

Schillers Idealbild

Aufgabe der Frau ist es, durch die bürgerlichen Tugenden Fleiß, Ordnung, Sauberkeit ihren Teil zur Erhaltung und zum Wachstum des Wohlstandes beizutragen: „Und reget ohn Ende / Die fleißigen Hände, / Und mehrt den Gewinn / Mit ordnendem Sinn, / Und füllet mit Schätzen die duftenden Laden, / Und dreht um die schnurrende Spindel den Faden, / Und sammelt im reinlich geglätteten Schrein / Die schimmernde Wolle, den schneeigten Lein, / Und füget zum Guten den Glanz und den Schimmer / Und ruhet nimmer." Neben diesen hauswirtschaftlichen Tätigkeiten, die noch recht vielfältig sind, obliegt der Frau die wichtiger werdende Kindererziehung

ziehung; sie „lehret die Mädchen / und wehret den Knaben". Auch die Mutterliebe ist eine selbstverständliche, naturwüchsige Geschlechtseigenschaft: Die Frau bringt die Kinder zur Welt; sie sieht „an treuer Brust" den Sohn und Erben „mit Mutterlust" wachsen: „Der Mutterliebe zarte Sorgen / Bewachen seinen goldnen Morgen." Die Rolle der Frau erfährt eine gewisse Aufwertung, die mit der Idealisierung von Heim und Herd einhergeht. Sie ist nicht nur für das Nützliche, sondern auch für das Schöne, das Dekorative, die Gemütlichkeit zuständig. Wenn die „teure Gattin" und „treue Mutter" stirbt, dann „verwaist" das Heim, die „zarten Bande", die es zusammengehalten haben, zerfallen und es wird „liebeleer".

Nicht umsonst ist Schillers „Lied von der Glocke" bis weit ins 20. Jahrhundert hinein fester Bestandteil des an höheren Schulen vermittelten Bildungsguts geblieben; fast zwei Jahrhunderte lang hat es den meist aus dem Bürgertum stammenden Schülerinnen und Schülern bürgerliche Werte vermittelt.

Christian Friedrich Daniel Schubart

Ehekrach bei Schubarts*

An Christian Gottfried Böckh

[Eßlingen, Dezember 1771]

Bester Schwager,

Meine Situation ist so verzweifelt, daß ich es nicht wagen kann, dir aufzuwarten. – Heute früh versehe ich mein Amt, ich arbeite; ich nehme hundert Neujahrsbestellungen an; – komme nach Haus; – und Bett, Weib und Kinder sind weg. – Ohne zu essen, setzt ich mich zu Pferd und konnte bis hier ihre Spur nicht finden. – Ein Weib, die ihren Mann verlassen *kann*, verdient keinen Seufzer – aber – Himmel! meine Kinder! – Bester Schwager! lebe wohl; ich habe *viel* verdient; aber nicht *so viel*! [...]

Ich umarme dich
und meine Schwester mit Entzücken und bin ewig
Dein Freund Schubart

Ludwigsburg, den letzten Tag des 1771ten J.

Bester Schwager,

Am letzten Tage des Jahrs, welches sich so grausam vor mich endigte, erhalte ich deinen Brief, der mir zwar lieb war, ob ich deine Person gleich noch lieber gehabt hätte.

O in welcher Situation triffst du mich Armen an? – Einsam, von allem, was ich liebe, verlassen. Meine Laster strahlen mir nunmehro durch ihre Folgen ins Gesichte. Ich stehe betäubt am Rande des Abgrunds und zittre. [...]

Mein Weib schwebt mir immer mit ihren Tränen und Seufzern so vor Augen, daß ich nicht schlafen, nicht essen, nicht studieren und nicht denken kann. Ich weiß, daß ich sie oft schwer beleidiget habe; Gott aber und sie werden es mir verzeihen. Ich bin schon oft vor ihr leergelassenes Bette niedergefallen und habe den Himmel vor mich, vor sie und meine Kinder um Erbarmung angefleht. Ach, mein Herze – (Gott lasse meine Buße und meine Tränen vergeblich sein, wann ich die Unwahrheit rede!) – mein Herze besaß mein liebes Weib immer ungeteilt und soll es auch ewig so besitzen. [...] Wann du an mein Weib schreibst; so sag ihr nur, daß ich mich zwar auf ihr Verlangen von ihr auf ewig trennen wolle, aber daß ich ewig unglückselig sein werde. Doch will ich die Ruhe ihres Lebens erleichtern; ob sie mich gleich geschimpft, beraubt (ach! meiner lieben Kinder beraubt!), verlassen, zum Märchen des ganzen Landes gemacht und meine ärgste Feindin ist; so will ich doch gerichtlich darum bitten, daß man ihr meine ganze Besoldung zu ihrem und meiner Kinder Unterhalt zuschicke. Sie soll niemand zur Last sein; ich will sie mit Geld und Kleidern vor sie und ihre Kinder versehen. Ich habe ihr zum Christkindlein ein langes Kleid wollen machen lassen, und nun liegt mir der Zeug auf dem Halse, und ich weiß nicht, was ich damit anfangen soll. [...]

In meiner Ökonomie sieht es verstört aus. Was ich nicht esse, das essen andere. Ich muß mir würklich Bett kaufen; dann meine Frau hat mir nicht einmal ein Leilach gelassen. Mein Kraut, Wein, Erdbirn, Schmalz und andre Dinge sind nunmehro ein Raub vor Fremde, und mein Weib und Kinder suchen mit Betteln das, was hier rechtmäßiger Weise ihr Eigentum gewesen wäre [...]

Ich umarme dich und bin mit beklemmtem Herzen

Dein
Freund Schubart

Ludwigsburg, den 3ten Jenner 72

Bester Schwager,

Je mehr ich dem Schritte meiner Frau nachdenke, und je mehr ich mich mit meinen großen Gönnern davon bespreche; je mehr sehe ich ein, daß er ein Gewebe von Weiberlist, Bosheit, Heuchelei, Betrug und heimtückischem Wesen war. Gestern fand mein Hauswirt zu oberst unter dem Dache mein Bette, meine Oberhemder, Zinngeschirr und einen ganzen Korb voll Flachs, worin bereits die Mäuse genistet hatten. Lieber wollte sie ihre Sachen verderben lassen, als sie mir zur Verwahrung geben. Sogar meine silberne Schuhschnallen hat sie mitgenommen, um vielleicht ihrem Weißgerber oder Barbierer ein Präsent damit zu machen. Von dem Professor Haugen, der nach seinen bekannten christevangelischen Gesinnungen das meiste zur Flucht meiner Frau beigetragen, hat sie 10 fl. und vom Schuhmacher Hofmeister 6 fl., von meinen Hausleuten aber 2 fl. 15 xr. dazu entlehnt. Eh sie von hier abreiste, hat sie mich allenthalben verlästert und in der letzten Nacht meine Karessen mit einem niedergeschlagenen Auge erwidert. Nachdem sie mein Haus ausgeplündert; so betrog sie meine liebe Kinder und schleppte sie in die Kutsche. So entschlich sie nach Geißlingen, wie eine böse Tat zur Hölle. Ihren Brief, worinnen sie ewig von mir Abschied nahm, beantwortete ich so, wie man den Brief einer Betriegerin beantworten muß. – Also das Resultat:

Eine Frau, die alle 6 Wochen kommuniziert und ihren Stark ganz gelb gegriffen hat, wird von ihrem Manne beleidigt. Der Mann, nachdem er den Rausch ausgeschlafen, hört ihren Verweis geduldig an und bittet sie wehmütig um Verzeihung. Aber nein! sie entschließt sich als eine fromme Christin zur Rache; schreibt ihrem Vater, der unter Zollexekutionen ein Barbar geworden; breitet seine scheußliche Antwort allenthalben aus; verleumdet; stiehlt; verträgt; laurt; ist heimtückisch; verachtet ihren Mann; betrügt die Kinder; macht Schulden und überläßt sich der Barmherzigkeit eines Vaters mit grauem Kopfe, der 7 Kinder und etwan ein paar tausend Gulden im Vermögen hat. Geht dann in ihrer Vaterstadt im Salopp, als ein Scheusal herum, beklagt ihre Kinder, die sie doch elend gemacht hat, und geht, als eine fromme Abgeschiedene, mit dem christlichen und menschenfreundlichen Gedanken schwanger, den *Vater* ihrer *Kinder* vom Brot ins Zuchthaus oder, so Gott will! gar an Galgen zu bringen. [...]

Verzeihe mir es, Bruder, daß mein Brief etwas anderst lautet als der vorige. Das Nachdenken hat mich abgekühlt, und ich denke eine Unwürdige zu lieben, wann ich länger meine Frau lieben würde. Zwar kostet es mich Überwindung; aber selbst die Weisheit gebietet, sie zu vergessen.

Meine Ökonomie sieht so ziemlich aus. Ich schreibe Einnahme und Ausgabe auf; ich esse wenig, trinke wenig, versehe mein Amt, bleibe zu Haus und bitte Gott um Gnade, Wahrheit, Ordnung und Licht in die Seele. Er wird auf meine Tränen schauen und mich nicht verlassen, wann mich eine Verräterin verläßt.

Ich bin ewig

Dein

Freund

Schubart

Ludwigsburg, den 22ten Febr. 1772

Liebster Schwager,

[...] Tausendmal hab ichs schon gesagt und wiederhole es noch tausendmal, daß mir meine Frau zu aller Zeit willkommen sein wird. Mein Brot soll ihr Brot und mein Schicksal das ihrige sein. Aber daß ich wie ein Wurm zu ihren Füßen fallen und sie um die Gnade flehen soll, sich wieder zu mir zu begeben; das verbietet mir die Vernunft und selbst die Würde des Mannes. Verdammt sei mein Herz, wann es Weib und Kinder vergessen könnte! [...]

Schubart

Ludwigsburg, den 13ten März 1772

Bester Schwager,

Die neue Verbindung mit meiner Frau war alles, was mein Herze wünschen konnte. Aber kaum hatt ich mich von den ersten Entzückungen unserer Wiedervereinigung erholt; so empfand ich schon wieder den Druck meines Schicksals mit verdoppelter Schwere. Mein liebes Weib ward krank, und zwar auf eine Art, die sie zu einem Marterbilde macht. Ihre Nerven haben durch anhaltenden Kummer gelitten, und sie ist schon seit 8 Tagen untüchtig, mir und meinen Kindern ihre zärtliche Sorgfalt zu schenken. Sie leidet fast an allen Sinnen, und belastende Müdigkeit drückt ihre Glieder. Wie zerreißt dieser Anblick mein Herze! Ich tröste sie, ich bete mit ihr, ich seufze und weine bald um Hülfe zu Gott und bald um Rettung zu den Menschen. Laut schlägt mein Gewissen empor, wann ich denke: vielleicht bist du der unselige Urheber ihrer Schmerzen. [...]

Annegret Overbeck

Partnerkonflikte heute

ER kehrt heute mit dem Wunsch, recht bald von dem Gedanken an die Firma Abstand zu nehmen und sich einen angenehmen Abend zu machen, nach Hause zurück. Gern erinnert er sich, wie sie ihm gestern – wie so oft – aufmerksam zugehört, verständnisvolle und kritische Fragen gestellt und ihn in vielem ermuntert und bestärkt hat, als er ihr über seine ernsten beruflichen Probleme berichtete. Später am Abend, schon nach dem Essen, erzählt *SIE*, wie viele Stunden sie heute eisern am Schreibtische über ihrer Examensarbeit gesessen, sich nun aber an Problem X festgebissen habe und nicht weiterkomme. Zaghaft beginnt sie zu sprechen und hofft, daß sich durch die Darstellung des Problems für einen Zuhörer und Gesprächspartner etwas klärt. *ER* spürt jedoch eine schleichend zunehmende Langeweile und Müdigkeit – wie oft in derartigen Situationen – und kann wiederholtes Gähnen nicht unterdrücken. Der Abend mißlingt: *SIE* weint, ist wütend und deprimiert und fühlt sich und ihre Aktivität entwertet. *ER* wundert sich über die emotionale Labilität der Frauen und fürchtet, sie mute sich mit ihrem ehrgeizigen Projekt zuviel zu.

In dieser Szene ist eine konflikthafte Paarsituation eingefangen, die aus gegenwärtig sich vollziehenden Umstrukturierungen des Geschlechterverhältnisses resultiert. Sie steht exemplarisch für vielfältige Formen solcher alltäglichen Konflikte, die das körperliche Wohlbefinden, die sexuellen Beziehungen, die Arbeitsfähigkeit und Lebensfreude der Partner beeinträchtigen können, ohne primär auf schweren neurotischen Fixierungen und zwanghaften Wiederholungen kindlicher Konflikt- und Beziehungsmuster oder deren Abwehr zu beruhen. In der skizzierten Szene erwartet der Mann von seiner Partnerin, daß sie *sein* Selbstwertgefühl aufrichte, er beansprucht ihre mütterlich-psychologische Funktion, ohne die Bereitschaft, ihr im Sinne der Gegenseitigkeit, gleiches zu gewähren. Er verhält sich an diesem Abend eher nach dem klassischen Typ komplementärer Partnerwahl mit rigider Rollenteilung: der Mann bietet ihr ökonomische Sicherheit und Freistellung von den Zwängen fremdbestimmter Erwerbsarbeit, als Gegenleistung erwartet er Geborgenheit, Wärme und narzißtische Zufuhr in einem nach außen abgeschirmten privaten Bereich. In diesem Modell sieht die Frau im Mann den Erfüllungsgehilfen eigener sozialer Ambitionen, die sie jedoch selbst nicht angemessen artikulieren und ausleben kann. In der Identifikation mit dem aktiven Mann beansprucht sie selbst keinen außerfamiliären Raum. Diese Aufteilung wird jedoch inzwischen auch von den Betroffenen problematisiert. Frauen, die ausschließlich in Mann und Kinder investiert haben, nehmen vor allem in der 2. Lebenshälfte eine resignativ getönte Daseinsdeutung vor mit dem Gefühl, doch zu kurz gekommen und im Leben immer mehr die Gebende als die Nehmende gewesen zu sein. In der Szene repräsentiert die Frau das Modell der Partnerschaft, in dem die Frau – je nach den Freiheitsgraden ihrer sozialen Lage – ihrem beruflichen Streben weiter nachgeht und eigenen Entfaltungsspielraum beansprucht. Sie kann nicht so selbstverständlich wie ihr Partner auf Unterstützung und Gratifikation durch ihn rechnen. Sie muß viel stärker und über längere Zeiträume hinweg – auch bei Niederlagen – aus sich selbst heraus schöpfen. Die Investition in personenbezogene Beziehungsarbeit wird eher als weibliche Aufgabe betrachtet.

Herrad Schenk

Die homosexuelle Alternative

Weibliche Homosexualität ist ein Ausdruck für die Suche nach sexuellen Interaktionsmustern, die nicht von männlichen Bedürfnissen vorgeformt sind. Es ist auch ein Protest gegen die kulturelle Definition für „Weiblichkeit", die den Wert von Frauen an ihrer Attraktivität für Männer mißt und Liebe, Heirat und Familie zu den wichtigsten Kriterien für den weiblichen Lebenserfolg macht. Von daher gewinnt der Lesbianismus für die gegenwärtige Frauenbewegung seine große Bedeutung. Im Zusammenhang mit dem Feminismus haben nicht nur ohnehin lesbische Frauen ein neues Selbstbewußtsein gewonnen, das ihnen erlaubt, offen zu ihrer Identität als Lesbierinnen zu stehen, sich nicht mehr wie früher zu verstecken („coming out"), sondern es gibt auch zahlreiche Frauen, die in der Frauenbewegung erst zu engen emotionalen und sexuellen Beziehungen mit anderen Frauen kommen (die sogenannten „Bewegungslesben").

Sowohl Lesbianismus als auch Bisexualität sind als offen gelebte Alternative zur Heterosexualität ein neues Element in der Frauenbewegung, das sie von der ersten Frauenbewegung unterscheidet. – Damals gab es zwar intensive Frauenfreundschaften [...], mit Sicherheit gab es auch lesbische Beziehungen, aber sie wurden vor der Öffentlichkeit verborgen gehalten; das Thema Homosexualität war noch stärker tabuisiert als Sexualität überhaupt. Generell standen Frauen, die sich in der ersten Frauenbewegung engagierten, bei der feindlich gesinnten Öffentlichkeit im Verdacht, keine „natürlichen", keine „normalen" Frauen zu sein: Normale Frauen gingen nicht zu Versammlungen, hielten keine Reden, schrieben keine Bücher und forderten vor allem keine Rechte, sie heirateten, hatten Kinder und gestalteten ihr „Heim".

In der Gegenwart wird „normale" Weiblichkeit vor allem über die sexuelle Attraktivität für Männer definiert. Lesbianismus bedeutet die totale Zurückweisung dieses Kriteriums als Maßstab für die eigene Weiblichkeit. Die lesbische Frau ist nicht nur ökonomisch und intellektuell, sondern auch emotional und sexuell gegenüber Männern autonom; ihre Identität ist von der Beziehung zu Männern unabhängig. Zwar sind nicht alle Feministinnen homo- oder bisexuell, aber auch für die heterosexuellen Frauen bedeuten offen gelebte lesbische Beziehungen einen Zugewinn an Freiheit. Sie zeigen, daß Alternativen zur Heterosexualität möglich sind, und geben so den heterosexuellen Frauen eine stärkere Position bei der Durchsetzung ihrer eigenen Forderungen in den Zweierbeziehungen. „... Die Existenz einer Gruppierung von Frauen, die nicht immer einen Mann im Hinterkopf haben, und sich nicht darum kümmern, was Männer von ihnen denken, hat uns allen die Chance gegeben, uns von dem zu lösen, was von uns erwartet wird, und anzufangen, unsere eigenen Werte und Ziele zu setzen."

III. Alltag und Arbeit

Friedrich Schiller

Ehret die Frauen! Sie flechten und weben
Himmlische Rosen ins irdische Leben,
Flechten der Liebe beglückendes Band,
Und in der Grazie züchtigem Schleier
Nähren sie wachsam das ewige Feuer
Schöner Gefühle mit heiliger Hand.

August Wilhelm Schlegel

Ehret die Frauen! Sie stricken die Strümpfe,
wollig und warm, zu durchwaten die Sümpfe,
flicken zerrissene Pantalons aus;
kochen dem Manne die kräftigen Suppen,
putzen den Kindern die niedlichen Puppen,
halten mit mäßigem Wochengeld Haus.
  Doch der Mann, der tölpelhafte,
  findt am Zarten nicht Geschmack.
  Zum gegornen Gerstensafte
  raucht er immerfort Tabak;
  brummt wie Bären an der Kette,
  knufft die Kinder spat und fruh,
  und dem Weibchen nachts im Bette
  kehrt er gleich den Rücken zu usw.

Mallanaga Vatsyayana

Das Verhalten der treuen Gattin*

3. Jahrhundert, Altindien

Eine treue Gattin verehre in tiefem Vertrauen ihren Gatten wie einen Gott. Mit seiner Zustimmung soll sie die Sorge für die Familie auf sich nehmen. Sie sorge für Sauberkeit im Haus, das eine stets wohlgeordnete Wohnstatt sein soll, halte den Fußboden glatt, so daß er immer erfreulich aussieht, kümmere sich um die dreimal täglich zu vollziehenden Opferriten und halte den Hausaltar in Ehren. [...]

Mit Bettlerinnen, Wandernonnen, verkommenen Bettelweibern, Gauklerinnen, Wahrsagerinnen und Hexen soll sie nicht verkehren.

Beim Essen soll sie herausfinden, was ihrem Gatten schmeckt und was ihm zuwider ist, was ihm verträglich und unverträglich ist. [...]

Sie selbst vermeide üble Rede, bösen Blick, das Sprechen, ohne ihren Partner dabei anzusehen, das Herumlungern vor der Tür und das dauernde Hinausschauen auf die Straße, Unterhaltungen im Wald und längeren Aufenthalt an einsamen Orten. Sie bekämpfe Zahnbelag, schlechten Körpergeruch und Schweiß, da diese den Gatten abstoßen könnten. Wenn sie sich ihrem Ehemann beigesellt, verwende sie viel Schmuck, verschiedenartige Blumen und Salben, und sie ziehe ein in bunten Farben leuchtendes Kleid an. [...]

Für den Haushalt erwerbe sie rechtzeitig und zu billigen Preisen aus Ton, Rohr, Holz und Leder gefertigte Geräte und Gegenstände. Ferner soll sie in der Wohnung heimlich einen Vorrat an Salz und Öl sowie an schwer erhältlichen Duftstoffen, Gewürzen und Arzneien anlegen. Ebenso besorge sie rechtzeitig die Samen und kümmere sich um die Aussaat von Rettich, Taro, Rüben, des Damanaka, von Āmratāka, Melonen, Koloquinten, Eierpflaumen, Flaschenkürbissen, Flaschengurken, Sūrana, Papageienschnabel, Juckbohnen, Sesam, Agnimantha, Knoblauch, Zwiebeln und weiteren Kräutern und vielerlei Gemüse.

Über das Familienvermögen wie auch über Vorhaben ihres Mannes gibt sie Fremden keine Auskunft.

Die ihr an Alter und Stellung gleichen Frauen suche sie an Geschicklichkeit, in der Kochkunst, im Schmücken, in Handfertigkeiten und nicht zuletzt an Verstand zu übertreffen.

Über ihren Haushalt soll sie Buch führen: Nachdem sie das Jahreseinkommen errechnet hat, fertige sie eine diesem entsprechende Aufstellung der Ausgaben an.

Vieles muß sie können und verstehen: Die Zubereitung von Schmelzbutter aus der von Mahlzeiten und Opfern übriggebliebenen Milch sowie von Öl und Melasse; das Spinnen von Baumwollgarn und das Weben des Garns; das Zusammendrehen von Tragbändern, Seilen, Stricken und Bast; die Handhabung des Stößels im Mörser und das Enthülsen; die Verwendung von Schaumspeise, Rahm, Spelzen, Körnern, Reispuder und Kohlen; die Entlohnung der Dienerschaft; das Bestellen des Ackers und die Aufzucht des Viehs sowie den Umgang mit Zugtieren; das Halten von Widdern, Hähnen, Wachteln, Papageien, Predigerkrähen, Kuckucken, Pfauen, Affen und Gazellen; schließlich die tägliche Abstimmung der Einnahmen und Ausgaben.

Sie hebe die abgelegten, alten Gewänder des Ehegatten auf und schenke sie Dienern als Anerkennung für geleistete Arbeit. Sie kann sie auch anderen Leuten geben, die sie verdienen; Verwendung findet sich immer dafür. Außerdem stelle sie Branntwein- und Rumkrüge auf und überwache den Genuß dieser Getränke. Überhaupt kümmere sie sich um Kauf und Verkauf, Einkommen und Ausgaben.

Iris Origo

Denk daran! denk daran... Haushalt in Prato

Um 1400

Margherita konnte den Kindern allerdings nicht so viel von ihrer Zeit widmen, wie sie es gern getan hätte, und auch nicht ohne weiteres Beschäftigungen nachgehen, die ihr selbst Spaß machten, so sehr wurde sie von ihren Pflichten als Hausfrau in Anspruch genommen, die Jahr um Jahr mit Francescos wachsendem Reichtum und dem immer größer werdenden Haushalt zunahmen. Schon von Anfang an enthielten die meisten Briefe Francescos fast ausschließlich Aufträge und Weisungen für den Haushalt; mit der Zeit bestanden sie aus nichts anderem mehr.

Die Pflichten, die immer dann, wenn ihr Mann abwesend war, ganz allein auf Margheritas Schultern lasteten, waren schwer und vielfältig. Um sich ein Bild davon zu machen, was von ihr erwartet wurde, braucht man nur einmal die Beschreibung einer idealen Hausfrau in den Predigten San Bernardinos, des populärsten Predigers der Zeit, nachzulesen. „Die gute Hausfrau besorgt immer alles im Haus. Sie kümmert sich um die Kornkammer und hält sie rein, so daß kein Schmutz hineinkommt. Sie sorgt für die Ölkrüge und hat immer im Kopf, was mit Umsicht verbraucht und was aufgehoben werden muß. Sie kümmert sich um das Pökelfleisch, sowohl um das Pökeln selbst wie auch um das Einmachen. Sie reinigt es und bestimmt, was zum Verkaufen ist und was zum Aufheben. Sie kann spinnen und Leinen zu Leintüchern verweben. Sie verkauft die Kleie, und mit dem Geld davon bezieht sie wieder Leinen. Sie überwacht die Weinfässer und sortiert schadhafte aus und solche, die undicht sind. Sie besorgt das ganze Haus. [...] Die Hausfrau ist es, die das Haus regiert!"

Diese Regel galt, wie die Briefe zeigen, auch in Datinis Haus. Margherita war für Haus und Keller, Gemüsegarten,

Stall und Mühle allein verantwortlich. Sie stand früh am Morgen auf, bevor die Tür zur Straße aufgesperrt wurde, und ging erst dann in ihr Zimmer, wenn auch die letzte Sklavin zu Bett gegangen war. Tag für Tag kam mit Francescos Briefen eine lange Liste von Anweisungen, die sofort ins Werk gesetzt werden mußten. Wahllos herausgegriffen und doch typisch ist der folgende Brief:

... Schicke morgen früh durch Nanni da Santa Chiara den Rebzweig mit den Weinbeeren und das Brot. Und schicke das Faß Essig... und denk daran, dem Maultier die Beine bis zu den Hufen hinunter mit heißem Wasser abzuwaschen, und laß es gut versorgen. Sorge dafür, daß mir Strumpfhosen gemacht werden und laß sie von Meo besohlen. Und gib der alten Mähre etwas von der Hirse, die Du noch hast, und sorge dafür, daß sie gut zerquetscht wird für sie. Und mach', daß du schnellstens die zwei Fässer Wein verkaufst, die in Bettinas Haus stehen, und laß alle übrigen großen Fässer im Gewölbe mit dem schon angebrochenen weißen Wein nachfüllen.

Das sind nur die Anweisungen eines einzigen Briefs! Der folgende unterscheidet sich kaum davon. Er fängt an mit einer langen Liste der Wäschestücke, die Francesco zum Waschen nach Prato schickte. Außerdem hatte er dazugepackt: 30 Heringe, einen Sack Kapern, 20 Pfund Mehl und Erbsen. Margherita sollte ihm dafür 50 Orangen schicken („so verpackt, daß sie nicht kaputtgehen"), 25 Laib Brot, zwei Fäßchen Öl (für die Mönche *degli Agnoli*), einen Scheffel Weizen. „... Und denk' daran, auch wirklich zu verrichten, was Du zu verrichten hast, und sieh gewissenhaft nach den Fässern und versorge die Tiere gut; und verriegele am Abend die Tür immer fest, hüte Feuer und Licht und gib acht, daß ich nachher nicht zu schelten brauche."

„Denk' daran", „vergiß nicht" – damit fangen fast alle Sätze in Francescos Briefen an Margherita an. „Denk' daran, noch wenn Du am Morgen im Bett liegst..."

Denk' daran, jeden Tag etwas von dem Weißwein abzuziehen, und denk' daran, einen Sack Korn, der noch da ist, zur Mühle zu schicken… Sag mir, ob die Stute jederzeit zum Abholen bereit ist und ob sie beschlagen ist… Und denk' daran, die Apfelsinenbäume zu wässern wie immer, denn sonst verdorren sie in dieser Hitze… Und denk' daran, die Küchenfenster geschlossen zu halten, damit das Mehl nicht zu warm wird.

Denk' daran, denk' daran…

Volkslied

Der Kampf der Weiber mit den Flöhen*

Mittelalter

Die weiber mit den floͤhen die hand ein steten krieg. sie geben gern auß lehen das mans nur all erschluͤg vnd ließ jr kein entrinnen das wer der weyber rach so hettens frid beym spinnen vnd in der küchen gmach.

Der krieg hebt an am morgen vnd werd biß in die nacht. die weyber thund nit borgen vnd heben an ein schlacht vnd so die schlacht facht ane werffens von jn das gwand im streyt sie nacket stonen weil sie zu fechten handt.

Sophie von La Roche

Tageslauf*

Ende des 18. Jahrhunderts

Ich stehe um 6 Uhr auf und ziehe mich gleich an, schreibe oder lese für mich allein bis halb acht, wo La Roche und Baron von Hohenfeld zum Frühstück kommen und bis 9 Uhr bleiben. Dann geh ich in meine Küche und ordne an, weil ich selbst die Kochkunst verstehe, seh aller Arbeit im Haus nach, schreib meine Hausrechnung und dann bis 12 Uhr an *Pomona* und an Briefen. Um halb eins gehen wir zu Tisch, wo Baron Hohenfeld, La Roche und meine zwei Söhne, eine Stiefbruderstochter von meinem Mann, welche wir seit 23 Jahren als ein eignes Kind halten, und ich bis um 2 Uhr sind und nie mehr als sechs Schüsseln erscheinen – einmal, weil ich für meine Kostgänger sorgen muß, und dann, weil mein guter La Roche von Jugend auf gewöhnt war, an guter Tafel zu sein. [...] So ist Suppe und Rindfleisch, Gemüs und Beilag, ein Ragout und Backnes heut, Braten und Backnes morgen der Zirkel der sechs Schüßlen. Um 2 Uhr, wo Kaffee getrunken wird, bis drei, wo die Briefe kommen, bleiben wir zu allerlei Unterredungen beisammen, dann geht jedes in sein Zimmer. Kommen Besuche, oder so lang die Männer sprechen und gelehrte Zeitungen in meinem Zimmer lesen, so arbeite ich fleißig mit meiner Nadel. Dann geh ich um 5 Uhr wieder in meine Küche und ordne das Abendessen. Um sieben kommen meine Söhne, die bei mir Französisch, die Geographie und Geschichte lesen. Süße Stunden, weil wir freundlich mit einander reden und moralische Grundsätze in ihre Seelen fließen. Bei Tisch, bei Besuch, bei Frühstück und Kaffee wird von nützlichen und angenehmen Dingen gesprochen. Mein Mann macht Besuche, ich nicht. [...] So fassen sich meine Stunden, so erfülle ich sie.

Johann Heinrich Jung-Stilling

Waschtag bei Stillings*

Ende des 18. Jahrhunderts

Meine gute, liebe Selma hätte sich selbst schriftlich bedankt, allein sie steckt bis über die Ohren in der großen, generalen Frühlingswäsche, und da wissen Sie als Hausmutter, was das zu sagen hat; ich muß alle Augenblicke nach der Wetterfahne auf dem Schloßturme gucken, denn es regnet, und das ist für sie jetzt ein leidiges Schicksal; indessen bleibt die Fahne hartnäckig, was sie ist, sie weist immer nach dem Regenloch hin, und der Wind hat nicht soviel Höflichkeit gegen eine so honnette Dame, daß er auch nur einen oder zwei Tage die Wolken an einen anderen Ort treibt und die Sonne auf unsere nassen Kleider wohltätig würken läßt. Nun, der Äolus war für sein Lebtag ein eiserner, unerbittlicher Kopf, er wird sich auch jetzt in seinen alten Tagen nicht mehr ändern. Man muß also Geduld haben. Neues weiß ich weiter nichts; denn daß es uns bis auf die fatale Wäsche unbeschreiblich wohl gehe, ist Ihnen nichts Neues.

Ingeborg Weber-Kellermann

Waschtag eines Kindes

Anfang des 20. Jahrhunderts

Besonders in Haushalten, wo die Mutter frühzeitig gestorben war, galt die Überbeanspruchung der Mädchen als selbstverständlich: „Anfang des vierten Schuljahres mußte ich zur Meieredermutter gehen, um jetzt Brotbacken und Großwäschewaschen zu lernen. Wir machten es dann daheim genau so, der Vater und ich. Wir hatten auch den gleichen Waschzuber wie die Meieredermutter. Erst haben wir die Wäsche über Nacht eingeweicht, dann wurde sie von mir und Vater ausgewrungen, aufgelockert und in den Zuber gelegt. Oben auf die Wäsche kam ein großes Leinentuch, in das Birkenholzasche gestreut wurde, dann wurde kochendes Wasser draufgeschüttet, das war die Lauge für die Wäsche, Waschpulver hatten wir keines. Nach einigen Stunden wurde diese Lauge unten aus dem Zuber gelassen und die Wäsche auf der Waschbank mit Kernseife eingerieben und gebürstet. Ich stand auf meinem Schemel, denn ich war zu klein für die Waschbank.“ [Aus: Maria Wimschneider, Herbstmilch]

Justus Möser

Die ideale Verblichene*

18. Jahrhundert

Der Himmel weiß, daß ich es nie verlangt habe; allein, meine Selige stand alle Morgen um fünf Uhr auf; und ehe es sechse schlug, war das ganze Haus aufgeräumet, jedes Kind angezogen und bei der Arbeit, das Gesinde in seinem Beruf und des Winters an manchen Morgen oft schon mehr Garn gesponnen, als jetzt in manchen Haushaltungen binnen einem ganzen Jahr gewonnen wird. Das Frühstück ward nur beiläufig eingenommen; jedes nahm das seinige in die Hand und arbeitete seinen Gang fort. Mein Tisch war zu rechter Zeit gedeckt und mit zween guten Gerichten, welche sie selbst mit Wahl und Reinlichkeit simpel, aber gut zubereitet hatte, besetzt.

Käse und Butter, Äpfel, Birn und Pflaumen, frisch oder trocken, waren von ihrer Zubereitung. Kam ein guter Freund zu uns: so wurden einige Gläser mit Eingemachtem aufgesetzt, und sie verstand alle Künste, so dazu gehörten, ohne es eben mit einer Menge von Zucker verschwenderisch zu zwingen: was nicht davon gegessen wurde, blieb in dem sorgfältig bewahrten Glase. Ihre Pickels übertrafen alles, was ich jemals gegessen habe; und ich weiß nicht, wie sie den Essig so unvergleichlich machen konnte. Sie machte alle Jahr ein Bitters für den Magen, wogegen Dr. Hills und Stoughtons Tropfen nichts sind. Ihren Hollundersaft kochte sie selbst; und in keinem Nonnenkloster fand man bessers Krausemünzenwasser als das ihrige. In unserm ganzen Ehestande hat keines aus dem Hause dem Apotheker einen Groschen gebracht, und wenn sie etwas Lächerliches nennen wollte: so war es ein Kräutertee aus der Apotheke. Auf jedes Stück Holz, das ins Feuer kam, hatte sie acht. Nie ward ein großes Feuer gemacht, ohne mehrere Absichten auf einmal zu erfüllen. Sie wußte, wieviel Stunden das Gesinde von einem

Pfund Tran brennen mußte. Ihre Lichter zog sie selbst und wußte des Morgens an den Enden genau, ob jedes sich zu rechter Zeit des Abends niedergelegt hatte. Das Bier ward im Hause gebraut, das Malz selbst gemacht und der Hopfe daheim besser gezogen, als er von Braunschweig eingeführet wird. Der Schlüssel zum Keller kam nicht aus ihrer Tasche. Sie wußte genau, wie lange ein Faß laufen und wie viel ein Brod wägen mußte. Butter und Speck gab sie selbst aus und, ohne geizig zu sein, bemerkte sie das Gesinde so genau, daß nichts davon verbracht werden konnte. Ebenso machte sie es mit der Milch. Sie kannte jedes Huhn, das legte, und futterte nach der Jahrszeit so, daß kein Korn zu viel oder zu wenig gegeben wurde. Das Holz kaufte sie zu rechter Jahrszeit und ließ die Mägde des Winters alle Tage zwei Stunde sägen, um sie bei einer heilsamen Bewegung zu bewahren. Im Sommer ward des Abends nie warm gegessen. Die warmen Suppen schienen ihr eine lächerliche Erfindung der Franzosen; und bei dem kalten Essen konnte das Geschirr auch mit kaltem Wasser gewaschen werden. Man brauchte alsdenn kein Feuer, und bei Winterabenden ward bei dem letzten Feuer im Ofen gekocht. Was in der Dämmerung geschehen konnte, geschahe nicht bei Lichte, und die Arbeit war darnach abgepaßt. Ihre schmutzige Wäsche untersuchte sie alle Sonnabend und hieng solche des Winters einige Tage auf Linien, damit sie nicht zu feucht weggelegt und stockicht werden mögte. Wenn die Bettetücher in der Mitte zu sehr abgenutzt schienen, schnitte sie solche los und kehrte die Außenseite gegen die Mitte. Auch die Hemde wußte sie auf eine ähnliche Art umzukehren und die Strümpfe zwei- bis dreimal anzuknütten. Alles, was sie und ihre Kinder trugen, ward im Hause gemacht; und sie verstand sich auch sehr gut auf einen Mannsschlafrock. Sie konnte ihn in einem Tage mit eigner Hand fertig machen. Im Stopfen gieng ihr keine Frau über; alle Jahr wurden einige Stücken Linnen in der Haushaltung gemacht und einige greis zugekauft, welche sie hernach zusammen bleichen ließ. Sie bükete solches selbst und bewahrte es soviel möglich für die gewaltsame Behandlung des Bleichers. Das Garn zu einem Stücke mußte von einer Hand und von einer Art Flachs gesponnen sein. Von dem Besten ward gezwirnet; und keine Nadel oder Nähnadel konnte verloren gehen, weil nicht ausgefegt werden durfte, ohne daß sie zugegen war.

Ihr Garten war zu rechter Zeit und mit selbst gezogenem Samen bestellt. Im Frühjahr erholte sie sich in demselben von der langen Winterarbeit, indem sie säete und jätete. Die Früchte lachten dem Auge entgegen, ob sie gleich kaum den halben Dünger gebrauchte, den ihre Nachbaren ohne Verstand untergruben. Da sie allem Unkraut zeitig widerstand: so hatte sie nicht die halbe Arbeit. Alles, was sie pflanzte, geriet recht wunderbarlich, und ihr Vieh gab bei kluger Futterung bessere und mehr Milch, als andre mit doppeltem Futter erhalten konnten. Keine Feder wurde verloren, und kein Brocken fiel auf die Erde.

Nach ihrem Tode, ach ich kann ohne Tränen nicht daran gedenken, fand ich die Brautwagen für unsre vier Töchter fertig; und wie ich alles, was sie während unserm 16jährigen Ehestande in der Haushaltung gezeugt hatte, überschlug, belief es sich höher als das Geld, was sie in aller Zeit von mir empfangen hatte. So vieles hatte sie durch Fleiß, Ordnung und Haushaltung gewonnen.

Fanny Lewald

Ein ordentlicher Königsberger Haushalt*

19. Jahrhundert

Wahr ist's, solch ein Haushalten im Großen und Ganzen hatte seine Reize. Es lag ein Vergnügen in dem weiten Voraussorgen, wenn man die Mittel hatte, ihm zu entsprechen. Die gefüllten Speisekammern und Keller mit ihren

Steintöpfen, Fässern, Kasten und Schiebladen waren hübsch anzusehen. Das Backobst auf den Schnüren, der Majoran und die Zwiebeln verliehen im Verein mit den Gewürzen der Speisekammer einen prächtigen Duft, das aussprossende Gemüse in den Kellern roch vortrefflich. Man hatte ein Gefühl des Behagens, wenn nun alles beisammen war. Nun konnte der Winter in Gottes Namen kommen! Der Besuch eines unerwarteten Gastes genierte auch nicht im geringsten. Wie überall, wo man aus dem Vollen wirtschaftet, war man eher geneigt, einmal etwas daraufgehen zu lassen; und für die Kinder gab es bei all dem Backen und Obsttrocknen, Einkellern, Einkochen und Wurstmachen vielerlei Vergnügen, auf das man sich im Voraus freute. Die Männer bezahlten in vielen Fällen diese Art der Wirtschaft nur mit mehr Geld als nötig, die Frauen mit einem Aufwand von Kraft, der oft weit über ihr Vermögen ging, und zu irgendeinem nicht auf den Haushalt und die Familie bezüglichen Gedanken blieb denjenigen, die wie wir bei allem selbst Hand anlegen mußten, wenn ihr Sinn nicht entschieden auf Höheres gerichtet war, kaum noch Zeit übrig.

Daß nach diesen Angaben eine Königsberger Familie viel Raum haben mußte, daß Keller, Boden, Kammern und ein Hof unerläßlich, daß mehr Dienstboten dafür nötig waren, versteht sich von selbst. Rechnet man nun noch die fanatische Reinlichkeit meiner Landmänninnen dazu, für die es damals ein Dogma war, alle Zimmer wöchentlich einmal scheuern zu lassen, eine Gunst, welche den Fluren und Treppen zweimal in der Woche widerfuhr; rechnet man dazu, daß die Spiegel und sogar die Fenster, solange die Kälte dieses bei den letzteren nicht unmöglich machte, wöchentlich geputzt, die Stuben jeden Morgen feucht aufgewischt und nach dem Mittagessen, wo es tunlich war, noch einmal gekehrt und abgestäubt wurden, so entstanden mit dem notwendigen Reinhalten der Küche, der Kammern und des vielen für alle diese Vorräte notwendigen Geschirrs eine nicht endende Arbeit und Unruhe und eine Atmosphäre feuchter Reinlichkeit, in welcher Orchideen und Wasservögel, je nach der Jahreszeit, eigentlich besser an ihrem Platz gewesen wären als wir Menschenkinder.

...Indes wer es den damaligen Hausfrauen zugemutet hätte, irgendeiner ihrer wirtschaftlichen Gewohnheiten zu entsagen,... den hätten sie als einen Ketzer angesehen, als einen Frevler, der ihre hausfraulichen Pflichten beschränken wolle, um ihrer Würde und Bedeutung damit Abbruch zu tun und so das Glück der Ehen und der Familien allmählich zu untergraben.

Helmut Paul Fielhauer

Haushalt der Fabrikarbeiterin

Anfang des 20. Jahrhunderts

Vor der Einführung einer Reihe küchentechnischer und lebensmittelchemischer Neuerungen (die allerdings das Los der Hausfrau nur mit Vorbehalt erleichterten) nahm das Kochen einen Hauptteil der sogenannten Freizeit der Arbeiterin oder Arbeitergattin weg; ja es konnte vielfach gar nicht in einem Zuge bewältigt werden. Das Vorrichten mußte entweder schon am frühen Morgen oder nach Arbeitsschluß geschehen, denn die grundsätzlich zur Erholung gedachte Mittagspause hätte dazu nicht ausgereicht, zumal ja auch die Wegzeiten der Familienmitglieder in Rechnung zu stellen waren.

Dabei darf man aber über dem Kochen und den Essenszeiten die ganze Breite der sonstigen Hausarbeit nicht übersehen:

„Meine tägliche Arbeitszeit in Haushalt und Fabrik beträgt 16 bis 18 Stunden. Unsere Familie zählt fünf erwachsene Köpfe im Alter von 15, 17, 19, 42 und 44 Jahren. Frühmorgens 4.30 Uhr ist die Nacht vorbei; dann ist es höchste Zeit, mich anzukleiden, zu waschen und das Frühstück für die anderen zu besorgen und alles zu wecken; denn 5.15 Uhr heißt es nach dem Betrieb gehen, da ich 45 Minuten bestimmt laufen muß. Um 6 Uhr beginnt die Arbeitszeit im Betrieb. Ich arbeite in einer Tuchfabrik und zwar in der Zwirnerei. Zuspätkommen darf im Betriebe nicht vorkommen. Wir arbeiten in Schichten von 6 bis 14 Uhr und von 14 bis 22 Uhr. Arbeite ich in der Vormittagsschicht, so geht von 14 Uhr die häusliche Arbeit an. Ich muß dann auf dem Wege von der Fabrik bis nach Hause die Einkäufe besorgen, so daß es dann meistens schon 16 Uhr ist, ehe ich im Heim bin. Hier angekommen, geht es sofort hurtig weiter. Das Mittagessen ist zu kochen; denn der Ehemann und die Kinder haben auch bald Feierabend. In der Zeit von 18 bis 19 Uhr halten wir unseren Mittagstisch. Nachdem und während der Zeit, wo das Mittagessen kocht, werden andere häusliche Arbeiten verrichtet. Bei der Nachmittagsschicht kommt noch hinzu, daß ich an drei Vormittagen neben der häuslichen Arbeit die Wäsche für die Familie waschen muß. Wir wohnen in einer Siedlung und haben noch zwei Gärten; die erfordern ebenfalls vom Frühjahr bis zum Herbst nicht wenig Arbeit. Von meinem Mann kann ich dabei sehr wenig unterstützt werden. Er verrichtet in einer Hutfabrik schwere Arbeit und ist abends sehr abgespannt."

Josef Mooser

Die proletarische Hausfrau

20. Jahrhundert

Die Tätigkeit der proletarischen Hausfrau war vor der in den letzten Jahrzehnten auch in den Arbeiterhaushalten üblich gewordenen Technisierung der Hausarbeit so umfangreich und beschwerlich, daß Bebels Wort über die wie ein „Lasttier" arbeitende Hausfrau nur zu wörtlich genommen werden muß: Kochen, Scheuern und Waschen setzten immer auch das Einholen von Holz, Kohlen und Wasser, d.h. Holzhakken, Schleppen schwerer Bündel und Eimer voraus. Auch die städtische Hausarbeit war eine Knochenarbeit, die wie die Arbeit der Bäuerin eine große Kraft erforderte und zumindest phasenweise eine ähnlich hohe körperliche Verausgabung einschloß wie bei den männlichen Schwerarbeitern. Die Gesundheit der Frau (wie diejenige des Mannes) war daher eine unabdingbare Notwendigkeit für eine „erträgliche Arbeiterehe", wie Käthe Kollwitz beobachtete und als Zeichen der „vollkommen anderen Wertmaße" im Vergleich zur „Bourgeoisiewelt" begriff.

In diesen „reproduktiven" Tätigkeiten erschöpfte sich die Hausarbeit jedoch nicht; häufiger als die Rede vom Verlust der Produktionsfunktion der Familien annehmen ließe, gehörte zur Arbeiterfamilie bis etwa 1950 noch die Herstellung von Lebensmitteln. Kleider wurden nicht nur immer wieder geflickt und umgearbeitet, sondern auch selbst genäht und gestrickt; Schuhe wurden gesohlt und Spielzeug gebastelt; vor allem jedoch wurde noch ein bedeutender Teil der Nahrungsmittel im gepachteten oder eigenen Garten oder auf der Ackerparzelle selbst gewonnen. Die Bodennutzung von Arbeiterfamilien nahm in ersten Drittel des 20. Jahrhunderts angesichts von Inflation und Arbeitslosigkeit bedeutend zu, wie der gleichbleibende Anteil von rund 10% Land nutzender Arbeiter (Männer und Frauen) in Industrie und Handwerk bei einem absoluten Wachstum der Zahl dieser Arbeiter von 8,46 Mio. auf 11,23 Mio. zwischen 1907 und 1939 zeigt. Auf Familien bezogen hieß das 1939: 45% der Familien von nicht-landwirtschaftlichen Arbeitern hatten noch eine (mehr oder weniger umfangreiche) agrarische Selbstversorgung, in ländlichen Gemeinden mehr (65%), in Großstädten natürlich weniger, aber auch hier immer noch 25,5%. Die Laubenkolonisten und „Arbeiterbauern", die Lieblingskinder der konservativen Sozialpolitik, waren jedoch tatsächlich oft Frauen und Kinder.

Die proletarische Hauswirtschaft war sicherlich keine Selbstversorgungseinheit mehr, sie war aber doch mehr als eine bloße Konsumgemeinschaft. Ihre „produktiven" Funktionen waren eine Folge der Armut. Insofern waren sie entscheidend bestimmt durch die zu geringen Löhne der Ehemänner, durch unregelmäßige Beschäftigung, den Ausfall der Lohneinkommen bei Krankheiten, Arbeitslosigkeit und Streiks bzw. Aussperrungen, also den kritischen proletarischen Lebenssituationen, mit denen stets zu rechnen war und die trotz kommunaler, staatlicher und gewerkschaftlicher Unterstützungen nur mit Hilfe der Familie ausgehalten werden konnten. Zur Überlebensökonomie der Arbeiterfamilie gehörte daher stets die aktuelle und vorausschauende Sparsamkeit im Umgang mit Lebensmitteln und die Kontrolle der Bedürfnisse nach dem Muster: „Das können wir uns nicht leisten." Dieses Sparsamkeitsregime war die eigentliche Leistung, aber auch Erwartung gegenüber der Hausfrau, oft verbunden mit der Opferung ihrer eigenen Bedürfnisse, vielfach mit Rücksicht auf die Kinder. Reichte auch dieses Mittel nicht, dann mußte die Frau eine weitere Bürde auf sich nehmen: die gelegentliche Lohnarbeit außer Haus, zum Beispiel als Wäscherin, Tagelöhnerin beim Bauern, die Fabrikarbeit oder die dauernde Erwerbsarbeit in der Wohnung als hausindustrielle Näherin, Strickerin, Büglerin usw. In allen Formen der Haus- und Lohnarbeit aber war die Arbeitskraft der Frau der „traditionelle Sicherheitsfaktor" in den Risiken des Arbeiterlebens.

Unbekannter Verfasser

Die Dame langweilt sich *

Mitte des 18. Jahrhunderts

Was soll *Cidalinde* mit einem ganzen Jahre anfangen? Mit acht tausend sieben hundert und sechzig Stunden? Sie muß nothwendig erschrecken, wenn sie daran denkt, wie ewig ihr zuweilen nur eine einzige Stunde wird. Ich will gar nicht sagen, daß sie für die ganze Summe zittern dürfte. Sie hat ihre Einrichtung schon so getroffen, daß die meisten vergehen, ohne daß sie ihre Flucht einmal bemerkt. Allein so genau die Berechnung ist, die ich über ihre Zeit gemacht habe, so finde ich doch noch immer eine beträchtliche Menge von Stunden, die ihr sehr zur Last seyn müssen. Man kann sich leicht davon überzeugen, wenn man folgende sehr billige Berechnung nur mit einem flüchtigen Blicke durchgehen will:

Zum Schlafe. Für einen zärtlichen Körper kann nicht weniger gerechnet werden, als zehn Stunden auf Tag und Nacht. Beträgt im Jahre: 3650

Zu Conferenzen mit dem Medicus. Cidalinde ist zwar ziemlich gesund; allein man hat zuweilen *Vapeurs*. Man fürchtet auch oft, daß man krank werden könne, wenn man es auch noch nicht ist. Auf die Woche nur drittehalb Stunden gerechnet, macht im Jahre 125

Zum Ankleiden. Nur zwo Stunden; denn sie kann diejenigen Frauenzimmer nicht ausstehn, die so viel Zeit vor dem Spiegel verderben. Macht 730

Zum Essen. Nur drey Stunden des Tags, den Caffee eingerechnet. Macht 1095

Visiten anzunehmen. Die Woche nur dreymal, und auf einen Besuch nur in allem zwo Stunden. Beträgt . . 312

Zum Spiele. Denn der Mensch muß doch eine Gemüthsergetzung haben. Nicht alle Tage, versteht sich, nur dreymal in der Woche und jedes mal nur sechs Stunden, welches gewiß viele Damen sehr billig finden werden. Macht in allem 936

Zum Kirchengehn. Denn *Cidalinde* ist keine Heidinn. Alle Sonntage und Festtage ists nicht möglich; man hat seine Verhinderungen. Vierzigmal im Jahre und jedesmal zwo Stunden. Beträgt 80

Zur Oper und Comödie. Man lebt in der großen Welt, und was würde diese sagen, wenn man in keiner Loge gesehen würde? In sieben Monaten die Woche nur einmal ungefähr vier Stunden, beträgt zusammen 120

In den Wagen ein und auszusteigen. Auf die Woche nur drey Stunden, beträgt 150

Den Küchenzettel täglich anzusehen. Denn *Cidalinde* bekümmert sich um ihre Oekonomie. Auf die Woche in allem zwo Stunden; macht 104

Zum Spazieren und Ausfahren auf dem Lande. Für fünf Monate, und auf den Monat 123 Stunden gerechnet, beträgt 615

Zum Aussehen aus dem Fenster, im ganzen Jahre nur 132

Summe 8049

Diese von der Summe aller Stunden des Jahres abgezogen *8760*

Bleiben 711 Stunden.

Wirklich sieben hundert und eilf Stunden, die alle unbesetzt sind! Was soll *Cidalinde* thun, sich von so viel Stunden zu entledigen? [...]

Arbeiten? Aber Arbeiten schickt sich nicht für Vornehme. Und was können Damen von einem gewissen Stande arbeiten, wobey sie nicht sitzen müssen? Sie müssen so schon genug sitzen. Viel Sitzen aber macht hypochondrisch und kann die beste Gesundheit verderben. Für seine Gesundheit soll man sorgen. Also kann man leicht denken, daß man in sieben hundert Stunden viel Langeweile haben müsse. [...]

Unterdeß hat doch *Cidalinde* eine solche Einrichtung

getroffen, daß sie ihrer meisten Stunden schon los werden wird, ohne sich eben sehr davon beschwert zu fühlen, und wenn man sich ja nicht zu helfen weiß, so kann sie mit ihrem Manne reden, oder einmal in der Gesellschaft ihrer Kinder einschlafen, oder den Schneider sprechen, oder den Kaufmann kommen und sich allerley neue Stoffe vorzeigen lassen, und in die übrige Langeweile muß sie sich finden: Denn Vornehme müssen doch auch etwas zu leiden haben, ob es gleich ein grosses Leiden ist, wenn man nicht weiß, wo man mit seiner Zeit hin soll.

Justus Möser

„Die Tage gehen mir so langsam..." *

18. Jahrhundert

Mein lieber Herr Kapellan! Ich muß Ihnen einmal einige Gewissensfragen tun. Sie sagen mir immer, ich müßte von jeder Stunde meines Lebens am Ende Rechenschaft geben; und die Stunde dieser Rechenschaft rücke mit jedem Augenblicke näher. Nun wollte ich gern beim Schlusse dieses Jahres, um nicht übereilt zu werden, einen kleinen Anfang mit der Rechnung machen. Ich finde aber dabei einige Schwierigkeiten, worüber ich mir Ihre Erläuterungen ausbitten muß.

Erstlich habe ich auf dem Lande gesehen, daß die Leute bei der schwersten Arbeit nur 5 und höchstens 6 Stunde schlafen. Ich aber bin des Abends um 11 Uhr zu Bette gegangen und des Morgens um 8 wieder aufgestanden, mithin vier Stunden länger im Bette geblieben. Sollte ich diese auch berechnen müssen, oder werden sie so mit durchlaufen?

Zweitens habe ich in meinen jungen Jahren wohl einige Stunden am Kaffee- und Nachttische zugebracht; jetzt aber, da ich eben keinen Trost mehr vor dem Spiegel finde und meine Dormeuse sehr geschwind aufsetze, bringe ich diese Zeit mit der größten Langeweile zu. Sollte ich dafür nicht billig eine Schadloshaltung fordern können?

Drittens habe ich oft Gott gedankt, daß ich drei Stunde am Tische verweilen könnte, weil mir sonst die Zeit bis zur Assemblee zu lang wurde. Diese Wohltat habe ich mit Dank genossen; und so wird man von mir doch nicht verlangen, daß ich dieserhalb noch lange Rechnung geben solle?

Viertens hoffe ich doch, eine Stunde zum Kaffeetrinken werde einem jeden Christenmenschen freigegeben sein?

Fünftens habe ich von 5 Uhr bis um 8 in diesem Jahre 730 Spiel Karten verbrauchen helfen und solchergestalt arme Fabrikanten unterstützt; könnte ich diese nützliche Anwendung meiner Zeit nicht doppelt anrechnen?

Sechstens habe ich von 8 Uhr bis um 11 zu Abend gegessen und mich einigermaßen zu den Verrichtungen des folgenden Tages vorbereitet; auch wohl, nachdem ich eben aufgeräumet war, ein hübsches Buch zu meiner Ermunterung in die Hand genommen; diese Stunden können also richtig berechnet werden. Wollten Sie mir aber wohl dieserhalb ein Zeugnis geben, womit ich bestehen könnte?

Sagen Sie mir nicht, daß ich die Zeit hätte nützlicher anwenden sollen. Denn dieses ist hiesigen Orts, wo man weder Opern noch Komedien, weder Redouten noch Akademie hält, schier unmöglich. Gesetzt also, ich hätte weniger Zeit im Bette und bei Tische zubringen wollen, was hätte ich in aller Welt anfangen sollen? Reiten habe ich nicht gelernt; die Jagd ist mir zu mühsam; des Spazierens werde ich bald müde; und durch jede Arbeit, die ich verrichtet hätte, würde ein armer Mensch sein Brod verloren haben. Mein gutes Einkommen überhebt mich auch der Arbeit, und je weniger ich selbst tue, je mehr gebe ich fleißigen Armen zu verdienen. Es würde ein sträflicher Geiz sein, wenn ich selbst die Küche versehen oder ein Kammermädgen weniger halten wollte. [...]

Was aber bei dem allen das Beste sein mag, mein Herr Kapellan, so preise ich die Leute glücklich, die alle Tage 16 Stunde mit nützlichen Arbeiten zubringen können; ich beneide sie sogar, wenn dieses etwas zu meiner Entschuldigung helfen kann. Ja, mich dünkt, daß Leute, die im Leben so glücklich sind, alle ihre Stunden nützlich hinbringen zu können, wenn es dermaleinst zur Rechnung kommen sollte, mindern Lohn verdient haben als ich, der es so sauer wird, nur eine Stunde ohne Schlaf, Spiel oder Essen zu nutzen. Ich spreche im Ernst; die Tage gehen mir so langsam und die Jahre so geschwind hin, daß ich ganz verwirret darüber bin.

Sibylle Meyer

Demonstrativer Müßiggang

19. Jahrhundert

In die Geschichtsforschung gehen bürgerliche Frauen vor allem als müßige Salondamen ein, die sich angeblich mit Klavierspiel, Literatur, feinen Handarbeiten und der nächsten Einladung beschäftigten, durch ihr Wesen – nicht durch ihre Arbeit – die Atmosphäre des Hauses prägten und alle hauswirtschaftlichen Arbeiten an Dienstboten delegierten, die sie lediglich überwachten. Dieser Mythos der müßigen bürgerlichen Salondame dürfte mit dem Alltag der meisten bürgerlichen Frauen im letzten Drittel des 19. Jahrhunderts wenig gemeinsam haben.

Die Arbeit bürgerlicher Frauen wurde durch die spezifischen Zwänge strukturiert, die ihr Leben zweiteilten und unterschiedlichen Gesetzen unterwarfen: Gegenüber der Öffentlichkeit sollten sie müßig erscheinen und durch ihre angebliche Freistellung von hauswirtschaftlichen Arbeiten den sozialen Status des Ehemannes symbolisieren. Innerhalb der Familie mußten sie diese hauswirtschaftlichen Tätigkeiten nach dem Prinzip größtmöglicher Sparsamkeit erfüllen – Hausarbeit kennt keinen Müßiggang. [...]

Das Auseinanderfallen der Arbeitsbereiche von Mann und Frau in die außerhäusliche, bezahlte Lohnarbeit des Mannes und die innerhäusliche, unbezahlte Reproduktionsarbeit der Frau und die scharfe Trennung von Öffentlichkeit und Privatheit prägten den bürgerlichen Lebensstil grundsätzlich.

Die bürgerlichen Hausfrauen leisteten durch ihre Arbeit die physische und psychische Reproduktion der Familienmitglieder und unterstützten zusätzlich die berufliche Karriere des Ehemannes in zweifacher Weise. Einerseits erwirtschafteten sie Einsparungen im Familienalltag, die die hohen Repräsentationskosten decken halfen, und andererseits stellten sie Teile der Repräsentationsausstattung selbst her. Sie nähten oft die Familienkleidung selbst, fertigten große Teile der Salonausstattung und arrangierten mit Sorgfalt und Mühe innerhäusliche Geselligkeiten. Diese Handlungsweise der Hausfrauen folgte einer immanenten Rationalität, die durch die Zwänge der bürgerlichen Lebensweise determiniert wurde. Ohne die tägliche Hausarbeit der bürgerlichen Hausfrauen für den Familienalltag und die Repräsentationsaufgaben wäre der Nachweis der Gesellschaftsfähigkeit und in dessen Folge ein beruflicher Aufstieg des Ehemannes und eine materielle Besserstellung der Familie nicht möglich gewesen.

Die Trennung von Öffentlichkeit und Privatheit erlaubte gleichzeitig das Verstecken der Hausarbeit vor der Öffentlichkeit. Die Aufteilung der bürgerlichen Wohnung in einen privaten und einen öffentlichen Bereich ermöglichte es, die tägliche Arbeit der Hausfrau hinter dem schönen Schein des Salons verschwinden zu lassen. Nur so konnte es gelingen, den Schein des demonstrativen Müßigganges der bürgerlichen Frau aufzubauen.

Der demonstrierte Müßiggang bürgerlicher Frauen war Bestandteil bürgerlicher Repräsentation und wurde durch die Vorschriften der „guten Gesellschaft“ und des „guten Tons“ festgeschrieben. Dieses Bild von der untätigen bürgerlichen

Salondame des ausgehenden 19. Jahrhunderts sollte nicht länger als soziale Wirklichkeit angenommen werden, denn eine solche Sichtweise sitzt dem für die Öffentlichkeit arrangierten Schein auf und verstellt den Zugang zur Arbeitsrealität bürgerlicher Frauen, die Vorschriften des „guten Tons" verloren spätestens an der Küchentür ihre Geltung.

Bürgerliche Repräsentation erzwang die Unsichtbarkeit der Hausarbeit. Das Unsichtbarmachen dieser Arbeit selbst wurde zu einer Arbeit, die im bürgerlichen Haushalt zusätzlich zu den hauswirtschaftlichen Tätigkeiten geleistet werden mußte. Diese Verschleierung von Hausarbeit wurde zu ihrem Strukturelement und determinierte neben dem Sparzwang und den Bedürfnissen der Familienmitglieder den Arbeitstag der Hausfrauen. Was auf den ersten Blick als Müßiggang erscheinen mochte, entpuppt sich bei näherem Hinsehen als schwierige und mühsame Arbeit.

Edith Ennen

Sklavinnen in Genua

Um 1200

Vergessen wir aber nicht die dunklen Seiten. Im Mittelmeergebiet hat sich vielerorts die Sklaverei im vollen Sinn des Wortes gehalten, vor allem in Hafenstädten. Wir können dieses bedeutsame Phänomen hier nicht in voller Breite behandeln und greifen als exemplarischen Fall Genua heraus; die Genueser Notariatsregister bieten eine Fülle von Belegen und gestatten [...] auch schon einen quantifizierenden Einblick in die Verhältnisse im 12. Jahrhundert. [...] Unter den über 4500 Notariatsinstrumenten befassen sich 79 auch mit Sklaven. In diesen 79 Notariatsinstrumenten werden mindestens 92 Sklaven bzw. Sklavinnen genannt. Für die 25 Sklaven und 21 Sklavinnen, über die in 43 Notariatsinstrumenten

Verkaufsverträge abgeschlossen wurden, waren fast 60 Einzelpersonen als Verkäufer nachzuweisen. Ein „eklatanter" Ausnahmefall verändert indessen diese Relation: Am 17. Juni 1191 verkaufen 15 Miteigentümer ihre unterschiedlichen „Anteile" an der sarda Justa und deren Tochter Vereta ihrem weiteren Teilhaber Raimundus Baltigarius, einem etwa zwanzigjährigen Mitglied einer Familie der Oberschicht, der sich in finanziellen Schwierigkeiten befand und nur noch Geld für kleinere Geschäftsabschlüsse übrig hatte; die vielen Teilhaber an den Sklavinnen waren kleine Handwerker und Händler. Wahrscheinlich hatten einige Teilhaber die Sklavinnen von Sardinien nach Genua importiert. [...] Öfters werden Sklavinnen durch Frauen verkauft. Bei Ehescheidungen kommt es zum Streit über die Eigentumsverhältnisse an einer Sklavin; die Sklavinnen gehörten auch zur dos stadtadliger Frauen. So war also der genuesische Sklavinnenmarkt weniger durch Import als durch den innerstädtischen Besitzwechsel geprägt. Die Importeure wie die Käufer verfügen etwa gleichzeitig wohl über mehrere männliche, nicht aber über mehrere weibliche Sklaven. Die Nachfrage nach männlichen Sklaven war auf einen engeren Bevölkerungskreis beschränkt als jene nach Sklavinnen; dieser kleinere Interessentenkreis hatte aber einen höheren Bedarf, während die Nachfrage nach Sklavinnen auf kleinere „Stückzahlen" beschränkt war. Die Sklavinnen waren offensichtlich dem Wirkungsbereich genuesischer Frauen, also dem Hause, wirtschaftlich und sozial eingeordnet. Ein erheblicher Teil der nach Genua importierten männlichen Sklaven wurde als Schiffs- bzw. Galeerensklaven verwendet, andere wurden von kleinen Gewerbetreibenden bzw. Handwerkern erworben. Anders bei den Sklavinnen: Die teuersten Sklavinnen – 9–8 Pfund – wurden für den Haushalt vornehmer und reicher Familien erworben, billigere wohl auch als Arbeitskräfte in kaufmännischen und handwerklichen Betrieben. Insgesamt sind die Sklavinnen weitaus intensiver an die Familie des Sklavenhalters gebunden als die Sklaven. Die unterschiedliche wirtschaftliche und soziale Stellung der männlichen und weiblichen Sklaven bestätigen auch die Freilassungsurkunden. Es sind vor allem Angehörige der konsularischen aristokratischen Oberschicht Genuas, die Sklaven freilassen; dabei waren finanzielle Erwägungen nicht ausschlaggebend, sondern personale Beziehungen, die sich zwischen den Eigentümern und ihren Sklavinnen entwickelt hatten. Gelegentlich spielten auch religiöse Motive eine gewisse Rolle: So vermachte Sibilia ihrem Gatten testamentarisch 10 Pfd. für den Fall, daß er die Sklavin Gacella freilasse und bis zum nächsten Pfingstfest taufen lasse. Der reiche Fernhändler Wuilielmus Scarsaria verfügte, daß seine ancilla Melese nach fünfzehnjährigem Dienst für seine Söhne und nach erfolgter Taufe frei sein und zu diesem Zeitpunkt vier Pfund erhalten sollte. [...] Da die persönlichen Beziehungen zwischen Eigentümern und Sklavinnen stärker entwickelt waren als zwischen Herren und Sklaven, war auch die soziale Stellung der Sklavinnen differenzierter je nach der wirtschaftlichen Lage ihrer Eigentümer. Angehörige der Oberschicht, die ihre Sklavinnen wohl überwiegend für Arbeiten im Hause und für die persönliche Bedienung einsetzten, konnten es sich eher leisten, Sklavinnen unbedingt freizulassen als Sklavenhalter aus den mittleren Schichten. Sklavinnen hatten mehr Aussicht, durch persönliche Gunst ihrer Eigentümer eine Besserung ihrer rechtlichen und sozialen Lage zu erreichen, als die Sklaven; diese besaßen allerdings wieder mehr Möglichkeit, durch ihre eigene Arbeit im Gewerbe und Handel ihre Position zu verbessern und selbst ein peculium zu erwerben. Sklavinnen konnten nach ihrer Freilassung leicht in wirtschaftliche Not geraten, wenn der Eigentümer nicht Vorsorge dagegen traf. Die Sklavinnen besaßen insofern einen besonderen Vermögenswert, als sie Kinder bekommen konnten, die in das Eigentum ihrer Herren übergingen.

Iris Origo

Sklavinnen für den toskanischen Haushalt

Um 1400

Aber selbst damit hatte sein Haushalt noch nicht Dienstboten genug. Im gleichen Jahr noch wies Francesco seinen Firmenpartner in Genua, Andrea di Bonanno, an, ihm noch eine weitere Sklavin zu besorgen.

Sei so gut und kaufe mir dort drüben eine kleine Sklavin. Sie soll jung und von derbem Schlag sein, so zwischen acht und zehn Jahre alt, kräftig gebaut und so stark, daß sie viel schwere Arbeit aushält, außerdem von gesunder und gutartiger Natur, so daß ich sie mir nach meinem Geschmack erziehen kann. Sie soll hier nur Geschirr spülen, Holz und Brot zum Backofen tragen und dergleichen Arbeiten mehr verrichten... denn ich habe schon eine Sklavin da, die gut im Brotbacken, im Kochen und Servieren ist.

Schließlich wurde das Mädchen dann doch noch auf dem Sklavenmarkt von Venedig gefunden. [...Es] kostete 50 Gulden plus fünf Gulden Kaufsteuer plus drei Gulden an Reisekosten. Im Jahr 1388 zahlte er sogar die enorme Summe von 87 Gulden für Bartolomea, eine erwachsene Frau „ohne Vermittlung eines Maklers mit all ihren Kleidern und Gerätschaften gekauft", und 60 für eine andere mit Namen Giovanna. Es ist eine einfache Rechnung, daß sogar die teuerste dieser Sklavinnen, nämlich Bartolomea, nicht mehr kostete als acht Jahreslöhne für eine freie Magd. Nach dieser Zeit kam Francesco quasi kostenlos in den Genuß ihrer Dienste. Zwar beschloß er manchmal nach vielen, vielen Jahren, auch einmal einer seiner Sklavinnen die Freiheit zu schenken; aber im allgemeinen blieb auch eine solche Freigelassene weiter in seinem Haus. [...]

Ende des 14. Jahrhunderts bestand sogar in kleineren Städten wie Siena, San Gimignano, Pistoia und Prato große Nachfrage nach solchen Sklaven. Von Zeit zu Zeit verpflichtete Francesco sich einen Freund dadurch, daß er ihm durch seine Agenten in Genua oder Venedig einen besorgte. Einer seiner Kunden schrieb im Auftrag von Paparo, einem Freund in Pistoia: „Ich bin gewiß, Ihr werdet mehr Sorgfalt darauf verwenden, jede Kleinigkeit zu beachten und mitzuteilen, als wenn Ihr sie für Euch selbst kaufen wolltet." Sollte sich herausstellen, daß die Sklavin seinen Erwartungen doch nicht entspreche, könne er sie außerdem immer wieder loswerden, fügte er hinzu: „Ich sehe in ihr nur eine Ware wie jede andere, mit der man beim Wiederverkauf manchmal Verlust, manchmal Gewinn macht. Darüber brauchen wir also kein Wort mehr zu verlieren."

Offensichtlich hatte Francesco jedoch vergessen zu erwähnen, daß es sich bei der Sklavin um ein junges und hübsches Mädchen handelte. Und als sie nun in Paparos Haus kam, gab es sofort Scherereien.

Paparos Frau beklagt sich bitter über Euch [schrieb derselbe Freund], und mehr noch über Monna Margherita, daß sie es überhaupt zulassen konnte, daß Ihr ihm eine so junge und hübsche Sklavin schicktet. Sie sagt, sie selbst würde ihr so etwas nie angetan haben, und daß Frauen sich davor hüten sollten, sich so etwas gegenseitig anzutun.

In der Regel garantierte die Verkaufsurkunde, daß eine Sklavin frei von Krankheiten war („gesund und unversehrt an allen Gliedern, sichtbar und unsichtbar"), manchmal auch noch, daß sie nicht stahl, streitsüchtig, mürrisch oder bösartig war oder weglaufen würde *(fugitiva)*. Der Käufer erhielt das *purum et merum dominium*, die unbeschränkte Sachherrschaft über sie, „mit dem Recht, die Betreffende zu besitzen, zu behalten, zu verkaufen, zu übereignen, zu vertauschen, zu genießen, auszuleihen, zurückzunehmen, zu vererben, über ihren Leib und ihre Seele zu richten und für alle Zeit mit ihr zu verfahren, wie es ihm oder seinen Erben beliebt, ohne daß irgendwer Einspruch erheben kann". In welchem Maß solch eine Sklavin tatsächlich als ein Gegenstand und nicht als Mensch betrachtet wurde, zeigt ein Inventar in den Geschäftsbüchern von Datinis Pisaner Filiale, in dem der Wert einer Sklavin zusammen mit dem verschiedener Haustiere aufgeführt wird: „Er sagt, er hat eine Sklavin und einen Gaul und zwei Esel und einen Anteil von drei Fünfteln an einem Ochsen. Macht zusammen rund 70 Gulden."

Elisa von der Recke

Undank gegen die Kinderfrau*

18. Jahrhundert

Recke hat die gute alte Gampern, die seine Wärterin war, verabschiedet, weil die gute, alte Frau in ihrer vierteljährigen Hausrechnung nicht anzugeben wußte, wo zwei Schinken und 8 ℔ Feingarn geblieben sind. Auch mit mir war Recke unzufrieden, daß ich dem Hauswesen nicht besser vorstünde und viel zu flüchtig und unaufmerksam wäre. Ich kann dir es garnicht sagen, meine Liebe, wie mich die Verabschiedung der guten alten Frau schmerzte; sie bat Gott, daß es ihrem lieben Herrn, den sie auferzogen hat, gut gehen möge, wenn sie auch nicht mehr sein Brot ißt. Mich bat sie, froh und heiter zu sein, den gnädigen Herrn zu lieben, auch wenn er bisweilen verdrießlich ist.

Du hast die gute, alte Frau nicht gekannt! aber, bei Gott, es war hart von meinem Mann, daß er die Pflegerin seiner Kindheit verstieß. Ich bat, er möge sie behalten, und wurde darüber bitter angefahren, hörte Spöttereien über meinen Hang zum Lesen, [...] ein kurländischer Edelmann brauche eine gute Wirtin, nicht aber eine Bücherfreundin zur Frau. Diese Reden zerrissen zwar mein Herz, aber daß er die alte Gampern abschaffte, dies kränkte mich noch tiefer.

Gustav Parthey

Die alte Luise*

Anfang des 19. Jahrhunderts

Neben dem alten Friedrich war die alte Luise als Hausmädchen in der Wirtschaft tätig. Schon damals hatte sie nahe an 40 Jahre in der Nicolaischen Familie zugebracht, hatte meine Mutter und deren Geschwister alle aufwachsen und dahinschwinden sehn und klapperte nach wie vor mit ihrem Schlüsselbunde durch die weiten Räume der Wohnung. Wenn sie meinem Musiklehrer Weiße die Türe geöffnet, so rief sie zu mir in den Garten hinab: junger Herr, kommen Sie herauf, Herr Patzig ist da! So hatte nämlich der Musiklehrer meiner Mutter geheißen. Sonst mochte sich diese alte Eurykleia mit uns Kindern nicht viel abgeben, und deshalb war sie uns im Grunde gleichgültig, obgleich wir uns wohl hüteten, ihre Zanklust aufzuregen. Sie hatte sich nie verheiraten wollen und fand ihr einziges Vergnügen darin, ihre Schwester, welche mit einem Schneidermeister in kinderloser Ehe in sehr dürftigen Umständen lebte, an Sonn- und Feiertagen mit Kaffee zu bewirten.

Die alte Luise und der alte Friedrich konnten sich nicht gut vertragen, obgleich sie so viele Jahre in demselben Dienste verlebt. Er hörte nicht auf zu brummen, wenn sie beim Stubenreinigen irgend etwas aus der alten hergebrachten Ordnung verrückte, an die „der Herr Nicolai" nun so lange gewöhnt war; sie belferte dagegen mit gellender Stimme, wenn Friedrich irgend einen Eingriff in ihr Haushaltungsdepartement machen wollte; sie rief in solchen Fällen die übrigen Dienstboten, die Köchin, das Hausmädchen, zuweilen sogar den Hausknecht und den Markthelfer aus der Buchhandlung zu Hilfe.

Luischen blieb 54 Jahre in unsrer Familie und sah, als meine Kinder geboren wurden, die fünfte Generation im Hause, denn sie hatte noch Madame Schaarschmidt, Nicolais

Schwiegermutter, gekannt. Bei ihrem 50jährigen Jubiläum im Jahre 1820 oder 1821 ward eine kleine Feierlichkeit veranstaltet, wobei sie aus den Händen des Bischofs Ritschl unter sehr vielen Tränen eine goldne Kette und ein Geldgeschenk aus dem Gesindebelohnungsfond empfing.

Johann Wolfgang Goethe

Zeugnis für eine tückische Köchin*

Um 1800

Charlotte Hoyer hat zwei Jahre in meinem Hause gedient. Für eine Köchin kann sie gelten und ist zuzeiten folgsam, höflich, sogar einschmeichelnd. Allein durch die Ungleichheit ihres Betragens hat sie sich zuletzt ganz unerträglich gemacht. Gewöhnlich beliebt es ihr, nur nach eignem Willen zu handeln und zu kochen; sie zeigt sich widerspenstig, zudringlich, grob und sucht diejenigen, die ihr zu befehlen haben, auf alle Weise zu ermüden. Unruhig und tückisch verhetzt sie ihre Mitdienenden und macht ihnen, wenn sie nicht mit ihr halten, das Leben sauer. Außer andern verwandten Untugenden hat sie noch die, daß sie an den Türen horcht. Welches alles man, nach der erneuten Polizeiverordnung, hiermit ohne Rückhalt bezeugen wollen.

Thomas Nipperdey

Das Dienstmädchen

19. Jahrhundert

Schließlich gehört zu der bürgerlichen Familie etwas, was eigentlich gerade außerhalb ihrer steht, was jeder aus Literatur, Legende, Überlieferung weiß, wovon die Historiker meist schweigen: das Dienstpersonal oder klassisch: das „Dienstmädchen". Das ist in gewisser Weise nicht neu – wir sprachen bei der Großfamilie des ganzen Hauses davon –, aber in der neuen bürgerlichen Kernfamilie, die nicht mehr Produktions- und Repräsentationsgemeinschaft ist, sondern Konsum- und Ausbildungsgemeinschaft, ist das doch neu: das Mädchen anstelle der Magd, die Hausangestellte anstelle des Gesindes. Haushaltsführung und Lebensstil und auch Kindererziehung einer breiten bis tief in die mittleren Bürgergruppen reichenden Schicht ist von dieser Tatsache bestimmt. 1871 hatten in Berlin immerhin 17,3% der Haushalte Dienstpersonal, in Hamburg 21,6%, in Bremen 24%, 1882 jeder vierte Lehrerhaushalt (also einschließlich der Masse der wenig verdienenden Volksschullehrer), und in der Jahrhundertmitte hat der besser verdienende Handwerker wie Krämer Dienstmädchen. Im Vormärz machen in den wohlhabenderen Städten Dienstboten (einschließlich der ca. 25% Männer, der Kutscher etc.) 10–14% der Bevölkerung aus – in der Wiener Altstadt 1822/1825 sogar 45,3%, 1869 noch 25% –, in den kleineren oder ärmeren 4–9%, um 1870 dann zwischen 5 und 9%. Aber dieser Rückgang liegt vor allem am proportionalen Rückgang von Zwei- und Mehrdienstboten-Haushalten. Städtische „Herrschaft" und Mädchen vom Lande, bürgerliche Kinder und Kindermädchen, die „gnädige Frau" und „ihr" Mädchen, das werden ganz typische, lebensprägende wichtige Sozialbeziehungen, und eine gewisse „Verbürgerlichung" des Landes, der kleinen Leute, der respektablen Arbeiterschaft – über Koch- und Eßsitten, Haushaltsführung, Verhaltenskodex, Phantasien – geht über diese „Dienstmädchen" (und nebenbei: ihre Lektüre) und ihre Heiraten. Natürlich war die Familie in ihrer Privatheit abgeschlossener als in alten Zeiten, aber die verbliebene Existenz eines einzigen (und selten zweier) Fremder in der Familie schuf doch auch eine besondere Nähe. Gewiß ging das nach Befehl und Gehorsam, Annahme und fristloser Kündigung. Knapper Lohn, ungemessene Arbeitszeit, wenig Freiheit und

Freizeit, separiertes Essen in der Küche, schmale Kammer – das war das Übliche. Aber es gab eben auch viel Patriarchalismus, gesicherte Versorgung in den Jahren des Dienstes, Lehre und Erziehung, Zugehörigkeitsgefühl zur Herrschaft und der Familie (manchmal bis ins Alter), Kooperation und Vertrauen (bei der Kinderaufzucht), ein Verhältnis, das weder mit alten „Herren" – noch neuen Arbeitgeberverhältnissen identisch war. Die arbeitsentlastete (nicht -lose) Existenz der Frauen wie die Familiengeselligkeit wie das Aufbringen der Kinder beruhte auf dieser „Institution". Bei der bürgerlichen Familie waren die „niederen Dienste" delegiert, die Kinder wuchsen in einer Atmosphäre des Bedientwerdens und des Anordnens und Befehlens auf.

Henriette Davidis

Treues Dienen*

Mitte des 19. Jahrhunderts

Gute, rechtschaffene Dienstmädchen sind eine zuverlässige Stütze der Hausfrau; sie erweisen sich treu, lassen sich weder durch Furcht vor ihren Mitgenossen, noch durch Geschenke zu irgend einer Untreue verleiten; auch vermeiden sie den Umgang mit solchen Leuten, die von der Herrschaft übel reden. Sie halten es für unrecht, der Herrschaft auch nur das geringste von ihrem Hab und Gut zu entwenden; sie beherzigen auch, daß derselben durch Trägheit und Nachlässigkeit Zeit und Vorteile verloren gehen, und die Herrschaft dadurch ebenso benachteiligt wird, wie durch Veruntreuung. Sie machen ihrer Herrschaft das Regiment nicht durch Ungehorsam schwer, sondern üben ihr Gebot ebenso getreu hinter ihrem Rücken, als vor ihren Augen. Sie geben sich Mühe und suchen eine Ehre darin, alle ihre Pflichten und Arbeiten zur Zufriedenheit der Herrschaft pünktlich auszuführen, sich immer mehr nützlich zu erweisen und den Wohlstand ihrer Herrschaft fördern zu helfen. Darum verschlafen sie die frühen Morgenstunden nicht, stehen vielmehr ungeweckt zeitig auf; sich auf die Glocke der Hausfrau zu verlassen, wäre beschämend für sie. Sie lassen auch nicht das geringste von dem, was unter ihrer Hand ist, und was zum Nutzen für Menschen und Vieh gebraucht werden kann, verderben und verkommen. Sie weigern und schämen sich keiner Arbeit, welche die Herrschaft sie verrichten heißt, auch dann nicht, wenn sie unbequem auszuführen ist. Guter Wille macht jede Arbeit leicht. Der verächtlichen Gewohnheit des Naschens geben sie sich nicht hin, sind nicht neugierig, horchen nicht an den Thüren, was meist nur Dienstboten thun, welche ein böses Gewissen haben; sie plaudern nicht aus dem Hause, viel weniger äußern sie sich nachteilig über ihre Herrschaft; denn die Ehre der Herrschaft ist ihre eigne Ehre. Sie sind bescheiden, ehrerbietig und freundlich und setzen in die Herrschaft ein festes Vertrauen. Sie bleiben in allen Stücken bei der Wahrheit; es ist ein schöner Ruhm, wenn die Herrschaft sagen kann: ich darf mich auf das Wort meiner Dienstboten verlassen. Darum gestehen sie lieber ein Versehen ein und nehmen eine Zurechtweisung mit Bescheidenheit hin, als daß sie sich mit Unwahrheiten durchhelfen wollten. Auch trotzen sie nicht, selbst dann nicht, wenn sie glauben, daß ihnen unrecht geschehen sei. Die Dienstboten sollten bedenken, daß es oft leichter ist, zu gehorchen als zu regieren, und daß eine Herrschaft vieles, vieles zu überdenken hat, womit manche Sorge verbunden ist, welche sie gar nicht kennen. Wenn sie ihre Pflichten redlich erfüllt haben, können sie sich sorglos zu Tische setzen und sich sorglos zur Ruhe legen. Die Herrschaft aber muß neben der Leitung des Ganzen zugleich darauf bedacht sein, die Mahlzeiten zu beschaffen und den Lohn zu entrichten, und hat es oft weniger gut als die Dienstboten.

Ferner betragen sich ehrbare Dienstboten sittlich, sie führen keine unschicklichen Reden, unter keiner Bedingung in

Gegenwart von Kindern; erlaubte Wünsche aber gewähren sie den Kindern – dem höchsten Gut ihrer Herrschaft – gern.[...]

Gute Dienstboten gehen auch gern zur Kirche; aber sie sorgen auch, daß die Herrschaft nicht dadurch in Verlegenheit gerate, stehen vielmehr früh genug auf, um vorher die ihnen obliegende Morgenarbeit zu verrichten. Sie gewöhnen sich an Reinlichkeit und Ordnung, sind zufrieden mit ihrer Lage und blicken nicht neidisch auf solche, die ein besseres Los empfangen haben; sie wissen, es ist Gottes Werk, daß Reiche und Arme untereinander wohnen, und daß dadurch einzig und allein die Weltordnung bestehen kann; sie wissen, daß der höhere Stand seine Freuden und Vorzüge hat und glauben es, daß er auch sein Ungemach hat, und daß mitunter solche am allerwenigsten zu beneiden sind, denen Reichtum den Genuß aller irdischen Freuden gewährt.

Oscar Stillich

Dienstmädchen in Berlin um 1900*

Die Dienstboten bilden bei uns einen Berufsstand von 1,3 Millionen Menschen; von diesen entfällt ca. der 20. Teil auf Berlin. Als die größte Stadt in Deutschland hat sie absolut, wenn auch nicht relativ, die größte Dienstbotenhaltung. Durch einige weitere statistische Angaben über Geschlecht, Civilstand und Alter suchten wir in die Structur dieser Classe etwas näher einzudringen. Wir sahen, daß die große Masse der Dienstboten, nämlich 96%, aus ledigen Mädchen besteht. Sie treten in jugendlichem Alter, teilweise noch als Kinder, in den Dienst ein und sind mit ca. 30 Jahren verbraucht. Der Dienstbotenberuf ist nur eine Episode in ihrem Dasein. Aus der Enquete ergiebt sich, daß die oberen Altersclassen stärker mit Köchinnen besetzt sind. Wir können daher innerhalb des

Dienstbotenberufs einen socialen Aufstieg annehmen, dessen drei Etappen wir anführten. Was die Herkunft der Mädchen anbelangt, so ergab sich, daß jährlich über 40 000 Mädchen nach Berlin kommen. Das Hauptcontingent stellt die Provinz Brandenburg. Die Ansprüche dieser aus culturell wenig entwickelten Gebieten kommenden Mädchen sind gering. Daher die Begünstigung des Zuzugs von seiten der Herrschaften. Das Mädchen vom Lande ist heute der Typus des Berliner Dienstmädchens. In Berlin gebürtige Dienstboten sind verhältnismäßig selten; ihre Zahl beträgt ca. 9000. Die Armee dieser ortsgebürtigen recrutiert sich vornehmlich aus Waisen, Unehelichen und den am schlechtesten gestellten Proletarierinnen. Die Zugezogenen müssen sich in den bürgerlichen Haushaltungen ganz neuen Arbeits- und Lebensbedingungen anpassen, ein Proceß, der gewisse Störungen im Gefolge hat, die noch viel zu wenig beachtet werden. Das ortsfremde Mädchen fühlt sich in den meisten Fällen verlassen, es hat keinen Anschluß und findet denselben auch nicht etwa in der Familie des Dienstgebers, der einer ganz anderen socialen Classe angehört und andere Interessen, Neigungen, Sitten und Gewohnheiten hat. Das Berliner Dienstmädchen stammt aber nicht nur aus Gegenden mit niederer Lebenshaltung, sondern auch, was schwerer wiegt, aus Familien, in denen dieselbe zu Hause ist. Diese repräsentieren Berufsclassen, die auf der untersten Sprosse der socialen Leiter stehen und meistens einen harten Kampf ums Dasein kämpfen. Es sind der ländliche und kleinstädtische Arbeiterstand, das zu 50% auf dem Lande vertretene Handwerk und eine Anzahl kleiner, schlecht bezahlter Beamtenfamilien, die ihre Töchter in herrschaftliche Dienste schicken. Ein Uebergang aus anderen Berufen dürfte selten sein. Die Zahl der gewerblichen Berufe, die Dienstboten stellen, beschränkt sich fast ausschließlich auf die großstädtische Hausindustrie. Selbst der Niedergang der industriellen Conjunctur läßt der Fabrikarbeiterin den häuslichen Dienst noch nicht als begehrenswert erscheinen...

Das Wesentliche der von den Dienstmädchen geleisteten Hausarbeit liegt in ihrer zeitlichen Unbegrenztheit. Sie sind zur Arbeit verpflichtet Tag und Nacht. Dem Gesinderecht ist der Begriff der Ueberarbeit unbekannt, ebenso der Begriff der Nachtarbeit. [...]

Von den Dienstmädchen, die Angaben gemacht haben, arbeitet etwa die Hälfte länger als 16 Stunden, nämlich 51,5%, die andere kleinere Hälfte arbeitet 12–16 Stunden und nur etwa 2% weniger als 12 Stunden.

Am ungünstigsten unter allen Dienenden stehen die Mädchen für alles da. Bei ihnen beträgt der Anteil derjenigen, die länger als 16 Stunden täglich in die Tretmühle häuslicher Verrichtungen eingespannt werden, 58,8%.

Relativ günstiger gestaltet sich die Arbeitszeit für die Köchinnen und die Hausmädchen. Von den ersten arbeiten 49,1%, von den letzteren 42,3% über 16 Stunden täglich.

Edith Ennen

Arbeit der hörigen Bauersfrauen

Frühes Mittelalter

Für den Tätigkeitsbereich der Frauen in ihrem Alltagsleben bestand seit altersher eine geschlechtsspezifische Arbeitsteilung. Sie wies den Frauen allgemein die Binnenwirtschaft zu. In der Bauernfamilie sah das so aus: Die Frau bereitet das Bad, sie mahlt das Getreide auf der Handmühle, sie braut das Bier, sie kocht und putzt, aber sie hilft auch im herrschaftlichen Weinberg, beim Beerensammeln im Wald und bei der Getreideernte mit. Die Admonitio generalis von 789 gibt im Zusammenhang mit der Sonntagsheiligung eingehende Angaben über die am Sonntag verbotenen „opera servilia“ (knechtische Arbeiten). Die Männer sollen nicht im Weinberg arbeiten, auf den Feldern pflügen oder ernten, Gras mähen,

Zäune machen, im Wald roden, Bäume fällen, Häuser bauen oder im Garten arbeiten. Die Frauen sollen keine „opera textrilia“ verrichten – darunter verstand man alle Arbeitsgänge von der Ernte der Faserpflanzen bzw. der Schafschur bis zum fertigen Kleidungsstück –, sie sollen sonntags keine Kleider zuschneiden, nicht nähen oder Wolle zupfen, keinen Flachs schlagen, nicht in einem öffentlichen Gebäude waschen und keine Schafe scheren. Während hier die Gartenarbeit dem Mann zugewiesen wird, macht Bischof Meinwerc die Frau eines seiner Gutsbeamten (uxor villici) für den ungepflegten Zustand ihres Gartens, der voller Brennesseln und Unkraut war, verantwortlich (cap. 148). Die Näharbeiten der Bauersfrauen beschränkten sich nun keineswegs auf die für die eigene Familie erforderlichen Kleidungsstücke. Sie mußten auch hier für den Grundherrn mitarbeiten. Die Weiterverarbeitung der vom Fronhof gestellten pflanzlichen und tierischen Fasern (Flachs, Hanf, Wolle) ist nach dem Güterverzeichnis des Eifelklosters Prüm aus dem 9. Jahrhundert ausschließlich Frauensache. Sie müssen Leintücher, Hemden, Hosen herstellen. Das geschieht nach dem Prümer Urbar im Bauernhaus.

In weltlichen Grundherrschaften, auch in Fronhöfen geistlicher Grundherrschaften, bestanden aber auch Tuchmanufakturen, Genitien – von gynaeceum –, in denen nur Frauen tätig waren. Diese Manufakturen waren eine Einrichtung des spätantiken Staates und wurden von den Merowingerkönigen übernommen. [...] Die Frauen in diesen Tuchmanufakturen wurden also vom Grundherrn mit Unterkunft, Nahrung und Kleidung versorgt, erhielten aber wohl keinen Barlohn. In manchen Genitien arbeiteten bis zu 40 Frauen. Die Leitung hatte eine Frau von herausgehobener Stellung. Laut der Ordnung für die königlichen Domänen, dem berühmten Capitulare de villis, wurden Rohstoffe und Arbeitsgeräte vom Herrn gestellt: Flachs, Wolle, Waid, die mittelalterliche Farbpflanze für Blau, Scharlachfarbe, Krapp für Rotfärbung, Wollkämme, Kardendisteln, Seife, Öl, Gefäße usw. Das

Färben von Textilien erfolgte also auch im Genitium. Die Frauen arbeiteten in festen Häusern mit heizbaren Räumen und Schuppen, bzw. in in den Boden eingetieften Häusern. [...] Das Los der Arbeiterinnen in diesen Manufakturen war sicher nicht leicht, sie waren auch nicht sehr angesehen. Diese Tuchmachereien haben bis ins 12. Jahrhundert bestanden. Die Auflösung der Fronhofsverfassung und die Entwicklung eines städtischen Textilgewerbes mit Berufshandwerkern, dessen Produktion überlegen war, machte ihnen ein Ende.

Horst Fuhrmann

Frauenarbeitshäuser

Um 1200

Aber wie sah die Versorgung der Ärmsten aus, die der Leibeigenen etwa oder jener Frauen, die in sogenannten „Frauenhäusern" („genicia", keine feministischen Einrichtungen, sondern Arbeitshäuser) tätig waren? Auch für sie wurde gesorgt, jedoch lediglich zu dem Zweck, daß sie arbeitsfähig blieben. Auf diese Frauenarbeitshäuser, die schon in der Spätantike bestanden und hauptsächlich zur Tuchherstellung eingerichtet waren, ist man erst in jüngerer Zeit aufmerksam geworden; man hat sie auch archäologisch bei adligen Herrenhöfen nachweisen können. Der Dichter Hartmann von Aue († nach 1210) läßt seinen Helden Iwein an einem Marktflecken vorbeikommen, innerhalb dessen Mauern ein solches Arbeitshaus steht. Das Gebäude „hatte das Aussehen einer Behausung armer Leute. Durch das Fenster sah man drinnen 300 Frauen arbeiten. Ihre Kleider und ihre Gestalten waren von äußerst ärmlichem Aussehen, doch keine einzige von ihnen war alt. Diese Armen waren damit beschäftigt, das zu weben, was man nur aus Gold und Seide weben kann. Viele arbeiteten am Stickrahmen, deren Arbeit war immerhin nicht schimpflich. Die sich nicht darauf verstanden, bearbeiteten den Flachs, und trotz allen Fleißes litten sie dennoch Mangel. Ihre Arbeit brachte ihnen nicht mehr ein, als daß sie jederzeit Pein vor Hunger und Durst litten, und daß sie gerade noch das Leben fristeten, das ihnen doch beinahe entwich. Sie waren abgemagert und bleich, sie litten große Entbehrungen an Körper und Kleidung. Auf ihrem Herd waren... Fleisch und Fisch eine Seltenheit, Unterhalt und angemessene Versorgung ging ihnen ab. Sie kämpften mit bitterer Not." Soweit Hartmann von Aue. Daß unter den Arbeiterinnen, wie beschrieben, keine alten waren, dürfte damit zusammenhängen, daß bei dieser entbehrungsreichen Schufterei keine Frau alt wurde.

Werner Rösener

Tätigkeitsbereich der Bäuerin

Mittelalter

Zum Tätigkeitsbereich der Bäuerin gehörten sowohl die Erfüllung mannigfacher Verpflichtungen in Haus und Hof als auch die Mithilfe bei der Feldwirtschaft. Die Annahme, die Bäuerin sei während des Hoch- und Spätmittelalters fast ausschließlich für die Hausarbeit und die leichteren Arbeiten zuständig gewesen und es habe damals dieselbe Arbeitsteilung zwischen Mann und Frau geherrscht wie in neuerer Zeit, wird von den zeitgenössischen Quellen nicht bestätigt. Mittelalterliche Darstellungen bäuerlicher Arbeitsvorgänge auf Monatsbildern, Graphiken und Buchillustrationen lassen deutlich erkennen, daß die Frauen bei fast allen Arbeiten in der Feld- und Viehwirtschaft eingesetzt waren, und auch anstrengende Tätigkeiten ausführten, die später in der Regel von Männern geleistet wurden. Frauen wirkten während der Getreideernte nicht nur beim Binden der Garben mit, sondern auch beim Mähen des Getreides mittels Sicheln. [...]

Auf bildlichen Darstellungen finden wir demnach die Frauen bei vielfältigen Arbeitsprozessen eingesetzt: neben der Hilfe bei der Heu- und Getreideernte verrichten sie eine Fülle von Tätigkeiten in Haus, Garten und Feld, wie Dreschen des Korns, Versorgung des Groß- und Kleinviehs, Weiterverarbeitung der Milch zu Butter und Käse und Schlachten von Haustieren. Frauen leisteten Frondienste auf Herrenhöfen, beaufsichtigten als Bäuerinnen wesentliche Arbeitsbereiche der bäuerlichen Wirtschaft und verdingten sich als Mägde und Lohnarbeiterinnen in Häusern der Gutsherren und wohlhabenderen Bauern. Zu den üblichen Arbeiten der Frau im bäuerlichen Haushalt gehörten die Betreuung des Herdfeuers, die Zubereitung der Speisen und die Anlage von Vorräten, ferner die Beaufsichtigung des weiblichen Gesindes und die Erziehung der Kinder. Typisch weibliche Tätigkeiten waren auch die Verarbeitung von Hanf und Flachs und das Spinnen und Weben von Leinen. In Schafzuchtgebieten bemühten sich die Frauen entsprechend um die Aufbereitung der Wolle und die Herstellung von Wolltüchern und Wollkleidern.

Für den Zusammenhalt der bäuerlichen Hausgemeinschaft und für das Funktionieren der Bauernwirtschaft überhaupt übte die Bäuerin also eine unersetzbare Funktion aus. Einen Bauernhaushalt ohne Frau zu führen, war schlechterdings nicht möglich. Harte entsagungsvolle Arbeit vom Morgen bis zum Abend bestimmte den Alltag der Bäuerin; er war von der Sorge um Familie, Haushalt und Bauernwirtschaft ausgefüllt und ließ wenig Zeit zur Erholung übrig. Obwohl Mann und Frau in gleicher Weise tragende Elemente der Bauernfamilie waren und das Mittelalter noch keine ausgeprägte geschlechtsspezifische Arbeitsteilung kannte, klafften schon damals auch bei Verrichtung gleicher Arbeiten die entsprechenden Entlohnungen stark auseinander. Die Löhne von Mägden lagen ausnahmslos unter denen der Knechte; in der Regel erhielten die Frauen auch bei schweren Arbeiten nur eine Entlohnung, die derjenigen der niedrigsten Knechtsarbeit entsprach. So verdiente z. B. eine Magd, die auf dem bischöflichen Gut Worcester in England mit qualifizierter Tätigkeit in der Milchverarbeitung beschäftigt war, sieben Schillinge Geldlohn, während gleichzeitig das niedrigste Gehalt für einen einfachen Knecht bereits acht Schillinge betrug.

Ingeborg Weber-Kellermann

Das Flachsbrechen

19. Jahrhundert

Nur in einer bestimmten Phase der ländlichen Arbeit hielten die Frauen und besonders die Mägde zusammen und erprobten für ein paar Tage, was auf solche Weise möglich war: bei der Flachsernte und -bereitung.

Diese ländliche Arbeit gehörte ausschließlich in den Bereich der Frauen: von der Saat bis zum Spinnen. Ökonomisch machte es vielfach einen festen Teil des Lohnes der Mägde aus, ein Stück Flachsfeld zur eigenen Bearbeitung zu erhalten, und damit war die ganze Flachsbereitung eine spezielle Tätigkeit der Mägde, Teil ihrer Existenz und deshalb Gegenstand ihres besonderen Interesses und Arbeitsstolzes. Sie beanspruchten den Flachs und was mit ihm zusammenhing als ihnen zugehörig, als könnten sie sich damit für alle sonstigen Benachteiligungen rächen. So wurde die Flachsbereitung zu einer der wenigen Gelegenheiten, bei denen sich die Frauen durch Bräuche solidarisch miteinander erklärten.

„Der Flachs geht neunmal durch des Menschen Hand, bis er ihn als Leinwand auf dem Leibe trägt“, sagt der Volksmund und kennzeichnet damit den umständlichen Arbeitsprozeß um diese Anbaupflanze. Entsprechend der großen Bedeutung, die einst die Flachsarbeit in der autarken bäuerlichen Arbeitsorganisation für den gesamten Kleidungsbereich besaß, umgaben sie die Frauen mit einer Fülle von Bräuchen, deren äußere Form sie zum Teil aus anderen Brauchkomplexen übernahmen wie dem der Ernte. [...]

Es bestand eine Fülle derartiger Vorschriften, die die Ausnahmestellung der Frauen auf dem Flachsfeld ausdrückten, ihre angemaßten und auch bewilligten Rechte für diese Situation: Den Vorübergehenden wurden Schimpfnamen nachgerufen, und mancher reiche Bauer mußte sich Dinge anhören, die ihm sonst niemand ins Gesicht zu sagen gewagt hätte. Die mit dem Einernten des Flachses beschäftigten Frauen und Mädchen mußten von den Vorübergehenden in ehrenden Formulierungen begrüßt werden: „Gott grüß Euch, Ihr Jungfrauen und Ihr Weiber, Euer Flachs soll werden wie Samt und Seide!“ Die Mädchen, die den Flachs an einem Tag brachen, hießen „die Herren“; sie nahmen den vorübergehenden Männern die Mütze vom Kopf, die diese für ein Trinkgeld zurückkaufen mußten. Oder die Männer, die am Flachsfeld vorbeigingen, mußten den Hut ziehen, sonst wurden sie von den Arbeiterinnen dazu gezwungen. [...]

Waren auch die Traditionen einer patriarchal organisierten Lebensordnung im allgemeinen zu mächtig, die sozialen Bewegungen auf dem Lande zu schwach, als daß es von seiten der Frauen und Mädchen eine wirkungsvolle Auflehnung gegen Ungerechtigkeiten hätte geben können, so machte doch die Flachsarbeit dabei eine Ausnahme. Hier auf dem Flachsfeld durften die Frauen für kurze Zeit beweisen, was sie alleine ohne männliche Hilfe vermochten, mit welcher Geschicklichkeit sie zu dem vorgegebenen Termin (auch das ist Teil des Arbeitsbrauches) das Flachsfeld abernten, die Bunde brechen konnten. Dieser Arbeitsprozeß war eine Ausnahmesituation, erhöhte ihre Position über das Alltägliche hinaus und gab ihnen kurzfristig Macht über die ihnen sonst überlegenen Männern.

Ingeborg Weber-Kellermann

Marktgänge

Anfang des 19. Jahrhunderts

Die Landfrauen brachten Eier- und Milchprodukte zum Verkauf, Gemüse, Obst und frische Blumen aus ihren Gärten. Die kunsthistorisch berühmt gewordenen Ausrufebilder bezeugen dieses Wechselspiel zwischen Stadt und Land, das nicht nur dem Austausch von Waren diente, sondern auch den Begegnungen und den Wirkungen gegenseitiger Reize. Die ambivalente Bedeutung des Marktganges aus objektiver und subjektiver Sicht geht aus folgender Darstellung hervor:

„Auf dem Lande gibt es einen großen Übelstand für die Hauswirtschaften: Das sind die Marktgänge. Eine Bäuerin hat ein Viertel Eier, ein Dutzend Kohlhäupter und ein Schock Zwiebeln zusammen; sie braucht Geld, oder sie muß verkaufen, weil die Sachen ihr verderben. Sie läuft also mit einer kleinen Last in die Stadt eine Meile weit, kommt spät am Nachmittage zurück, hat vielleicht einen Gulden gelöst, aber einen Arbeitstag versäumt. Die Kinder sind nicht gewartet worden, im Hause hat die Aufsicht gefehlt, die Tiere haben ihr Futter nicht gehörig bekommen, und im ganzen Hauswesen ist zweimal mehr Schaden gestiftet als der Gulden wert war. In größeren Haushaltungen ist es nicht viel besser, da man um des Marktgangs willen das Dienstmädchen fast einen ganzen Tag aus der Arbeit mißt. Allerdings sind Bauernfrauen und Bauernmädchen von dieser Wahrheit schwer zu überzeugen, denn den meisten ist der Marktgang, was den städtischen Damen die Kaffeevisite: Sie sehen die Welt, treffen ihre Bekannten, und unter dem Scheine, beschäftigt zu sein, auf den alle Weiber so viel geben, brauchen sie doch nicht zu arbeiten, gerade wie die vornehme Welt mit Stickereien ihre faulen Stunden entschuldigt. Allein, in Stadt und Land gibt es auch der braven Mütter viele, und auf diese baute die kluge Böhmin ihren Plan. Sie wollte mit Hilfe ihrer

Töchter Zwischenhändlerin zwischen dem Dorfe und der nahen Universitätsstadt werden, indem sie die Bodenerzeugnisse einkaufte und dann auf ihre Rechnung zu Heidelberg feilbot. Damit verband sie das Geschäft einer Botengängerin, was oft gute Nebenverdienste mit sich führt, wenn es gewissenhaft besorgt wird. Sie verkaufte zwar etwas teurer als die Bäuerinnen selbst, allein, da es ihr Grundsatz war, nur gute Ware, reifes Obst und frische Gewächse feilzubieten, diese aber stets zu festen Preisen, so standen auch die städtischen Hausfrauen zuletzt bei ihr sich besser als bei dem langen Aussuchen und Feilschen, das den anderen Verkäuferinnen gegenüber nötig war. Obendrein war sie redlich; sowohl ihr Stolz als auch ihre einfach-herzliche Frömmigkeit behüteten sie vor jeder gemeinen Betrüglichkeit. In einem einzigen Sommer erwarb sie sich so viele städtische Kunden, daß sie schon täglich ihren Stadtgang machen konnte und in der Regel sogar eins oder zwei der Kinder mit Körbchen voll von Geflügel oder leichtem Gemüse mitnehmen mußte.“

Theodor Fontane

Die Botenfrau*

19. Jahrhundert

Hoppenmarieken war eine Zwergin. Wo sie eigentlich herstammte, wußte niemand mit Bestimmtheit zu sagen. Die älteren Hohen-Vietzer erzählten, daß sie vor etwa dreißig Jahren ins Dorf gekommen und als eine halbe Landstreicherin, wie manche andere vor ihr und nach ihr, mit wenig günstigen Augen angesehen worden sei. Der damals lebende Gutsherr aber, Berndt von Vitzewitz's Vater, habe Mitleid mit ihr gehabt und die entgegenstehenden Bedenken mit der halb scherzhaften Bemerkung niedergeschlagen: „Dafür haben wir den Forstacker“ (Armenviertel). Schon damals, so hieß es, habe sie so ausgesehen wie jetzt, ebenso alt, ebenso häßlich, habe dieselben hohen Wasserstiefel, dasselbe Kopftuch getragen und sei, damals wie heute, schon auf weithin kennbar gewesen durch den roten Friesrock, die Kiepe auf ihrem Rücken und den mannshohen, krummstabartigen Stock in ihrer Hand. Hoppenmarieken, so viel stand fest, hatte sich seitdem auf dem Forstacker eingebürgert und war in der ganzen Südhälfte des Oderbruchs die allergekannteste Person. Dafür sorgte neben ihrer Erscheinung auch ihr Geschäft. Sie hatte deren mehrere. Zunächst war sie Botenläuferin. Dreimal die Woche, wie immer auch Weg und Wetter sein mochten, brach sie je nach dem Posteingange, früh morgens oder spät abends auf, empfing Briefe, Zeitungen, Pakete und kehrte zwölf Stunden später, sei es von Frankfurt oder von Küstrin, nach Hohen-Vietz zurück. Und dieser Botendienst, wie er sie überall bekannt gemacht hatte, machte sie schließlich, trotz allem, was dann und wann gegen sie laut wurde, auch wohlgelitten. Jedes freute sich, Hoppenmarieken über den Hof kommen und durch eine eigentümliche Bewegung ihres Stockes, die etwas Tambourmajorhaftes hatte, angedeutet zu sehen: „Ich bringe Neuigkeiten". Alle Landposten sind wohlgelitten.

Diese Botendienste bildeten aber nur die Basis ihrer Existenz; wichtiger für sie oder doch wenigstens einträglicher war das Kommissionsgeschäft, das sie nebenbei betrieb. Der Eierhandel aller Dörfer anderthalb Meilen um Hohen-Vietz herum lag eigentlich in ihrer Hand, wobei sie sich doppelter Provisionen zu versichern wußte. Dies ermöglichte sich dadurch, daß das ganze Geschäft auf Tausch beruhte. Eine Bauerfrau in Zechin oder Wuschewier, die sich ein neues Kopftuch wünschte, setzte sich, wenn Hoppenmarieken des Weges kam, mit dieser in Verbindung, packte ihr einen bereitgehaltenen Hahn samt ein paar Stiegen Eier in die Kiepe und überließ es nun ebenso ihrem Genius wie ihrer Diskretion, das Kopftuch zu beschaffen. Es kam vor, daß in diesem oder jenem Artikel Hoppenmarieken den ganzen Markt bestimmte. Man sah in diesen Vorteilen, die ihr zufielen, einen ehrlichen Verdienst und hatte recht darin. Aber nicht all ihr Verdienst war so ehrlicher Natur. Auf dem Forstacker wohnten Leute, die, selbst übelbeleumdet, ihr böse Dinge nachsagten. Aber auch im Dorfe selbst wußte man davon zu erzählen. Die liederlichen Dirnen schlichen sich abends in ihr Haus; sie wahrsagte, sie legte Karten. Sonntags war sie immer in der Kirche und sang mit ihrer rauhen Stimme die Gesangbuchlieder mit, von denen sie die bekanntesten auswendig wußte.

Geneviève Heller/Arthur E. Imhof

Körperliche Überlastung der Landfrauen

19. Jahrhundert

Heute sterben bei uns in jeder Altersgruppe mehr Männer als Frauen. Bis in die Zwischenkriegszeit hinein war das anders. Insbesondere wiesen Frauen „in den besten Jahren" während des 19. und beginnenden 20. Jahrhunderts eine höhere Sterblichkeit auf als gleichaltrige Männer. [...]

Wie also soll diese weibliche Übersterblichkeit erklärt werden? Unsere These lautet: In jenem Zeitraum war es zu einer körperlichen Mehrfachbelastung von verheirateten Frauen gerade in ihren besten, das heißt gleichzeitig auch fruchtbarsten und arbeitsamsten Jahren gekommen. Diese führte zu allgemeiner Erschöpfung und vorzeitiger Abnutzung und hatte eine höhere Krankheitsanfälligkeit sowie ein höheres Sterberisiko zur Folge. Unsere Studien ergaben, daß der Höhepunkt dieser negativen Entwicklung in den Jahrzehnten 1840–1869 erreicht wurde. [...] Die Ursachen dieser Überlastung lassen sich in drei Gruppen zusammenfassen:

1. Eine *hohe Belastung als Gattin und Mutter* ergab sich aus dem relativ späten Heiratsalter von etwa 26 bis 29 Jahren und

den durchschnittlich fünf bis sieben rasch aufeinanderfolgenden Schwangerschaften. Trotz der damaligen hohen Säuglingssterblichkeit war eine relativ große Schar überlebender Klein-Kinder zu betreuen. Durch die seinerzeitigen häufigen Erkrankungen von Haushaltsmitgliedern an Tuberkulose, Cholera, Bauch- oder Flecktyphus sowie der Kleinen an den üblichen Kinderkrankheiten wurde die pflegende (Haus-) Mutter und Gattin nicht nur arbeitsmäßig zusätzlich belastet, sondern durch Direktkontakt auch immer wieder selbst besonders gefährdet.

2. Eine *hohe Belastung als Hausfrau* kam dadurch zustande, daß sie in der arbeitsteiligen bäuerlichen Welt traditionell gleichzeitig für das Kochen, Waschen, das Melken und Buttern, die Kleinviehversorgung, Kinderbetreuung, Garten- und zahlreiche besonders mühselige Feldarbeiten verantwortlich war. Obwohl in unserem Zeitraum rund achtzig Prozent der Bevölkerung dieser bäuerlichen Welt zuzurechnen sind und wir uns deswegen in erster Linie mit ihr beschäftigen, könnten parallele Entwicklungen unschwer auch für den städtischen Bereich aufgezeigt werden. Die explosionsartige Industrialisierung im 19. Jahrhundert und das damit verbundene rasche Städtewachstum führten vielerorts zu einer erhöhten Arbeitsbelastung und gleichzeitigen Verschlechterung der Arbeitssituation für verheiratete Frauen mit überlangen (Fabrik-)Arbeitstagen und Einkaufswegen sowie schlechten Wohnverhältnissen und Haushaltsbedingungen.

3. Eine *hohe Belastung* resultierte schließlich aus der *Hauptträger- und Mittlerfunktion*, die ihr im Rahmen einer umfassenden Hygienisierungs-Kampagne zugemutet wurde. Von dieser zentralen Person im Haushalt sollte sich die neue Reinlichkeit rasch und effektiv bis in den letzten Winkel jeder Wohnung und bis zum letzten Haushaltsmitglied – Säugling wie Greis – ausbreiten.

Viele dieser Ursachen – besonders die unter Punkt 2 und 3 genannten – erweiterten und verschärften sich im Verlaufe des 19. Jahrhunderts derartig, daß sie bei der besonders betroffenen Gruppe von Frauen zu einer spürbaren Verminderung der Lebenserwartung und insgesamt zur festgestellten Übersterblichkeit „in den besten Jahren“ führten. [...]

Wenn wir davon ausgehen, daß es im Verlaufe der Jahrhunderte zu einem einigermaßen ausgewogenen Verhältnis zwischen den naturgegebenen Bedingungen und dem jahreszeitlich wechselnden bäuerlichen Arbeitsaufwand gekommen war, so geriet dieses Gleichgewicht im späteren 18. und vor allem während des 19. Jahrhunderts mancherorts ins Wanken. Die Hauptursache dafür lag in einer regional unterschiedlich rasch und stark vorangetriebenen Intensivierung der Landwirtschaft im Rahmen einer – wie es manchmal etwas übertrieben heißt – „agraren Revolution“. [...]

Dies bedingte eine intensivere Bodennutzung, den vermehrten Anbau von sogenannten Zwischenfrüchten und damit jährliche Doppelernten (z. B. Nachnutzung früh abgeernteter Getreidefelder), die Inbetriebnahme von schwieriger zu bewirtschaftenden Marginalböden. Bei vorläufig nicht wesentlich verbesserten Agrartechniken stieg dabei der bäuerliche Arbeitsaufwand nicht nur insgesamt stark an, sondern es setzten die Feldarbeiten zunehmend früher im Jahr ein und erstreckten sich immer weiter bis in den Spätherbst hinein. [...] Es leuchtet ein, daß man versuchte, der eingetretenen Überlastung auf dem Feld besonders in den Herbstmonaten durch eine Verminderung der Stall-, Haus- und Hofarbeiten entgegenzuwirken. Diese ließen sich jedoch nicht beliebig einschränken. Gemolken, gekocht, die Kartoffeln für die Schweine gegart werden usw. mußte selbst während der strengsten Erntezeit natürlich weiterhin. Da es sich hierbei in erster Linie um Arbeiten handelt, die zu den spezifischen Tätigkeiten der Frau auf dem Hof gehören, ging der zusätzliche Arbeitsaufwand somit vor allem auf das Konto zusätzlicher Frauenarbeit. [...]

Während in traditionellen bäuerlichen Gesellschaften mit ausgewogenem Verhältnis zwischen Natur und Arbeitseinsatz die Mütter ihre Kinder hauptsächlich in der flauen Jahreszeit zur Welt brachten und sie sich ihnen besser widmen, sich selbst aber auch eher schonen konnten, führten die Veränderungen im Arbeitsjahrrhythmus dazu, daß immer mehr schwangere Frauen noch bis kurz vor der Niederkunft und gleich anschließend wieder intensiv in den Arbeitsprozeß eingespannt waren. Die höchste Müttersterblichkeit (Jahrzehnte 1840–1869) sowie ein vorübergehendes Anschwellen der Totgeborenenrate als auch der Säuglingssterblichkeit fallen mit der Intensivphase der „agraren“ (aber auch der industriellen) Revolution zusammen.

Noch verheerender als ein intensivierter Kartoffelanbau wirkten sich in diesem Zusammenhang ausgedehnte Rübenkulturen aus, da es hier zu einem übermäßigen Einsatz gerade von Frauenarbeit im Frühjahr (Setzen, Vereinzeln von Hand) *und* Herbst (Ernten) kam. Dadurch wurden *sowohl* die zahlreichen Mutterschaften zu Beginn *als auch* am Ende des Jahres gefährdet. [...]

Eine derartige Flächennutzung erforderte damals von jeder der befragten Frauen durchschnittlich 14,2 Stunden tägliche Feldarbeit. Die meisten von ihnen traten den Gang ins Feld morgens zwischen halb sechs und halb sieben Uhr an und kehrten erst zwischen acht und neun Uhr abends nach Hause zurück. Vorher, beziehungsweise anschließend, hatten sie zusätzlich noch die unaufschiebbaren Arbeiten in Haus und Stall zu erledigen, so daß die meisten von ihnen morgens zwischen vier und fünf Uhr aufstanden, rund achtzehn Stunden lang auf den Beinen waren und erst nach zehn Uhr abends ins Bett kamen. Jeder Leser mag sich vor diesem Hintergrund selbst ausmalen, wieviel Zeit diesen Frauen für eine Mahlzeit in Ruhe, für Körperpflege, ganz zu schweigen von Pausen zur Erholung oder im Krankheitsfall zur Schonung übrigblieb. – Und ausgerechnet in dieser Situation ständiger körperlicher Überlastung wurde ihnen nun auch noch zugemutet, eine Hauptträger- und Vermittlerfunktion in der Hygienisierungs-Kampagne zu übernehmen.

Die Reinlichkeitswelle zwischen etwa 1850 und 1930 muß im Zusammenhang mit einer umfassenden Kampagne gesehen werden, die sich in der zweiten Hälfte des 19. Jahrhunderts in vielen Ländern Europas ausbreitete und schließlich den gesamten Alltag durchdrang und bestimmte. [...]

Die Anleitung für die neue Reinlichkeit – ich würde manchmal lieber pointiert sagen: die tyrannische Indoktrination – erfuhren die heranwachsenden Mädchen, die Hausfrauen und Mütter durch speziell für sie und zu diesem Zweck verfaßte Erziehungswerke. [...] Die Kampagne umfaßte gleichermaßen medizinische wie soziale und moralische Aspekte. Man operierte mit dem Versprechen von Gesundheit beziehungsweise mit dem Drohen von Krankheit und vorzeitigem Tod. An ihr beteiligten sich Hygieniker, Mediziner, Gesundheitspolitiker, Lehrer, Philanthropen, die militärische und kirchliche Prominenz. Reinheit des Körpers und Reinheit der Seele gehörten zusammen.

Bevor die Reinlichkeitswelle ihre unzweifelhaften Erfolge bei der Reduktion der Krankheitsanfälligkeit und der Sterblichkeit zeigte, war es zu einer unübersehbaren Verschlechterung der „condition féminine" gekommen, indem dieser bereits überlasteten Gruppe von Frauen ein weiteres Pflichtenbündel auferlegt wurde. Besonders kritisch scheint der Zeitraum um 1870 gewesen zu sein, als die Anforderungen der neuen Reinlichkeit überall und unverhüllt an die Hausfrauen und Mütter herangetragen wurden, ohne daß sich die materiellen Bedingungen bereits entsprechend gebessert hätten. Alles im Haushalt sollte regelmäßig und häufig gereinigt, gewaschen, geschrubbt werden; das Wasser aber mußte man weiterhin am Brunnen holen und in die Wohnung schleppen. Zudem wurden die Anforderungen immer höher geschraubt: es sollte immer noch häufiger und noch besser reinegemacht werden. Was 1860 noch als „sauber" galt, wurde zehn Jahre später als „schmutzig" eingestuft. Der Begriff der „Emsigkeit", der „Hetze" gehörte alsbald ebenfalls zur Kampagne: „Euer Losungswort für jeden Tag sei Emsigkeit. ... Habt dauernd den Besen, den Staubwedel, den Wischlappen zur Hand" („Le bonheur domestique; Conseils aux femmes sur la conduite de leur ménage" – Das Glück im Haushalt; Ratschläge für Frauen über das Führen eines Haushalts; Neuenburg 1885). Wer sich den neuen Geboten nicht fügen wollte, sah sich gesellschaftlich-moralischer Diskriminierung ausgesetzt. [...]

Vor dem von den beiden Autoren skizzierten Hintergrund wird verständlich, daß ein merklicher Rückgang in der Übersterblichkeit verheirateter Frauen erst erfolgen und diese in der Zwischenkriegszeit schließlich verschwinden konnte, als Erleichterungen in allen drei eingangs erwähnten Bereichen eintraten und die körperliche Überlastung Schritt für Schritt abgebaut wurde.

Regina Schulte

Bauernmägde

19. Jahrhundert

Die Gesindezeit deckte also im allgemeinen nur die 10 bis 15 Jahre währende Phase der dörflichen Jugendzeit ab. Dennoch war diese Phase zwischen Kindheit und Heirat von zentraler Bedeutung für den gesamten Lebenszusammenhang der Frauen aus der ländlichen Unterschicht. Die Jahre, in denen die jungen Frauen als Magd arbeiteten, entschieden letztendlich über deren dauerhafte Verankerung in der gesamten bäuerlich-dörflichen Welt. [...]

Der einer Magd in der Gesindehierarchie zugewiesene Platz beschreibt gleichzeitig die Arbeitsbereiche und Funktionen, die ihr innerhalb der bäuerlichen Ökonomie zufielen, die Arbeiten innerhalb des Hauses, im Stall und vor allem zur Erntezeit auch auf den Feldern. Eine Magd erlernte im Idealfall im Laufe ihrer Gesindezeit alle Frauenarbeiten, welche auf einem Bauernhof anfielen. Als Kucheldirn half sie unter der Aufsicht der Bäuerin, der Wirtschafterin oder der Köchin bei der Reinhaltung von Küche und Haus, bei der Zubereitung des Essens, beim Einmachen von Gemüse und Fleisch und beim Trocknen der Früchte des bäuerlichen Gartens im Herbst. Sie lernte das Schleudern des Honigs und die einzelnen Handreichungen beim Schlachten eines Tieres. Stallmägde und Viehdirnen arbeiteten in Bayern vor allem im Kuhstall. Sie fütterten das Vieh und tränkten die Kälber, misteten die Ställe aus und übernahmen später das Melken. Aber auch Schweine, Gänse und Hühner lagen in der Verantwortung der Frauen. Stallmägde verbrachten oft den ganzen Tag im Stall; der Tag begann im Winter um 6 und im Sommer oft schon um 3 Uhr morgens noch vor dem Frühstück mit dem Melken und endete erst um 7 oder 8 Uhr abends mit der letzten Fütterung. Die meisten dieser Arbeiten mußten auch am Sonntag verrichtet werden. Kalbte eine Kuh, so konnte dieses zudem noch Nachtwache und Nachtarbeit im Stall bedeuten. Die ständige Anwesenheit unter dem Vieh ermöglichte eine sehr genaue Kenntnis der einzelnen Tiere, ihrer Verhaltensweisen, ihrer Erkrankungen und ihrer Geschichte. Dieses Erfahrungswissen war die Voraussetzung, um mit Erfolg die Pflege eines erkrankten Tieres oder das Aufpäppeln eines zu schwächlichen Kalbes zu übernehmen. Welche Bedeutung einer Stallmagd für den Bestand des Viehs zugemessen wurde, zeigte sich an den zusätzlichen Geldgaben, die ihr nach dem Verkauf eines Tieres zustanden, und welche Alleinverantwortung für das Vieh einer erfahrenen Magd zugemutet werden konnte, zeigte sich am Leben der Sennerinnen in Oberbayern, die oft einen ganzen Sommer allein oder unterstützt von einem Hütebuben auf einer Alm zubrachten, um die Kühe zu hüten, Milch zu gewinnen und zu Butter und Käse zu verarbeiten.

Die schwerste Arbeit auf einem Hof war die an Jahreszyklen gebundene Feldarbeit. Da sie, besonders zur Erntezeit, vom täglichen Wetter abhängig war, mußten zeitweise alle auf einem Hof verfügbaren Arbeitskräfte hinaus auf Wiesen und Felder, auch diejenigen Frauen, die wie zum Beispiel die Köchin vor allem innerhalb des Hauses arbeiteten. Der Tag begann im Sommer mit dem ersten Sonnenstrahl und endete spät abends. Auch das Mähen mit der Sense und das Aufgabeln von Heu und Getreide war Frauenarbeit, trotz des hohen Kraftaufwandes, den diese Arbeiten erforderten, vor allem, wenn sie wie die meisten Erntearbeiten bei trockenem Wetter und oft bei brütender Hitze verrichtet werden mußten. Die Mägde wurden schließlich im Herbst noch einmal beim Dreschen eingesetzt. Da diese Arbeit nicht nur auf dem eigenen Hof anfiel, sondern auch der Nachbar Hilfe brauchte, wenn die Dreschmaschine auf seinen Hof kam, war eine Magd nicht selten für zwei Wochen dem Staub, dem Lärm und der Gefährlichkeit dieser Maschinen ausgesetzt. [...]

Da die Hierarchisierung und die strikte Trennung einzelner Arbeitsbereiche nur auf solchen Höfen der Fall war, die einen großen Gesindestab brauchten, die mittleren und kleineren Bauern aber nicht in der Lage waren, für die verschiedenen Arbeiten mehrere Mägde einzustellen, verrichtete eine Magd sehr oft sowohl die in der Küche anfallenden Arbeiten wie auch einen Teil der Stallarbeit. Sie war für den Garten zuständig und paßte möglicherweise auch noch auf die Kinder auf. War nur eine einzige Magd auf dem Hof, mußte sie in der Lage sein, die Bäuerin zu vertreten, wenn diese im Wochenbett lag oder krank war, oder wenn sie einfach für einen Tag zu Einkäufen oder Verwandtenbesuchen in die Stadt oder ein anderes Dorf gefahren war. Diese Anforderungen zeigen, daß eine „gute Magd" irgendwann in der Lage sein mußte, jegliche haus- und landwirtschaftlichen Arbeiten selbständig und zuverlässig zu verrichten. [...]

Das Leben der Bauernmägde war also nicht „nur Übergangsphase", sondern beinhaltete gleichzeitig die Herstellung der Heiratsfähigkeit unter den Bedingungen, wie sie die dörfliche Gesellschaft für ihre Unterschichten am Ende des

Jahrhunderts bereithielt. Die Gesindezeit war nicht nur durch den unmittelbaren Zwang zum Überleben und durch die Arbeitssituation auf den Höfen bestimmt, sondern ebenso bereits durch die Anforderungen, die ihre zukünftige Lebensperspektive an sie stellen würde: als Ehefrauen, Mütter und Bäuerinnen oder Häuslerinnen auf kleinen Anwesen, wo sie einen Großteil der häuslichen und landwirtschaftlichen Arbeiten allein würden verrichten müssen.

Christa Wichterich

Feminisierung der Armut in der Dritten Welt

Im Juli 1985 fand die von den Vereinten Nationen deklarierte Frauendekade mit der 3. Weltfrauenkonferenz in Nairobi ihren Abschluß. Die Wahl der kenianischen Hauptstadt als Konferenzort unterstrich abschließend noch einmal die Tatsache, daß 70% aller Frauen in der Dritten Welt leben und daß das Frauenjahrzehnt vor allem ihnen eine Verbesserung ihrer Lebens- und Arbeitsbedingungen bringen sollte. [...] Diese Bilanz bestätigt vor allem, daß Frauen von der tiefgreifenden ökonomischen und ökologischen Krise der Dritten Welt am stärksten betroffen sind; sie leiden am meisten unter Hunger und Umweltzerstörung, unter Erwerbslosigkeit und Landflucht, unter Staatsverschuldung und Sozialabbau. Die Tendenz zur Feminisierung der Armut hält an: mehr als zwei Drittel aller Armen auf der Welt sind Frauen. Ein bitteres Fazit, daß das Jahrzehnt, das den Frauen den großen Sprung nach vorn bescheren wollte, für die meisten von ihnen und besonders für die ärmsten keinen Fortschritt bedeutet hat. [...]

Die Auswirkungen der Modernisierung in der Agrarwirtschaft auf die Frauenarbeit variieren abhängig vom Umfang der eingeführten Agrotechnik, von der Verfügbarkeit von Land und dem Angebot an Arbeitskräften.

Seit der Kolonialzeit haben die Frauen in Afrika südlich der Sahara zwei landwirtschaftliche Aufgabenbereiche: 1) sie sind allein verantwortlich für die Subsistenzproduktion und d. h. auch für die Versorgung der Kinder und Alten, wenn die Männer zu Zwangs- oder Lohnarbeit auf Plantagen und in Minen rekrutiert waren oder in die Städte emigrierten; 2) wenn die Männer cash-crops anbauen, müssen die Frauen – häufig im Rahmen von Vielehen – unbezahlt auch den Löwenanteil der Arbeit auf diesen Feldern verrichten. Als durch den Einsatz von Ochsengespannen oder Traktoren und von Bewässerungsanlagen die Anbaufläche für cash-crops vergrößert wurde, hatten sie nun auf viel mehr Land zu pflanzen, zu jäten und zu ernten. Auf der Basis der bestehenden geschlechtlichen Arbeitsteilung erhöhte sich die erforderliche Arbeitsleistung der Frauen, während sich die der Männer durch die technischen Hilfsmittel eher verringerte. Die unmittelbare Folge des Strukturwandels in der Landwirtschaft für die Frauen ist also Mehrarbeit. Diese zusätzliche Arbeitsbelastung führt zur Vernachlässigung oder gar zur Aufgabe der Subsistenzproduktion, wodurch der Ernährungsstandard der Familien meist absinkt, weil er nun von lokalen Marktangeboten abhängig wird. [...]

Ihre Unterbeschäftigung oder der Verlust ihrer traditionellen Verdienstmöglichkeit in der Agrarwirtschaft zwingt viele Frauen, eine Erwerbstätigkeit in einem anderen Wirtschaftsbereich zu suchen, um die Existenz ihrer Familien zu sichern. Diese ökonomische und soziale Marginalisierung macht das Überleben für die Frauen schwerer, denn auf Grund des Mangels an Qualifikation, Kapital und Mobilität sind sie auf dem ohnehin schon überfüllten Arbeitsmarkt nicht konkurrenzfähig.

Die Übernahme von traditionell weiblichen Tätigkeiten durch Männer hat auch im Bereich der Nahrungsmittelverarbeitung, bei der Einführung von Maschinen wie Ölpressen, Reis- und Getreidemühlen sowie bei der Verarbeitung von Fisch und Gemüsen zu Konserven stattgefunden. Gerade die ärmsten Frauen hatten durch das Mahlen von Getreide und Gewürzen, Schälen von Reis, Trocknen und Salzen von Fisch sowie durch die Verarbeitung von Milch zu Käse und Butter ein kleines, aber regelmäßiges Einkommen. Den krassesten Fall einer massenhaften Verdrängung von Frauen aus ihrem angestammten Arbeitsbereich schuf der Import einer japanischen Maschine zum Reisschälen in Indonesien, die innerhalb weniger Jahre auf Java allein 1,2 Millionen Frauen ihre Verdienstmöglichkeit nahm, in ganz Indonesien 7,7 Millionen.

Eine ähnliche Verdrängung von Frauen vollzieht sich auch im Sektor des traditionellen Handwerks und Handels, die in den meisten Ländern zu den klassischen Domänen der Frauen zählten. [...]

Zwar konnten einzelne frauenfördernde Maßnahmen in den Bereichen Ernährung, Ausbildung und Gesundheit – besonders in der Mutter-Kind-Fürsorge – punktuelle Verbesserungen erzielen, doch wirken diese eher als Reparatur an den negativsten Auswirkungen der Entwicklung auf Frauen; sie gehen nicht an die Wurzeln von Armut und Frauenunterdrückung und korrigieren nicht den export-, kapital- und technikorientierten Entwicklungstrend, für den Frauen als Verlierer prädestiniert sind.

Eine positive Wirkung von Frauenprojekten war jedoch, daß Frauen sich ihrer gemeinsamen Interessen, Stärke und Organisierungsmöglichkeiten bewußt wurden. Diese Tendenz zu Selbstbewußtsein, Solidarität und Organisierung bei den betroffenen Frauen ist zweifellos der entscheidende Fortschritt, den sich die Frauen während der UN-Dekade selbst erkämpft haben. Teilweise knüpften sie dabei an traditionelle Selbsthilfe- und Protestformen an oder schufen neue Organisationen aus existentiellen Notsituationen und wachsendem Leidensdruck heraus.

Georg von Viebahn

Fabrikarbeit im frühen 19. Jahrhundert*

Es ist der Fabrikation eigenthümlich, daß auch Frauen und Kinder zur produktiven Arbeit herangezogen werden, deren Hand, sofern die bewegende Kraft von einem mechanischen Motor geliefert wird, zur Herbeiführung des Effekts genügt und deren Dienst häufig fast nie in einer Aufsicht und Nachhülfe besteht. Bei manchen Zweigen, wie Cigarren-, Stroh-, Strick- und Häkelwaaren, zeigen sich aber auch die Arbeiterinnen meist gewandter. Wenn auch der damit zusammenhängenden Lockerung des Familienbandes manche Bedenken entgegenstehen, so entspricht doch die schonende Beschäftigung des schwachen Geschlechts, welche in den besseren deutschen Fabriken stattfindet, ebenso sehr seinem eignen Interesse, wie dem der Industrie.

Die mitgetheilten Zahlen ergeben, daß die Arbeiterinnen in den Maschinenspinnereien, den Flachsbereitungsanstalten, den Strohflechtereien, den Strick- und Stick- und Knüpfwaarengeschäften, und einigen kleineren Zweigen die Mehrheit der Beschäftigten bilden, wie sie denn auch in den Tabaks- und Cigarrenfabriken noch 37, in den Zuckerfabriken 24 Prozent der Personale ausmachen. Wenn aber in England (nach Porter) die Weiber bei der Wollmanufaktur 48, bei der Baumwolle 54, bei der Seide 67, beim Leinen 69 Prozent der Beschäftigten ausmachen, so tritt doch in Deutschland die männliche Arbeit stärker hervor. Im Ganzen erreichen die Arbeiterinnen etwa zehn Prozent des Gesammtpersonals. Es sind dies meist Mädchen, da verheirathete Frauen selten in Fabriken arbeiten.

Hans-Ulrich Wehler

Ausbeutung der Fabrikarbeiterinnen

Anfang des 19. Jahrhunderts

In manchen Fabriken, zuerst vor allem in den Textilbetrieben, erreichte der Frauenanteil bis zu 50%, der Kinderanteil bis zu 15%. Zwar blieb eine ungleich größere Anzahl von Frauen und Kindern im protoindustriellen Heimgewerbe tätig, aber wie bereits in zahlreichen Manufakturen eigneten sich auch in bestimmten Industriezweigen nicht wenige zerlegte und spezialisierte Arbeitsvorgänge dafür, von Frauen ausgeführt zu werden, die nach allen Regeln geschlechtsspezifischer Diskriminierung noch schlechter bezahlt wurden als die Männer in den Niedriglohngruppen. Dasselbe traf auf Kinder vom fünften bis siebten Lebensjahr ab aufwärts zu; sie erhielten ein Sechstel bis höchstens ein Fünftel des Lohns gewöhnlicher Arbeiter, verschafften daher dem Unternehmer erhebliche Kostenvorteile und außerdem den Genuß der verbreiteten Rechtfertigungsideologie, daß Kinder durch die Fabrikarbeit besonders effektiv zu Pünktlichkeit, Ordnung, Ausdauer, Geschicklichkeit und Arbeitsmoral – zum „Arbeitsfleiß“, zur „Industrie“ im alten Wortsinn erzogen würden, wie das auch die sogenannten „Industrieschulen“ tun sollten.

Den Zeitgenossen des frühen 19. Jahrhunderts erschien Frauen- und Kinderarbeit im allgemeinen nicht als anstößig. Seit langen Jahrhunderten war man hart arbeitende Frauen und Kinder in der Landwirtschaft und im Heimgewerbe, also schlechthin überall, gewöhnt; unter Dienstboten und Gesindeleuten besaßen Frauen oft die Mehrheit, auch in der großgewerblichen Produktion fanden sie alsbald Stellen, und Kinder wurden frühzeitig für alle möglichen Dienstleistungen eingespannt. Es dauerte daher einige Zeit, bis das Neuartige, die extreme Beanspruchung, das Zerstörerische langer Fabrikarbeit von Frauen und Kindern erkannt und solange kritisiert wurde, bis durch staatliche Reformen Abhilfe geschaffen wurde. [...]

Junge Mädchen und Frauen wurden häufig zu Objekten sexueller Ausbeutung erniedrigt. Unstreitig wurden die verheirateten Frauen durch Berufsarbeit und Haushaltspflichten einer extremen Doppelbelastung ausgesetzt. An ebenso bitteren wie berechtigten Vorwürfen fehlte es den Kritikern keineswegs.

Andererseits: Ohne die Mitarbeit der Frauen waren zahlreiche Familien, insbesondere die der Ungelernten, nicht existenzfähig. Da das Arbeitsplatzangebot mit dem Bevölkerungswachstum nicht Schritt hielt, wurde auch die schwere Fabrikarbeit bereitwillig übernommen, solange sie nur das Einkommen aufbessern half. An dieser harten Realität prallten die sozialreformerischen Klagen vorerst ab.

Ottilie Baader

Fabrik- und Heimarbeit als Näherin*

Ende des 19. Jahrhunderts

Die Nähmaschinenindustrie hat sich in Deutschland erst in den sechziger Jahren des vorigen Jahrhunderts so entwickelt, daß die Nähmaschine auch hier zu allgemeinerer Verwendung kam. Das rief vor allem in der Frauenerwerbsarbeit, und namentlich in der Wäscheherstellung, eine große Umwälzung hervor. Als besondere Branche entstand die Herstellung von Kragen und Manschetten...

Ich hatte inzwischen, wie schon gesagt, allerlei versucht. Jetzt aber lernte ich auf der Maschine nähen und kam in eine dieser Fabriken in der Spandauer Straße. Dort wurden etwa fünfzig Maschinennäherinnen und ebensoviele Vorrichterinnen beschäftigt. Je eine Arbeiterin dieser beiden Gruppen mußten sich immer zusammentun und gemeinsam arbeiten, und auch der Lohn wurde gemeinsam berechnet…

Unmittelbar nach seinem Ausbruch (Krieg von 1870/71) gab es auch in der Wäscheindustrie einen Stillstand des Absatzes. Arbeiterinnen wurden entlassen und standen mittellos da, denn von dem Verdienst konnte niemand etwas erübrigen. Unsere Firma wollte das „Risiko“ auf sich nehmen, uns auch bei dem eingeschränkten Absatz voll zu beschäftigen, wenn wir für den „halben“ Lohn arbeiten wollten. Von Organisation hatten wir keine Ahnung – und wir waren in einer Notlage, denn die meisten Arbeiterinnen waren auf sich selbst angewiesen; sie lebten, wie man sagt, von der Hand in den Mund. […]

Ich kaufte mir dann (nach dem Weggang aus der Fabrik) eine eigene Maschine und arbeitete zu Hause. Dabei habe ich das Los der Heimarbeiterin zur Genüge kennengelernt. Von morgens um sechs bis nachts um zwölf, mit einer Stunde Mittagspause, wurde in einer Tour „getrampelt“. Um vier Uhr aber wurde aufgestanden, die Wohnung in Ordnung gebracht und das Essen vorbereitet. Beim Arbeiten stand dann eine kleine Uhr vor mir und es wurde sorgfältig aufgepaßt, daß ein Dutzend Kragen nicht länger dauerte wie das andere, und nichts konnte einem mehr Freude machen, als wenn man ein paar Minuten sparen konnte.

So ging das zunächst fünf Jahre lang. Und die Jahre vergingen, ohne daß man merkte, daß man jung war, und ohne daß das Leben einem etwas gegeben hätte. Um mich herum hatte sich auch so manches geändert. Meine Schwester und dann auch mein Bruder hatten geheiratet, meine jüngste Schwester war bei einer Kahnpartie ertrunken. Der Vater konnte schon lange nicht mehr arbeiten und so war es mir ergangen, wie es oft alleingebliebenen Töchtern in einer Familie geht, die nicht rechtzeitig ein eigenes Lebensglück fanden: sie müssen das Ganze zusammenhalten und schließlich nicht nur Mutter, sondern auch noch Vater sein, das heißt Ernährer der Familienmitglieder, die sich nicht selbst erhalten können. So habe ich meinen Vater über zwanzig Jahre erhalten, und ich habe immer soviel arbeiten können, daß es mir gelang, eine Wohnung von Stube und Küche zu halten...

Ich kann nicht sagen, daß ich immer sehr froh war. Schließlich hatte auch ich etwas anderes vom Leben erhofft. Ich habe manchmal das Leben so satt gehabt, so Jahr um Jahr immer an der Nähmaschine, immer nur Kragen und Manschetten vor sich, ein Dutzend nach dem anderen, das Leben hatte gar keinen Wert, man war nur eine Arbeitsmaschine und hatte keine Zukunftsaussichten. Und von dem Schönen in der Welt sah und hörte man nichts, davon war man einfach ausgeschlossen.

Rosmarie Beier

Textilarbeiterinnen

19. und 20. Jahrhundert

Ein weiterer wichtiger Bereich der Frauenindustriearbeit war die Bekleidungsfertigung. Durch ihre dezentrale Produktionsform – gearbeitet wurde bis in die 1960er Jahre hinein in Werkstätten und Heimarbeit – mutet die Bekleidungsindustrie auf den ersten Blick wie ein Relikt des vorindustriellen Handwerks an. Die Konfektionsgroßunternehmen, die überwiegend angelernte Werkstatt- und Heimarbeiterinnen beschäftigten, bildeten sich jedoch erst in der Mitte des vorigen Jahrhunderts und mit der technischen Entwicklung der Nähmaschine heraus. Das Arbeitstempo wurde in dieser Branche, anders als etwa in der Weberei, nicht unmittelbar durch die Laufgeschwindigkeit der Maschine vorgegeben, sondern durch die spezifische Produktionsform. [...]

Warum nahmen Frauen bei diesen miserablen Arbeitsbedingungen überhaupt Heimarbeit auf, anstatt in die Fabrik zu gehen? Für Ehefrauen und Mütter – und das war die Mehrzahl der Heimarbeiterinnen – bot sich die Heimarbeit an in dem Dilemma, Geld verdienen und sich zugleich um Haushalt und Kinder kümmern zu müssen. Gerade mit wachsender Kinderzahl wurde in vielen Familien die Mitarbeit der Frau dringend erforderlich, denn der Verdienst des Mannes reichte selten aus, alle hungrigen Mäuler zu stopfen.

Der Tagesablauf der Heimarbeiterinnen wurde bestimmt durch das Neben- und Durcheinander von Heimarbeit, Hausarbeit und Kinderversorgung. Über der Heimarbeit drohten Kinder und Haushalt vernachlässigt zu werden – und umgekehrt.

Nahmen Mütter mit kleineren bzw. schulpflichtigen Kindern überwiegend Heimarbeit auf, so finden wir unter den Fabrikarbeiterinnen vor allem Mädchen und Frauen, die noch nicht bzw. nicht mehr Kinder zu versorgen hatten. Aber auch sie waren doppelt in die Pflicht genommen: sie mußten unter schlechten Arbeitsbedingungen den Verdienst des Mannes aufbessern und zudem die ganze Last der Haushaltspflichten tragen.

Anders als die Heimarbeiterinnen mußten sie die Hausarbeit in der knapp bemessenen Zeit vor und nach der Fabrikarbeit erledigen. Für sie begann der Arbeitstag eher als für ihre Männer, einen Feierabend kannten sie nicht, und auch das Wochenende war zumeist mit Hausarbeit verplant. Eine junge Textilarbeiterin beschreibt den Beginn ihres Arbeitstages so: „Die Haare werden gebürstet und gekämmt, das Kleid übergeworfen und sogleich auch die Arbeitsschürze vorgebunden. Das Wasser zur Suppe wird aufs Gas gestellt. Die Kartoffeln, die ich am Abend vorher geschält und geschnitten, übergetan. Unterdessen gehe ich ans Treppenhausfenster, um Schuhe zu putzen, damit fertig, gehe ich in die Küche, die nötigen Zutaten in die Suppe zu tun. Kartoffeln und Suppe kochen, die Gashähne werden auf ‚Klein' gestellt. Dann gehe ich in den unweit vom Haus liegenden Garten Salat zu holen, nehme sogleich den Aschenbehälter vom Kohlenherd und was sonst noch zu befördern ist, mit. Nach wenigen Minuten bin ich wieder zurück, schaue erst nach dem Essen. Der Salat wird geputzt und gewaschen und ins frische Wasser gelegt. Die Küche wird feucht aufgezogen und gekehrt. Das Treppenhaus muß ebenfalls gekehrt werden. Suppe und Kartoffeln sind ebenfalls fertig und werden kühlgestellt. Nun wird Kakao gekocht, das Vesperbrot zum Mitnehmen gerichtet, die Tassen bereitgestellt, gleich ist's ½7 Uhr. Leise gehe ich ins Schlafzimmer, um Otto, meinen Mann, zu wecken."

Verheiratete Industriearbeiterinnen scheinen die doppelte, ja mehrfache Arbeitsbelastung nicht als Diskriminierung empfunden zu haben. Sie akzeptierten die Freisetzung ihrer Männer von der Hausarbeit, denn sie identifizierten sich mit ihren Tätigkeiten als Hausfrau und Mutter und litten darunter, wenn sie über der Fabrikarbeit ihren häuslichen Pflichten nur ungenügend nachkommen konnten. [...]

Obwohl die Fabrikarbeit einen erheblichen Teil des Tages ausmachte und viele Energien verschlang, blieb sie im Bewußtsein der Frauen zweitrangig gegenüber den Pflichten für Haushalt, Mann und Kinder. Diese Rangordnung hat sich bis in die Gegenwart erhalten. [...]

Es waren und sind vor allem ledige Frauen, die sich gewerkschaftlich organisieren und engagieren. Dies wirft ein Licht darauf, daß die verheirateten Industriearbeiterinnen – heute kaum anders als vor 150 Jahren – in „zwei Welten" leben, die sie weder in bezug auf Zeit und Energien noch in bezug auf ihr Selbstverständnis zur Übereinstimmung bringen können – auch in dieser Hinsicht ist Frauenindustriearbeit mehr durch Kontinuität als durch Wandel gekennzeichnet.

Rosa Kempf

Münchner Fabrikmädchen um 1910*

Die Arbeit selbst, welche den Mädchen in den Fabriken zufällt, ist es dabei nicht, was sie bedrückt, weder die äußeren Arbeitsbedingungen der Betriebe, noch die Tätigkeit, die sie dort ausüben; Klagen auf diesem Gebiete sind wenig anzutreffen gewesen und gehen über individuelle Erlebnisse oder individuelle Veranlagung nicht hinaus. Die wichtigsten Ursachen liegen vielmehr auf anderen Gebieten.

Zunächst die gedrückte Lage vieler der Familien, denen die Mädchen zugehören, als deren Hauptquelle – soweit wir nicht die allgemeine Teuerung verantwortlich machen wollen – uns der auffallend große Kinderreichtum entgegengetreten ist, der zudem auch außerhäusliche Erwerbsarbeit der Frau verhindert. Wir sahen aber auch, daß innerhalb der Gesamtfamilie die weiblichen Glieder meist in höherem Grade belastet sind, ja, daß sie nicht selten trotz der Erwerbsarbeit der Familie gehemmt gegenüberstehen, weil sie ihren Lebensunterhalt durch ihren Lohn nur mangelhaft decken können; dies führt dann zuweilen zu einer bedenklichen häuslichen Überlastung, da die Familie selbst noch nicht in einer Weise organisiert ist, welche der Erwerbsarbeit der weiblichen Familienglieder Rechnung tragen würde, während andererseits die Mädchen zu früh und ohne Aufwand an Zeit und Geld für ihre gewerbliche Ausbildung in einen bezahlten Erwerb gestellt werden; auch dies hängt wieder mit der Niedrigkeit der weiblichen Löhne zusammen. – Im Erwerbsleben beruhen die Hemmnisse, die sich den Mädchen entgegenstellen, auf dem gänzlichen Mangel an gewerblicher Ausbildung und gewerblicher Weiterbildung, auf der Aussichtslosigkeit ihrer Erwerbsarbeit für spätere Jahre und auf dem Fehlen gewerblich tüchtig geschulter Frauen als Führerinnen der gewerblich tätigen weiblichen Jugend; auf der geringen Wertschätzung, die ihrem Stand und damit ihrer Person und ihrer Arbeit entgegengebracht wird. Alles dieses fließt wieder zusammen in geringem Lohn sowohl in ihrer Jugendzeit wie auch für die späteren Jahre.

Diese beiden vom Familienleben und vom Berufsleben her wirkenden Ursachenreihen führen in der Person der einzelnen jungen Arbeiterin zu dem gleichen Ergebnis: Unterernährung und Übermüdung, welche ihre Leistung im Berufsleben herabdrücken und ihre körperliche Tüchtigkeit für die kommenden Zeiten der Mutterschaft gefährden.

Werner Abelshauser (Hg)

Frauenarbeit im 1. Weltkrieg*

Die Frauenarbeit in der Metallindustrie ist ungeheuer vielseitig; es wurden 250 verschiedene Tätigkeitsgebiete unterschieden, die in der Bearbeitung auf 66 Berufsgruppen verteilt werden. Eine Frage des Fragebogens bezog sich auch auf die Schwere der Arbeit. Natürlich ist die Beurteilung hier sehr subjektiv, und auch die Schwere der Arbeit an sich hängt von verschiedenen Einflüssen ab, so von der körperlichen Beschaffenheit der Arbeiterin, von der mehr oder minder gesundheitsgemäßen Einrichtung des Betriebes, von der Dauer der Arbeitszeit. Die Frage nach der Schwere der Arbeitszeit ist für 897 Betriebe der Kriegsindustrie und 601 Betriebe der Friedensindustrie beantwortet worden. Für 20,8 v.H. der Arbeiterinnen der Kriegsindustrie und 11,9 v.H. der Arbeiterinnen der Friedensindustrie wurde die Arbeit als zu schwer für Frauenkräfte befunden.

Kennzeichnend sind einige der Angaben aus einzelnen Betrieben: „Das Kranziehen war schon für Männer zu schwer, noch mehr für Frauen... An den Maschinen müssen Geschosse im Gewicht von 20 bis 75 Pfund vom Fußboden bis zur Brusthöhe gehoben und in die Maschine eingespannt, ebenso wieder ausgespannt und heruntergesetzt werden. Das erfordert große physische Anstrengung. Um täglich drei Mark zu verdienen, muß die Frau 75 bis 100 und mehrmal diese anstrengende Arbeit leisten... Die Frauen klagen viel über Unterleibsschmerzen, die durch das häufige Heben der 26 kg schweren Schrapnells ohne Hilfsmittel hervorgerufen werden... In der Gießerei müssen die Frauen alle vorkommenden Arbeiten verrichten, so z. B. auch Gießpfannen schleppen. Die Arbeit ist überanstrengend. Eine Arbeiterin zog sich bei dieser Arbeit einen Leistenbruch zu... Am Dampfhammer werden hauptsächlich Frauen beschäftigt, obwohl genug männliche Arbeitskräfte vorhanden sind. Die Frauen tragen die glühend gemachten Minen vom Ofen zum Hammer. Gewicht etwa 80 Pfund. Es wird fortgesetzt versucht, die Frauen an schwersten und gefährlichsten Plätzen, wie Dampfhammer, Formmaschinen, Kernmacherei, Bedienen der Lufthebezeuge, Transport schwerer Kernplatten, Gießen mit Pfannen und Handlöffeln zu beschäftigen. Eine Folge der schweren Arbeit ist, daß von 42 Frauen fast ein Drittel wegen Krankheit fehlt."

Werner Abelshauser (Hg)

Textilarbeiterin*

Um 1920

Ungefähr um ¾6 Uhr beginnt mein Tagewerk. Zuerst bringe ich natürlich mich selbst in Ordnung.

Die meisten notwendigen Arbeiten erledige ich abends, so daß mir für den Morgen nur Kleinigkeiten bleiben. Frühstück für meinen Mann, unseren siebenjährigen Buben und mich zurechtmachen ist nun meine nächste Aufgabe. Mit dem Jungen habe ich sonst wenig Mühe, *da ich ihn von klein auf sehr zur Selbständigkeit erzogen habe.* Das frühe Aufstehen bereitet ihm keine Schwierigkeiten; er kleidet sich allein an, macht sich seinen Schulranzen fertig und geht dann gegen ¾7 Uhr, wenn es Zeit für mich zur Arbeit wird, zu einer freundlichen Nachbarin, die ihn mir gegen ein kleines Entgelt den Tag über behütet. Kinderheime wie in den Städten gibt es leider bei uns nicht, was ich schon sehr bedauert habe und was bei der großen Anzahl erwerbstätiger Mütter eigentlich ein großer Uebelstand ist. [...]

Doch nun zum Thema zurück. Um 7 Uhr beginnt mein eigentliches Tagewerk, die Fabrikarbeit. Ich bin Weberin und seit 1924 in einer Frottierwarenfabrik beschäftigt. Gearbeitet habe ich immer gern, überhaupt wenn ordentlich verdient wird dabei. Ein Lob kann ich der Firma ausstellen. Jeder Arbeiter, der nur einigermaßen seine Pflicht tut, kann im übrigen tun und lassen was er will. [...] Alles in allem ist bei der Firma ein sehr schönes Arbeiten.

Die Mittagspause haben wir Frauen meistens ¼ bis ½ Stunde verlängert. Auch ich habe dies getan, da ich mittags nach Hause ging. Die meisten Tage muß unser Junge nachmittags zur Schule. Da kann er denn zu Hause erst richtig zu Mittag essen und ich kann ihn ordentlich und sauber machen und so anständig zur Schule schicken. Viel Arbeit darf das Mittagessen jedoch nicht machen. Ein Gericht, das längere Zeit in Anspruch nimmt, mache ich mir am Abend vorher fertig und wärme dasselbe am nächsten Mittag auf. Kartoffel kann ich mir in der Fabrik kochen, was für mich viel Wert hat.

Nachmittags läuft der Betrieb bei normaler Arbeitszeit von 13 bis 17 Uhr. Nach Arbeitsschluß gibt es dann allerdings noch kein Ausruhen für mich, denn dann muß zu Hause erst noch allerhand verrichtet werden. Die meiste Zeit nimmt immer die Zubereitung des Essens in Anspruch und *es würde wirklich eine sehr große Erleichterung für uns Frauen bedeuten, wenn wir in der Kantine ein kräftiges Essen preiswert bekommen könnten, wie es zum Beispiel in einigen größeren Betrieben der Fall ist.*

An manchen Tagen muß ich auch einholen, doch besorge ich mir dies meistens gleich mit auf dem Nachhausewege. Als klassenbewußte Arbeiterin weiß ich natürlich, daß ich meinen Bedarf möglichst im eigenen Geschäft, im Konsumverein decken soll und ich tue dies auch. Wenn dann das nötige Essen für den Abend und den nächsten Mittag fertig ist, räume ich meine Küche hübsch auf und wenn dann der Junge zur Ruhe ist, beginnt eigentlich erst der Feierabend für mich. Die letzten Stunden vor dem Schlafengehen verbringe ich dann bei einer Flickarbeit, einem Strickstrumpf, der Zeitung oder einem guten Buch. Ab und zu schreibe ich auch einen Brief an liebe Angehörige oder Freunde. [...]

Sonnabend ist mittags Arbeitsschluß. Am Sonnabend nachmittag gibt es zu Hause immer reichlich zu tun mit Reinemachen oder mit der Wäsche. *Wenn Waschtag ist, habe ich immer Arbeit bis in die sinkende Nacht, wenn ich mir für den Sonntag noch ein paar freie Stunden erübrigen will.* Am Sonntag vormittag erledige ich dann alle die Arbeiten, die die Woche hindurch liegen geblieben sind, wie größere Flickereien, Plättereien u. a. m. Die Sonntagnachmittage verbringe ich vielfach an der Nähmaschine, da ich mir – der Preiswürdigkeit halber – viel selbst nähe. An schönen Sonntagen jedoch unternehmen wir auch mal einen Ausflug.

IV. Mutterschaft – Alter – Tod

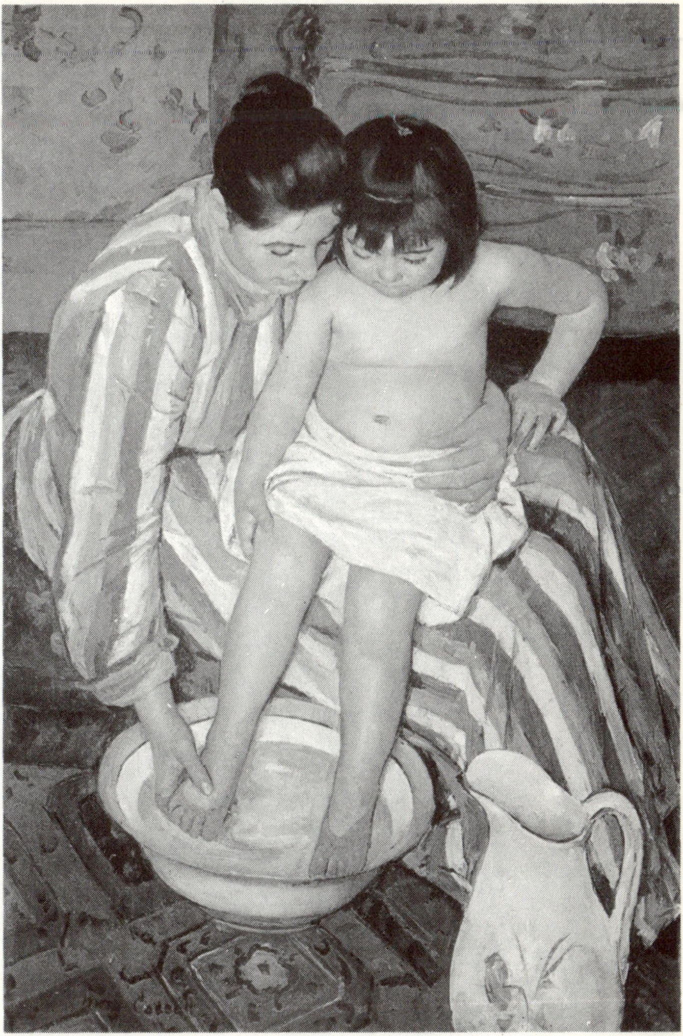

Ina Seidel

Erstes Kind*

So jung war deine Mutter nie
als in dem Lenz, da sie dich trug,
da noch dein Herz in ihrem schlug –
so jung war deine Mutter nie.

Auch nicht als Kind war sie so jung,
dem Frühling so vertraut wie da,
der Erde so verwandt und nah –
auch nicht als Kind war sie so jung.

Tag war wie Nacht und Nacht wie Tag,
sie lag mit Augen wach und groß,
du wuchsest ja in ihrem Schoß –
Tag war wie Nacht und Nacht wie Tag.

Der Frühling war in ihrem Blut,
die Knospe dehnte sich und sprang,
die Amsel brütete und sang,
und Frühling war der Mutter Blut.

Werner Rösener

Kinder in der bäuerlichen Ehe

Mittelalter

Der Hauptzweck der Ehe bestand nach bäuerlicher Auffassung in der Erzeugung von Kindern. Nicht um eine dauernde Lebens- und Liebesgemeinschaft mit seiner Frau zu begründen, heiratete der Bauer, sondern um mit ihr Kinder zu zeugen und so die Familie fortzusetzen. [...] Gemäß dem bäuerlichen Grundgedanken der Ehe hatten beide Ehegatten einen Anspruch auf Erfüllung der ehelichen Pflichten. Vermochte der Ehemann seiner Pflicht nicht nachzukommen, so gestatteten verschiedene niedersächsische Weistümer den außerehelichen Beischlaf der Frau und empfahlen, die Frau einem Nachbarn zu überlassen, der *ihr ihre hege und pflege thun kann, daß sie damit zufrieden sey.* In einem westfälischen Weistum ist auch der humorvoll verfaßte Passus enthalten, daß das Weib auf den Jahrmarkt geschickt werden dürfe, wenn der Nachbar nicht helfen könne oder wolle. *So soll er* (der Mann) *sie senden uff die nägste kermesse dabei gelegen, und daß sie sich seuverlich zumache und verziehre, und hangen ihr einen beudel wol mit gelde bespickt auf die seide, daß sie selver etwaß gewerven könne; kompt sie dannoch wieder ungeholfen, so helfe ihr dan der teufel.*

In vielen Weistümern wird der schwangeren Frau eine Reihe von Vorteilen eingeräumt, die insgesamt bezeugen, wie hoch gerade das Ansehen der schwangeren Frau im bäuerlichen Bewußtsein war. Bäuerinnen, die ein Kind erwarteten, durften ungehindert Baumobst pflücken und Trauben abschneiden, wenn sie Lust dazu hatten. Die strengen Jagd- und Fischereigesetze wurden ihretwillen durchbrochen. Selbst dort, wo das Fischen bei der Strafe des Augenausstechens verboten war, durfte die Schwangere mit Erlaubnis des Fischers oder unter Hinzuziehung von Zeugen hingehen und sich Fische fangen. War das Kind zur Welt gekommen, wurden auch der jungen Mutter weitere Vorteile gewährt, wie Erleichterungen bei Abgaben, Befreiungen von der Fronarbeit und größere Brennholzzuteilungen. Häufig wird in den Weistümern die Befreiung von der Hühnerabgabe erwähnt: Kommt der herrschaftliche Vogt, um die Hühnerabgabe einzufordern, so soll er beim Haus einer Wöchnerin nur den Kopf des Huhnes einziehen, das übrige aber der Familie lassen.

Katharina II. von Rußland

Entbindung im Zarenpalais*

18. Jahrhundert

Am Dienstag ging ich zu Bett und erwachte in der Nacht mit heftigen Schmerzen. Ich weckte Frau Wladislawowa, die sofort die Hebamme holen ließ, welche erklärte, ich werde bald niederkommen. Darauf ließ man den Großfürsten, der in seinem Zimmer schlief, und Graf Schuwalow wecken. Der letztere schickte sogleich zur Kaiserin, die unverzüglich, etwa um zwei Uhr nachts, erschien.

Ich litt sehr, aber erst gegen Mittag des folgenden Tages, am 20. September, wurde ich von einem Sohn entbunden. Nachdem er gewickelt war, ließ die Kaiserin ihren Beichtvater rufen, der dem Kind den Namen Paul gab. Dann befahl sie der Hebamme, es zu nehmen und ihr zu folgen.

Ich blieb auf meinem Schmerzenslager liegen. Es stand einer Tür gegenüber, durch die ich das Tageslicht sah; hinter mir waren zwei große Fenster, die schlecht schlossen, und rechts und links vom Bett zwei Türen, von denen die eine in mein Toilettenzimmer, die andere in Frau Wladislawowas Gemach führte.

Nachdem die Kaiserin sich entfernt hatte, gingen auch der Großfürst sowie das Ehepaar Schuwalow, und bis nach drei Uhr sah ich keinen Menschen mehr. Ich hatte stark geschwitzt und bat deshalb Frau Wladislawowa, mir die Wäsche zu wechseln und mich ins Bett zu legen, allein sie erklärte, sie wage das nicht zu tun. Mehrere Male schickte sie nach der Hebamme, die aber nicht kam. Ich verlangte zu trinken und erhielt die gleiche Antwort.

Endlich, nach drei Uhr, kam die Gräfin Schuwalowa in großer Toilette. Als sie mich noch da liegen sah, wo sie mich verlassen hatte, schrie sie auf und erklärte, man wolle mich wohl auf diese Weise umbringen. Das war sehr tröstlich für mich. Seit meiner Niederkunft war ich in Tränen gebadet, besonders weil ich so verlassen dalag auf einem schlechten, unbequemen Lager, nach heftigen, schmerzhaften Geburtswehen, zwischen Türen und Fenstern, die schlecht schlossen, ohne daß jemand wagte, mich in mein zwei Schritt entferntes Bett zu bringen, denn ich selbst hatte nicht die Kraft, mich hinzuschleppen. [...]

Endlich brachte man mich in mein Bett. Dann sah ich den ganzen Tag keine lebende Seele, ebensowenig erkundigte sich jemand nach meinem Befinden. Seine Kaiserliche Hoheit trank mit allen, die ihm über den Weg liefen, und die Kaiserin war mit dem Kind beschäftigt. In der Stadt und im Reich herrschte die größte Freude über das glückliche Ereignis.

Vom nächsten Tag an fühlte ich unerträgliche rheumatische Schmerzen, die sich von der Hüfte bis zum Schenkel und zum linken Bein hinunterzogen. Der Schmerz raubte mir den Schlaf, und ich bekam dazu noch ein heftiges Fieber. Trotzdem aber erwies man mir am nächsten Tag ungefähr die gleiche Aufmerksamkeit, ich sah niemand, und niemand fragte nach mir.

Am sechsten Tag fand die Taufe meines Sohnes statt. Er wäre beinahe schon an der Mundfäule gestorben. Ich konnte nur heimlich Nachrichten über ihn erhalten, denn nach seinem Befinden zu fragen hätte als Zweifel an der Sorgfalt der Kaiserin gegolten und wäre sehr schlecht aufgenommen worden. Zudem hatte sie ihn in ihr eigenes Zimmer bringen lassen, und wenn er schrie, eilte sie selbst zu ihm. [...]

Als vierzig Tage nach meiner Entbindung vergangen waren, kam die Kaiserin anläßlich meines ersten Dankgebets zum zweitenmal in mein Zimmer. Um sie zu empfangen, hatte ich mich erhoben, aber sie fand mich so matt und elend, daß sie mich sitzen hieß, während ihr Beichtvater die Gebete las. Meinen Sohn hatte man in mein Zimmer gebracht. Es war das erstemal seit seiner Geburt, daß ich ihn sah. Ich fand ihn sehr hübsch, und sein Anblick heiterte mich ein wenig auf. Aber sofort nach der Beendigung der Gebete ließ ihn die Kaiserin wieder forttragen und entfernte sich gleichfalls.

Oskar Maria Graf

Entbindung auf dem Bauernhof*

19. Jahrhundert

Sie hieß Theres Heimrath oder vielmehr Resl, wie man sie in gewohntem Dialekt nannte, und war die vierte von neun Geschwistern. Zwei davon waren kaum halbjährig gestorben, bevor sie zur Welt gekommen war, und wiederum zwei, darunter der einzige Sohn, starben, als sie noch zur Schule ging. Man schrieb den 1. November 1857. Am Nachmittag dieses Allerheiligentages, da die Leute nach altem Brauch im Gottesacker des nahen Pfarrdorfes Aufkirchen die Gräber ihrer Verstorbenen aufsuchten, erblickte sie das Licht des Tages. Ihre Mutter soll, so wird erzählt, schon in den Wehen gelegen haben, als der Bauer und die Dienstboten das Haus verließen. Die religiöse Pflicht erschien ihnen wichtiger als bedrängte Mutterschaft und Kindsgeburt. Niemand war in der Ehekammer als die einjährige Genovev, die plappernd auf dem Boden herumkroch, manchmal ans Bett der Mutter kam, deren heiße, verkrampfte Hände betastete, verwundert aufschaute, erschreckt von den wimmernden Wehlauten der Gebärenden zu weinen anfing und wieder wegtappte. Zwischen Tod und Leben schwebend, betete die Heimrathin in ihrem Schmerz und überstand alles. Erst beim Hereinbruch der Dunkelheit kamen die Ihrigen zurück und fanden neben der erschöpften Mutter das neugeborene, schreiende Kind. Die kleine Genovev hatte sich unter einer Bettstatt verkrochen.

Walther Killy (Hg)

Gebet in Kindsnöten*

18. Jahrhundert

O Allmächtiger GOtt! himmlischer Vater! du hast mich itzt zu einer sauren Arbeit beruffen, und mich an einem harten Stand in deinem Wein=Berge gestellet, und mir das schwere Creutz auferleget, daß ich mit grossen Schmertzen mein Kindlein gebähren soll. Ich bitte dich, du barmhertziger GOtt! hilff mir in dieser grossen Noht, und stärcke mich mit deiner Gnade, daß ich als eine getreue Kindes=Mutter thue, und arbeite, wie ich soll; damit ich an meinem Kindlein nicht eine Mörderin werde; und was ich darin̄; zu schwach bin, das wollest du verrichten, du treuer, starcker GOtt! und wenn das rechte Stündlein ist mich gnädiglich entbinden, mit einem frölichen Anblick erfreuen, um deines lieben Sohnes JEsu Christi willen, Amen.

Iris Origo

Ammen im Renaissance-Italien

Zu all ihren anderen Pflichten im Haushalt übertrug Francesco Margherita schließlich noch eine schwierige Aufgabe: Sie sollte für etliche Florentiner Säuglinge Ammen *(balie)* aus Prato auswählen und überwachen. Es war allgemein Brauch, die Säuglinge zum Stillen an Ammen zu geben, die meist Mädchen vom Land mit einem unehelichen Kind waren, oder auch Bauersfrauen, die genug Milch für zwei Kinder hatten. Und anscheinend hatte Prato den Ruf, gute Ammen hervorzubringen, so wie manche Dörfer in der Campagna diesen Ruf schon seit Römerzeiten genießen. Wie diese Frauen manchmal ihre Pflegebefohlenen behandelten, geht aus den

Ricordi von Francescos Zeitgenossen Giovanni Morelli hervor. Er schrieb, daß sein Vater immer erzählte, seine Amme sei „die grausamste Frau gewesen, die es je gab, und sie habe ihm so viele Prügel verpaßt, daß er zornig würde, wenn er nur daran denke und sie auch noch als erwachsener Mann liebend gern dafür umgebracht hätte, wenn sie ihm über den Weg gelaufen wäre".

Jedenfalls war es Margherita, die die meiste Arbeit damit hatte. Sie mußte die Amme beibringen, sich versichern, daß Milch und Charakter der Frau einwandfrei waren, und den Lohn aushandeln, der mit zwölf Gulden im Jahr ein bißchen über dem einer Magd lag. Als Voraussetzung galt, daß die Amme möglichst eine gewisse Ähnlichkeit mit der Mutter des Neugeborenen hatte, einen schönen Teint und „einen starken Hals" besaß – aber nicht zu große Brüste: „sonst bekommt das Kind eine platte Nase, wenn die Brust darauf liegt!" Noch dazu war es wünschenswert, eine Frau zu finden, die nicht gleich selbst wieder schwanger wurde, denn im allgemeinen wurde in der Toskana einem kleinen Kind zwei Jahre lang die Brust gegeben, bevor es abgestillt – und dann übergangslos auf den guten toskanischen Wein gesetzt wurde! „Die Amme könnte nicht besser sein", schrieb Margherita einmal, „weil sie nie vor 28 oder mehr Monaten wieder schwanger wird und jetzt erst seit zwei Monaten stillt, so daß sie leicht ein Kind reichlich säugen kann."

Die immer gleichen Briefe, die die Eheleute zu diesem Thema austauschten, sind zu eintönig, um sie ausführlich wiederzugeben. Die erste Reaktion Margheritas auf jede dieser Anfragen war gewöhnlich die Klage, daß es keine guten *balie* gäbe. „Sie scheinen vom Erdboden verschwunden, denn ich habe keine einzige auftreiben können. Und die eine, die ich an der Hand hatte, weil ihr eigenes Kind zu dem Zeitpunkt gerade im Sterben lag, deren Kind ist wieder gesund geworden." Aber jedesmal ging sie dann doch wieder ganz eifrig auf die Suche, oder sie schickte Leute, die die Bauernhöfe durchkämmten. Ein Mädchen, schrieb sie, „gibt viel Milch", aber sie sei leichtsinnig; eine andere tauge nichts, denn ihre frühere Herrin habe sich beklagt, daß „sie desto trauriger wird, je länger sie bleibt – und außerdem hat sie nur ein Auge". Wieder eine andere war nicht vertrauenswürdig, weil sie selbst noch einen Säugling hatte. „Nie und nimmer glaube ich, daß sie nicht auch ihren eigenen Kindern [Milch] geben, wenn sie erst ein Jahr alt sind."

Bei diesen Verhandlungen scheinen die in Aussicht genommenen Ammen dieselbe emotionslose Sachlichkeit entwickelt zu haben wie Margherita selbst. „Ich habe auf der Piazza della Pieve eine gefunden, die seit zwei Monaten stillt, deren Kind aber todkrank ist und wahrscheinlich heute nacht sterben wird. Die hat mir fest zugesagt, daß sie sofort kommt, sobald sie es begraben hat."

Unbekannter Verfasser

Säugammen in Hamburg*

18. Jahrhundert

Indem ich aber des hiesigen Frauenzimmers erwehne: so muß Ihnen nohtwendig von der unglaublichen Anzahl der Säug=Ammen, die in dieser Stadt befindlich, erzehlen. Diese sind insgemein junge unverheyrahtete Frauen, so der Zusage ihres Bräutigams zu viel getrauet. Sie werden fast in allen Häusern gehalten, und geniessen so grosser Höflichkeit, Pflege und Belohnungen, daß die neben ihnen dienende Mägde durch blosse Beneidung gereitzet werden, auf Mittel zu dencken, wodurch sie ihnen gleichmäßige Vortheile verschaffen mögen. Wie man mir gesagt, sind hieselbst auf vier tausend solcher Fontainen, die von Milch ohne Unterlaß rinnen, und kaum, daß etliche derselben verseigen, so qvillen, an deren statt, schon andere wieder hervor. Eine junge Ehe=Frau, die ihrer Niederkunfft nahe ist, und deren höflicher Mann gerne ein Vater seyn will, hat für nichts anders zu sorgen, als für eine Mutter desjenigen Kindes, das sie selbst zur Welt bringen soll. So bald sie deßwegen zu einer Ammen =Vermiehterin geschickt; kommen gleich ein Stück sechs Gläser mit warmer Milch aus eben so vielen Qvellen ins Hauß, und werden nur den Aertzten zur Prüffung gegeben, dafern etwa die Zeichen einiger Kranckheit darin zu entdekken. Ihre Kunst aber würde am nützlichsten seyn, wenn sie auch den verschiedenen und verborgenen Saamen der Zancksucht, der Niederträchtigkeit, des Aberglaubens, etc. durch ihre Vergrösserungs=Gläser darin wahrnehmen könten, als welchen sonst die armen Kinder mit ihrer Nahrung einsaugen, und dadurch in einen Stand gesetzet werden, daß sie hernach unsägliche Mühe haben, die Amme aus ihrer Natur wieder heraus zu bringen.

K. G. Schröder

Verzweiflung über den Tod der Kinder*

18. Jahrhundert

Gegen Ende vorigen Jahres kam eine Bauersfrau aus dem Dorfe Quetzin, ohnweit Kolberg in Pommern, beim König mit einer Bittschrift ein, worin sie, weil sie keine Ruhe mehr auf Erden hätte, um ihren Tod bat. [...] Die Sache verhält sich folgendergestalt.

Die Frau heißt *Malwitzen* (gebohrne Rasch), 40 Jahre alt, und ohngefähr seit 20 Jahr mit ihrem noch lebenden Manne verheirathet. Sie gebahr ihm 6 Kinder; vier davon starben, vor ohngefähr drittehalb Jahren, plötzlich und schnell hintereinander an einer anstekkenden Krankheit. Dieß versetzte ihrem Herzen und ihrem Verstande einen gefährlichen Stoß. Sie war schon sonst, auch vor ihrer Verheirathung, zuweilen melancholisch gewesen; in ihrem Ehestande war sie's auch, und vorzüglich während der Schwangerschaft. Dieser traurigen Gemüthslage war sie sich jedesmal selbst bewußt, und pflegte dann drei Prediger ihrer Gegend zu ersuchen für sie zu beten. [...] Genug diese verstorbnen Kinder beschäftigten nun beständig ihre Einbildungskraft. Sie dachte stets an sie; was Wunder, daß sie sie endlich auch sah? Sie liebte sie, sie hielt sie für fromm und gut; und sah sie also in weißen Kleidern erscheinen. So sah sie einst namentlich die älteste zum meisten von ihr geliebte Tochter, in weissem Gewande, im Garten spatzieren, und hörte sie singen: „durch einen sanften Tod komm' ich zur Ruh, u.s.w." Sie hielt solche Besuche und Erscheinungen für Trost und für unumstößliche Beweise der Seligkeit ihrer Kinder. Dennoch konnte sie sich nicht zufrieden geben; sie war Tag und Nacht bei den Gräbern ihrer Kinder, kniete darauf, betete, sang, gieng um die Kirche herum, weinte, schrie, u.s.w. Ein Vierteljahr nachher klagte sie – und unter andern auch dem Prediger ihres Dorfes – daß sie fürchte, ihre Kinder sein nicht selig. Bald darauf kam die sichre Behauptung dieser Sache, die nach ihren Ausdrükken so lautete, daß ihre Kinder Höllenglut schwitzten; und, setzte sie hinzu, ihre Kinder sein auch nicht mehr im Grabe. Um über diese letzte ihr so schrekliche Sache zur Gewißheit zu gelangen, verfiel sie darauf, selbst auf dem Kirchhofe nachzugraben, sprach mit dem Prediger darüber; und unternahm es endlich, am hellen Tage, in Gesellschaft ihres Mannes und anderer. Eine Menge Volks lief hinzu; dies zog auch den Prediger hin, der die Sache schon geschehen fand. Der Körper der geliebtesten Tochter war ausgegraben, der Sarg stand auf der Bahre; die unglükliche Mutter fand ein schwarzes Band an dem Leichnam, und rief aus: dies sei ein schwarzes Höllenband, womit ihre Tochter gebunden sei; worauf des Predigers Frau ihr ein rothes Band schikte. Die ganze Sache gab ihrer Schwärmerei freilich neuen Schwung, indessen hatte der Augenschein sie doch etwas beruhigt. Bald aber dünkte es ihr, man wolle ihr ihr Kind wegstehlen; sie lief hin, grub, sah nach, verscharrte das Kind wieder, und gieng nach Hause; und so dauerte das Hinlaufen und Ausgraben eine Weile fort.

Itzt erwachte unglüklicherweise in ihrer Seele ein bekannter und bis dahin bei ihr gleichsam eingeschlummerter Volksglaube; daß ein Todter, dessen Gebeine in seiner Ruhestätte gestört wären, auch im Genuß der Seligkeit dadurch gestöret würde. Nun hielt sie sich für die abscheulichste Kindermörderinn, Mörderinn des ewigen Glüks ihrer Kinder. Nun rief sie aus: ihre Kinder wären durch das Ausgraben aus der Herrlichkeit Gottes gestoßen, und wären ewig verdammt; und daran sei nur sie Schuld. Nun erschienen ihr die Todten wieder; aber aus den friedfertigen weißen Gespensterchen wurden mit einemmal schwarze Unholde, die sie immer verfolgten, sich bald auf ihren Kopf bald auf den Hals setzten, sie stießen, kniffen, u. s. w. Und in dieser bejammernswürdigen Lage blieb sie nun immer fort. [...] Zwei Jahre lang litt die Unglükliche diesen Schmerz eigener Vorwürfe und eingebildeter körperlicher Peinigung. Man kann sich ihr Jammern, ihr ganzes Thun und Leben vorstellen. Ihr Mann, ein Muster von Gedult, konnte es endlich nicht mehr aushalten, und entschloß sich davon zu gehen. Das, und der Gedanke an ihre zwei dann völlig unversorgten Söhne machte ihr das Leben zuwider; sie gieng nach Potsdam, um dem König die oben angeführte Bittschrift zu übergeben.

Christian Gotthilf Salzmann

Bestrafung lediger Mütter*

18. Jahrhundert

In Grünau darf man nicht weit gehen, wenn man Elende finden will. Ich gieng über den Markt, und hörte, da ich an den Rathshof kam, ein erbärmliches Geschrey von Weibern und Kindern. Ich sprang zu –

Machen Sie sich gefaßt, eine der scheuslichsten Scenen zu lesen, die wohl je auf Gottes Erdboden war. Ein Weibsbild war an einem Pfahl mit ihren entblößten Armen angebunden, und ein Teufel von Kerl zählte ihr, mit einer Peitsche, zwölf starke Hiebe zu. Sie schrie, was ihre Kräfte vermochten. Neben ihr lag ihr Säugling, der ebenfalls, so stark als möglich, schrie. Zwey Weibspersonen, die schon durchgeprügelt waren, stunden neben ihr, hielten ihre weinenden Kinder auf dem Arme, ihr Haar flog schrecklich umher, sie fluchten schrien und schimpften. Auf dem Boden lag ein Mädchen in Ohnmacht, dessen reizende Bildung durch die Miene der Unschuld noch mehr gewann, und neben ihr ihr Säugling. Zum Rathhause sahe das Scheusal vom Bürgermeister heraus, das ich Ihnen ohnlängst beschrieben habe, mit eben so einer unempfindlichen Miene, mit welcher ein Pächter seine Schweine abstechen sieht.

Eine von den geprügelten Weibspersonen erblickte ihn, und stieß gegen ihn alle Reden aus, die ihr die höchste Verzweiflung eingab. Kerl! rief sie, warum läßt du uns prügeln? Dafür, daß wir Kinder gekriegt haben? Die Landhuren läßt du herumlaufen, und bekümmerst dich nicht um sie? Du läßt huren und buben und ehebrechen – kein Hahn kräht darnach. Aber wir armen Thiere müssen geprügelt werden, weil wir Kinder bekommen haben. Wenn wir das Abtreiben gelernt hätten, wie deines Sohns Mägde, da würde kein Mensch etwas darnach fragen – [...]

Ich lief in die Gerichtsstube zum Bürgermeister, mit dem ich bey dem Hofrath Grimlein, da ich ihn einigemal gesprochen, eine Art von Vertraulichkeit errichtet hatte. Um des Himmels Willen, Herr Bürgermeister, sagte ich, wie ists möglich, daß Sie die armen Weibspersonen so barbarisch können mishandeln lassen? [...]

B. Die Gerechtigkeit fordert diese Genugthuung.

I. So? aber wenn Sie so gerecht sind, lassen Sie denn auch den Verleumder geisseln? auch den Wucherer, der das Mark der Armen aussaugt? Mich dünkt es gehört doch ungleich mehr Bosheit dazu, ein Verleumder und Wucherer zu seyn, als einem starken Naturtriebe unterliegen. [...]

B. Ich kann mich auf Ihr Philosophiren nicht einlassen. Böse Arbeit, böser Lohn. Hätten diese Weibsbilder nicht einen ärgerlichen Wandel geführt, so dürften sie nicht leiden. Dabey bleibt es.

I. Aber wer sind denn die Väter zu diesen Kindern?

B. Darnach haben Sie nichts zu fragen. Ich weis es auch nicht.

I. Sie wissen es also nicht! also haben Sie sie auch nicht bestraft? Den Verführer lassen Sie also laufen, und die Elende, die das Unglück hatte verführt zu werden, lassen Sie peitschen? [...]

B. Herr! reden Sie nicht weiter oder ich lasse Sie in die Wache setzen. Ist das der Dank dafür, daß ich auf Zucht und Ordnung halte, und Personen strafe, die dem Publikum zur Last fallen?

I. Sind denn diese Unglücklichen nicht gestraft genung? Müssen sie nicht die Verachtung der ganzen Stadt tragen? Müssen sie nicht ihre armen Kinder ernähren, pflegen, warten, ohne den männlichen Beystand zu haben, den die Ehefrau genießt? Fühlen diese Unglücklichen nicht alles Elend des Wittwenstandes, ohne das Mitleiden und die Unterstützung zu finden, die man gegen Wittwen beobachtet? Ich dächte solche Personen sollten der Gegenstand der christlichen Barmherzigkeit seyn, und nicht weiter bestraft werden. [...]

I. Es ist nicht genug, daß man das Schwerd führt, sondern man muß es auch mit Vernunft führen. Diese Unglücklichen hatten durch ihre Ausschweifungen einige Unordnungen im Staate angerichtet, die sie vielleicht durch gute Erziehung ihrer Kinder wieder gut gemacht hätten. Nun aber sind sie schlechterdings verdorben. Durch die Führung Ihres Schwerds sind sie zu den boshaftesten Geschöpfen gemacht worden, die zu den größten Bubenstücken aufgelegt sind.

B. Wie verstehen Sie das?

I. Sie sind öffentlich beschimpft. Nicht für einen Heller Ehre haben sie mehr, deren Verlust sie von fernern Ausschweifungen abhalten könnte. Sie werden ihren Leib öffentlich feil bieten, und die Verführerinnen junger Mannspersonen werden. Hunger und Geilheit werden den Muttertrieb ersticken, sie gegen das Wimmern ihrer Kinder fühllos machen, sie werden sie verschmachten lassen, wenn sie die gegenwärtige Woche überleben sollten. Denn leider glaube ich, daß die Kinder noch heute sterben müssen, wenn sie die durch Zorn, Angst und Bosheit vergiftete Milch ihrer Mutter in sich saugen.

B. Desto besser. So hat das Publikum einige Hurenkinder weniger zu ernähren – Glauben Sie, mein Herr! unsere Gesetze sind sehr weise.

Ingeborg Weber-Kellermann

Das uneheliche Kind der Magd

19. Jahrhundert

„Die Tonibauern Reserl vom Oberhaselberg war von ihrem Bauern auch für ein weiteres Jahr ‚verleihkauft' worden. Daß sie, obwohl ledig, ein Kind zu erwarten hatte, kam dabei nicht weiter in Betracht. Damit hatten sich die Bauern abzufinden, und sie fanden sich damit ab, wo hätten sie dann den Nachwuchs an den so notwendig gebrauchten ländlichen Dienstboten hergenommen?

In den Wintermonaten, in denen die Arbeit für die Landwirtschaft nicht allzu sehr drängte, konnte man eine tüchtige Dienstmagd für die Zeit des Wochenbettes schon entbehren. Wenn man nur bestimmt damit rechnen konnte, daß sie dann wieder fröhlich, munter und tatkräftig zupackte. Und dies war bei der Reserl zu erwarten. Sie hatte auch für die Zeit ihrer Niederkunft einen außergewöhnlich günstigen Zeitpunkt getroffen. Um den 2. Februar herum, wenn der Wechsel der Dienstplätze vor sich ging, war es mit der Arbeit, die über das alltäglich Notwendige hinausging, meist ohnedies nicht weit her. Das von der Reserl erwartete Kind konnte daher ohne große Unannehmlichkeiten für die werdende Mutter zur Welt kommen.

Die Brotträger Kathl, Reserls Mutter, hatte sich nach dem ersten Schrecken, daß es nun auch mit diesem Dirndl, obwohl noch nicht 20 Jahre alt, so weit sei, mit dem unabänderlich Gewordenen abgefunden, und es war selbstverständlich [da die Mutter auch unehelich war], daß Reserl für die zu erwartende schwere Stunde zu ihr ins Haus kam. Für die Reserl stand es daher, allgemein genommen, gar nicht schlimm, und sie war lustig und guter Dinge bis zur letzten Minute, wo sich die Wehen einstellten. Der Geburtsakt vollzog sich ohne Komplikationen, und ein Kind war da, zur Freude der Mutter und auch der Großmutter, der alten Brotträger Kathl.“ [...]

Das Kind kam in Pflege zur Großmutter. „Diese Brotträger Kathl war, so wie ihre Mutter, ein außereheliches Kind ländlicher Dienstboten. Und weil die Liebe in dieser Zeit wohl das einzige Freudige im Dasein ländlicher Dienstboten war, hatte sie gleich vier außerehelich geborene Kinder aufzuweisen. Eheliche Kinder konnte es nicht geben, denn zum Heiraten gab es in der damaligen Zeit für ländliche Dienstboten keine Möglichkeit. [...] Er gedieh prächtig, und seine Mutter hatte mit ihm eine große Freude. Zweimal im Monat kam sie in der Regel den weiten Weg vom Oberhaselberg nach St. Thomas zu Fuß gegangen, um sich ihres so prächtig heranwachsenden Erstgeborenen zu erfreuen. Der Vater, der Nickl, Großknecht beim Bauern am Sachsenberg, hatte inzwischen schon alles Interesse an der schönen Reserl wieder verloren. Sich um das von ihm gezeugte Kind zu kümmern, fiel ihm noch viel weniger ein. Es gab noch viele Kammerfenster, die ihm noch nicht aufgemacht wurden. Sich an diesen zu versuchen, erschien ihm viel, viel wichtiger, als sich um die Mutter und ihr Kind zu kümmern. Viele Mannsleut hielten es so, und Nickl hielt es eben mit vielen!" [...]

Diese Geschichte, in der vom Kindesvater kaum die Rede ist, zeigt die Alleinverantwortlichkeit der Magd für ihren „Fehler" und alle Folgen. Für die Bauern galt die ganze Angelegenheit als wirtschaftliches Problem und das Kind als zukünftige Arbeitskraft. So wurden auch Verhältnisse des Bauern mit der Magd, wenn die Bäuerin krank, schwanger oder im Wochenbett war, durchaus geduldet. Solch scheinbare Toleranz offenbart aber auch einen gewissen Grad der Verachtung gegenüber diesem weiblichen Teil der Dorfbevölkerung, eine Einstellung, die unempfindlich machte für die Manipulationen der Pflegeeltern und für die uneheliche Mutter eher beleidigend als hilfreich war.

Daß von der katholischen Kirche keine Hilfe kam, sondern nur das moralisierende Gegenteil, auch wenn es sich um eine Bauerntochter handelte, ist oft geschildert worden.

Herrad Schenk

Rechtsstellung der unehelichen Mutter

18. bis 20. Jahrhundert

Auch in bezug auf die Stellung der nichtehelichen Mutter und ihres Kindes war das Allgemeine Landrecht wesentlich großzügiger als später das Bürgerliche Gesetzbuch. Doch hier fand schon Mitte des 19. Jahrhunderts eine Revision der vorher relativ frauenfreundlichen und sozialen Gesetze statt. Das ALR hatte den Vater des unehelichen Kindes nicht nur zur Zahlung von Alimenten, sondern auch zur Zahlung aller Auslagen verpflichtet, die der Frau im Zusammenhang mit Wochenbett und Geburt entstanden. Wenn die Frau vorher „unbescholten" war, mußte der Mann sie auch noch mit einer Geldsumme abfinden, die bis zu einem Viertel seines Vermögens betragen konnte. Hinter diesen großzügigen Gesetzen stand vermutlich noch die ständische Kavaliershaltung, die es für Ehrensache hielt, daß der Herr von Adel seine Geliebte aus der Unterschicht angemessen versorgte. Die Männer der bürgerlichen Gesellschaft waren dagegen offensichtlich daran interessiert, die finanziellen Konsequenzen ihrer Seitensprünge so weit als möglich zu minimieren. Da aufgrund dieser Gesetze „selbst jede Allerwelts-Hure jeden beliebigen Mann durch die bloße Versicherung zum Vater eines Kindes" machen könne, wurden 1854 die Ansprüche der ledigen Mutter drastisch eingeschränkt: Sie konnte nur noch die „unvermeidlichen" Kosten des Wochenbetts verlangen; eine Abfindung kam nur bei einer Vergewaltigung in Frage. Außerdem wurde die „Einrede wegen Mehrverkehrs" (exceptio plurimum) in das Gesetz aufgenommen, mit deren Hilfe die betroffenen Männer häufig alle Ansprüche von sich abwälzen konnten: Wenn die Frau in der Empfängniszeit auch mit einem anderen Mann geschlechtlich verkehrt hatte, mußte der Vater des nichtehelichen Kindes überhaupt nichts zahlen. Das ALR hatte die „Einrede wegen Mehrverkehrs" ausdrücklich ausgeschlossen (§ 1036), zumal sie ein Instrument war, das von Männern leicht mißbraucht werden konnte. Die „Einrede wegen Mehrverkehrs" wurde auch in das BGB aufgenommen (§ 1717 BGB, alte Fassung) und erst 1969 aufgehoben.

Ingeborg Weber-Kellermann

Geburt „unter Maske"

19. Jahrhundert

Übrigens gibt es auch Zeugnisse dafür, daß selbst in höchsten Kreisen die unschuldig naiven Mädchenjahre nicht immer im legalen Ehebett endeten – auch das eine Folge der Unaufgeklärtheit dieser Mädchen. Aus der Jugendgeschichte eines 1876 geborenen „eingezahlten Kindes" erfährt der Leser von einer Einrichtung Kaiser Josefs aufgrund zunehmender Aborte und Kindesmorde in der besten Wiener Gesellschaft. Junge uneheliche Schwangere aus Adelskreisen konnten in der Landesgebäranstalt „unter Maske" entbinden, niemand durfte sie nach Namen und Herkunft fragen, dem Kind konnten sie einen beliebigen Namen geben, und die Geheimhaltung ihres eigenen Namens wurde voll verbürgt, wenn sie für das Kind einen Pauschalbetrag einzahlten. Das Kind gehörte dann die ersten zehn Jahre dem Lande Wien und vom 10. bis 14. Lebensjahr der Stadt, wo es entsprechend in Pflege gegeben wurde. Auf der Suche nach seiner Mutter hat Max Winter erfahren, daß sie 15 oder 16 Jahre alt war, als sie mit ihrer Mutter in das Landesspital kam.

„In der Gebäranstalt ist der Akt dieser Geburt in dem ‚weißen Buch' verzeichnet. Alle Rubriken des Aufnahmsprotokolls, die sonst von der Herkunft der Mutter erzählen, sind unausgefüllt. Name, Alter, Stand, Religion, Heimat – alle diese Fragen des Protokolls bleiben unbeantwortet. Die Rubriken hüllen sich in das Unschuldsweiß der zahlungsfähigen Moral.

...Sie ist die Mutter Nr. 28 von 1876. Sie erhielt diese Protokollzahl, als sie am 25. März in die Anstalt trat. Dann erzählt das Protokoll nur noch, daß sie einen Monat später am 26. April eines Knaben entbunden und daß dieses Kind am 29. April notgetauft entlassen wurde. Unbekannt wohin und an wen. Die ‚Mutter Nr. 28' aber ging, los und ledig aller Pflicht, am 6. Mai aus dem alten Klosterbau. Wie mögen sich doch ihre Freunde und Freundinnen gefreut haben, als sie von der langen Reise so wohlbehalten zurückkehrte, und wie gut mag sie Jahre später die Myrte gekleidet haben!"

Susanne von Paczensky

Schwangerschaftsabbruch heute

Schwangerschaftsabbruch hat nicht notwendigerweise etwas mit Emanzipation zu tun. Abtreibung ist nicht unbedingt ein Akt der Befreiung, sie kann ein Akt der Selbstverteidigung, der Rücksichtnahme, der Vernunft oder auch der Verzweiflung sein. Wie Frauen zu handeln gelernt haben – mit Rücksicht auf die Eltern, den Partner, die Kinder, die Umgebung –, so treiben sie auch ab.

Wie sie zu lieben gelernt haben – überwältigt vom Gefühl, vertrauensvoll, hingebend, auf den Partner gerichtet –, so werden sie auch schwanger. Es ist kein Akt von Selbstbefreiung, ungewollt schwanger zu werden.

Erst im Umgang mit dem Konflikt, im Entscheidungsprozeß kann ein befreiender Schritt gemacht werden. Wie sie mit sich selbst umgeht, ihre Gefühle ernst nimmt und ihre Handlungsfähigkeit erkennt, das kann ein Akt der Selbstbestimmung sein. Und ist doch oft nur ein Akt der Unterwerfung.

Von konservativen Familienvätern, aber auch von grünen oder „neuen“ Männern wird gern gefordert, bei einer ungewollten Schwangerschaft müsse auch der Erzeuger um seine Meinung gefragt werden und erwecken damit den Eindruck, als fühlten sie sich um eine Chance betrogen, Verantwortung und Kinderliebe an den Tag zu legen. Tatsächlich sind von den Männern, die sich einem Schwangerschaftsabbruch entgegenstellen, nur sehr wenige bereit, irgendwelche Arbeit, Last, Zuständigkeit zu übernehmen. Sollen die Erzeuger ernst genommen werden, wenn sie „für's Leben“ sind, oder auch, wenn sie – wie die meisten – eher zum Abbruch neigen?

Dürfen Männer „Druck auf ihre Frauen ausüben“, wenn es ein staatserhaltender Druck ist, aber nicht, wenn er den Regierungszielen widerstrebt? Sollen die Männer zwangsweise zur Beratung eingeladen werden?

Seit die Bundesregierung sich vorgenommen hat, mit Hilfe eines Beratungsgesetzes die gesellschaftlichen Bedingungen für unwillige Mütter zu „verbessern", müssen die Beratungsstellen sich erneut über ihre Aufgaben, ihre Möglichkeiten, ihre Grenzen klar werden. Dabei müssen nicht nur die konservativen, sondern auch die fortschrittlichen Erwartungen an die Macht und Kraft der Beraterinnen notwendig enttäuscht werden. Die Zwangsberatung nach Paragraph 218 – durch mancherlei Vorschriften eingeengt, neuerdings von der Frauenministerin zusätzlich kontrolliert – die Frauen oft in überfüllten Sprechstunden, nach langen Fahr- und Wartezeiten über sich ergehen lassen, hat meist keine andauernde Wirkung. Sie ändert weder die gesellschaftlichen Verhältnisse noch die individuelle Lebensführung. Da stößt auch der Vorsatz, den Ratsuchenden zur Selbstbestimmung zu verhelfen, an seine Grenzen. Gerade im Verhältnis zu den Partnern wird immer wieder deutlich, daß viele Frauen gar nicht anstreben, autonom zu handeln. So wie sie gelernt haben, sich nach den Männern zu richten, ihre Wünsche zu respektieren, für ihre Zufriedenheit zuständig zu sein, so bemühen sie sich auch bei der Entscheidung für oder gegen ein gemeinsames Kind um ein harmonisches Einverständnis.

Die Sorge, der Partner werde sie verlassen, sie werden mit dem Kind, wenn sie es gegen seinen Wunsch austragen, schließlich allein dastehen, ist kein Zeichen von besonderer Hörigkeit. Tatsächlich kann jede, die klaren Blickes ihre Umgebung prüft, feststellen, daß Frauen, die alleine ihre Kinder kriegen und aufziehen, schlimm dran sind.

Johann von Schwarzenberg

Bambergische Halsgerichtsordnung (1507)*

Straff der weiber so ire kinder tödten

Item welchs weib ir kindt / das leben vnd glidmaß entpfangen hat / heimlicher boßhafftiger williger weise ertödtet / die werden gewönlich Lebendig begraben vnd gepfelet / Aber darynnen verzweifelung zůuerhüten / mögen dieselben übeltetterin in welchem Gericht die bequemheit des wassers darzů verhanden ist ertrencket werden. Wo aber sölch übel offt geschehe / wöllen wir die gemeldten gewonheit des vergrabens vnd pfelens vmb merer forcht willen sölcher boßhafftiger weiber auch zulassen / oder aber das vor dem Ertrencken die übeltetterin mit glüenden zangen zerrissen werde / alles nach Rat der verstendigen.

[...] dann so eyn weibßbilde eyn lebendig glidmessig Kindlein also heymlich treg // auch mit willen allein / vnd on hilff ander weiber gepirt (welche vnhilffliche gepurt mit tödtlicher verdligkeit geschen můß) so ist deßhalb kein glaublicher vrsach / dann das dieselbig můter / durch boßhafftigen fürsatz vermeinet / mit tödtung des vnschuldigen kindleins (dar an sie vor / in / oder nach der geburt schuldig würt) ir geübte leichtuertigkeit verborgen zuhalten / Darumb wann eyn sölche mörderin / auff gedachter irer angemasten vnbeweisten freuenlichen entschuldigung bestehen wolt / man sol sie auff obgemelte gnůgsame antzeigung (bestympts vncristenlichen vnd vnmenschlichen übels vnd mordßhalb erfunden) mit peinlicher ernstlicher frage / zů bekentnüß der warheit zwingen / auch auff bekentnüs des selben mords endtliche todtstraff (als obsteet) vrteylen / doch wo eyns sölchenn weibß schuldt oder vnschuldthalb gezweifelt wirt / so söllen die richter vnd vrteiler mit antzeigung aller vmbstende Rats pflegen. [...]

Straff der jhenen so schwangern frawen Kinder abtreiben.

Item so yemant einem [w]eibßbild durch bezwankg essen

oder trincken ein lebendig kindt abtreibt / wer auch man oder weib vnfrůchtbar macht / So sölch übel eyn manßbild tůt / der ist mit dem schwert (als ein todtschleger) zum tod zestraffen / so der eyns williger boßhafftiger weise geschicht / Tette es aber ein weibßbild an ir selbst / oder einer andern / die sol ertrenckt oder sunst zum tod gestrafft werden / So aber ein kindt (das noch nit lebendig were) von einem weibßbild getriben würde / söllen die vrteyler der straff halben Rats pflegen.

Vernehmungsprotokoll von 1856

Kindsmörderin auf dem Land*

Dann habe ich viel hier in Kirchhain auf Tagelohn gearbeitet. Ich habe schon zwei uneheliche Kinder gehabt, eins vor 8 Jahren, das zweite vor etwa 2 Jahren. Beide sind gestorben, das älteste war etwa ¼ Jahr, das zweite nur 5 Wochen alt. Das älteste ist zu Hause in Halsdorf, das zweite in Marburg in der Anstalt geboren. Das älteste Kind hatte einen Ausschlag, das zweite einen wunden Arm, es mußte wohl Erkältung sein, da ich im Winter im Schnee von Marburg gekommen war. Ich kann weiter nichts speziell angeben, woran das Kind starb.

Im vorigen Jahr, nachdem ich erst hier auf Tagelohn gearbeitet hatte, habe ich mich vier Wochen vor Michaelis bei Mittlers vermietet. Sieben Wochen nach Weihnachten habe ich mit dem Niederwälder Bursch in der Mühle, wie ich bereits früher angegeben habe, zu tun gehabt. In der ersten Zeit danach habe ich nicht gewußt, daß ich schwanger sei, mein Geblut habe ich früher schon häufig unregelmäßig gehabt, und ist mir dasselbe manchmal mehrere Monate ausgeblieben, deshalb konnte ich in den ersten Monaten nicht sagen, ob ich schwanger sei. Dann hat mich mal das Kindermädchen bei Mittlers darauf angehalten, es ginge das Gerücht, ich sei schwanger, worauf ich nachgefragt habe. Nun, dann müßte ich auch sehen, wie ich fertig würde. Ich habe nun nachher, als ich mich schwanger fühlte, gerechnet, daß ich sieben Wochen nach Michaelis, was von der Zeit, wo ich mit dem Bursch zu tun gehabt hatte, dann 9 Monate waren, niederkommen würde. [...] Ich hatte der Frau Mittler nichts von meiner Schwangerschaft gesagt, weil ich dies verschob bis zur letzten Zeit. Bei Mittlers hatte ich so lange denn auch noch mein Unterkommen, was ich so lange als möglich behalten wollte, indem ich anders wo nicht unterkommen konnte. Die Sache war nun so, wie ich bereits früher angegeben habe. Beim Aufziehen des Seiles war ich gefallen und hatte seitdem starke Schmerzen im Rücken gespürt, doch dachte ich noch an nichts Arges. Ich habe nachher noch wie gewöhnlich meine Arbeit getan. Gegen Abend, als es bereits nahe der Dämmerung war, wollte ich das Aschetuch an dem Wasser auswaschen und stand auf den untersten Schwellen der Treppe, die zu dem Wasser führt. Während ich mich, um das Tuch im Wasser hin und her zu schwenken, so bückte, spürte ich heftige Schmerzen und empfand bald mit Schrekken, daß das Kind zur Welt kam. Ich setzte mich nun auf den hinter mir befindlichen Treppentritt und fühlte, daß das Kind bereits aus der Geburt hervor(?)stand, worauf ich mit der rechten Hand danach griff. Ich war so erschrocken und bestürzt, daß ich gar nicht wußte, was ich tat. Während ich nun das Kind an den Kopf faßte, wobei ich jedoch zur Schonung des Kindes nicht hart drückte, schoß es dann mit einem Ruck aus der Geburt hervor, wobei es so einen Ton von sich gab, es kam mir wenigstens so vor. Doch nun wurde es dadurch hinten schwerer, ich wollte es jedoch an dem Kopf, obwohl ich es etwas härter faßte, nicht zu hart fassen, und da schoß mir das Kind aus der Hand ins Wasser. Ich trat alsbald auch in das Wasser und suchte nach dem Kind, konnte es jedoch nicht auffinden, da es schon dunkel zu werden anfing und auch das Wasser von den Rädern unruhig war. Ich habe dann noch in der Küche etwas gearbeitet, war dabei jedoch ganz betrübt und wußte mir nicht zu raten und helfen. Nachher bin ich mit dem Kindermädchen hinauf gegangen, um mich zu Bett zu legen. [...] Am Morgen bin ich wieder bei dem Wasser gewesen, ich habe aber das Kind darin nicht bemerkt.

Richard van Dülmen

Hinrichtung einer Kindsmörderin

18. Jahrhundert

In Frankfurt wurde am 14. Januar 1772 der Kindsmörderin Brandt um 6 Uhr morgens das Todesurteil, das sie allerdings schon vorher kannte, vorgelesen. Der Richter erschien in Exekutionskleidung, d. h. in einem schwarzen Gewand, mit Stiefeln und Sporen und einem roten Mantel, auf den das große Stadtwappen geheftet war. Die Arme Sünderin trug ein „Toten-Kleid", d. h. eine weiße Haube, eine weiße leinene Jacke mit einer schwarzen Schleife und einen weißen Rock sowie weiße Handschuhe. Beim Zug hielt sie ein zusammengefaltetes Sacktuch und eine große Zitrone in Händen. Um 8 Uhr folgte die Mahlzeit, bis ab 9 Uhr die Kirchenglocke alle Viertelstunde 3 Mal mit 3 Anschlägen schlug und zum Aufbruch rief. Ein Kommando von 30 Grenadieren stellte sich ein. Die Verurteilte wurde an beiden Händen gebunden auf die Straße geführt. Der Richter mit einem großen Zepter in der Hand stieg mit anderen städtischen Beamten (Einspännigen) in roten Röcken auf die Pferde. Grenadiere umgaben die von Geistlichen und dem Knecht des Scharfrichters begleitete Arme Sünderin. Unter ständigem Singen, Beten und Zurufen der Geistlichkeit ging der Zug direkt zur Richtstätte. Währenddessen hatte der Scharfrichter mit seinen Söhnen und anderen Knechten unter dem Schutz von sechs Grenadieren auf dem Richtplatz alles vorbereitet. Weitere Soldaten hatten um das Gerüst einen großen Kreis gebildet. Als die Malefikantin eine halbe Stunde später ankam, segneten sie die Geistlichen, und der Scharfrichter führte sie mit der Hand zu einem Stuhl, band sie fest und entblößte ihr den Hals und Kopf. Darauf wurde, unter „beständigen Zurufen" der Seelsorger, ihr Kopf durch einen Streich des Scharfrichters „glücklich und wohl" abgeschlagen. Auf die Frage des Henkers, ob er das ihm Befohlene richtig ausgeführt habe, antwortete der Richter: „Er hat sein Amt wohl verricht und gethan, was Gott und die Obrigkeit befohlen hat".

Friedrich Hölderlin

Schwierige Annäherung an die Mutter*

Teure Mutter! Homburg vor der Höhe, d. 11 Dez. 1798.

Ihr lieber Brief traf mich nicht mehr in Rastatt und er wurde mir hieher nachgeschickt. Es hat mich herzlich gefreut, daß ich bei meinen Verwandten, wie ich sehen konnte, noch in gutem Angedenken bin, besonders Ihre gütige Vorsorge und Teilnahme, liebste Mutter, hat mich innig gerührt, und Sie können sich denken, wie sehr ich eben dadurch mich in Ihre Nähe gezogen fühlte. Ich mußte, um ruhige Überlegung zu gewinnen, meinen Entschluß über die angebotene Hofmeisterstelle auf den anderen Tag verschieben, und auch dann wollt' ich meinem Urteil noch nicht ganz trauen und ein paar Tage noch hingehn lassen, um Ihnen eine reiflich überdachte Antwort geben zu können. [...]

Liebste Mutter! Sie haben mir schon manchmal über Religion geschrieben, als wüßten Sie nicht, was Sie von meiner Religiosität zu halten hätten. O könnt' ich so mit einmal mein Innerstes auftun vor Ihnen! – Nur so viel! Es ist kein lebendiger Laut in Ihrer Seele, wozu die meinige nicht auch mit einstimmte. Kommen Sie mir mit Glauben entgegen! Zweifeln Sie nicht, an dem, was Heiliges in mir ist, so will ich Ihnen mehr mich offenbaren. O meine Mutter! es ist etwas zwischen Ihnen und mir, das unsre Seelen trennt; ich weiß ihm keinen Namen; achtet eines von uns das andere zu wenig, oder was ist es sonst? Das sag' ich Ihnen tief aus meinem Herzen; wenn Sie schon in Worten mir nicht alles sagen können, was Sie sind, es lebt doch in mir, und bei jedem Anlaß fühl' ich wunderbar, wie Sie mich insgeheim beherrschen, und wie mit unauslöschlich treuer Achtung mein Gemüt sich um das Ihrige bekümmert. Darf ich's Ihnen einmal sagen? wenn ich oft in meinem Sinn verwildert war, und ohne Ruhe mich umhertrieb unter den Menschen, so war's nur darum, weil ich meinte, daß Sie keine Freude an mir hätten. Aber nicht wahr, Sie mißtrauen sich nur, Sie fürchten Ihre Söhne zu verzärteln und zu eigenwillig zu machen, Sie fürchten, daß Ihr mütterlich Gemüt Sie selbst betören möchte, und dann Ihre Söhne ohne Leitung wären und ohne Rat, und darum setzen Sie lieber zuwenig Vertrauen in uns und versagen sich aus Liebe die Freude, die der Eltern Eigentum im Alter ist, und hoffen lieber weniger von uns um nicht zuviel von uns zu hoffen? –

Ich wollte Ihnen schreiben, was für Gründe ich hätte, um die angebotne Stelle abzulehnen, und es ist mir lieb, daß ich bei dieser Gelegenheit einmal wieder ein Wort aus meinem Herzen gesprochen habe. Dies Glück wird einem in der Welt so wenig zuteil, daß man es leicht verlernen könnte. [...]

Ihr Friz.

Johann Heinrich Pestalozzi

Zum Verhältnis zwischen Mutter und unmündigem Kind*

18. und 19. Jahrhundert

Wie kommen die Gefühle, auf denen Menschenliebe, Menschendank und Menschenvertrauen wesentlich ruhen, und die Fertigkeiten, durch welche sich der menschliche Gehorsam bildet, in meine Natur? – und ich finde: *daß sie hauptsächlich von dem Verhältnis ausgehen, das zwischen dem unmündigen Kinde und seiner Mutter statthat.*

Die Mutter *muß*, sie kann nicht anders, sie wird von der Kraft eines ganz sinnlichen Instinktes dazu genötigt – das Kind pflegen, nähren, es sicherstellen, und es erfreuen. Sie tut es, sie befriediget seine Bedürfnisse, sie entfernt von ihm was ihm unangenehm ist, sie kommt seiner Unbehelflichkeit zu Hülfe – das Kind ist versorgt, es ist erfreut, *der Keim der Liebe ist in ihm entfalten.*

Jetzt steht ein Gegenstand, den es noch nie sah, vor seinen Augen, es staunt, es fürchtet, es weint; die Mutter drückt es fester an ihre Brust, sie tändelt mit ihm, sie zerstreut es, sein Weinen nimmt ab, aber seine Augen bleiben gleichwohl noch lange naß; der Gegenstand erscheint wieder – die Mutter nimmt es wieder in den schützenden Arm, und lachet ihm wieder – jetzt weint es nicht mehr, es erwidert das Lächeln der Mutter mit heiterem unumwölktem Auge – *der Keim des Vertrauens ist in ihm entfalten.*

Die Mutter eilt bei jedem Bedürfnis zu seiner Wiege; sie ist in der Stunde des Hungers da, sie hat es in der Stunde des Durstes getränkt; wenn es ihren Fußtritt hörte, so schwieg es; wenn es sie sieht, so streckt es die Hand aus; sein Auge strahlt an ihrer Brust, es ist gesättiget, *Mutter* und *satt werden*, ist ihm ein und ebenderselbe Gedanke, – *es dankt.*

Die Keime der Liebe, des Vertrauens, des Dankes erweitern sich bald. Das Kind kennt den Fußtritt der Mutter, es lächelt ihrem Schatten; wer ihr gleichsieht, den liebt es; ein Geschöpf, das der Mutter gleichsieht, ist ihm ein gutes Geschöpf. Es lächelt der Gestalt seiner Mutter, es lächelt der Menschengestalt; wer *der Mutter* lieb ist, der ist *ihm* auch lieb; wer der Mutter in die Arme fällt, dem fällt es auch in die Arme; wen die Mutter küßt, den küßt es auch. *Der Keim der Menschenliebe, der Keim der Bruderliebe ist in ihm entfalten.*

Herrad Schenk

Aufwertung der Mutterrolle

19. Jahrhundert

Die Verlängerung der Abstände zwischen den Geburten und die intensivere Zuwendung gegenüber den Kindern wurde den Müttern dadurch gelohnt, daß ihnen die Säuglinge nicht mehr wegstarben wie die Fliegen. Gleichzeitig erhöhte die größere Sorgfalt, die die Frauen jetzt aufwandten, die emotionale Bindung an die Kinder. [...] Die Intensivierung der Mutter-Kind-Beziehung, die eine wechselseitige Aufwertung des Kindes und der mütterlichen Sozialisationsleistung bedeutete, vollzog sich etwa gleichzeitig mit der Auslagerung des Arbeitsplatzes aus der Wohnstätte der Familie und dem Rückzug der (bürgerlichen) Frauen aus der Erwerbsarbeit. Diese Entwicklung blieb bis Ende des 19., Anfang des 20. Jahrhunderts überwiegend auf die bürgerliche Familie, das heißt die Mittelschicht, beschränkt. In der Arbeiterfamilie setzte auch die Geburtenreduzierung erst sehr viel später ein. [...] Die Aufwertung der Mutterrolle vollzog sich parallel zum Rückgang der Geburtenzahlen. Die neue pädagogische Literatur des 18. Jahrhunderts, die der Mutter-Kind-Beziehung eine große Bedeutung zumaß, war zwar von Männern verfaßt, aber es waren die Frauen selbst, die die ihnen von den Pädagogen angetragene neue Mutterrolle aufgriffen und ausbauten. Sie waren es, die ihre Kinder von nun an selbst und länger stillten, sie häufiger windelten und aufwendiger betreuten. (Wie sehr sie damals schon auf Empfängnis und Empfängnisverhütung Einfluß nehmen konnten, ist schwer zu sagen.) Wenn ein Grundstein der neuen Frauenrolle innerhalb der bürgerlichen Familie das „Bündnis zwischen den Pädagogen und den Frauen" war, so war ein weiterer das „Bündnis zwischen den Gynäkologen und den Frauen": Im Verlauf des 19. Jahrhunderts sank die weibliche Sterblichkeit, die vorher aufgrund der vielen Schwangerschaften, Geburten und der eng mit ihnen zusammenhängenden Frauenkrankheiten enorm hoch, auf jeden Fall erheblich höher als die der Männer gewesen war; an der Schwelle zum 20. Jahrhundert hatte die durchschnittliche Lebenserwartung der Frauen die der Männer erstmals eingeholt, um seitdem stets ein paar Jahre höher zu liegen. Mit dieser Verlängerung des Frauenlebens gingen auch Verbesserungen ihres Gesundheitszustandes einher, seitdem die Frauen weniger Kinder zur Welt brachten. Ein Zuwachs an Kraft und Energie stand ihnen jetzt für andere Tätigkeiten zur Verfügung.

Auf diesem Hintergrund entwickelten sich die Frauen des Bürgertums innerhalb der Familie, der Nische des Privaten, die man ihnen zugewiesen hatte, zu Gefühlsspezialistinnen. Sie fühlten sich – ganz im Sinne von Schillers „Glocke" – als „Seele des Heims" und für das psychische Wohlergehen von Mann und Kindern verantwortlich. Die bürgerliche Vorstellung vom „Wesen der Frau" und der sich daraus naturwüchsig ergebenden geschlechtsspezifischen Arbeitsteilung wurde nicht nur von der patriarchalischen Gesellschaft ersonnen, damit den Männern in der Familie ein freundlicher Hafen, eine Gegenwelt zur feindlichen Öffentlichkeit entstehen konnte, in der sie sich zunehmend Wettbewerb und Leistungsdruck ausgesetzt sahen. Die Frauen selbst identifizierten sich (zumindest teilweise) mit diesem Bild, das ihnen zunächst eine Aufwertung im Binnenbereich der Familie brachte, auf das sie sich aber auch beriefen, während sie ihren allgemeinen gesellschaftlichen Status zu verbessern suchten.

William H. Hubbard (Hg)

Die distanzierte Mutter der höheren Gesellschaft*

um 1900

Sonderbar kommt es mir vor, daß ich in den frühesten Erinnerungen meiner Kindheit – denen von zu Haus, wie auch denen von der Reise – nur ganz wenige finde, die mit meiner Mutter in direkter Beziehung stehen. Wo steckte sie denn? Hatte sie kein Interesse für uns? Oder hatte sie so viel zu tun, daß sie deshalb die Sorge für unser körperliches und seelisches Wohl fremden Mädchen überlassen mußte? Interesse für uns hatte sie bestimmt in hohem Maße. Sie war es ja, die unseren täglichen Stundenplan: Halb acht Aufstehen, um acht Frühstück, halb elf Spazierengehen usw. bis ins kleinste ausarbeitete und über seine genaue Ausführung wachte. Auch unser Essen und unsere Kleidung bestimmte sie bis ins Detail. Daß aber eine Mutter ihre Kinder nicht nur von fernher überwachen, sondern tatsächlich versorgen könne, diese natürlichste aller natürlichen Beschäftigungen war den großen Damen jener Zeit unnatürlich, und es war eine Seltenheit, wenn eine von ihnen es tat. [...]

Naturgemäß war zwischen Mutter und Kindern damals eine ganze andere Distanz als heute. Eine Mutter, bei der man nur ab und zu zum Handkuß vorgelassen wird und an deren Zimmertür man anzuklopfen hat, die man im seidenen Morgenrock mit einem Buche in der Hand am Schreibtisch sitzen sieht, während oben das Fräulein wartet, um einen ins Bett zu bringen, eine Mutter, die im dekolletierten Schleppkleide aus dem Zimmer wallt, während man seine kleinen Heimlichkeiten für sich behält – eine Mutter diesen Stiles kann wohl von den Kindern angestaunt, bewundert und auch geliebt werden. Die kindliche Intimität aber braucht jemanden, der immer zur Stelle und nicht so sehr als ein höheres Wesen anzusehen ist.

Ich erinnere mich, schon als kleines Kind meiner Mutter

gegenüber Hemmungen gehabt zu haben, und ich sehe auch nicht, wie das hätte anders sein können. Man sah sich ja nur zu festgesetzten Augenblicken, und in diesen Augenblicken hatte man sich dann gerade nichts zu sagen. Vielleicht war es zehn Minuten später, als man angezogen wurde und dabei zum Fenster hinausträumte, daß einem die schönsten Dinge durch den Kopf gingen. Aber die Mutter saß ja dann beim Abendbrot. Und auch früh beim Aufstehen war sie nicht dabei. Brachte sie uns aber doch einmal selber ins Bett, wenn das Fräulein Ausgang hatte, so war die Hemmung schon zu groß geworden. [...] So war es nicht ein Gefühl von Behaglichkeit, das sich in Mutters Nähe um mich kleines Ding breitete, sondern ein ganz kleines bißchen Angst vor dieser eleganten Dame, die doch so lieb guckte und mich mit ihren weichen Händchen gar so behutsam anfaßte.

Sandra Scarr

Das Ideal der Mutterschaft

19. und 20. Jahrhundert

Die Vorstellungen von Müttern haben sich geschichtlich gesehen jeweils mit der Rolle der Frau verändert. Wenn Frauen für die Arbeit auf den Feldern oder in den Geschäften gebraucht wurden, behaupteten Experten, daß Kinder sie nicht so sehr bräuchten. Mütter, die oftmals zu weich und zu sentimental seien, könnten vielleicht sogar einen negativen Einfluß auf die charakterliche Entwicklung des Kindes haben. Aber als Männer während der industriellen Revolution das Haus verließen, um anderswo zu arbeiten, wurden die Frauen zu Hause „gebraucht". Der Häuslichkeits- und Mütterlichkeitskult schuf Tugenden, die dafür sogten, daß Frauen an ihrem Platz blieben.

In der Mitte des neunzehnten Jahrhunderts betonten Experten die Wichtigkeit von Müttern als Haushaltsvorstand. Müttern oblag die Hauptverantwortung für ihre Kinder, aber sie hatten auch ihren Ehemännern Zuflucht vor der Verderbtheit der Geschäftswelt zu bieten. Sie waren dafür verantwortlich, daß das Zuhause für ihre Ehemänner und Kinder friedvoll, harmonisch und erbaulich war. Vom mittleren bis ins späte neunzehnte Jahrhundert hatten Kindererziehung und Haushaltsführung gleichgewichtigen Anteil an der häuslichen Rolle der Frau. Aber ab der Mitte des Jahrhunderts wurden im Geist der Romantik Kinder idealisiert [...] und ihre Mütter mehr und mehr dafür verantwortlich, sie großzuziehen. Man begann, Mutterliebe als Voraussetzung für das Seelenheil der Kinder hinzustellen. Zur selben Zeit begann man, Kindererziehung als eine immer schwierigere und verantwortungsvollere Aufgabe zu betrachten. Mutterschaft ersetzte die Häuslichkeit als Kult, aber Liebe allein war nicht genug. Die neue Auffassung war, daß Mütter sich in der Kindererziehung nicht auf ihre Instinkte verlassen dürften, sondern daß sie *Wissen* benötigten. [...]

Im letzten Viertel des neunzehnten Jahrhunderts wurde das Frauenideal durch weibliche Tugenden geprägt. Mittelschichtsfrauen sollten Moral, Keuschheit und Feinfühligkeit verkörpern, zum Wohle ihrer Familie und der weiteren Gesellschaft, Tugenden, die in ihrem Wesen als weiblich angesehen wurden. Als jedoch Mutterschaft bei den weiblichen Tugenden an die erste Stelle rückte, tauchte ein neues Frauenideal auf: eine Frau, die die Wissenschaft von der kindlichen Entwicklung studierte und praktisch anwendete.

Gegen Ende des neunzehnten Jahrhunderts taten Mütter sich zusammen, um Informationen über ihre entscheidenden Aufgaben auszutauschen. 1897 wurde in den USA der „Nationalkongreß der Mütter“ gegründet und folgte damit der „Gesellschaft zum Studium der kindlichen Natur“, die 1888 gegründet worden war. Der „Nationalkongreß der Eltern und Lehrer“ sog 1910 die Mütterbewegung in sich auf. Mütter, die sich ursprünglich in ihrer Laienorganisation unter dem Motto „Mutterliebe“ zuammengefunden hatten, wurden in eine professionelle Bewegung hineingetrieben, die wissenschaftlich begründete Erziehungsratschläge und die Kenntnis der kindlichen Natur proklamierte. Die Epoche der wissenschaftlichen Studien über Kinder hatte begonnen. Sie wurde von Müttern ins Leben gerufen, kam aber bald unter die Aufsicht von Erziehungs-„Experten“.

Der Kampf der Männer, Frauen dem höheren Bildungswesen fernzuhalten, war zwar verloren, aber die Bildung der Frauen konnte zum Vorteil der Kinder gewendet werden, wenn man ihre Bedeutung für richtige Mutterschaft betonte. [...] Nun konnten Frauen also einen akademischen Abschluß machen und trotzdem Mütter sein. War das nicht optimal? Universitätspräsidenten fanden übereinstimmend, daß ihre Absolventinnen Anmut und Bildung in ihr Zuhause brächten, eine Aufgabe, die wichtiger sei als jede andere. [...]

Beginnend mit dem zwanzigsten Jahrhundert entstand im Zuge der Fortschrittlichkeit eine neue Definition der richtigen Weiblichkeit, das Modell einer „gebildeten Mutterschaft“. Mit neuer Intensität auf die Bedürfnisse des Kindes gerichtet, forderte dieses Ideal, Frauen für die Aufgaben der Mutterschaft zu trainieren. Die Einsichten der Frauen in die kindliche Entwicklung sollten nun über ihre tugendhaften und mütterlichen Instinkte gestellt werden.

Mutter und Staat widmeten sich ganz der Wahrnehmung der kindlichen Interessen. (Wenige interessierten sich für die Mutter als Person.) Und die Mutter wurde in ihren Erziehungsaufgaben unterstützt von einer Unzahl von Meinungen über das Wesen des Kindes und das richtige Aufziehen von Kindern. Die Mutter hatte eine besondere Rolle, aber sie bedurfte der Anleitung durch Experten.

Günther Anders

Kinderlos gebliebene Emigrantinnen*

Mehr noch als auf die Männer trifft der Ausdruck „falsche Jugend" auf die Frauen zu. Bei ihnen, den leichter Veränderbaren, wirkt sie noch peinlicher: wie kosmetisch hergestellte Kunstjugend. Einen sonderbaren Zwischentypus stellen sie dar: Daß sie mit alten Jungfern nichts gemein haben, ist zwar klar. (Die wären neben ihnen eindeutige Typen.) Aber mit Müttern eben auch nichts. Nicht nur um Kinder sind sie betrogen, sondern um ihren natürlichen Habitus der Mütterlichkeit; die Chance, als das zu leben, als was zu leben jeder Frau zukommt; „zukommt" sowohl im Sinne von „gebührt" wie von „ziemt". Also sind sie täglich älter werdende „junge Frauen"; wie sie mit sechzig aussehen werden, das sich vorzustellen vermeidet man. Daß zwei der sechs, obwohl für den Typ durchaus nicht angelegt, ins Blaustrümpfige hineingeglitten sind, ist ihre Schuld nicht; aber leugnen kann man es auch nicht. – Eine aber wirkt bereits sonderbar: Ihrem Habitus und Interesse nach ist sie eigentlich ausschließlich Familienmensch, aber Familie ist eben nicht da: ihre Eltern sind vergast; Kinder sind nicht gekommen; und ihr Mann ist weder väterlich noch kindlich genug, das Fehlende zu ersetzen. So gehen ihre liebenden Impulse einfach ins Leere; ihre Gesten ähneln den Bewegungen jener unausstehlichen Tänzerinnen, die „Tragen" tanzen, ohne etwas in der Hand zu halten, oder ohne Seil uns einreden wollen, daß sie „schleppen". Daß die furchtbare Diskrepanz zwischen Anlage und Wirklichkeit, zwischen Nachfrage und Angebot so wenige dieser Frauen im psychiatrischen Sinne krank gemacht hat, ist wirklich ein Wunder. –

Trotz allem: Was Erfahrung und Weltweite dieser Frauen anlangt, so übertrifft sie die ihrer Mütter und Großmütter um ein schlechthin Unendliches; um eine Größe, neben der der Vorsprung der Männer vor ihren Vätern und Großvätern uninteressant wirkt. In gewissem Sinne haben diese Frauen während der Emigration mehr Erfahrungen gemacht und mehr Einblicke gewonnen als die Männer: Wie viele von ihnen haben in Emigrationsländern, in denen die Männer der Arbeitserlaubnis nachjagten, als wäre die Erlaubnis bereits eine Lebensstellung, doch noch schwarz arbeiten dürfen: als Sekretärinnen, Kinderfräuleins oder Scheuerfrauen; und so Länder, Milieus, modos vivendi und die tausend Nuancen der Demütigung kennengelernt – während die Männer mit den ehrenden Worten: „Aber ich bitte Sie, Ihnen kann man doch so etwas nicht anbieten" vor die Türe gesetzt und dazu verurteilt wurden, sich als legitime Gigolos ihrer Frauen den Luxus schriftstellerischer oder anderer Misere zu leisten. Zwischen den Paragraphen ihrer für niemanden geschriebenen Bücher lauschten sie dann, ob die Hotelwirtin ausgegangen war; war sie es, so standen sie heimlich auf, um hinter dem Waschtisch auf dem Spirituskocher Spaghetti zu kochen. Da die Frau „hinaus" mußte ins „feindliche Leben", verstand es sich, wirtschaftlich sowohl wie moralisch, daß die Männer die Hausfrauen der möblierten Hoteldachstuben wurden. Aber bekömmlich für das Verhältnis von Mann und Frau ist das gewiß nicht gewesen.

Arthur E. Imhof

Frauen im besten Alter

Ob wir nun „nur" die letzten dreihundert Jahre betrachten, oder ob wir auf die letzten zehntausend Jahre zurückblicken: Im Hinblick auf grundlegende Veränderungen im Lebensablauf heiratender Frauen scheint mir beide Male wesentlich, festzuhalten, daß über lange Zeiträume hinweg die durchschnittliche Lebensspanne heiratender Frauen gerade ausreichte, um die gesellschaftlich „benötigte" Zahl von überlebenden Kindern auf die Welt zu bringen und sie bis ins relativ sichere beginnende Erwachsenenalter großzuziehen. Das eigene Leben ging zu Ende, wenn das Letztgeborene „flügge" geworden war. Der heutigen Frau dagegen stehen noch sehr zahlreiche Jahre bevor, auch nachdem sie ihre „Mutterpflichten" erfüllt hat. Bei der Geburt des letzten Kindes von zweien ist sie gerade 27,4 Jahre alt. Auch wenn viele Heranwachsende heute aufgrund einer längeren Ausbildung länger im gemeinsamen elterlichen Haushalt mitwohnen mögen, dürfte doch für zahlreiche „Nur-Hausfrauen" die häusliche und mütterliche Tätigkeit spätestens ab etwa dem 45. Lebensjahr allein nicht mehr lebensfüllend sein. In diesem Alter haben sie jedoch noch weitere gut dreißig Lebensjahre vor sich, wovon rund zwanzig zu den „produktivsten" und „besten" gehören [...]

Stimmen nun unsere Ausführungen von oben, wonach der heutige Zweigenerationen-Haushalt etwa mit dem 45. Altersjahr der Mutter zum „leeren Nest" schrumpft, so leben heute allein in der Bundesrepublik Deutschland über fünf Millionen Frauen im „besten Alter" in nach-elterlicher Gefährtenschaft, meist ohne direkte wirtschaftliche Sorgen (verwitwete und geschiedene Frauen sind hier definitionsgemäß nicht miteingeschlossen), häufig aber auch ohne konkrete sinnvolle Tätigkeit.

Auch hier wird man erneut nicht von der Frage abstrahieren dürfen, ob oder wie lange es sich eine Gesellschaft leisten kann, auf dieses Reservoir lebenserfahrener Menschen bei der Bewältigung verschiedenster Aufgaben zu verzichten, ihnen nicht wenigstens vermehrte Chancen bei einer Wiedereingliederung in die außerhäusliche, außerfamiliäre Arbeitswelt einzuräumen. – Ganz zu schweigen von den psychischen Auswirkungen, die eine derartige Negligierung bei den Betroffenen zur Folge haben muß. Um es zu wiederholen: Wir haben es hier keineswegs mit Einzelfällen zu tun, sondern mit fünf Millionen, was größenordnungsmäßig ein knappes Zehntel der bundesdeutschen Bevölkerung ist, beziehungsweise der Gesamtbevölkerung von Dänemark entspricht.

Anita und Walther Dietze (Hg)

Zwei alte Gräfinnen*

Sie hätten einen unermeßlichen Umfang gehabt und deswegen eine bewunderungswürdige Unbeweglichkeit gezeigt, sobald sie einmal Platz genommen. Dabei hätten sie eine große Geläufigkeit der Zunge behalten und ein endloses Geschwätz geführt. Ihre Stimme sei jungfräulich gewesen, sei aber oft, wenn sie lebhaft geworden oder das Gefühl ihrer Würde an den Tag zu legen für nötig gehalten, bald in ein artiges Krähen, bald in ein girrendes Zwitschern übergegangen. „Mir selbst", sagte Goethe, „waren die wunderlichen Kugelgestalten dieser Damen am merkwürdigsten. Ich konnte nicht begreifen, wie es einem Menschen, Mann oder Weib, gelingen könne, es zu einer solchen Masse zu bringen; auch hätte ich die Dehnbarkeit der menschlichen Haut nicht für so grenzenlos gehalten. Sobald ich aber die Ehre erhielt, einmal mit den edlen Damen zu speisen, wurde mir alles klar. Wir andern wissen doch wahrlich auch, was Essen und Trinken heißt; [...] aber ein solches Essen – vom Trinken sage ich nichts – überstieg doch meine Vorstellungen. Jede der beiden Damen nahm zum Beispiel sechs harte Eier zum Spinat, schnitt jedes Ei in der Mitte durch und warf nun das halbe Ei mit ebenso großer Leichtigkeit hinunter wie der Strauß ein halbes Hufeisen!" Übrigens teilte Goethe noch einzelne Bemerkungen der edlen Damen mit über die Wirkungen des Karlsbader Sprudels auf ihren Körper, über die Zeitläufe und über die Gesellschaften und einzelne Urteile über Schriftsteller und Kunstwerke, die prächtig waren, naiv, drollig barock, toll. Und ernsthaft setzte er alsdann hinzu: es sei viel Wahres in diesen Bemerkungen und Urteilen, und er habe manches von den Damen gelernt.

Ingeborg Weber-Kellermann

„Kindsfüß"

Dic Selbstverständlichkeit, mit der man das Phänomen Krankheit den üblichen Alterserscheinungen hinzurechnete, zeigte sich besonders in einem verbreiteten Krankheitsbild, das als allgemeine Frauenkrankheit hingenommen und erlitten wurde: offene Beine, genannt *Kindsfüß:*

„Am Nachmittag des andern Tages kam der Maxl zufällig beim Heimrath vorüber. Die Bäuerin war diesmal ausnahmsweise nicht grob und ungut gewesen. [...] Allerdings, der Maxl hatte sie auch in einer etwas heiklen Lage angetroffen, in welcher sie gezwungenermaßen verbleiben mußte, solange er sich in der Kuchl aufhielt. Die bis zu den Knien entblößten Beine der Bäuerin steckten in einem niederen Holzschaff warmen, dampfenden Wassers, in welchem ausgekochte Kamillen schwammen. Der ganze Raum roch danach. Die Heimrathin hatte ein schmerzverzogenes Gesicht, das sich erst allmählich ausglich. Der Maxl störte sie nicht sonderlich. Sie streifte lediglich ihren Rock ein wenig kniewärts. [...] Ihre Beine nämlich waren nach einer hierzulande üblichen Bezeichnung ‚offene Kindsfüße', welche fast jede Bäuerin bekam, die viele Geburten hinter sich hatte und meistens schon etliche Tage nach der Niederkunft wieder schwer arbeitete. Unter der Biegung der Knie wucherten dicke Krampfadern. Die angeschwollenen Waden waren rot und blau angelaufen, und an den Knöcheln hatte sie schrecklich aussehende, fransige, unregelmäßige Löcher, die das pure, feuchte Fleisch bloßlegten. Um den zehrenden, unausgesetzten Schmerz zu lindern, nahmen die Bäuerinnen manchmal, wenn sie Zeit dazu fanden, ein Kamillen-Fußbad, bestrichen die Wundränder mit etwas Schmalz oder Butter, drückten ein frisch gepflücktes, kühlendes Huflattichblatt darauf und wickelten die Beine erneut mit grobleinenen Binden. Lang lebten solche ‚Kindsfüßlerinnen' oft, und nie klagten sie über ihre Leiden. Einen Doktor holten sie höchstenfalls, wenn der *Rotlauf*, die Blutvergiftung, das kranke Bein bedrohte. Aber sie mißtrauten den Ärzten und achteten geradezu ängstlich darauf, daß die Wundlöcher nicht verheilten, nicht zuwuchsen, denn, hieß es, ‚da kann der schlechte Saft aus dem Leib, und wenn er keinen Auslauf mehr hat, dann stirbt man'. Warum sollte also der Maxl, der diese Dinge kannte, verwundert sein!" [Aus: Oskar Maria Graf, Das Leben meiner Mutter]

Der volkstümliche Name *Kindsfüß* für diese schwere Erkrankung hat etwas Rührendes, bezeichnet er doch die Tatsache der zahlreichen, oft jährlichen Geburten der Frauen und der mangelhaften Pflege der Wöchnerin als eine Selbstverständlichkeit in der ländlichen Rollenverteilung.

Klaus Tenfelde/Helmuth Trischler (Hg)

Gesuch der alten, armen und schwachen Witwe*

Ende des 19. Jahrhunderts

Euer Hoch Wohl Geboren Königs Käuserlichen Hoheit wolte ich um eine Gnaden volle Ferzeihung bitten das ich arme alte und Schwache Wittwe Maria Wichman Wohnhaft in Neidims bei Bischofsburg Kreis Rösel meinen Sohn Gustav Wichmann mich als Mutter Ernärte und derselbe auf Arbeith war in Kastrop in Rihn unter der Erde gearbeitet hat und ihm die Erde zu schlug da ich als Mutter klagte und wolte doch von meinen Sohn seiner Seithe die Renthe beziehn zu meiner Unterstitzung da ich alt und Schwach bin und zu solcher Arbeith wo ich mich Ernären kan nicht mehr bin da ich mir einen Reichts anwalt von meiner Seite annahm schrieb er mir zurück das er solche Herren nicht klagen kann Da mir aber von der Renthe gestatet wurde das ich Monatlich 10 Mark erhalten solte und gleig Hunderdt Mark und unsrem Gemeinde Forstand geschrieben. Der selbe mich Beleidigte und sagte das ich mein Ausgeding bekome wo das nicht der Fall ist ich bin nur gest aus Gnade bei meine Tochter weil ich nirgends habe zu bleiben so lange mein Schwiegersohn mich behält und wen er mich raus jagt mus ich zu fremden sein und von was soll ich leben den Essen Ferlangen kan ich nicht es ist sein guther Wille wen sie mich etwas Reichen. Wolte ich flehentlich Euer Hoch Wohl Geboren Königs Käuserliche Hoheit, um eine Gnaden volle Hilfe bitten sich meiner armen alten Wittwe bei zu stehn und zu helfen das ich doch die Renthe Erhalten möchte zu meiner Narung was soll ich anfangen ich werde imer älter Schwächer soll ich den umkommen ist den vir die Armuth keine Hilfe Wolte ich noch mals sehr, sehr, um eine Ganden volle Ferzeihung biten das ich um eine flehentliche Hilfe bitte zur über zeigung schike ich die Briefe mit wolte ich Höfflichst um eine Gnaden volle Antwort bitten es zeigneth sich ganz untertänigst.

[gez.] Wittwe Maria Wichmann in Neidims bei Bischofsburg Kreis Rösel

Oskar Maria Graf

Die alte Mutter im Austrag*

Oft in der Nacht stand sie noch einmal auf und ging in den Holzschuppen, um nachzusehen, ob die Sau nicht gestohlen worden sei, denn die Not der Armen war groß, Einbrüche und Diebereien gab es nicht selten. Eine Weile blieb sie, über die Bretterplanke des viereckigen Stalles gebeugt, in der frischen Mondnacht stehen und schaute zufrieden auf die schnarchende, dick daliegende Sau. Dann drehte sie sich endlich um, schaute zum sternenübersäten Himmel empor, machte ein Kreuz und ging langsam wieder zu Bett. Ihre Frömmigkeit, von der sie nie ein Aufhebens machte, wirkte immer noch gleichermaßen als gelassene Lebenskraft in ihr. [...]

Pius, der neue Mann von der Moni, war sehr schlecht auf unsere Mutter zu sprechen. In seinem verschlagenen Geiz wollte er ihr das gerichtlich festgelegte Ausgedinge streitig machen. Er gehörte zu jenem weitverbreiteten bäuerlichen Typ in unserer Heimat, der die Ansicht vertritt, ein „Austrägler" hätte eigentlich nicht mehr allzuviel zu suchen auf der Welt, und am besten wäre es, man würde ihn möglichst „kurz" halten, damit er bald abkratze. Es gab an jedem Monatsersten Reibereien, die sich schließlich so zuspitzten, daß Maurus an Mutters Stelle gegen ihn prozessierte. Er kam damals oft zu mir in die Stadt, und wir suchten einen Anwalt auf. Es gab mehrere Gerichtsverhandlungen. Wütend und verdrossen kehrte der Maurus stets nach Hause zurück und erzählte, daß noch nichts entschieden sei. Pius hatte es verstanden, durch allerhand Machinationen die Sache stets vertagen zu lassen und in die Länge zu ziehen. Unsere Mutter wurde von Mal zu Mal unruhiger und betrübter. Seit eh und je mißtraute sie ja allen Ämtern und Gerichten und erwartete nie etwas Gutes von ihnen. Am liebsten hätte sie auf alles Ausgedinge verzichtet, nur um die Feindseligkeit und Streitigkeiten loszubekommen.

Christine Woesler de Panafieu

Das Alter

Frauen sind Männern gegenüber im Alter benachteiligt, da sie mit dem Verlust an Schönheit und mit Armut zu kämpfen haben. Aber sie haben gleichzeitig den Vorteil, länger zu leben. Denn ein Blick auf die Altersstatistik zeigt, daß die mittlere Lebensdauer von Frauen mit 75 Jahren ca. 5 Jahre höher liegt als die der Männer. [...] Ab 60 Jahren leben 44% der Frauen allein, von den Männern sind es nur 12,5%. Diese Daten sagen aus, daß alte Frauen in der Mehrzahl alleinstehend sind. Ob sie auch einsam und isoliert sind oder aber sehr beschäftigt, um zu lernen und Versäumtes nachzuholen, das kann den Statistiken nicht entnommen werden.

Die im Alter noch zunehmende Benachteiligung von Frauen hat kulturelle und ökonomische Ursachen, die sich auch psychisch niederschlagen. Die heute 60- bis 80jährigen Frauen sind zu Beginn des 20. Jahrhunderts geboren. In dieser Zeit war das Bild der Frau als Ehefrau und Mutter noch allgemein verbreitet. Einen Beruf erlernten nur wenige Mädchen, und Berufstätigkeit von Frauen wurde mit Armut assoziiert. Diese Festlegung auf das Gattin- und Mutterbild bringt für die heute alten Frauen eine Reihe von Nachteilen mit sich. Diese sind zunächst ökonomischer Natur, da mit dem Tod des Mannes die Frau nur 60% der Rente erhält. Alte Frauen gehören zu einer der schwächsten ökonomischen Gruppen, ihre Armut aber verschwindet häufig hinter Daten und Zahlen und hinter einer zu genügsamen Selbstdefinition von Frauen, die meinen, da sie nicht berufstätig waren, nun auch keine finanziellen Ansprüche an den Staat stellen zu dürfen. Eine weitere Form von Benachteiligung ist sozialer Natur. Die „Stigmatisierung des Alters“ und ein vorgerückter Familienzyklus haben dazu geführt, daß bei Frauen – besonders nicht berufstätigen Hausfrauen – Altern als sozialer Funktionsverlust zehn bis fünfzehn Jahre früher auftritt als bei Männern, wenn nämlich die Kinder aus dem Haus gehen. [...]

Frauen, festgelegt auf Mutterrolle, Weiblichkeit und körperliche Schönheit, leiden besonders am Altwerden, was sich negativ auf das Selbstbewußtsein auswirkt. Viele Frauen fühlen sich unnütz, verbraucht, einsam. Sie entwickeln ein fremdes Gefühl ihrem eigenen Körper gegenüber, der der eigenen Person und dem Selbstbild nicht mehr entspricht. Und die sozialen Vorurteile und Stereotype, die nur negative Bilder von alten Frauen produzieren, tun ein übriges zur negativen Selbsteinschätzung und zur Selbstrücknahme alter Frauen hinzu. Zu selten wird das, was als individuelle

Lebensgeschichte in dem Gesicht und dem Körper alter Frauen eingeprägt ist, als schön erfahren und wahrgenommen. Dennoch beginnt sich das Bild der alten Frau zu verändern, sie wird als aktiver, jugendlicher und lernfähiger wahrgenommen als noch die Generation ihrer Mütter. Altenclubs, Tanznachmittage und organisierte Reisen sorgen heute für ein aktiveres Altern, verstärken aber die Trennung der Generationen. So wollen immer weniger alte Frauen die klassische Großmutterrolle einnehmen, weil es alt macht und weil sie nun endlich ihr eigenes Leben leben wollen, wie sie sagen. [...] In der Hilfe zur Selbsthilfe, im Kampf gegen das Negativbild des Alters und in der Entwicklung eines Frauenbilds, das nicht mehr vorrangig auf äußere Schönheitsmerkmale festgelegt wird, darin bestehen die Aufgaben junger und alter Frauen heute.

Hedwig Heger (Hg)

Aus einem Totentanz*

Um 1500

Der Tod:

Dein bitten ist inzunt einwicht,
du must komen vor gericht
und rechnung geben
von deim hoffertigen leben.

Di edele frau antwort:

Ach, got von himelreich,
ist das meinem leben so ungleich!
nu muß ich mich lassen zwingen
und mit dem Tode springen!

Mors dicit:

Euer meit last ir euch nach gan

das euch nit ist geboren an:
ir müst nu mir nach tanzen
es wurt sich inzunt nit anders schanzen.

Di burgerin antwort:
Mein-liber man zog mich
von, ander frauen hilten sich
mit schleiern und mit gewant:
mit dem Tod awer zu danzen tut mir ant.

Mors:
O sunderein, gedenk dar nach
das got dein sele selber entpfach,
wan du hast weder zil noch frist
also lang als || ein augenblick ist.

Di hantwerksfraue antwort:
Wi sol ich dem tod entrinnen?
das ich mocht ein weil besinnen
meine sunde und unrechtes leben,
ob mir von got gnad wurd gegeben.

Der Tod spricht:
Bis andechtich in deinem gebet;
es sei nu zu resch oder zu spet
und ruf Maria, gots muter an,
di erwerbet dir di ewigen cron.

Die beuerein antwort:
Her, laß michs nit engelten
das ich kum zur kirchen so selten;
so wil ich doch di armen stillen
mit almusen geben durch deinen willen.

Mors dicit:
Deine reu ist dir zu spete kumen
inzunt brenget si dir keinen frumen
du hettest dich wol frid gehalten
und nit dein buß in das alter behalten.

Di closterjunk || frau antwort:
Ach wi bin ich betrogen
das ich mein besserung hab aufgezogen!
wêr ich ein rechte closterjunkfrau worden
do man gotlichen hilt recht den orden.

Hans-Georg Beck (Hg)

Der dankbare Witwer*

Rhodo, dein lieber Gemahl, gab dir einen prächtigen Steinsarg
und einen Hügel, er hat Armen Geschenke gemacht, um deine Seele zu retten, aus Dankbarkeit, weil du so früh schon hingeschieden und ihm wieder die Freiheit geschenkt.

Hans Sachs

Klage des Witwers (1560)*

Nun diese mein gmahel fürwar
Het ich vast 41 jar
Gantz lieb und trew, gantz ehren werdt.
Wolt Got, das ich sie solt auff erdt
Gehabt haben biß an mein endt!
Gott aber selb hat das gewendt. [...]
War der 25 tag deß Mertzen,
Thet sie in einer seiten schmertzen
Ein wehtag und darnach im hertzen.
Aber in solcher wehtag schmertzen
Versuchten wir der artzte rath.
Doch volgten nit der gsundheit that.

Derhalb wart sie vor irem endt
Versehen mit dem sacrament.
Der schmertz namb lenger herter zu,
Stuhnd offt auf und het wenig rhu.
Ietzt wolt sie dort, ietzundt da liegen.
Die kranckheit thet ir angesigen
Und in der dritten nacht verschied.
Der seel bey Gott wohnt in dem friedt.
Nach dem wart auch nach zweien tagen
Der leib dahin gen kirchen tragen
Mit der deutschen psalmen gesang.
Ach Gott, erst wart meim hertzen bang,
Weil ich mein gmahel nit mehr het.
Wo ich ansach die selben stet,
Daran sie war gstanden und gsessen,
O so thet sich mein hertz denn fressen.
Dergleich wo ich ir kleider sach,
Wird ich geleich von hertzen schwach,
Das ich mein gmahel außerkorn
Also gar gehling het verlorn. [...]
Offt daucht mich auch, sie lebet noch,
Etwan bey iren freundin wer,
In iren gschefften hin und her.
Wenn ich mich denn bedacht, das sie
Gestorben wer und nicht mehr hie,
So wurdt mein hertzenleidt mir new,
Wann ich mich zu ir alle trew
Versach, für all menschen auff erdt,
Besorgt mich vor ir keinr geferdt.
Rechte lieb und trew von anfang
Bey ir fundt ich ir leben lang.
Sie war gantz heußlich frü und spat,
Zug all ding rechter zeit zu rath.
Doch etwan hefftig war mit worten
Bey dem gesindt, das an vil orten
Farlessig war, nit arbeitsam;

In summa, all ir ding das kam
Dem gantzen haußhalten zu gut.
Derhalb mein hertz war in unmut,
Weil ich die trewen nit mehr het.
Mein hertz offt nach ir seufftzen thet.
Tag und nacht ich ir nach gedacht.

V. Kultur – Wissenschaft – Religion

Olympia Morata

Die Blumenwiesen der Musen*

Nie hat das gleiche Vergnügen alle bewegt und geleitet,
  nicht wird der gleiche Sinn von Jupiter allen verliehn [...]
Als Frau ward ich geboren, doch verließ ich die Sache der Frauen,
  Spinnrad und Webkunst und Nadel und Wollkorb.
Mir gefielen die Blumenwiesen der Musen,
  der doppelgipflige Parnaß und die freudespendenden Chöre.
Möge andere Damen hinreißen ihr eigenes Vergnügen:
  Mein Ruhm ist dies, und meine Freude.

Carl Schneider

Frauen in Kunst und Wissenschaft

Hellenismus

Welche Frauen auf den verschiedenen Teilgebieten des Lebens schöpferisch waren, ist im einzelnen nicht mehr zu ermitteln. Doch gibt es sie überall. Priesterinnen, Ärztinnen, Verfasserinnen von Werken über Spezialthemen wie Kosmetik oder Kochkunst sind durch Inschriften oder gelegentliche Notizen bekannt. Eine alexandrinische Philologin schrieb über das Problem, ob das homerische Ilion dasselbe sei wie das zu ihren Lebzeiten. Die Papyri beweisen, wie gern und viel Frauen schrieben.

Einiges Genauere läßt sich bei den *Philosophinnen* erkennen. Philosophierende Frauen hatte es in der griechischen Welt um Pythagoras, Sokrates und die Akademie längst gegeben, doch erleichterte die breitere Basis der Philosophie im Hellenismus die aktive Mitwirkung der Frau nicht nur im

Verband der Schule, sondern auch bei der Mission auf den Märkten und Straßen. Das bekannteste Beispiel, für das es keine Vorbilder gab, war die Kynikerin *Hipparchia*. Sie stammte aus einer der besten Familien in Maroneia, war schön und reich, gab aber Heimat und Vermögen auf, um den wandernden Kyniker Krates zu heiraten, mit dem sie ihr ganzes weiteres Leben hindurch lehrend und predigend durch die Welt zog. Auch die gehässigen oder witzelnden Gegner mußten zugeben, daß die Ehe der beiden unter den primitivsten Lebensbedingungen glücklich war (um 300). Dem Peripatos stand die Theophrast-Schülerin *Pamphile* nahe, deren „Hypomnemata" viel gelesen wurden. In glücklicher Ehe war die Schülerin Epikurs, *Leontion*, mit seinem Lieblingsschüler Metrodoros verheiratet, neben ihr sind noch andere Epikureerinnen bekannt, wie Boidion, Hedeia und Nikidion, die Hetären gewesen sein könnten – sicher ist es trotz der Namen nicht. Hat Iamblichos recht, so hätten in der pythagoreischen Schule siebzehn Frauen, die er mit Namen nennt, eine führende Rolle gespielt; wie viele wirklich historisch sind und in die hellenistische Epoche gehören, ist allerdings nicht mehr festzustellen.

Die eigentliche Domäne der schöpferischen Frauen aber war die *Kunst*. Groß war die Zahl der ausübenden *Musikerinnen*. Es gab hochbezahlte weibliche Stars, die bei den großen Festen an den Höfen und vor der Öffentlichkeit komplizierte Arien sangen, Berufssängerinnen, die bei vornehmen Begräbnissen an die Stelle der billigeren Klagefrauen traten, gelegentlich als Sirenen maskiert, Instrumentalsolistinnen jeder Gattung. Sie sind oft hoch geehrt worden, so erhielten 130/29 eine Harfenspielerin (χοροψάλτρια) aus Kyme und 86/85 eine andere aus Theben die delphische Proxenie und die Berufsmusikantin Lampro von Chios ein schönes Grabrelief, das sie musizierend darstellt.

Dagegen haben sich *Schauspielerinnen* nur schwer und vereinzelt durchsetzen können und blieben zunächst auf tänzerische und pantomimische Rollen beschränkt. Das erste sicher bekannte Beispiel ist das Mädchen, das in Xenophons „Gastmahl“ im Rahmen eines pantomimischen Balletts tänzerisch die Ariadne verkörperte. Tänzerinnen gab es dagegen häufig, wie die zahlreichen Darstellungen beweisen, doch bedeutete das nichts Neues. Verhältnisse der römischen Zeit kann man nicht ohne weiteres auf hellenistische Zeiten zurückdatieren.

Alle künstlerisch schöpferischen Frauen wurden aber von den *Dichterinnen* überragt, und dieses Phänomen ist so eigenartig, daß man es am besten nicht pedantisch in den Verlauf der Literaturgeschichte einordnet, sondern einmal die weibliche Besonderheit stärker zur Geltung kommen läßt. Fast schien es, als ob die Zeiten der Sappho zurückgekehrt wären, und es trifft auch zu, daß der Hellenismus Sappho wiederentdeckt hat. Nicht nur, daß einige seiner Dichterinnen sie in Form, Sprache und Inhalt nachahmten, daß Sappho sehr häufig von Dichtern und Philosophen zitiert, von Künstlern dargestellt, selbst zur Trägerin religiöser Symbolik bis weit in römische Zeit hinein gemacht wurde, sondern es entstand vor allem ein Sappho-Roman mit den Motiven ihrer unglücklichen Liebe zu Phaon und dem Sprung vom leukadischen Felsen, in dem alle Töne hellenistischen Gefühlslebens aufklangen.

Wiebke Freytag

Schreibende Frauen

Frühes Mittelalter

Vor dem 12. Jahrhundert schrieben Frauen, auch im Vergleich zur Spätantike, ausgesprochen selten, ja, überhaupt nicht, soweit sie durch ihre Lebensumstände zu körperlicher Arbeit verpflichtet waren. Indes unterlag der Schriftgebrauch damals ganz allgemein Beschränkungen. Im deutschen

Sprachraum wurde Schriftliches erst seit Mitte des 8. Jahrhunderts im Zuge der Christianisierung überliefert, und Schriftlichkeit blieb hier noch jahrhundertelang vor allem an den Wirkungsraum der Kirche gebunden. Schriftsprache war zunächst Latein, und nur zögernd traten die Volkssprachen daneben. [...]

Wie weit hatten nun Frauen Zugang zum Bildungsbereich, der Domäne des Klerus? Zwar gehörten Bücher als Teile des Hausrats rechtlich zum Erbgut der Frau, und damit konnte sie, wenn sie so wohlhabend war, daß sie die damals kostspieligen Bücher besaß, im frühen Mittelalter wohl eher lesen als der Mann. Doch war diese Lesefähigkeit meist in die praktischen Bedürfnisse des Hauses und der Familie eingebunden, in deren Erfüllung ein weltliches Frauenleben, rechtlich mehr oder weniger männlicher Vormundschaft (*munt*) anheimgestellt, nach der *communis opinio* der Zeit seinen Sinn fand.

Schon in Otfrieds von Weißenburg althochdeutschem Bibelepos (863/71) entspricht die Maria diesem Leitbild, wenn Gabriel sie bei einer für frühmittelalterliche Adelskreise typischen weiblichen Beschäftigung antrifft, bei kostbarer Handarbeit und Lektüre des Psalters. Beides hat Otfried unter dem bei ihm über Lukas (Lc 1,26–38) hinaus betonten ständischen Aspekt als passend empfunden für eine vornehme Frau (*ediles fróuun*) aus der Familie König Davids. Seit dem 10. Jahrhundert besuchten Adelstöchter vermehrt die Frauenklöstern angeschlossenen Schulen, um sich in Handarbeit und dem Psalterlesen auszubilden; nur wenn sie zeitweilig oder für immer eine geistliche Lebensform wählten, konnten sie in den qualifizierteren internen Schulen weitgehende Bildung erwerben.

Mit der *matrona* Judith, die Otfried nennt, mit Mathilde, der späteren Gemahlin Heinrichs des Löwen („Rolandslied“, etwa 1170), der Gräfin Agnes von Loon (Heinrich von Veldeke, „Servatius“, um 1170) und den drei adligen Frauen Otegebe, Heilka und Gisel (Alber, „Tundalus“, um 1170) sind, wenn man nur auf die Volkssprache sieht, in den jeweiligen Texten selbst genannte Mäzeninnen der Zeit bekannt, die Umgang mit Büchern und Autoren hatten, aber, soviel man weiß, nicht selbst schrieben. Umfassender gebildeten Kaiserinnen widmeten bedeutende lateinische Dichter des früheren Mittelalters ihre Werke. Neben ihnen wurden gelegentlich solche Frauen zu eigener literarischer Produktion fähig, die als Klosterfrauen oder Klausnerinnen selbst im geistlichen Milieu lebten und über Kleriker oder Nonnen Zugang zu theologischer Literatur und zum Wissen der propädeutischen *Septem Artes* erhielten, d.h. besonders zu lateinischer Grammatik und der Lektüre lateinischer Schulautoren, Rhetorik und Dialektik, sowie in guten Schulen auch Einblick in Geometrie, Arithmetik, Musik und Astronomie. Die überlieferten Texte aus Frauenhand belegen dies, und sie lassen zugleich erkennen, daß es neben diesen subjektiven Voraussetzungen auch eines äußeren Anreizes zum Dichten bedurfte, eines praktischen Zwecks, den die Dichtung erfüllen sollte.

Die Identität der schreibenden Frauen in dieser Zeit bleibt weithin im dunkeln: Manches wird verlorengegangen sein, das Überlieferte ist oft anonym und könnte auch weibliche Urheber haben. Außerdem sind der mögliche Einfluß der Mäzeninnen und Erwartungen eines für manche Texte gewiß weiblichen Publikums zu bedenken.

Joachim Bumke

Frauen als Gönnerinnen höfischer Dichtung

12. und 13. Jahrhundert

In diesem Zusammenhang sind auch die Bildungsverhältnisse des weltlichen Adels zu berücksichtigen. Eine Reihe von Zeugnissen lassen erkennen, daß die Fähigkeit des elementaren Schreibens und Lesens bei den Frauen häufiger anzutreffen war als bei den Männern. Sehr aufschlußreich ist zum Beispiel eine Bestimmung des „Sachsenspiegels" über die „Gerade", das Sondervermögen der Frau:... *garn, bette, phule, kussene, lilachene, tislachene, twelen, badelachene, beckene, luchtere, lin unde alle wipliche kleider, vingerlin unde armgolt, sappile, seltere unde alle buchere, die zu gotes dienst gehoren, die vrowen phlegen zu lesene..., diz hort zu vrowen gerade* (Landrecht I.24. §3). Das Lesen in frommen Büchern erscheint hier geradezu als eine typische Beschäftigung adliger Frauen. Viele bildliche Darstellungen bezeugen, daß der Psalter in der höfischen Zeit zu den üblichsten Attributen vornehmer Damen gehörte, auch wenn deren Lateinkenntnisse in den meisten Fällen nur für die täglichen Frömmigkeitsübungen ausgereicht haben werden. Weiter verbreitet waren wahrscheinlich die Französischkenntnisse unter den weiblichen Mitgliedern der höfischen Gesellschaft. Bei der Erziehung adliger Mädchen haben offenbar Fremdsprachen, Musik und verschiedene kunsthandwerkliche Tätigkeiten im Vordergrund gestanden. Vereinzelte historische Zeugnisse bestätigen, was die Dichter darüber erzählen. Es gab adlige Damen, die als Meisterinnen im Kunststicken und Gürtelwirken weithin berühmt waren. Auf Grund dieser Bildungsvoraussetzungen ist damit zu rechnen, daß die Frauen bei der Übernahme französischer Moden, französischer Geselligkeitsformen und auch der französischen Literatur eine wichtige Rolle gespielt haben. [...]

In der feudalen Gesellschaft hat sich zwar nicht die Rechtsstellung der Frauen, wohl aber ihre gesellschaftliche Bewertung verändert. Im Zusammenhang mit der Vergrößerung und Umstrukturierung der Hofhaltungen ist sicherlich auch in vielen Fällen der faktische Einfluß, den zumindest die Herrin des Hofes mit ihrem weiblichen Hofstaat auszuüben in der Lage war, gewachsen. Man wird annehmen können, daß der Ton und Stil des gesellschaftlichen Lebens an den großen Höfen nicht unwesentlich von den Damen mitbestimmt worden ist und daß auch die Dichter ihren Erwartungen entgegengekommen sind. Eine Dichtung, in der die Frauen nicht mehr wie in einem großen Teil der christlichen Literatur und der gelehrten lateinischen Poesie als Gegenstand des Spottes und der Verachtung oder als Inkarnation alles Bösen dargestellt wurden, sondern in der sie, in vollkommener Verkehrung der traditionellen frauenfeindlichen Vorstellungen, als hochgeachtete und umworbene Mitglieder der Gesellschaft, als Ziel ritterlicher Dienstbereitschaft und als Inbegriff vollkommener Schönheit und aller höfischen Vorzüge erschienen: eine solche Dichtung war zweifellos dazu angetan, die Zustimmung der Damen zu finden. Auch wenn es aus Deutschland keine Zeugnisse gibt, die eine so deutliche Sprache sprechen wie die Streitgedichte der Troubadours und wie der Liebestraktat des Andreas Capellanus, aus denen hervorgeht, daß an den französischen Höfen über Fragen des „amour courtois" mit großer Anteilnahme diskutiert wurde, ist doch damit zu rechnen, daß auch diesseits des Rheins die Minnethematik der höfischen Dichtung auf das besondere Interesse der Damen ausgerichtet war. In diesem Sinn sind wohl auch die Wendungen zu verstehen, mit denen die höfischen Epiker nicht selten zu erkennen gegeben haben, daß ihre Werke in erster Linie von einem Frauenpublikum begutachtet und gelesen wurden, zum Beispiel am Schluß des „Tristan" von Ulrich von Türheim:

Swelch vrowen an disem buoche lesen
die suln mir wünschen heiles
und danken mir mîns teiles,
des ich dar an gesprochen hân. (588,38–589,1)

Ebenso wird beim Vortrag von Minneliedern das Urteil der Damen eine große Rolle gespielt haben. Leider gibt es in diesem Bereich der Literatur überhaupt keine Quellen, die uns genauere historische Anschauung vermitteln könnten. [...]

Wegen der ungünstigen Quellenlage ist es nicht leicht, ein Urteil darüber zu fällen, wie groß der Einfluß der Frauen insgesamt auf die literarische Entwicklung im 12. und 13. Jahrhundert gewesen ist. Man wird aber davon ausgehen dürfen, daß die höfische Dichtung weitgehend dem Geschmack und dem Urteil adliger Damen unterworfen war und daß fürstliche Gönnerinnen eine größere Rolle gespielt haben als die direkten Zeugnisse erkennen lassen.

Walther von der Vogelweide
Minnelied*

Welch wunderschön geschaffene Frau;
könnte ich ein Dankeswort von ihr verdienen!
Ich räume ihrer schönen Gestalt
den Ehrenplatz in meinem Preislied ein.
Gern diene ich weiter ihnen allen,
doch habe ich mir diese auserwählt.
Ein anderer kennt wohl die seine,
er lobe sie ohne meinen Widerspruch.
Er mag Melodie und Text
mit mir gemeinsam benutzen: lobe ich hier, so lobe er dort.

Ihr Haupt, das ist so wonnevoll,
als wollte es mein Himmel sein.
Wem sonst sollte es gleichen?
Es hat ja auch himmlischen Glanz.
Daraus leuchten zwei Sterne hervor,
in denen möchte ich mich noch spiegeln,
so nahe sollen sie bei mir sein!
Alsdann wird gewiß ein Wunder geschehen:
ich werde wieder jung, wenn sie es tut,
und mir schmachtendem Kranken kommt Heilung meiner Sehnsucht.

Gott wandte an ihre Wangen edlen Eifer:
er strich so kostbare Farbe darüber,
so reines Rot, so reines Weiß,
hier rosig und dort lilienfarben.
Wenn ich mich's unter Sündengefahr zu sagen traue,
so sähe ich sie doch immer lieber an
als Himmel und Himmelwagen.
Ach, was lobe ich Unverständiger?
Mache ich sie für mich zu erhaben,
wird das Lob meines Mundes gar leicht meines Herzens Leid.

Sie hat ein Kissen, das ist rot.
Bekäme ich das an meinen Mund,
so würde ich von dieser Krankheit sogleich aufstehen
und wäre auch für immer gesund.
Wenn sie es an ihre Wange legt,
wäre ich gern ganz nahe dabei.
Es duftet, sobald man es irgend bewegt,
als wäre es voll Balsam.
Das mag sie mir leihen.
So oft sie es wieder haben möchte, gebe ich es ihr.

Ihr Hals, ihre Hände, jeder der beiden Füße,
alles ist so schön wie nur möglich.
Wenn ich auch rühmen soll, was dazwischen ist,
so glaube ich allerdings, noch mehr gesehen zu haben.
Ungern hätte ich „deckt eure Blöße!"
gerufen, als ich sie nackt sah.
Sie sah mich nicht, als sie mich mit dem Pfeil schoß,
so daß es mich noch immer sticht, wie es damals stach,
wenn ich an die liebliche Stelle
denke, wo sie rein aus einem Bade trat.

Übersetzung von H. H. Räkel

Ferdinand Gregorovius

Bildung und Wissenschaft der Frauen in der italienischen Renaissance

Das Vorurteil, daß gelehrtes Wissen den Zauber der Weiblichkeit zerstöre, daß Frauen überhaupt auf einer unteren Stufe der Bildung zu halten seien, war den Italienern der Renaissance unbekannt. Dies Vorurteil ist, wie so manches andere innerhalb der Gesellschaft, germanischen Ursprungs. Als Ideal der Weiblichkeit erschien den Deutschen stets das liebevolle Walten der Mutter im Familienkreise. Die deutschen Frauen scheuten lange die Öffentlichkeit, aus Schamgefühl und Sittsamkeit. Ihre Talente blieben im Verborgenen, wenn nicht besondere Verhältnisse, zumal höfischer und dynastischer Natur, sie zwangen hervorzutreten. Bis auf die neueren Zeiten zeigte auch die Kulturgeschichte der germanischen Völker keine so große Zahl öffentlich berühmter Frauencharaktere, als Italien, das bevorzugte Land der Persönlichkeit, sie in der Renaissance besessen hat. Der Einfluß, welchen hochbegabte Frauen in den italienischen Salons des 15. und 16. Jahrhunderts oder in den französischen späterer Zeit auf die geistige Entwicklung der Gesellschaft ausgeübt haben, war in England und Deutschland unbekannt.

Später trat jedoch die weibliche Bildung in germanischen und romanischen Ländern in ein umgekehrtes Verhältnis. Sie stieg dort, und sie sank hier, namentlich in Italien. Das italienische Weib, welches sich während der Renaissance an die Seite des Mannes stellte, mit ihm um die Palme der Bildung rang und sich an jedem geistigen Fortschritt beteiligte, trat in den Hintergrund zurück. Es nahm seit zwei Jahrhunderten keinen oder wenigen Anteil mehr an dem höchsten Leben der Nation; es wurde viel eher zu einem Werkzeug geistiger Knechtschaft in den Händen der Priester. Den germanischen Frauen aber gab die Reformation mehr persönliche Freiheit. Zumal seit dem Beginn des 18. Jahrhunderts stellten auch Deutschland und England eine Reihe hochgebildeter und selbst gelehrter Frauen auf. Es ist in Deutschland nicht die Schuld der Kirche, sondern der Mode, der Gesellschaft, und wohl auch des mangelnden Reichtums in unseren Familien, wenn die Bildung der Frauen im Durchschnitt nur eine mittelmäßige zu nennen ist. [...]

Eine gelehrte Frau, vor welcher heute Männer mehr Grauen als Respekt zu haben pflegen, nennen wir, zumal wenn sie Bücher schreibt, einen Blaustrumpf. In der Renaissance nannte man sie eine Virago. Dieses Prädikat war durchaus ehrenvoll. Als Auszeichnung gebraucht es stets Jacob von Bergamo in seiner Schrift: „Von den berühmten Frauen", die er um 1496 verfaßte. Nur selten finden sich bei Italienern Stellen, wo dieses Wort wirklich das bedeutet, was wir gewöhnlich darunter verstehen, nämlich ein „Mannweib". Virago hieß damals diejenige Frau, welche sich durch Mut, Verstand und Bildung über die Mehrzahl ihres Geschlechts erhob. Man feierte sie um so mehr, wenn sie mit diesen Vorzügen auch Schönheit und Anmut vereinigte. Denn die gelehrte oder klassische Bildung war bei den Italienern nicht die Feindin der weiblichen Grazie, vielmehr sie erhöhte dieselbe. Jacob von Bergamo hebt es von dieser oder jener Frau ganz besonders hervor, daß, so oft sie als Dichterin oder Rednerin sich öffentlich vernehmen ließ, es gerade „die unglaubliche Schamhaftigkeit und Züchtigkeit" ihres Wesens war, was die Zuhörer bezauberte. [...]

Im 15. oder 16. Jahrhundert saßen freilich nicht emanzipierte Frauen auf den Bänken der Hörsäle von Bologna, Ferrara und Padua, wie vor kurzem solche in Zürich gesehen wurden, um praktische Fachstudien zu betreiben; aber dieselben humanistischen Wissenschaften, welche Jünglinge und Männer studierten, waren ein Erfordernis auch der höheren weiblichen Bildung. Wie man im Mittelalter kleine Mädchen Heiligen des Klosters weihte, um sie zu Nonnen zu machen, so geschah es wohl in der Renaissance, daß man selten begabte Kinder den Musen darbrachte. So drückt sich einmal

Jacob von Bergamo über Trivulzia von Mailand aus, eine Zeitgenossin Lucrezias, welche schon mit vierzehn Jahren als Rednerin unglaubliches Aufsehen erregte. „Als ihre Eltern die ungewöhnlichen Gaben des Kindes bemerkten, gelobten sie dasselbe schon in seinem siebenten Jahre den Musen, und sie übergaben es diesen zur Erziehung."

Die wissenschaftlichen Studien der Frauen umfaßten damals die klassischen Sprachen und ihren Literaturschatz, die Beredsamkeit, die Poesie, das heißt die Kunst, Verse zu machen, und die Musik. Der Dilettantismus in den zeichnenden Künsten stellte sich von selbst ein, und die Fülle künstlerischer Schöpfungen der Renaissance machte jede gebildete Frau Italiens mühelos zu einer Kennerin des Kunstschönen.

Selbst Philosophie und Theologie gehörten zur vollendeten Kultur des Weibes. Disputationen über Fragen aus diesen Disziplinen an den Höfen und in Sälen von Universitäten waren an der Tagesordnung, und auch Frauen suchten den Ruhm, in solchen zu glänzen. Die Venezianerin Cassandra Fedeli, ein Wunder ihrer Zeit, am Ende des 15. Jahrhunderts, war in der Philosophie und Theologie einem gelehrten Manne gleichbewandert; sie disputierte öffentlich mit vieler Anmut unter dem Enthusiasmus der Zuhörer vor dem Dogen Agostino Barbarigo und mehrmals im Hörsaal von Padua. Die schöne Gemahlin Alessandro Sforzas von Pesaro, Costanza Varano, war Dichterin, Rednerin und Philosophin; sie schrieb viele gelehrte Abhandlungen. „In ihren Händen waren täglich die Schriften von Augustinus, Ambrosius, Hieronymus und Gregor, von Seneca, Cicero und Lactantius." Gleich gelehrt war ihre Tochter Battista Sforza, die edle Gemahlin des hochgebildeten Federigo von Urbino. So wird auch von der berühmten Isotta Nugarola von Verona erzählt, daß sie in den Schriften der Kirchenväter und Philosophen vollkommen heimisch war. Und nicht unbekannt mit solchen waren Isabella Gonzaga und Elisabetta von Urbino, nicht zu reden sodann von bald nach ihnen gefeierten Frauen, wie Vittoria Colonna und Veronica Gambara.

Die Namen dieser und anderer bezeichnen den Gipfel der Frauenbildung in der Renaissance, aber wenn auch ihre Begabung und Bildung zu jeder Zeit eine Ausnahme gewesen wäre, so waren doch jene Studien, welche sie sich in so hohem Grade zu eigen machten, nicht gerade Ausnahmen von dem, was überhaupt dem Bildungskreise der Frauen aus der besten Gesellschaft angehörte. Man betrieb solche Wissenschaften nur, um der Persönlichkeit Vollendung und dem geselligen Dasein Schmuck zu geben. Die Fadheit der Unterhaltung in unseren heutigen Salons ist in der Tat grenzenlos; man hilft der Leere durch Gesang und Klavierspiel nach.

Elisabeth Gössmann

Frauengelehrsamkeit

17. Jahrhundert

Der seit der Renaissance in Europa geführte Streit, den die Romanistische Literaturwissenschaft seit Ende des 19. Jahrhunderts *Querelle des Femmes* nennt, ist entscheidend dafür gewesen, was und wie Frauen schreiben bzw. nicht schreiben oder nur anonym veröffentlichen durften. Neben anderen Themen wurde in dieser Querelle, eng verbunden mit Fragen der Anthropologie der Frau, das Für und Wider der Frauengelehrsamkeit erörtert. Wer in diese Schriften eingelesen ist, kann bei heutigen frauen- und familienpolitischen Diskussionen die Argumente der Diskutierenden ziemlich genau auf die verschiedenen Lager in jenem „alten, wunderlichen Streit“ (Joseph von Eichendorff, 1847) zurückführen, selbst wenn einiges aus dem Argumentenschatz inzwischen ad acta gelegt worden ist.

Soweit Frauen an dem Streit beteiligt waren, kämpften sie für die Bildung ihres Geschlechts, teils mit Argumenten, welche die der Frauenbewegung des 19. Jahrhunderts vorwegnehmen, ja manchmal an Schärfe noch überbieten, teils unter Rücksichtnahme auf das Frauenbild einer männlichen Leserschaft, die Konzessionen in dieser Richtung notwendig machte, um überhaupt wirken zu können.

Die Flut dieser Querelle-Schriften – allein aus Frankreich sind bisher rund 300 bekannt – ist noch nicht ausgelotet. Mit Neuentdeckungen ist zu rechnen. Liegt der Beginn im Unmut der Christine de Pizan über die frauenfeindliche Attacke des Matheolus oder schon in der „Renaissance" des 12. Jahrhunderts, als Hildegard von Bingen das ambivalente Frauenbild der Frühscholastik vorsichtig unterwandert und auch die Privilegien ihres eigenen Geschlechts nicht verschweigt? Trotz solcher Impulse ist jedoch die Schultheologie und -philosophie der nachmittelalterlichen Jahrhunderte der Scholastik noch sehr ähnlich und gibt den Hintergrund ab, den die gegen eine Evolution des weiblichen Geschlechts eingestellten Querelle-Autoren bewußt einbeziehen und den die in der Defensive befindlichen Autorinnen und Autoren bekämpfen. [...]

Die Frauen, die um die Zulassung des weiblichen Geschlechts zur Gelehrtenrepublik kämpfen, kennen ihre Vorgängerinnen und nennen sie beim Namen, auch über die Landes- und Konfessionsgrenzen hinweg. Aber diese Frauen wissen auch, daß Schriften aus weiblicher Feder von einer männlichen Leserschaft nicht als Autoritäten anerkannt werden und bemühen sich, ihre Thesen mit Hilfe „echter" Autoritäten zu beweisen, was zu den zuvor bemerkten Umdeutungen den Anlaß gibt. Marie de Gournay hat ihrem Ärger über das Ignoriertwerden von schreibenden Frauen durch die hommes de lettres in ihrer Schrift „Grief des Dames" (1626) freien Lauf gelassen.

Aber dies war nicht der Weg deutscher Schriftstellerinnen. Ähnlich den zahlreichen Bescheidenheitstopoi der Anna Maria von Schurmann schreibt Susanna Elisabeth Prasch in der Widmung ihrer „Réflexions sur les Romans" (1684) an ihren Ehemann, seiner Protektion allein verdanke sie ihr

Werk, und als simple Ecolière trachte sie nicht nach dem geringsten Ruhm, sondern im Bestreben, seine Erwartungen zu erfüllen, wolle sie sich beim Schreiben ihres Werkes nur „ehrenvoll unterhalten". Noch 1742 behauptet die erste an einer Universität promovierte deutsche Ärztin, Dorothea Christiane Leporin, sie habe ihre „Gründliche Untersuchung der Ursachen, die das weibliche Geschlecht vom Studiren abhalten" nur im Gehorsam gegenüber ihrem Vater zu veröffentlichen sich entschlossen.

In solche, der Erwartung der Männer – und eines großen Teils der Frauen – entgegenkommende Formeln eingekleidet und die gelehrten Frauen seit der Antike als Beispiele dafür verwendend, daß Frauen „trotz" ihrer Gelehrsamkeit als „wahre" Frauen leben können, erheben viele Schriftstellerinnen ihre Forderung nach Frauenbildung. Daß sich in dem Jahrhundert zwischen der Schurmann und der Leporin in dieser Hinsicht nichts getan hat, ist an den gleichlautenden Forderungen beider ebenso zu erkennen wie daran, daß sie sich nicht auf die Einrichtung von „Frauenzimmer-Akademien" verlassen wollen, wie sie in England ebenso wie in Deutschland diskutiert wurden, sondern die Erweiterung der Möglichkeiten akademischen Unterrichts für Frauen im privaten Rahmen empfehlen. Nur in einem Punkt geht die Leporin über die Schurmann hinaus: Sie macht sich die Mühe, die zu ihrer Zeit in allen wissenschaftlichen Disziplinen noch grassierenden Vorurteile über die Frau aus ihrer naturwissenschaftlichen Kompetenz zu widerlegen. Aber solange es in den Abhandlungen der Männer über das „Gelehrte Frauenzimmer" noch wie bei Pasch und Planer (1686/1701) hieß: „Durch Naturgesetz und die Statuten der Völker ist überall nur den Männern der öffentliche und ordentliche Bildungsweg offen gehalten", mußten Frauen trotz gewandeltem Zeitkolorit immer die gleichen Wahrheiten über ihr Menschsein wiederholen, ohne endgültig gehört zu werden.

Carolyn Merchant

Philosophie und Naturwissenschaft

17. Jahrhundert

Wie wir sahen, ist das Werk Anne Conways von den Wissenschaftshistorikern geradezu sträflich vernachlässigt worden. Damit stellt sich die Frage, ob nicht auch eine ganze Reihe anderer Frauen, die im 17. und 18. Jahrhundert Philosophie und Naturwissenschaft trieben und Beiträge zu diesen Fächern leisteten, eine eingehendere Untersuchung und Würdigung verdienen, als ihnen bisher zuteil geworden ist. Außer Anne Conway gab es andere Frauen mit großen geistigen Gaben, die Leibniz als philosophische Forscherinnen ernst nahm: die Kurfürstin Sophie von Hannover; ihre Tochter Sophie Charlotte, nach 1701 preußische Königin; deren Mündel, Prinzessin Caroline (1683–1737), die spätere Königin von Großbritannien, die mit ihren Fragen an Leibniz den Anstoß zu der gesamten Korrespondenz zwischen Leibniz und Clarke von 1716 gab, und Lady Damaris Masham (1658-1708), die Tochter Ralph Cudworths, der sie unterrichtete, eine Freundin und Schülerin John Lockes und theologische Schriftstellerin, mit der Leibniz einen ausgedehnten Briefwechsel führte. Eine der brillantesten Frauen des 18. Jahrhunderts war Madame Gabrielle Émilie du Châtelet (1706-1749), eine maßgebliche Interpretin des Leibnizschen Systems. Gebildete Frauen begannen in zunehmender Zahl, sich am philosophischen und geistigen Leben ihrer Zeit zu beteiligen. [...]

Schon immer hatte es im gebildeten Adel gelehrte Frauen gegeben, und seit frühester Zeit hatten Frauen ihren Beitrag zu Wissenschaft und Mathematik geleistet; die „scientific lady“ war jedoch ein Produkt der wissenschaftlichen Revolution. Wegbereitend für die Anerkennung von Frauen als Vertreterinnen der neuen Philosophie wirkte Margaret Cavendish, Herzogin von Newcastle. Sie gehörte dem berühmten Newcastle-Kreis an, der um die Mitte des 17. Jahrhunderts eine bedeutende Rolle bei der Erarbeitung der mechanischen Philosophie gespielt hatte. Cavendish war eine Feministin und schrieb zwischen 1653 und 1671 rund fünfzehn wissenschaftliche Bücher über die verschiedensten Gegenstände: Atome, Materie und Bewegung, Schmetterlinge, Flöhe, Vergrößerungsgläser, ferne Welten, Unendlichkeit. Ihre Gedanken und Theorien sind oft unausgegoren, widersprüchlich und eklektisch, was wenigstens teilweise darauf zurückzuführen ist, daß sie keine formale Ausbildung genossen hatte – ein Mangel, den sie selber beklagte. Sie war sich nur zu gut des Problems vornehmer Damen bewußt, die zum Müßiggang verurteilt waren und die man „zu Vögeln im Käfig" machte, „die in ihrem Hause auf- und niederhüpfen". „Wir sind ausgeschlossen von allem Vernunftregiment, man bedarf unserer nicht bei Staatsgeschäften, unsere Ratschläge werden verspottet und verlacht, die besten unserer Handlungen werden höhnisch in den Staub getreten durch den anmaßenden Eigendünkel der Männer und aus Verachtung für uns." In einer Epistel ihres Buches *Poems and Fancies* (1653) an ein unbekanntes Fräulein namens Toppe beklagt sie die „Wahrheit", daß es „in unserem Geschlecht so viel vergeudete Zeit gibt, da wir wenig Betätigung haben; so jagen unsere Gedanken ungestüm einher, da sie nichts haben, an das sie sich heften könnten; welche ungestümen Gedanken nicht nur nutzlose, sondern sogar unbesonnene Handlungen zeitigen und den Faden unseres Lebens zu einem Knäuel verheddern".

Eine andere Epistel im selben Buch, gerichtet „An alle schreibenden Damen", gibt zu bedenken, daß unterschiedliche Zeitalter von unterschiedlichen Geistern regiert werden; diese sind manchmal männlich, manchmal weiblich. Die gegenwärtige Zeit habe viele Schriftstellerinnen und Predigerinnen hervorgebracht und stehe vielleicht unter weiblicher Herrschaft. „Nutzen wir unseren Vorteil und machen wir das Beste aus unserer Zeit... in allen Dingen, die unserem

Geschlecht zur Ehre gereichen können." [...] In dem Maße, wie kapitalistische Wirtschaftsformen die Frauen aus der häuslichen Produktion verdrängten und ihnen vermehrte Mußestunden bescherten, wurden adlige wie bürgerliche Damen zum Publikum für die neuen wissenschaftlichen Entdeckungen. Die Popularisierung der Wissenschaft war ein Schritt auf jenem langen Weg, der schließlich dazu führte, daß klassische Physik und Philosophie einen festen, zentralen Platz im abendländischen Bewußtsein einnahmen. Ende des 17. Jahrhunderts erschienen Lehrbücher für den Laien, es gab volkstümliche Vorträge, Museen und reisende naturwissenschaftliche Schausteller; gleichzeitig gründete man professionelle Gesellschaften für die Gebildeteren. Ein Teil dieser Bemühungen galt ausdrücklich den Frauen. [...]

Die wissenschaftliche Revolution vollzog sich nicht isoliert von den Veränderungen im sozialen, wirtschaftlichen und geistigen Bereich, und so hing auch ihre Bedeutung für die Frauen eng mit diesen Entwicklungen zusammen. Jene Frauen, die Ende des 17. Jahrhunderts das geistige Leben Englands bereicherten, protestierten nicht nur gegen die Beschränkung der Frau auf die häusliche Sphäre und das langsame Tempo der Frauenbildung, sondern nahmen auch, wie schon in der Reformation, die Möglichkeiten wahr, die sich ihnen in den radikaleren und traditionellerweise egalitäreren religiösen Sekten boten. Von der Faszination der „neuen Wissenschaft" ergriffen, wurden gebildete Frauen, zusammen mit Männern, zu einem aufnahmebereiten Publikum für die neuen Ideen.

Reinhard M. G. Nickisch

Briefschreiberinnen

18. Jahrhundert

Das zu Beginn des 18. Jahrhunderts aufgestellte Ideal der gelehrten, also der sich wissenschaftlich betätigenden Frau geriet im Verlauf des Jahrhunderts sehr rasch in Verruf und wurde durch das Ideal einer geselligen, nur im privaten Raum wirksamen Bildung ersetzt. Befürworter weiblicher Bildung glaubten, den Erfordernissen einer aktiven Persönlichkeitsbildung am ehesten dadurch Rechnung tragen zu können, daß sie die produktiven Geisteskräfte der Frauen auf den Bereich des Briefeschreibens hinlenkten bzw. ablenkten. Denn so konnten sie zugleich die Gefahr einer den Männern durch gelehrte Bücherschreiberinnen erwachsenden Konkurrenz vermeiden. Ohne Zweifel bot der Brief die natürlichste Möglichkeit, sich ergiebig über aktuelle oder sonst interessante – literarische, moralische, philosophische, lebenspraktische usw. – Themen und Fragen schreibend auszutauschen. Zudem blieb dies Medium ein eindeutig privates, personbezogenes Vehikel schriftlicher Äußerungsweise. So kann es kaum verwundern, daß die zahlreichen Brieflehrer der Aufklärungsepoche kein Gebiet schriftlicher Betätigung der Frauen als so wichtig erachteten wie das Schreibenlernen guter deutscher Briefe. Und ihre Bemühungen fielen auf fruchtbarsten Boden.

An Zahl und Bedeutung übertreffen die uns aus dem 18. Jahrhundert überkommenen Frauenbriefe die aller früheren Jahrhunderte. Zwar haben sich die Frauen keineswegs auf das Verfassen von Briefen beschränken lassen; denn viele von ihnen avancierten im Laufe des Jahrhunderts zu veritablen Schriftstellerinnen und Publizistinnen, die in einzelnen Fällen sogar versuchten, von den Früchten ihres schriftstellerischen Fleißes zu leben; aber es dürfte unstreitig zu erweisen sein, daß sie auf dem Felde der Briefkunst am meisten exzellierten und ihre männlichen Briefpartner sehr oft übertrafen.

Wer die soziokulturelle Leistung der briefschreibenden deutschen Frauen des 18. Jahrhunderts untersucht und würdigen will, muß sich damit begnügen, daß es sich dabei lediglich um die Sache einer sehr schmalen Schicht handelt – der der gebildeten bürgerlichen (und natürlich zum Teil der adligen) Frauen. [...] Völlig ausgeschlossen von den im Laufe des Jahrhunderts zunehmenden Bildungsmöglichkeiten waren die weiblichen Angehörigen der unteren Stände. Die Bemühungen der Moralischen Wochenschriften und solch progressiver Autoren wie Gottsched und Gellert um die Hebung der Bildung der Frauen galten darum auch keinesfalls der Unterschicht, von der man sich als Mitglied der allein als bildungsfähig angesehenen bürgerlichen Klasse vielmehr abzugrenzen trachtete. [...] Von den deutschen Aufklärern und Brieflehrern ermuntert, von großen ausländischen Beispielen herausgefordert, wurden viele Frauen hierzulande in kürzester Zeit zu Meisterinnen des Briefeschreibens – der Brief wurde gleichsam zur weiblichen Paradegattung.

Christian Friedrich Daniel Schubart

Gelehrte Weiber *

18. Jahrhundert

Bald werden sie unter sich eine Gelehrtenrepublik errichten, ob sie gleich *Klopstok* davon ausschloß. Ganz Europa wimmelt derzeit von gelehrten Weibern. In Portugall ist der erste Dichterkopf – ein Weib; in Spanien haben Weiber eine gelehrte Gesellschaft errichtet; in Frankreich ist's Hochton unter den Damen, in den Versammlungen über Grösenlehre, Metaphysik, Naturlehre, Staatskunst, Geschichte, schöne Wissenschaften zu sprechen; in England sind Weiber im

Besize des Romanschreibens; in Rußland präsidirt eine Dame in der Akademie; – und in Deutschland? – gibt's derzeit 50 Schriftstellerinnen und drunter 20 Dichterinnen. – Was soll das Alles werden? Will Deutschlands Riesengenius an der Kunkel sizen, indeß die deutschen Omphalen mit seiner Keule spielen? – Möchte wohl wissen, ob König Salomo, wenn er zurükkäme in diese Welt, sein Ideal eines treflichen Weibes, so wie sie seyn muß, wenn sie ihres Mannes Herrlichkeit ist, vertilgen, und dagegen ein andres aufstellen würde, wie ein Weib mit sieben Zungen reden, Verse machen, Romanen schreiben, philosophiren, freigeisten, im Kathedertone sprechen, die Doktoren und Professoren belehren soll, indeß – die Kinderstube, Küche und Keller, Haus und Hof, Garten und Feld vernachläßiget wird.

Helga Brandes

Das Frauenzimmer-Journal

18. Jahrhundert

Im letzten Drittel des 18. Jahrhunderts entstanden die ersten Journale von Frauen für Frauen: „Für Hamburgs Töchter" (1779) von Ernestine Hofmann, „Wochenblatt für's Schöne Geschlecht" (1779) von Charlotte Henriette von Hezel, „Papiere einiger Freunde" (1780-83) von Dorothea Lilien. Die erfolgreichsten waren Sophie La Roches „Pomona für Teutschlands Töchter" (1783/84) und Marianne Ehrmanns „Amaliens Erholungsstunden" (1790–1792). [...]

Mit der Herausgabe eigener Journale gelang Frauen im 18. Jahrhundert ein wichtiger Schritt auf dem Wege zu mehr Autonomie, Selbstbestätigung und gesellschaftlicher Anerkennung. Spielte die Frau als Schriftstellerin bereits eine nicht zu unterschätzende Rolle in der literarischen Öffentlichkeit, so konnte sie als Redakteurin und Zeitschriftenherausgeberin ihren gesellschaftlichen Einfluß vergrößern: Sie befand sich in einer intensiveren Kommunikation mit ihren Leserinnen und Lesern als je zuvor. Die Öffentlichkeit, in der sie wirkte, war größer. Sie konnte neue Fähigkeiten entwickeln und unter Beweis stellen: als Managerin und Organisatorin, als Geschäftsfrau, die sich mit den finanziellen Problemen und verlegerischen Interessen auseinanderzusetzen hatte, als Publizistin, die um Mitarbeiter/innen warb und die Abonnentenzahl immer im Auge behielt. [...]

Zu Beginn des 18. Jahrhunderts entstanden die ersten Moralischen Wochenschriften in England („moral weeklies"). [...] Sie wandten sich an Männer und Frauen der bürgerlichen Schicht. Bald wurden sie die beliebteste Lektüre des gebildeten Bürgertums in der ersten Hälfte des 18. Jahrhunderts. Frauen waren zum ersten Mal als Leserinnen nicht von vornherein ausgeschlossen, sondern vielmehr die bevorzugten Adressatinnen der neuen Journale. Nicht selten wurden sie um Beiträge gebeten und zur Mitarbeit angeregt. Es war das Verdienst der Moralischen Wochenschriften, Frauen in den Prozeß der Entstehung einer literarischen Öffentlichkeit im 18. Jahrhundert integriert zu haben.

Zu Beginn des 18. Jahrhunderts war der Anteil der Analphabeten sehr hoch. Nur 5-10% der Kinder und Jugendlichen konnten lesen und schreiben, und es waren vor allem die Mädchen und Frauen, die des Lesens unkundig waren. Gegen Ende des Jahrhunderts sah es anders aus. Zeitgenössische Kritiker glaubten sogar, die Frauen vor der Gefahr des Viellesens, der „Lesewut", warnen zu müssen. [...]

Mit ihren Zeitschriften verfolgten sie daher auch didaktische Ziele: sie wollten vor allem auf dem schöngeistigen und populärwissenschaftlichen Gebiet zu einer Verbesserung der Bildung beitragen, wobei ihnen aufgrund der erkannten Mißstände die weibliche Erziehung besonders am Herzen lag. Die Leserinnen der Wochenschriften fühlten sich ernstgenommen, der Kreis der Abonnentinnen wurde immer größer, ein weibliches Lesepublikum bildete sich heraus. Auf

Teegesellschaften, in den Lesekabinetten und in den Lesegesellschaften kursierten die Journale. Die (bürgerliche) Frau als Leserin wurde in der Gesellschaft allmählich ein vertrauter Anblick. [...]

Der weibliche Rollenwandel im 18. Jahrhundert von der Leserin über die Literatin zur Journalistin ist ohne die Vorarbeit der Moralischen Wochenschriften nur schwer vorstellbar; ihr Verdienst ist es, gesellschaftliche Vorurteile gegenüber literarisch und publizistisch tätigen Frauen abgebaut und diese auf ihrem Weg in eine größere Öffentlichkeit unterstützt zu haben. Da die Wochenschriften die „Schule der zukünftigen Journalistinnen“ waren, erstaunt es nicht, daß sich die ersten Frauenzeitschriften inhaltlich und strukturell noch stark an die Moralischen Wochenschriften anlehnten.

Sophie La Roches „Pomona“, von Januar 1783 bis Dezember 1784 erschienen, steht noch sehr unter dem Einfluß der Moralischen Wochenschriften. Dennoch zeigt sie bereits innovatorische Tendenzen, die für die Gattung des „Frauenzimmer-Journals“ konstitutiv waren. Sie verdient auch wegen ihrer großen Resonanz Beachtung. Die „Pomona“ ist die erste von einer Frau herausgegebene Frauenzeitschrift mit großer Publikumswirksamkeit. [...]

Im Vorwort „An meine Leserinnen“ stellt Sophie La Roche ihre Zeitschrift vor; die explizite Abgrenzung gegenüber den von Männern herausgegebenen Frauenjournalen zeugt von großem Selbstbewußtsein:

> Das Magazin für Frauenzimmer und das Jahrbuch der Denkwürdigkeiten für das schöne Geschlecht – zeigen meinen Leserinnen, was teutsche Männer uns nützlich und gefällig achten. Pomona – wird Ihnen sagen, was ich als Frau dafür halte.

Anders als später Marianne Ehrmann hat sie es noch nicht nötig, ihre Herausgeberinnentätigkeit zu legitimieren.

Wie die Moralischen Wochenschriften möchte auch sie „belehren und unterhalten“ und damit das „Angenehme und

Nützliche“ verbinden. Bodmer hatte seiner 1756/57 erschienenen Zeitschrift den programmatischen Titel gegeben: „Das Angenehme mit dem Nützlichen. Eine moralische Wochenschrift“. Das Postulat des „prodesse et delectare“ führt dazu, daß die „Pomona“ sich weder als gelehrtes „Fachorgan“ noch als triviales Unterhaltungsblättchen verstanden wissen will. Sie will auf ansprechende und gesellige Weise ihren Leserinnen zu einer größeren Bildung verhelfen. [...]

Während die Wochenschriften eine in den meisten Fällen nur fiktive Kommunikation mit den Lesern und Leserinnen unterhielten (fingierte Leserbriefe u. ä.), gewinnt in der „Pomona“ die Kommunikation mit dem Lesepublikum eine reale Dimension. Eine Rubrik „Briefe und Antworten“ richtet Sophie La Roche ein, die sie immer mehr entfaltet. Hier entsteht bereits, was später zu einem Charakteristikum der Frauenzeitschriften werden soll: die „Briefkastenecke“. Die kommunikative Struktur der Periodika wird hier intensiviert, das Verhältnis zur Leserin enger. [...]

Der von Sophie La Roche gut 60 Jahre später proklamierte „freiwillige“ Rückzug der Frau in die Sphäre des Hauses – als Wesen „zweyten Ranges“ – ist Ausdruck des weiblichen Rollenwandels in der 2. Hälfte des 18. Jahrhunderts. Die in der „Pomona“ festzustellende Tendenz zur Stabilisierung hierarchisch-patriarchalischer Familienstrukturen dokumentiert den Verlust an emanzipatorischem Gehalt des Journals im Vergleich zu den Wochenschriften der Frühaufklärung.

Joachim Heinrich Campe

Die Schriftstellersucht (1789) *

„Völlig gleiche, oft noch traurigere Folgen hat auch der andere Zweig dieser Epidemie, die *Schriftstellersucht*, welche in unsern Tagen gleichfalls so fürchterlich um sich greift. Ich bleibe hier abermals nur bei denjenigen Wirkungen dieser modischen Ausschweifung stehn, welche das Glück des häuslichen Lebens und eine gute Erziehung der Kinder stören. Diese sind: Vernachläßigung der eigentlichen Berufspflichten und der gehörigen Besorgung des Hauswesens, besonders auch der Kinderzucht; Erschlaffung, wo nicht gar gänzliche Auflösung der heiligen Familienbande zwischen Mann und Weib, zwischen Eltern und Kindern; Verwilderung des Herzens durch genährte Eitelkeit und Ruhmbegierde; häufiger Anlaß zu mißvergnügten Stunden, Tagen und Wochen bei den oft schmerzhaften öffentlichen Urtheilen, deren ein Schriftsteller, nicht bloß über seine Werke, sondern auch, bei dem bekannten Muthwillen unserer Bücherausrufer, über seine Person und über seinen Character, sich gewärtigen muß; eine durch zu vieles Stillsitzen in eingeschlossener Stubenluft und durch überspannte Anstrengung der Geisteskräfte bei körperlicher Ruhe zerrüttete Leibesbeschaffenheit; und endlich – das Schrecklichste von allen! – eine fast unvermeidlich daraus entstehende hypochondrische Gemüthsverfassung, mit ihrem ganz schwarzen Gefolge von Unzufriedenheit, griesgrammender Laune, Empfindlichkeit, Schwermuth, Aengstlichkeit, Beklemmung, halben oder ganzem Wahnsinn!" [...]

Wenn man [...] sehen muß, wie diejenigen, welche von der Natur und unserer ganzen gesellschaftlichen Verfassung ganz eigentlich angewiesen sind, Werth, Glück und Verdienst, nicht in glänzenden Talenten und in einem weiten Wirkungskreise, sondern in häuslicher Eingezogenheit, Bescheidenheit, reiner Einfalt, in stiller unbemerkter Thätigkeit, in der Besorgung des Hauswesens, in der Beglückung ihres Gatten, in der Wartung, Pflege und Bildung ihrer Kinder zu suchen, ihre natürliche und gesellschaftliche Bestimmung so ganz vergessen, und sich zu Dichterinnen, Romanschreiberinnen, Kunstrichterinnen, und Gott weiß, wozu noch mehr! in einem Lande aufwerfen, welches an Leuten dieser Art schon einen so unseligen Ueberfluß hat; sehen muß, wie solche

Weiber, den Kopf voll Gas aus Strohfeuer erzeugt, sich aus ihrer natürlichen Sphäre erheben, ihren oft verdienstvollen, nur nicht poetischen, nur nicht romanhaften Männern, mit schnöder Geringschätzung zu begegnen, ihr Hauswesen vernachläßigen, und ihre unglücklichen Kinder entweder dem Gesinde preis geben, oder ihnen selbst Kopf und Herz verdrehen; sehen muß, wie oft ein ganzes dummgaffendes Publicum sie als Meerwunder anstaunt, Recensenten sich glücklich schätzen, den Staub von ihren Füßen lecken zu dürfen, und Schattenrißkrämer sie und alles, was sie thaten und nicht thaten, in eine Wolke von Weihrauch hüllen, die bis zum nächsten Fixstern steigt: dann kocht bei diesem unwürdigen Anblicke dem Patrioten vor Ekel und Unwillen das Blut, und er mögte die Feder zerstampfen, die aus einem Instrument zur Aufklärung und Sittenverbesserung, ein Werkzeug der Schmeichelei, der Eitelkeit, der Faulheit und der Ueppigkeit geworden ist!“

Fanny Lewald

Weibliche Schriftsteller *

19. Jahrhundert

So lange ich denken konnte, hatte es mich zu hören verdrossen, wie diese oder jene Leistung gut genug sei, wenn man bedenke, daß sie von einer Frau herstamme; und ich hatte daher, als ich meine ersten Arbeiten an meinen Vetter Lewald gesendet, dieselben mit einem Männernamen unterzeichnet. Ich hatte mein „Recht“ haben wollen. Nichts mehr. Nichts weniger. Meinem Vater hatte diese meine Absicht zugesagt, Lewald hatte aber davon Nichts wissen mögen. So war denn auch mein erster Roman „Clementine“ (1842), ohne alle Bezeichnung, der zweite, „Jenny“ (1843), als ein Roman von der Verfasserin der „Clementine“ erschienen, und ich hatte die Belustigung genossen, daß man nach dem Erscheinen der „Jenny“ diesen Pseudonym, wunderlich genug, als den Versteck eines männlichen Schriftstellers anzusehen beliebte. Wie es mir aber nur eine sehr getheilte Genugthuung gewährte, als Doktor Heinrich Laube mir nach dem Bekanntwerden meines Namens, in Bezug auf die „Jenny“, in seinem Blatte das Zugeständniß machte, er freue sich anzuerkennen, daß er der weiblichen Kraft zu wenig zugetraut; so hatte ich auch nur eine sehr gemischte Zufriedenheit darüber, als die Behörde einen für unzulässig gehaltenen Ausspruch durchgehen zu lassen beschloß, weil eine Frau ihn gethan hatte.

Wem man das Gefühl seiner Verantwortlichkeit nimmt, dem nimmt man das Gefühl seiner Bedeutung, und wem man, wie es die Kritik den weiblichen Schriftstellern gegenüber nur zu häufig thut, von vornherein erklärt, daß man ihm nur eine sehr relative und beschränkte Kraft zuerkenne, dem nimmt man den rechten freudigen Ernst des Strebens, den weist man eben auf das Kleinliche hin, das man ihm doch wiederum zum Vorwurf macht. Alles, was ich für den weiblichen Schriftsteller fordere, ist daß man ihn ohne Schonung, aber auch ohne Vorurtheil behandele, daß man von ihm absehen und sich an seine Leistung halten möge; mit einem Worte, daß man den weiblichen Schriftsteller dem männlichen gleich verantwortlich und damit gleichberechtigt an die Seite stelle, was noch lange nicht genug bei uns geschieht. Und so komme ich denn immer wieder darauf zurück, für die Frauen jene Emancipation zu verlangen, die ich in diesen Blättern schon vielfach für uns begehrt: die Emancipation zu ernster Pflichterfüllung, zu ernster Verantwortlichkeit und damit zu der Gleichberechtigung, welche ernste Arbeit unter ernsten Arbeitern dem Einzelnen erwerben muß.

Unbekannter Verfasser

Rahel Levin's Salon*

Um 1800

Brinckmann sah meinen Mißmut, und einer guten Eingebung folgend rief er plötzlich aus: „Wissen Sie was? Statt des Theaters sollen Sie heute die beste Gesellschaft kennenlernen, die beste in Berlin, und da können Sie nur getrost Ihren Maßstab von Paris und Wien anlegen, wir scheuen ihn nicht!"

„Mir ganz recht!" erwiderte ich, „ich kann mir gern gefallen lassen, daß nach so vielem Guten, was hinter mir liegt, das Beste doch eben jetzt noch vor mir sei. Wo wollen Sie mich hinführen?"

„Zu Mademoiselle Levin, Rahel Levin." [...]

„Sie ist", erwiderte Brinckmann, „ein selbständiges Mädchen von außerordentlichem Geist, klug wie die Sonne, und dabei herzensgut; durchaus eigentümlich; alles versteht, alles empfindet sie; und was sie sagt, ist in amüsanter Paradoxie oft so treffend wahr und tief, daß man es sich noch nach Jahren wiederholt, und darüber nachdenken und erstaunen muß. Die geistreichste und vornehmste Gesellschaft versammelt sich bei ihr, aber ganz ohne Prunk und Ostentation, ja ich möchte sagen, ohne Unterschied und Auswahl, ganz nach dem natürlichen Zuge der äußern Anlässe und der inneren Konvenienz. Sie ist wohlhabend, lebt sehr unabhängig bei ihrer Mutter, die für reich gilt; sie macht keinen Aufwand, die Bewirtung ist es nicht, um derentwillen man hingeht, alles Äußere ist höchst einfach, aber um so behaglicher, und in dieser Art doch wieder reichlich und auserlesen."

Wir hatten in die Jägerstraße eingelenkt, und nach wenigen Schritten standen wir vor dem Hause. Wir wurden gemeldet und angenommen, durch einen Saal in ein anstoßendes Eckzimmer geführt, und Brinckmann stellte mich der Dame des Hauses, und bald auch einigen andern Personen vor, die wir bei ihr fanden.

Demoiselle Levin war weder groß noch schön, aber fein und zart gebildet, von angenehmem Ausdruck; ein Zug von überstandenem Leiden – sie war in der Tat noch nicht lange von einer Krankheit genesen – gab diesem Ausdruck etwas tief Rührendes; doch ließ ihr reiner und frischer Teint, zusammenstimmend mit ihren dunklen und lebhaften Augen, die gesunde Kraft nicht verkennen, welche in dem ganzen Wesen vorherrschte. Aus diesen Augen fiel ein Blick auf mich, ein Blick, der bis in mein Innerstes drang, und dem ich kein schlechtes Gewissen hätte bieten mögen. [...]

Unterdes hatte sich die Gesellschaft durch einige Frauenzimmer vermehrt, mit denen auch Brinckmann sich gleich zu tun machte. Sie gehörten zum Hause; die eine nahm sich des Teemachens an, der andern wurde ich vorgestellt, sie war die Schwägerin der Dlle Levin, mit der sie übrigens keine Geistesverwandtschaft zeigte. Um so mehr fiel mir die liebevolle und sorgsame Art auf, mit der diese sie behandelte, in das Gespräch zog, und ihre unbedeutenden Äußerungen geltend machte. Brinckmann, der wieder zu mir getreten war, sagte mir, das sei kein Wunder, seine vortreffliche Freundin habe so vielen Geist, daß sie dessen von niemandem verlange, und mit andern guten Eigenschaften zufrieden sei. Zudem aber hege sie die stärkste und zärtlichste Zuneigung für ihre ganze Familie, darin sei sie die echte Orientalin, für die Mutter, die in der Tat eine äußerst gute und würdige Frau sei, für die Geschwister; besonders aber liebe sie leidenschaftlich zwei kleine Nichten, Töchter dieser Schwägerin. [...]

Das Gespräch wurde sehr lebhaft, und wogte, zwischen den Personen wechselnd, über die mannigfachsten Gegenstände hin. Ich wäre nicht fähig, die raschen Wendungen und den verschiedenartigen Inhalt hier wiederzugeben, und wage den Versuch nicht. Man sprach vom Theater, von Fleck, dessen Krankheit und wahrscheinlich nahen Tod man allgemein beklagte, von Righini, dessen Opern damals den größten Beifall hatten, von Gesellschaftssachen, von den Vorlesungen August Wilhelm Schlegels, denen auch Damen beiwohnten. Die kühnsten Ideen, die schärfsten Gedanken, der sinnreichste Witz, die launigsten Spiele der Einbildungskraft wurden hier an dem einfachen Faden zufälliger und gewöhnlicher Anlässe aufgereiht. Denn die äußere Gestalt der Unterhaltung war, wie in jeder andern Gesellschaft, ohne Zwang und Absicht, alles knüpfte sich natürlich an das Interesse des Augenblicks, der Person, des Namens, deren grade gedacht wurde. [...]

Alle waren auf natürliche Weise tätig, und doch keiner aufdringlich, man schien ebenso gern zu hören als zu sprechen. Am merkwürdigsten war Dlle Levin selbst. Mit welcher Freiheit und Grazie wußte sie um sich her anzuregen, zu erhellen, zu erwärmen! Man vermochte ihrer Munterkeit nicht zu widerstehen. Und was sagte sie alles! Ich fühlte mich wie im Wirbel herumgedreht, und konnte nicht mehr unterscheiden, was in ihren wunderbaren, unerwarteten Äußerungen Witz, Tiefsinn, Gutdenken, Genie oder Sonderbarkeit und Grille war. Kolossale Sprüche hörte ich von ihr, wahre Inspirationen, oft in wenig Worten, die wie Blitze durch die Luft fuhren, und das innerste Herz trafen. Über Goethe sprach sie Worte der Bewunderung, die alles übertrafen, was ich je gehört hatte.

Fanny Lewald

Alte Salondamen*

19. Jahrhundert

Das Originellste aber waren jene Mittagbrode, bei denen man sich, wenn man wie ich und andre von ihr eingeladene Personen, nur dreißig Jahre zählte, immer wie ein Kind erschien, denn die Mehrzahl der Gäste waren Greise. Ich vergesse den ersten Eindruck dieser Tischgesellschaft nicht. Frau Levy zählte damals siebenundsiebzig, die Hofrätin

Herz, ihr zur Seite, sechsundsiebzig Jahre, ein kleines Fräulein Chodoviecki, das immer einen uraltmodischen weißen Atlashut auf hatte und auf einem Stuhlkissen saß, mochte noch weit älter sein, der bekannte Kriminaldirektor Hitzig, ein Neffe von Frau Levy, die einst so schöne und jetzt noch als Greisin unter uns lebende Marianne Saaling, und eine alte Sängerin, die ihr fünfzigjähriges Jubiläum als Mitglied der Singakademie gefeiert hatte, bildeten den Stamm des Zirkels. Es war mir mitunter, als fände ich mich an König Artus' Tafelrunde versetzt, wenn ich diese alten, verwitterten Gesichter ansah, die alle in ihrem Verfalle schweigend von der Vergänglichkeit des Menschen predigten. Sie hatten einst Alle „à la tête de la jeune phalange", an der Spitze der Bewegung, gestanden. Diese hinfälligen Frauen waren es gewesen, deren Geist und Bildung die Schranken des Kastengeistes durchbrochen, die aus eigener Machtvollkommenheit in Berlin die Gewalt der Vorurteile besiegt; diese Greisinnen und ihre Gesinnungsgenossen, diese Jüdinnen waren es gewesen, welche sich aus dem Pariatume ihres Volkes erhebend, die Bildung als den höchsten gültigen Adel zu vertreten, und so eine Befreiung und eine Kultur der Geister in ihrer Vaterstadt herbeizuführen gewußt hatten, welche der geringere Sinn ihrer Nachkommen nicht zu behaupten verstanden hat. Das war es, was mich zu diesen Frauen hinzog, was mich ihnen in liebender Verehrung nahen machte; das ist es, was die Nachwelt in ihnen zu verehren hat – und vielleicht war es die Einsicht, daß ich Verständnis für ihre Bedeutung hatte, daß ein Zug ihres selbständigen und das wahrhaft Menschliche wollenden Geistes auch in mir lebendig war, was mir ihre Teilnahme und ihre Beachtung gewann.

Elisabeth Endres

Frauen, schreibt für Frauen!

19./20. Jahrhundert

[...] Die schreibenden Frauen sind Mangelgeschöpfe. Die Begabung, vornehmlich die genialische Begabung, zerstört die Natur des Weiblichen. Wer immer die großartigen Gedichte, die hervorragende Prosa von Annette von Droste-Hülshoff liest, hört das mit. Sie hatte es ja so schwer, sie litt unter ihrer Liebe zu Levin Schücking. Sie war irgendwie nicht normal. Gut, man kann sich an den schwermütigen Rhythmen erfreuen, kann bewundern, wie sie alte Sagen aufgriff, wie sie auf die finstere Natur reagierte, wie sie religiöse Themen mit persönlichen bitteren Erfahrungen bereicherte. Aber eines bleibt doch festzustellen: Mit dem Leben kam sie nicht zurecht. Auch Hölderlin kam mit dem Leben nicht zurecht. Aber bei ihm führte das zu einem um so größeren Ruhm, bei Annette von Droste-Hülshoff wird es zur Einschränkung. Natürlich muß man sie anerkennen, aber ganz in Ordnung ist es nicht. [...]

Aber es war doch nicht so, daß Frauen nicht schreiben sollten. Sie mußten es sich gar nicht so schwermachen wie Annette, sie mußten nicht so kämpferisch sein wie einige Demokratinnen des neunzehnten Jahrhunderts, die neben der Brüderlichkeit auch die Idee der Schwesterlichkeit einführen wollten. Frauen, schreibt für Frauen! Aber gefälligst ohne revolutionäre Attitüde, ohne Jakobinermütze. Lieber zugunsten der Haube, unter die jedes normale Mädchen kommen möchte. Charlotte Birch-Pfeiffer, geboren 1800, gestorben 1868, war Schauspielerin, Erzählerin, Dramatikerin. Sie schrieb 74 Stücke; und wer während der Aufführung nicht Tränen vergoß, hatte wahrhaftig kein Gemüt. Die Frau konnte Konfektionsware anfertigen, das Billige herstellen für den billigen Geschmack. Sie konnte Literatur für Frauen machen, freilich eine solche, die auch von Männern konsumiert wurde. Aber mit Vorbehalt. So schleckt ein Mann Schokolade mit schlechtem Gewissen, weil dies denn doch ein weibliches Laster ist.

Und damit ist der Name fällig: Hedwig Courths-Mahler. Diese Frau schrieb zweihundert Romane. Sie war Unterhaltungsschriftstellerin, sie wurde gelesen, ihre Bücher hatten Auflagen, die sich insgesamt auf 27 Millionen beliefen. Diese Frau war anscheinend die Frau, die man als Schriftstellerin haben wollte. Sie hatte nichts mit den ernsten Männern gemein, mit den Universitätsprofessoren, die sich mit der Literatur beschäftigten, sie in ihren Vorlesungen behandelten. Sie war die Schriftstellerin für die seichten Gemüter beiderlei Geschlechts. Sie servierte in überaus adretter Weise das, was gewünscht wurde: eine arme verkannte Comtesse erobert schließlich doch das Herz des edlen Grafen. Sie diente der Utopie des kleinen Mannes und des kleinen Mädchens.

Natürlich gab es weiterhin Ausnahmen, jene tschechische Adlige zum Beispiel, Marie von Ebner-Eschenbach, die in deutscher Sprache schrieb. Sie war nicht nur intelligent und weise, sie wußte Bescheid über die Lage der intelligenten Frau; sie stand zwischen den beiden Geschlechtern wie zwischen den zwei Kulturen. Sie war eine Ausnahme.

Die Ausnahmen wurden immer mehr. In der Zeit des Naturalismus, in der Zeit um die Jahrhundertwende gewöhnte sich das literarische Leben langsam an das Vorhandensein von schreibenden Frauen, die ernstzunehmen waren. Es sind immer mehr Namen zu nennen. Der Bogen führt von Helene Böhlau, die unter anderem soziale Romane schrieb über die Lage der Frau, hin zu Ricarda Huch, die nicht mehr als Schriftstellerin, sondern auch als Schriftsteller ernstgenommen wurde, hin zu Franziska zu Reventlow, die es sich schon erlauben konnte, sich selbst in die Literatur einzubringen – nicht als ein Geschöpf, dem etwas fehlt, sondern als eine Person, die das volle Lebensgefühl auskosten wollte, als gescheiter wie als liebenswerter Mensch. Daß sie sich damit dem alten Klischee der Abenteurerin näherte, daß sie auch nicht gerade zu einer Vorkämpferin der feministischen Solidarität wurde, sei nicht verschwiegen. Jeder Prozeß einer Emanzipation ist bestimmt von einer Dialektik; und zu der gehört auch die Spannung zwischen dem Hervortreten der Einzelpersönlichkeit, die sich durchsetzen möchte, und dem Verlangen nach einem Zusammenhalt der Gleich-Benachteiligten. [...]

Heinz Puknus
Neue Frauenliteratur

‚Literatur der Frauen' – das besagt zunächst nicht mehr als: von Frauen verfaßt. Es bedeutet sodann aber auch: Frauen betreffend, sie als *ihre* Sache angehend. Soweit dies inhaltlich, thematisch gemeint ist, hat sich, nicht erst in den letzten Jahren, die knappe Form ‚Frauenliteratur' durchgesetzt. Hier gilt es freilich sogleich jede Verwechslung mit dem auszuschließen, was traditionell ‚Frauenroman' genannt wird: eine ‚gehoben' oder trivial angelegte Sonderproduktion, die ihr in der Tat exklusiv weibliches Publikum, selbst und gerade wo sie illusionäre Wunschbilder entwarf, immer nur wieder auf bereits vorgegebene, nie in Frage zu stellende soziale Ordnungsmuster verwies. [...] Gegenteiliges blieb und bleibt einer echten Frauenliteratur vorbehalten, deren konstitutivem Realismus, schon vor aller ausdrücklich kritischen Programmatik, die Problemhaftigkeit weiblicher Existenz in einer noch immer substantiell patriarchalischen Gesellschaft mit vorwiegend autoritären Traditionen nicht entgeht.

‚Frauenliteratur' in diesem Sinne ist Literatur von Frauen bei uns seit etwa Mitte der sechziger Jahre, und sie ist es nicht zum ersten Mal. Eine Kette von ‚Vorläuferinnen', beginnend bei der Romantik und dem ‚Jungen Deutschland' (Karoline von Günderode, Bettina von Arnim, Fanny Lewald, Louise Otto, Ada Christen), mit augenfälliger Verdichtung um die Jahrhundertwende (Bertha von Suttner, Helene Böhlau, Gabriele Reuter, Clara Viebig, Clara Müller; Isolde Kurz, Lou Andreas-Salomé, Franziska zu Reventlow), war nur durch das Dritte Reich und die folgende Restauration abgerissen. Wird von einer ‚neuen' Literatur der Frauen – als ‚Frauenliteratur' – gesprochen, kann dies also nur im kontrastierenden Blick auf die regressiven deutschen Entwicklungen dreier Jahrzehnte ab etwa 1930 geschehen. ‚Neu' scheint allerdings auch die nun so außerordentlich vermehrte Zahl Frauenliteratur produzierender Autorinnen (sie wächst weiter), in der sich die Breite einer ‚Bewegung' dokumentiert, die alles Einzelgängerische, nur punktuell Pionierhafte hinter sich ließ. Und ‚neu' darf schließlich die Entschiedenheit und Radikalität genannt werden, mit der diese Literatur die von den ‚Vorläuferinnen' erkannten Konflikte weitertreibt zu letzten Konsequenzen, auch Extremen. [...]

Inzwischen hatte, um 1965, der heftige Protest-Schub der Jüngeren eingesetzt, für die zunächst eine kühl-kritische, dabei aktive bis aggressive Haltung typisch wurde. Soziales Engagement war gefordert – und dies nicht bloß im Namen edler Menschlichkeit. Wiederum wurde Benachteiligung von Frauen als Spezialfall von Diskriminierung überhaupt begriffen, ihr Aufweis jedoch nicht mehr um eines ‚wichtigeren' allgemein humanitären Engagements willen zurückgestellt. Kritik der Gesellschaft (und darauf zielte offensiv jetzt alles Schreiben) schloß notwendig Kritik an deren fortdauerndem Patriarchalismus, also Parteinahme für die minderbewerteten Frauen ein. Immer aber sollte es um das Ganze der ‚herrschenden Verhältnisse' gehen – deren umfassende anklägerische Bestandsaufnahme sich aus der Summierung von ‚Fallstudien' ergab – ‚Fall' unter Fällen konnte da auch die aktuelle Misere der Frauen sein. Eine Isolierung der Frauenproblematik, wie sie für den späteren Nur-Feminismus kennzeichnend ist, fand also nicht statt. Auch die Autorinnen, die jetzt

‚weibliche Themen' quantitativ bevorzugten, handelten an diesen exemplarisch ab, was ihnen an dem vorgefundenen Gesellschaftszustand per se kritikbedürftig erschien. [...]

Zum bevorzugten stilistischen Mittel solcher gesellschaftskritischen Diagnostik wurde, was nach stillschweigender Übereinkunft als ‚unweiblich' anzusehen war: eine ‚harte' herbe, sachlich-knapp konstatierende Prosa, in der das eisige Klima der Realität nicht durch – echte und vermeintliche – ‚Gemütswerte' erwärmend verfälscht wurde. Schon der Schock, den 1964 Gisela Elsners ‚Riesenzwerge' – wie dann Renate Rasps ‚Ungeratener Sohn' verursacht hatten, beruhte nicht zuletzt auf der Enttäuschung aller konventionellen Erwartungen weiblichen Autoren gegenüber. Das notorisch diesen abverlangte ‚Gefühl' war durch Qualitäten ersetzt worden, die bislang allenfalls bei schreibenden Männern als solche gegolten hatten: der ‚böse Blick' mitleidloser Wahrhaftigkeit, die kühle, scheinbar ungerührte Reproduktion des schlimmen Faktischen. [...]

Die Mehrzahl jüngerer Autorinnen – und keineswegs nur die feministisch engagierten – hielt an den Möglichkeiten entschiedener Kritik und Stimulation zur Veränderung fest. Immer stärker wurde dabei die Tendenz, über das bloße ätzende Porträt bestehender unleidlicher Verhältnisse hinauszugehen und den Protest, den Einspruch selbst zu formulieren. [...] Der Wert von ‚Gefühl', Sensibiliät, Phantasie als Potentialen individueller Opposition wurde neu erkannt. Was eben noch im Bezug auf Literatur von Frauen zum Verdikt getaugt hatte, gewann nun beinahe den Rang einer Auszeichnung: Mochten Autorinnen in der Vergangenheit tatsächlich einseitig, zwanghaft auf subjektive Emotionalität festgelegt worden sein – unter den Bedingungen einer einseitig objektrationellen und auch insoweit fortschreitend inhumaneren Gegenwart konnte die *freie, bewußte* Annahme dieser Möglichkeit nicht nur den Frauen selbst zum Vorteil ausschlagen, vielmehr aller wünschbaren Veränderung den Weg bereiten helfen. [...]

Carl Schneider

Frauen im Frühchristentum

Was aber trieb nun die Frauen zum Christentum? Zunächst gab es in der gesamten Antike einen großen Kreis von Frauen, der für *Ekstase und Mystik* aufgeschlossen war. Solche Frauen zog der pneumatische Enthusiasmos des Frühchristentums an. Wie Dionysosanhängerinnen treten mit unbezähmbarem Missionseifer die vier prophetischen Töchter des Philippos auf, daneben ekstatische christliche Frauen in Korinth, Philadelpheia, Iberien, dessen Kirche von einer solchen Frau namens Nino begründet sein soll. Justin hat sie anerkannt und an ihnen den Geistesbesitz der Kirche bestätigt gefunden. Dann sammeln sie sich bei den Montanisten, von Tertullian und sogar Cyprian verteidigt. Dionysischen Charakter trägt die „heilige Prophetin Prisca", die wie die Bakchantinnen den Kopf so lange hin und her wirft, bis sie Gesichte sieht und Stimmen hört, oder jene kappadokische Prophetin, die im Winter barfuß durch den Schnee geht, um Ekstasen zu erleben, oder die sieben leuchtertragenden Jungfrauen, die als Bilder der Planeten in weißen Gewändern prophezeien. Nachdem die eigentlich ekstatischen Zeiten bereits vorüber waren, finden wir sie noch immer bei den Priszillianern. Biblisch hat man die Erscheinung dadurch zu rechtfertigen gesucht, daß man Eva zur ersten weiblichen Ekstatikerin und Prophetin machte. Eine letzte Nachwirkung geht noch auf jene Frauen aus, die zur Zeit des Basileios „an den Gräbern der Märtyrer" mit aufgelöstem Haar tanzen, nachdem sie sich mit Wein berauscht haben.

Auch der nichtekstatische religiöse Betätigungsdrang der Frau kam zu seinem Recht, wenn auch auf andere Weise als in den Umweltsreligionen. Dort waren die Frauen vorwiegend Priesterinnen, daneben gab es Sängerinnen als Solistinnen oder in Frauenchören, von denen so berühmte wie der von Delos bis in homerische Zeiten hinaufreichen. Das Christentum aber verschob die Tätigkeit der Frau *von der kultischen in die sittlich-soziale Sphäre*, was fraglos dem Wesen der Frau mehr entsprach. Zwar traten in der ersten Gemeinde von Korinth auch Frauen im Gottesdienst auf, zwar fanden sich bis ins 5. Jahrhundert hinein gelegentlich Frauen in der Kirchenleitung und wirkten hier und da Frauen als Lehrerinnen für weibliche Taufbewerber und Mithelfer bei Frauentaufen, aber seit Paulus war der Widerspruch gegen eine kultische Betätigung der Frau so energisch, daß schon im 3. Jahrhundert der kirchenrechtliche Satz aufgestellt wurde, daß eine Frau in der Kirche keinerlei priesterliche Funktionen ausüben dürfe. Aber Arbeit für die Frau gab es in der Kirche genug, wobei allerdings der Westen zurückhaltender war als der Osten. Der Osten hat schon in paulinischer Zeit das Amt der Diakonissen ausgebildet und die Witwen zur Krankenpflege und Waisenbetreuung pflichtgemäß herangezogen; unter Chrysostomos waren in Antiocheia 3000 christliche Witwen mit solchen kirchlichen Hilfsdiensten beschäftigt. Vereinzelt hören wir allerdings auch Klagen über Trunksucht oder Geldliebe dieser Witwen.

Vor allem *gebildeten und innerlich frommen Frauen* gab das Christentum mehr als irgendeine andere Religion. [...] Es gab viel echte weibliche Frömmigkeit im Christentum, Pilgerinnen, die voll innerer Glut den ganzen Osten durchzogen, um die Stätten des Welterlösers und der wichtigsten Gestalten des Alten Testaments aufzusuchen, Frauen, die sich selbstlos der verwaisten Kinder der Märtyrer annahmen wie die Pflegemutter des Origenes, Frauen, die mit subjektiver Ehrlichkeit alle Formen der Askese auf sich nahmen. Gefährlich wurde es erst, als allzu viele reiche, aber unbefriedigte und hysterische Frauen dem Christentum ihre Reichtümer und ihre Gefühle aufdrängten.

Edith Ennen

Die weibliche Frömmigkeitsbewegung

Mittelalter

Eine bürgerliche Freiheitsbewegung, die politische Ziele verfolgte, gab es unter den Frauen in den mittelalterlichen Städten nicht. Aber wir konstatieren im Hochmittelalter eine breite und starke weibliche Frömmigkeitsbewegung. Sie trägt alle Zeichen einer „Bewegung"; sie ist emotional und engagiert, oft nur ein unstetes Suchen nach einem „apostolischen" Leben, der „Nachfolge des armen und nackten Christus". Sie ist oft eine Gratwanderung zwischen Ketzerei – Ordensleben – freier religiöser Gemeinschaftsform. Sie entfaltet sich in einer Zeit, in der die Kirchenreform gelegentlich revolutionäre Züge annimmt, die durch das gefährlich dichte Nebeneinander von Haeresie und kirchlich gebundener „Heiligkeit" charakterisiert wird, in der die Katharer eine Gegenkirche aufbauen. An sich gehört die Reform zum Ordensleben; es gibt sie immer. Im 11. Jahrhundert ergreift sie aber die Kirche insgesamt. Es gab damals zu wenig Frauenklöster; und diese wenigen Klöster und Stifte waren zudem nur hochadligen Damen zugänglich. [...]

Daß die gewaltige Veränderung der Gesellschaft durch die bürgerliche Freiheitsbewegung und das Wachstum der Städte auf die kirchliche Bewegung einwirkte, daß bürgerlichen Kreisen offenstehende Klöster, daß eine auf die Stadt und ihre Probleme ausgerichtete Seelsorge ein dringendes Desiderat wurden, das verschränkte die weltlichen und geistlichen Bewegungen. Unübersehbar wurden auch verstärkt Formen eines frommen Lebens in der Welt und doch nicht von der Welt außerhalb eines Klosters mit Ordensregel gesucht und gefunden. Wirtschaftliche Gründe, der Wunsch nach wirtschaftlich-sozialer Geborgenheit, nach Selbständigkeit außerhalb der Ehe spielten mit; im Kern war die Bewegung religiöser Natur, und die Frage der Versorgung und nach sozialer Sicherheit in Kloster und Konvent spielt erst seit dem 14. Jahrhundert eine wichtige Rolle. Im zahlenmäßigen Anstieg der Institute spiegelt sich auch die Kraft dieser Bewegung: Allein in Deutschland stieg die Zahl der Frauenklöster von etwa 70 um das Jahr 900 auf 150 gegen 1100, auf rund 500 um 1250, so daß man damals schon mit 25000 bis 30000 Nonnen und Kanonissen rechnen konnte. Im Jahr 1300 gab es bereits 74 Dominikanerinnenklöster, im 15. Jahrhundert hatten die Benediktinerinnen 115, die Zisterzienserinnen 220 Niederlassungen, um 1600 besaßen die Franziskanerinnen rund 900 Gemeinschaften. Kennzeichnend für die Frömmigkeit des 12. und 13. Jahrhunderts ist die zunehmende Marienverehrung.

Die religiöse Motivation so vieler Frauen, klösterliche Zufluchtstätten zu suchen, ein Leben klösterlicher Enthaltsamkeit in der Welt zu führen, fällt uns zu begreifen schwer. Unsere Wertordnung unterscheidet sich grundsätzlich von der des hohen Mittelalters.

Die religiös motivierte Askese genießt den Vorrang vor dem Leben in der Welt. Schon nach der altchristlichen Ständeordnung wurde der gottgeweihten Jungfrau der Platz vor Witwen und Ehefrauen zugeteilt. [...]

Die Hervorhebung des Jungfrauenstandes bedeutet keine Verwerfung, nur eine Minderbewertung der Ehe, wie Bernards in seiner Analyse des „Jungfrauenspiegels", eines um 1100 wohl am Mittelrhein entstandenen Werkes von großer Verbreitung, ausführt. [...] Die Frage nach der Eignung zur Nonne wurde kaum gestellt, die „Berufung" war kein Problem, sondern Voraussetzung; der Eintritt erfolgte, wie gesagt, oft im Kindesalter; auch Frauen, die ihre weltliche Lebensaufgabe als abgeschlossen ansahen, entschlossen sich als Witwen zum Eintritt. Die Wurzel der klösterlichen Tugenden ist die Demut; sie ist die Mutter der Liebe. Demut wird mit Liebe und Keuschheit zu einem ethischen Dreiklang zusammengebunden. Demgemäß ist das Urlaster der Stolz; er beraubt die Jungfräulichkeit ihres Wertes. [...]

Dabei wird klargestellt, daß Gott neben der Unversehrtheit des keuschen Leibes die Tugend und Absicht des Herzens sieht; die herkömmliche Unterscheidung einer doppelten Jungfräulichkeit wird betont. Der „Jungfrauenspiegel" bezeugt, daß die Frauenbildung des hohen Mittelalters an der Spiritualisierung Anteil nimmt. Seit dem 11. Jahrhundert setzt sich der Gedanke an die Bedeutung der Gesinnung immer stärker durch; das Bild vom Kampf wird oft gebraucht, ein bequemes Leben kann nicht Ziel des Klostereintritts sein. Das geistliche Streben, zu dem der Jungfrauenspiegel erziehen will, trägt das Zeichen des Maßhaltens. Das Leben in der Gemeinschaft soll von Eintracht geprägt sein. Die adlige Abkunft darf im Kloster kein Anlaß zur Überheblichkeit werden. Der Spiegel unterscheidet wahren und falschen Adel. Wahrer Adel beruht mehr auf der Gesinnung als auf der Ehre der Eltern. Hier wird ein Hauptproblem der Reform angesprochen: die Brechung des Adelsvorrechtes. Cluny, Hirsau, später Cîteaux hoben die Vorrechte der Geburt auf. Allerdings sieht Bernards keine enge Beziehung des „Spiegels" zur damaligen Klosterreform; die Armutsfrage berührt der Spiegel kaum. Die Askese erscheint nicht als Last. Die Jungfrauen des Speculum leben mit ruhiger Selbstverständlichkeit in ihrer überschaubaren Welt ohne mystischen Überschwang. „Die subjektive Erlebnisfrömmigkeit der deutschen Mystik", sagt Bernards, seine einfühlsame Analyse zusammenfassend, „ist das genaue Gegenstück zu der objektiv ausgerichteten religiösen Geistigkeit des romanischen Zeitalters und des Jungfrauenspiegels. Gesundheit an Leib und Seele kennzeichnet die Frauen, an die sich der Spiegel wendet. Krankheiten spielen für sie keine Rolle, der Tod schreckt nicht. Grobe Charakterfehler wie etwa Lügenhaftigkeit sind unbekannt. Das Zauberwort Freiheit hat sie, echte Kinder ihrer Zeit, in seinen Bann geschlagen. Wenn Kirche und Kloster im Zeichen großer Reformen um ihre Freiheit kämpfen, ist Freiheit auch für die Frauenwelt lockendes Ziel. Weil Freiheit von der Fron der Ehe nur als Freiheit für den

Dienst Gottes gesehen ist, wird hier der religiöse Sinn und die geistliche Kraft dieser Frauen sichtbar. Als Zeitgenossen der Kreuzritter und Angehörige eines kämpferischen Zeitalters lieben sie es, sich selbst als Streiterinnen in den Kriegen Gottes zu betrachten. Sie alle prägt jener männliche Zug, den man auf dem Antlitz Hildegards von Bingen entdeckt hat."

Ursula Peters

Frauenmystik

Mittelalter

Andere Frauen wurden in so großer Geistestrunkenheit aus sich selbst entrückt, daß sie fast den ganzen Tag in jener heiligen Stille ruhten, da „der König bei seinem Gelage war"; und sie hatten keine Stimme und keinen Sinn für irgendwelche äußere Dinge. Der Friede Gottes hatte ihre Sinne so sehr überwältigt und begraben, daß kein Geschrei sie erwecken konnte, ja, daß sie keinerlei Verletzung fühlten, selbst wenn sie heftig gestochen wurden [...] Wieder andere fromme Frauen empfingen von dem Brote, das vom Himmel herabgestiegen ist, nicht nur Erquickung des Herzens, sondern auch fühlbare Beglückung des Mundes, süßer als Honigseim.

Jakob von Vitry, ein Regularkanoniker von Oignies, später Bischof von Accon und Kardinal von Tusculum, gilt als ein aufmerksamer Beobachter der verschiedenen geistigen Strömungen innerhalb der Kirche des 12. und frühen 13. Jahrhunderts. Sehr genau registriert er die Attraktivität neuer Frömmigkeitsformen außerhalb der Orden in Italien und Brabant. Speziell hier erstaunten Frauen jeden Alters ihre Umwelt durch neuartige Lebensformen der absoluten Jungfräulichkeit, Armut, Askese, Ekstasen und Eucharistieverehrung. Ihnen widmet er den Prolog zu seiner berühmten Vita der Marie von Oignies. [...]

Dieser Prolog hat in der Forschung zu den religiösen Bewegungen im Mittelalter, speziell zur Geschichte der religiösen Frauenbewegung, der Beginen und Frauenmystik eine große Rolle gespielt. Denn er versammelt geradezu katalogartig alle Facetten einer prononcierten *vita religiosa* (geistliches Leben), die seit der 2. Hälfte des 12. Jahrhunderts vor allem Frauen – zur Verwunderung, Verehrung, aber auch Erbitterung ihrer Zeitgenossen, Verwandten und Freunde – geführt zu haben scheinen: ihre Verachtung von Reichtum und Abkehr von der Familie, ihr Leben der freiwilligen Armut, der Handarbeit und Werke der Barmherzigkeit, ihre verzweifelten Versuche, in kriegerischen Auseinandersetzungen ihre Jungfräulichkeit zu bewahren, das wunderbare Eingreifen des himmlischen Bräutigams, die verschiedenen Formen psychischer und physischer Auffälligkeiten, wie Erregungszustände und Ekstasen, Krankheitsanfälle und periodische Tränen, den Wechsel von Schweigen und Jubel und schließlich vor allem ihr intensives Eucharistie-Erleben, das von den verschiedensten körperlichen Sensationen begleitet ist.

[...] Die „Heiligkeit" dieser Frauen verwirklicht sich nicht in erster Linie – wie bei den Männern – etwa in „äußeren" Taten der Klostergründung, der Konventsorganisation, der Ketzerbekämpfung oder Marienverehrung, sondern in einem eher kleindimensionierten Leben der *humilitas* (Erniedrigung), der Askese und vor allem der „inneren" Welt der Eucharistie-Verehrung, der Visionen und *unio*-Begnadungen. Diese vornehmlich in Zisterzienserinnenkonventen der Diözese Lüttich propagierte Vorstellung einer „mystischen" Heiligen, die sich auf ihre Erfahrungswelt der Kommunikation mit dem göttlichen Bräutigam, dem eucharistischen Christus konzentriert, wird in der Forschung den Beginen zugeschrieben. Die nicht klausurierten frommen Frauen, die sich der Welt entziehen, aber nicht in einen Orden eintreten, hätten mit ihrem semireligiosen Leben nicht nur eigenständige Lebens- und Frömmigkeitsformen gefunden, sondern auch eine charakteristische, auf das eucharistische Gnadengeschehen ausgerichtete Spiritualität entwickelt.

Mechthild von Magdeburg

Göttliche Minne *

Mitte des 13. Jahrhunderts

So gat die allerliebeste zů dem allerschoͤnesten in die verholnen kammern der vnschuldigen gotheit; da vindet si der minne bette und minne gelas, und got ummesclich bereit. So spricht unser herre: „Stant, vrowe sele.“ – „Was gebútest du herre?“ – „Ir soͤnt vs sin.“. – „Herre, wie sol mir denne geschehen?“ – „Frow sele, ir sint so sere genaturt in mich, dc zwischen v́ch und mir nihtes nit mag sin. Es enwart nie engel so her, dem das ein stunde wurde gelihen, das v́ch eweklich ist gegeben. Darumbe sont ir von v́ch legen beide vorhte und schame und alle uswendig tugent. Mer alleine, die ir binnen v́ch tragent von nature, den sont ir eweklich enpfinden wellen. Das ist v́wer edele begerunge und v́wer grundelose girheit, die wil ich eweklich erfúllen mit miner endelosen miltekeit.“

„Herre, nu bin ich ein nakent sele,
Und du in dir selben ein wolgezieret got.
Unser zweiger gemeinschaft
Ist das ewige lip ane tot.“
So geschihet da ein selig stille
Nach ir beider wille.
Er gibet sich ir und si git sich ime.
Was ir nu geschehe, dc weis si
Und des getroͤste ich mich.
Nu dis mag nit lange stan.
Wo zwoͤi geliebe verholen zesammen koment,
Sie muͤssent dikke vngescheiden von einander gan.
Lieber Gottesfrúnd, disen minne weg han ich dir geschriben;
Got muͤsse in an din herze geben. Amen.

Barbara Becker-Cantarino

Zur Rolle der Frau in der Reformation

Die Rolle der Frau in den religiösen Bewegungen des 16. und 17. Jahrhunderts ist bislang nur gestreift, nicht aber eingehend untersucht worden. Es scheint, als sei das Paulus-Wort „mulieres in ecclesiis taceant" (die Weiber haben in der Gemeinde zu schweigen) nicht nur während der Reformation allseitig befolgt worden, sondern als habe es sich auch lähmend auf die Nachforschungen nach den in der alten wie den neuen Kirchen tätigen Frauen gelegt. [...]

Die Reformation berührte jedoch auch das Leben aller Frauen und brachte oft einschneidende soziale Veränderungen und religiöse, persönliche Konflikte. Besonders die Nonnen, deren Klöster von Auflösung bedroht oder von Plünderung betroffen waren, mußten selbst – oft jede einzelne für sich – zu der neuen Lehre Stellung nehmen. Von großer Bedeutung war dabei der Einfluß der Geistlichkeit, aber auch der Obrigkeiten und Verwandten der Klosterinsassen. Wenig wissen wir von den Nonnen, ihren Aktionen und Reaktionen, ihren Schriften und Eingaben, wenn es sich nicht gerade um Frauen aus bekannten Patrizierfamilien wie Caritas Pirckheimer in Nürnberg gehandelt hat. Daß aber die Klosterfrauen in der Reformationszeit mit Wort und Schrift regen Anteil an den religiösen Fragen wie besonders an der Diskussion um die Klöster als Institution gehabt haben, zeigen die Lokalgeschichten der einzelnen Klöster, die Ordensgeschichten und die (wenigen erhaltenen) Briefwechsel einzelner Nonnen und die Klageschriften. Sie zeigen auch, daß diese Frauen oft sehr gut unterrichtet waren und sich zumeist selbstbewußt dem Anspruch der rein männlichen Obrigkeiten, die sie zum Austritt aus dem Kloster und zum Übertritt zum neuen Glauben zwingen wollten, den Vögten, die von der Kirchenhierarchie und den Männerorden für die Nonnenklöster eingesetzt wurden, und den ihnen zugedach-

ten Ehemännern, die alle Gehorsam und Unterwerfung der Frau forderten, widersetzt haben. [...]
Die neue Lehre brachte für die Frauen der protestantischen Kirchen zunächst Hoffnung auf Partizipation am kirchlichen Leben. Die Frauen stützten sich auf eine neue Glaubensgrundlage, die neutestamentliche Erkenntnis der Gleichstellung von Mann und Frau vor Gott. So nahm Marie Dentière, die in Genf lebende, zum Protestantismus übergetretene Äbtissin und eifrige Verfechterin des neuen Glaubens, in einem öffentlichen Brief zur Rolle der Frau in der Kirche Stellung und argumentierte dafür, die Frau als gleichwertigen Mitmenschen zu akzeptieren. Sie forderte, daß die Frauen an der religiösen Diskussion teilnehmen und daß sie frei über die Heilige Schrift sprechen und schreiben sollten. Das waren ganz unerhörte Äußerungen, die zusammen mit Marie Dentières scharfer Kritik an den religiösen Mißständen in Genf sie als Frau und Autorin kompromittierten, denn am allerwenigsten konnten die Gegner ihr verzeihen, daß sie als Frau es gewagt hatte, sich zu religiösen und politischen Streitigkeiten in Publikationen zu äußern. Diese Schrift (und ihre anderen Veröffentlichungen) wurde beschlagnahmt und führte zu strengen Zensurgesetzen in Genf, wo dann im 16. Jahrhundert kein von einer Frau geschriebenes Buch mehr erschienen ist. So wurden Frauen [...] aus der religiösen Diskussion der Reformation ausgeschaltet.

Eine Zulassung der Frau zum Priesteramt war auch bei Lutheranern und Calvinisten vollkommen indiskutabel, wurde sogar verteufelt, mit dem „bösen Feind“ in Verbindung gebracht:

Was Gott den Männern befohlen hat, nämlich Gottesdienst, Priestertum und Gottes Wort, das befiehlt der böse Feind den Weibern, sie sind seine Priester, und füllen alle Lande mit unzähligem Aberglauben, Segen und Geheimmitteln.

So hatte Luther gemeint. Auch die Beteiligung der Frauen am Predigen und Lehren bei den Täufern war nur vorübergehend in den Anfangsjahren; als die Anhängerschaft wuchs und die Täufergemeinden sich konsolidierten, geriet ihre Lehre vom allgemeinen Priestertum wieder in den Hintergrund und die Männer verdrängten die Frauen aus allen priesterlichen Funktionen. So muß betont werden, daß in der Reformation in der alten wie bei den neuen Kirchen die Frauen weiterhin vom Lehr- und Predigeramt und von Beteiligung an dogmatischen Diskussionen und von theologischem Wissen ausgeschlossen blieben. [...]

Wenn die Reformation die Rolle der Frau auf die der christlichen Hausmutter in der patriarchalischen Familie, der vom Ehemann geleiteten Haus- und Wirtschaftsgemeinschaft, festlegte, so brachte sie doch eine Neuerung, die langfristig gesehen das Leben der Frauen verändern sollte: die an der Bibel (und Erbauungsschriften) orientierte religiöse Erziehung für alle Gemeindeglieder. Mit der Forderung des intensiven Bibellesens in dem ganz rudimentären Schulunterricht auch für Mädchen und im Hause, wo der Hausvater als „Hauspriester" regelmäßig aus der Bibel vorlas, wurden alle Laien, aber besonders die bislang ausgeschlossenen Frauen an die Heilige Schrift herangeführt. So förderte die Reformation, indem sie religiöse und moralische Erziehung anhand von Texten einführte, den Prozeß der Alphabetisierung, dann die Literarisierung und geistige Bildung – besonders für Frauen. Mit der Bibel und dem Gebetbuch kam (nach dem Zuhören und Auswendiglernen) auch für die Frauen langsam das eigene Lesen, dann das Schreiben. Der „lange Weg zur Mündigkeit", zur Konstitution eines eigenen, autonomen Ich durch Schreiben als Vorform politisch-gesellschaftlicher Emanzipation, hatte begonnen. Mit der Reformation wurden die Weichen dafür gestellt – und wohl völlig unabsichtlich –, daß für Frauen der Prozeß der Individuation beginnen konnte.

Catharina Regina von Greiffenberg

Irr=Gedichte uber die Bäum=Blühte (1693)*

NUn mein Geist flammend reist / durch ertz=Hertz=süsse Wunder/
GOttes Güte macht ihn munder.
Die Swahnen=weise Flor / der bunte Feder=Chor /
Verschleust / und lässet ihn nicht mehr herunter.
Der blancke Sorgen=Schild / das Auferstehungs=Bild!
Die weis Meolig=Schaal mit Nectar angefüllt /
Mich machet heilig toben / den Schöpffer vor zu loben /
Die weise Blühlein seyn / jetzt meine Adler=Flügel /
Bald wisch' ich dann heraus / in das Unsichtbar mich versetze /
Es schliest das Auge zu / was vor ihm schwebet /
Die reine Augen=Lust / das Aug verbindet /
Im Unsichtbarn / zu sehen mehr (verschlossner) findet /
Durch Geist / im Geist / als hundert Argus sehen /
Luchs=Adler scharff / im hellsten Sonnen=Spiegel stehen.
Mein GOTT!
Wie stellest du durch diese zarte Flor /
Die Stärcke deiner Allmacht vor?
Die Sichtbar ungesehn / all-jährlich sich erzeiget /
Die weisen Weisheit=Probn / das stumme Schöpfer-Loben /
Gefünffte Sinn=Gefäß / der Wunden Blut=Rubinnen /
Der säurlich süsse Safft / die mehr als über Englisch Krafft /
Des süssen JEsus-Blut / mir kommet in den Muth /
So offt der Bäum Blüh' ich anschaue / Gedächtnus=Oerter in sie baue /
Vor dem blutrohten Schweiß / blüht seiner Menschheit Schloß schneeweiß!
Vor der Frucht des Tod= und Blutes / thät' er gutes /
In reinem Wandel / JEsu Blüh der Mandel / Tugend / Liebe / Lob und Ehren.
Flora meines Hertzens / laß deinen Geist=Wind schertzen /

Und spielen in den Blaͤtlein um / daß mir der süße Ruch zukomm!
Mein weises Kleid / der Goͤttlichen Gerechtigkeit /
Erlang ich bin die Bluͤh' / ohn' Wirck= und Spinnen= Müh' /
Es kommet mir / wie ihre Zier / Gnad' um Gnade!
Dafuͤr ich danckbar Leben und alles gieb' /
GOTT inniglich lieb' /
Gleichwie ihre Blaͤtter / weichen der Frucht /
Also GOtt aller Goͤtter!
Nehm' alles was dir mißfaͤllet von mir die Fluth /
Weisheit / Unschuld / alls verschwindt / nur dein Blut an mir man findt /
Wie der Weichsel=Keren hafft mitten in dem rothen Safft /
So die Welt zu Gottes Ehr / schwimm' in JEsu Wunden= Meer!
Welchs viel groͤsser ist denn sie / lernet aus der Frucht und Bluͤh /
Daß kein Ding auf Erden ist /
Da die Seel nicht JEsum Christ
Findet / lobet / hertzt / und kuͤsst.

Uwe Gerber

Feministische Theologie heute

Es haben sich drei Richtungen herausgestellt, um die „Frauenfähigkeit" der Kirche herzustellen. In der Praxis überschneiden sich selbstverständlich diese drei Versuche:
1. Entwicklung einer feministischen Pastoral in der Kirche: zunächst Aufbau von autonomen Frauengruppen, in denen Erfahrungen von Frauen bewußt gemacht, ausgetauscht, besprochen und in Aktionen umgesetzt werden; dann die Ausweitung dieser relativ in sich geschlossenen Gruppen

durch Engagement für andere Frauen; Kontakte zu säkularen Frauenbewegungen; kirchenpolitisches Handeln von neuen Formen frauengemäßer Gottesdienste bis hin zur Einlösung der realen Gleichstellung von Frauen und Männern in der Kirche von „unten" der Putzfrauen/männer bis „oben" der Bischöfe/innen; schließlich die Entdeckung anderer unterdrückter Menschen, Frauen wie Männer, und damit verbunden „die Befreiung der Unterdrücker" in einem neuen Verhältnis zum Mann. [...]

Die beste Informationsquelle für das Engagement von Frauen in der Kirche sind die Frauengruppen selbst, die in vielen Gemeinden entstanden sind und sich zum Beispiel auf Kirchentagen engagieren. Ihr Verhältnis zur etablierten Kirche kümmert sie aufs Ganze gesehen wenig, während die Gegenseite in beobachtender Distanz abwartet.

2. Feministische Christlichkeit neben der Kirche: Nur wenige Frauengruppen betrachten sich bewußt als christlich motiviert und ausgerichtet, ohne aber mit der Kirche zusammenarbeiten zu wollen. Meistens sind es Einzelkämpferinnen, die die patriarchalische Amtskirche offen ablehnen (und von dieser abgelehnt werden), dennoch in der Kirche bleiben mit der Absicht, den „weiblichen Geist" in Kirche und Gesellschaft einzubringen. [...]

Später als Heilige verehrte Frauen und Männer wie viele Mystikerinnen und weise Frauen des Mittelalters oder Franz von Assisi wurden zu Lebzeiten beinahe als Ketzer/innen verbrannt und stehen in der heutigen Jugend höher im Kurs als die etablierte Kirche. So wie diese Protestlerinnen und Rebellinnen, diese angeblichen Ketzer und Hexen von Anfang der Kirche an eine subversive, wie in einem dauernden Schwebezustand neben der Kirche herlaufende Frauen-Kultur fortsetzten, so muß sich feministische Theologie heute innerhalb, aber ebenso eigenständig außerhalb der Kirche entfalten. So gibt es in den USA „Sister celebrations", Schwesterngottesdienste, die vom Mitmachen aller Teilnehmerinnen leben; Sonn- und Mondwende-Feste werden von Christinnen gefeiert; Frauen schließen sich in kibbuzartigen Gruppen und Verbänden zusammen. Sie wollen für eine gewisse Zeit bewußt in Abstand leben zu Männerinstitutionen wie der Kirche, ohne dieser die Mitgliedschaft grundsätzlich aufzukündigen.

3. Feministische Religiosität gegen die Kirche: Diese Parole kann zweifach praktiziert werden: als offene Ablehnung der Kirche zugunsten einer kosmischen Religiosität von Frauen, so etwa bei Mary Daly. Der Kampf gegen die Männer-Kirche kann aber auch im Sinne der Reformation des 16. Jahrhunderts, die (ungewollt) zwei Kirchen gebracht hat, als Kampf um die „wahre" Kirche, also um die Kirche der Schwesterlichkeit geführt werden. So fordert Dorothee Sölle:

„Wir wollen jetzt nicht einfach in der Kirche paritätische Systeme einführen... Was wir als Frauen wirklich wollen, ist doch, daß die Kirche sich ändert, und nicht nur, daß wir mehr Macht bekommen. Es soll eine menschlichere Kirche werden, in der bestimmte Formen der Unterdrückung und der Zerstörung von Menschen nicht mehr vorkommen, in der das Evangelium praktisch gelebt wird, in der das Hauptinteresse nicht ist, mit dem Staat gut auszukommen und an der Macht des Staates zu partizipieren, sondern tatsächlich dem armen Mann aus Nazareth nachzufolgen. Ich finde, es ist ganz wichtig, sich klar zu machen, daß wir nicht nur institutionelle Macht wollen, sondern daß das Anliegen der Frauen in der Kirche ein theologisches oder geistliches Anliegen ist. Wir wollen eine andere Spiritualität als die, die immer ja und amen sagt, die so regierungsgehorsam ist, die etwa die Aufrüstung mitmacht und sogar noch festschreibt wie die französischen Bischöfe. Wir wollen wirklich eine andere Kirche der Nachfolge Jesu."

Diese Forderung der „anderen Kirche der Nachfolge Jesu" gegen die bestehende Männerkirche schließt partielle Mitarbeit in der Kirche, etwa an Kirchentagen, und ebenso partielle Frauen-Arbeit neben der Kirche her ein. Aber diese Frauen wollen sich weder in die Kirche integrieren lassen, noch die

Gruppenarbeit neben der Kirche zu einem für Kirche und Gesellschaft folgenlosen Zirkeldasein verselbständigen lassen, noch die „wahre Kirche“ aufgeben und einem nachchristlichen kosmischen Bund von religiösen Frauen beitreten. Die meisten christlich engagierten Frauen befinden sich auf dieser Gratwanderung. Und die etablierten Kirchen warten weiter ab.

VI. Hexen

Großmutter Schlangenköchin*

Maria, wo bist du zur Stube gewesen?
Maria, mein einziges Kind!

Ich bin bei meiner Großmutter gewesen,
ach weh! Frau Mutter, wie weh!

Was hat sie dir dann zu essen gegeben?
Maria, mein einziges Kind!

Sie hat mir gebackne Fischlein gegeben,
ach weh! Frau Mutter, wie weh!

Wo hat sie dir dann das Fischlein gefangen?
Maria, mein einziges Kind!

Sie hat es in ihrem Krautgärtlein gefangen,
ach weh! Frau Mutter, wie weh!

Womit hat sie dann das Fischlein gefangen?
Maria, mein einziges Kind!

Sie hat es mit Stecken und Ruten gefangen.
Ach weh! Frau Mutter, wie weh!

Wo ist dann das übrige vom Fischlein hinkommen?
Maria, mein einziges Kind!

Sie hat's ihrem schwarzbraunen Hündlein gegeben,
ach weh! Frau Mutter, wie weh!

Wo ist dann das schwarzbraune Hündlein hinkommen?
Maria, mein einziges Kind!

Es ist in tausend Stücke zersprungen.
Ach weh! Frau Mutter, wie weh!

Maria, wo soll ich dein Bettlein hin machen?
Maria, mein einziges Kind!

Du sollst mir's auf den Kirchhof machen.
Ach weh! Frau Mutter, wie weh!

Aaron Gurjewitsch

Schwarzer Zauber

Mittelalter/frühe Neuzeit

Der schwarze Zauber wird in den Bußbüchern mit höchster Anschaulichkeit dargestellt, genau wie der Hexensabbat und die nächtlichen Flüge der Frauen, die sich mit dem Teufel eingelassen haben, nebst allen sonstigen Hexenkünsten. Anscheinend sah es auf diesem Gebiet in Deutschland besonders übel aus. Wie das „Bußbuch der deutschen Kirchen" sagt, herrschte der Wahn, manche Frauen wären der List des Teufels erlegen und hätten sich auf seine Einflüsterungen hin einer Rotte böser Geister angeschlossen, die in der Gestalt von Frauen in bestimmten Nächten auf den Rücken von Tieren zu ihren Versammlungen flögen. „Das dumme Volk bezeichnet eine solche Hexe (striga) als Holda." Huld oder Holda tritt in nordischen und deutschen Göttersagen und Märchen auf. Sie ist ein weibliches Wesen, das über Seherkraft verfügt. Im mittelalterlichen Deutschland ist sie unter dem Namen Frau Holle bekannt. „Von dieser Holle erzählt das Volk vielerlei, Gutes und Böses." Sie steht den Frauen bei der Geburt bei, ist selber eine gute Hausfrau und Gärtnerin, belohnt die fleißigen Weberinnen und bestraft die faulen. Den Feldern verleiht sie Fruchtbarkeit, allerdings erschreckt sie die Menschen auch, wenn sie mit einer Schar von Hexen durch die Wälder stürmt. In einer Handschrift des Bußbuches heißt sie Friga-holda. Anscheinend wurde diese Hexe mit der altgermanischen Frigg (Frîja), der Göttin des Zaubers, der Weissagung, der Fruchtbarkeit und der Ehe, gleichgesetzt, die wie Frau Holle den Gebärenden Beistand leistete und das Schicksal der Neugeborenen bestimmte. [...]

Was das Wort striga (stria) angeht, so tritt es nicht nur in den Bußbüchern, sondern auch in anderen Quellen auf. Das Salische Recht bestimmte ein Bußgeld dafür, daß eine Frau zu Unrecht als stria bezeichnet worden sei, das heißt, als Hexe, die eine Brühe in einem Kessel zubereitet haben soll. Im Alemannischen Recht wird die stria neben der herbaria oder Giftmischerin genannt. Das langobardische Edictum Rothari verbot, eine striga zu erschlagen, denn Christen sollten nicht daran glauben, daß eine Frau die Eingeweide eines Menschen verschlingen könnte. [...]

An einer anderen Stelle desselben Bußbuches geht Burchard wiederum auf den Glauben „verbrecherischer Frauen, die sich dem Teufel ergeben haben", und auf ihre nächtlichen Zusammenkünfte ein. Eine ungeheure Menge von ihnen durchquere in der Luft auf dem Rücken von Tieren riesige Entfernungen, um sich an dem Ort zu versammeln, wo der Hexensabbat stattfinde. Dort dienten sie in bestimmten Nächten „der heidnischen Göttin Diana als ihrer Herrin". „Ach daß sie doch die einzigen Opfer ihres Wahnes wären und nicht noch viele andere auf den Weg des Verderbens zerren würden!" ruft Burchard aus. „Eine unglaubliche Anzahl von Menschen läßt sich nämlich von ihrem Lug und Trug verführen und hält all das für wahr. [...] Auf die Bibel gestützt hebt Burchard hervor, daß alle, die in solche Irrtümer verfallen sind, den rechten Glauben verloren haben und daher zwei Jahre lang Buße tun müssen.

Als Dienerin des Teufels hat die Hexe letzten Endes in den Umkreis der christlichen Teufelslehre Eingang gefunden, was bekanntlich die schlimmsten Folgen haben sollte. Aber in der von uns zu untersuchenden Zeit war man davon noch weit entfernt. [...] In dieser Zeit betrachtete die Kirche es nämlich als „eine alberne Vorstellung des Volkes", daß eine Hexe mit dem Teufel eine Verbindung eingehen könnte. Nicht die Sabbate wurden verurteilt, da sie als bloße Lügenmärchen der Frauen betrachtet wurden, die der Böse um den Verstand gebracht hatte, sondern der Glaube an die Sabbate. Der „Hexenhammer" nimmt jedoch alle diese Vorstellungen für reine Wahrheit, und verurteilt werden schon diejenigen, die sich daran Zweifel erlaubten. Von da an galt es als Glaubenssatz, daß einige Frauen fähig wären, einen Bund mit dem

Teufel zu schließen, um Christen zu verderben, und ebenso, daß der Hexensabbat wirklich stattfinde und Frauen sich mit dem Teufel fleischlich vermischten. Gerade damit wurden die grausamsten Blutgerichte gegen Frauen begründet, die solcher Abmachungen mit dem Bösen für schuldig befunden worden waren. Die wie Seuchen umgehenden Hexenjagden wüteten in Europa seit dem Ende des 15. Jahrhunderts und erreichten im 16. und 17. Jahrhundert ihren Höhepunkt. Mancherorts flackerten sie noch im 18. und 19. Jahrhundert auf. [...]

Bisher haben die Bußbücher von den Zusammenkünften der Hexen gesprochen; über die Taten der Unholdinnen wurde nichts Genaues gesagt. Der Beichtvater schildert einen Glauben „vieler Frauen, die der Satan um den Verstand gebracht hat": Während der Mann auf seinem Lager in den Armen seiner Frau zu schlummern meine, könne sie im Schutze der Nacht mit ihrem Körper verschlossene Türen durchdringen: nachdem sie irdische Räume durchflogen habe, sei sie in der Lage, zusammen mit anderen, demselben Wahn verfallenen Frauen ohne sichtbare Waffen Christenmenschen umzubringen, deren Fleisch zu kochen und zu essen und an der Stelle des Herzens Stroh, Holz oder etwas Ähnliches in den Leichnam zu legen und den Verstorbenen wieder zum Leben zu erwecken. [...]

„Wenn ein ungetauftes Kind gestorben ist, schaffen sie seinen Leichnam beiseite, verbergen ihn an einem geheimen Ort und durchbohren ihn mit einem Pfahl. Sie sagen, wenn sie es nicht täten, würde das Kind umgehen und viel Schaden anrichten. Falls du eine solche Tat begangen oder ihr zugestimmt oder daran geglaubt hast, sollst du zwei Jahre lang Buße tun." Genauso wurden Mutter und Kind mit einem Pfahl durchbohrt, wenn beide bei der Geburt gestorben waren. Wenn aber ein Neugeborenes nach der Taufe verschieden war, begruben es einige, wobei sie ihm in die rechte Hand ein Gefäß aus Wachs mit einer Oblate und in die linke einen Becher mit Wein taten. Eine solche Entweihung der christlichen Heiltümer wurde streng bestraft, obwohl sie ohne Zweifel nicht bewußt erfolgte, sondern sich aus dem eigenartigen Verständnis des Sinns der christlichen Bräuche ergab. [...]

Daß ein Mensch durch Hexensprüche zu Tode gebracht wurde, fand besonders strenge Ahndung. „Hast du so gehandelt, wie es bei einigen Frauen üblich ist, die der Teufelskünste voll sind: Sie folgen den Spuren eines Christenmenschen und nehmen Gras von einer Stelle, wo er seinen Fußabdruck hinterlassen hat, und betrachten es, womit sie ihn der Gesundheit und des Lebens zu berauben hoffen." Das deutsche Bußbuch drohte solchen Handlungen mit einer fünfjährigen Buße, wobei in diesem Falle, der hochaltertümlichem Zauber ganz ähnlich ist, der Verfasser seinen gewöhnlichen Vorbehalt gegenüber der Wirksamkeit des Verfahrens nicht äußert. Besondere Tränke wurden gebraut, um die Leibesfrucht zu töten oder eine Schwangerschaft zu verhüten, ebenso wurden lebensgefährliche Gifte hergestellt. Dafür waren schwerste Bußen vorgesehen. [...]

Manche Frauen brachten ihre Männer auf folgende Weise um: Sie entledigten sich aller Kleider und bestrichen ihren Körper mit Honig. Danach wälzten sie sich auf einem Leinentuch, das auf der Erde ausgebreitet und mit Weizen bestreut war. Mit Sorgfalt lasen sie dann die auf ihrem Körper haftenden Körner zusammen und zerrieben sie in einer Mühle, wobei sie den Griff gegen den Sonnenlauf drehen mußten. Aus dem Mehl buken sie ein Brot, von dem sie ihrem Mann zu essen gaben, damit er nach dem Verzehr erkrankte und stürbe. Allerdings wird dem Verfahren in einer anderen Textfassung der Zweck zugeschrieben, es solle die Liebe des Mannes stärken, den die Frau mit diesem Brot speiste. Anscheinend war den Verfassern der Bußbücher der Brauch, aber nicht sein Sinn bekannt.

Hans-Jörg Nesner

Der Hexenhammer

Um 1500

Um der Originalität des „Hexenhammers“ gerecht zu werden, müssen die spezifischen Unterschiede zu früheren Veröffentlichungen in Sachen Hexerei herausgestellt werden. In der Hauptsache lassen sich drei besondere Akzentuierungen feststellen.

Zum einen hebt der „Malleus maleficarum“ das Malefizium, also die praktizierte Zauberei, in den Vordergrund und stellt dagegen den Sabbatbesuch, das gemeinsame Bekenntnis aller ketzerischen Zauberer und Hexen zum Teufel und die Verleugnung Gottes als das eigentliche häretische Moment im Hexenverbrechen in den Hintergrund. Die Hexenfahrten werden ausführlich geschildert – die theologische „Wissenschaft“ stützt sich also auf den Volkswahn, den sie früher bekämpft hat. [...]

Zum zweiten, und das steht mit dem eben Gesagten in direkter Verbindung, wird das Hexentreiben grundsätzlich auf das weibliche Geschlecht zugespitzt. „Das Geschlecht ..., in welchem Gott stets Großes schuf, um Starkes zu verwirren ...“ (I, 6). Diese eindeutige Tendenz kommt bereits im Titel „Malleus malefic*a*rum“ zum Ausdruck. Ein buntes Florilegium von Aussagen gegen die Frauen und „das Weibliche“ wird zur Stützung der These angelegt. Da die geschlechtliche Betätigung beim Mann leichter verhindert werden könne, also Männer besser zu behexen seien als Frauen, müßten folglich die Hexenpersonen in erster Linie dem weiblichen Geschlecht angehören. Wie die etymologische Herleitung des Wortes *femina* zeige, seien die Frauen schon von Natur aus zum Bösen besser disponiert; sie seien leichtgläubig, geschwätzig und leicht beeinflußbar, die Jungfrau Maria aber sei der „normalen“ Weiblichkeit durch göttliche Gnade enthoben. Letztere These erklärt die gleichzeitige tiefe marianische Frömmigkeit, die viele der Dominikanerinquisitoren pflegten. Dieses numerische Übergewicht erweise sich aber vor allem in der Teufelsbuhlschaft. Da der Teufel männlich gedacht wird, sei der geschlechtliche Verkehr mit diesem eben nur oder in weit überwiegendem Maße der Frau zuzuschreiben. [...]

Das Grundmotiv für diese bösartige und einseitige Charakterisierung alles Weiblichen war die Anschauung, daß die Frauen zu geschlechtlichen Ausschweifungen neigten und dies sogar zur Teufelsbuhlschaft führen könne. Im Hintergrund dieses Denkens stand, in der Abkehr von der weiblichen Begierde, die mönchisch-asketische Betonung des Jungfräulichen, die im Marienkult ihren Höhepunkt fand. In Anlehnung daran versuchen die Verfasser zu beweisen, daß sie ja prinzipiell nichts gegen das weibliche Geschlecht einzuwenden hätten – wohl eine reine Nützlichkeitsbehauptung. Hieraus wird deutlich, daß sich im „Hexenhammer" eine Wende vom dogmatisch umschriebenen Ketzerwesen zum vom Volkswahn geschürten Hexenwesen vollzogen hat; außerdem wurde die einseitige Ausrichtung der Hexenprozesse gegen das Weibliche festgeschrieben.

Wolfgang Behringer

Ein Hexenprozeß

17. Jahrhundert

Ungeachtet der in der Literatur weitverbreiteten Meinung blieben Hexenprozesse in Bayern relativ selten, und wir wollen im folgenden an einem Beispiel, dem Hexenprozeß von 1607/08, zeigen, warum.

Angeklagt war in diesem Hexenprozeß eine verrückt gewordene, vielleicht altersschwachsinnige Bäuerin aus dem bayrischen Landgericht Schwaben. Diese hatte sich in der Dorfkirche einsperren lassen, vollführte dort seltsame abergläubische Praktiken und wurde dabei vom Pfarrer überrascht, was nicht weiter verwunderlich war, da sie mit der Glocke geläutet hatte. In einem kurzen Kampf überwältigte der Pfarrer die Bäuerin und verständigte den Pfleger des Landgerichts, der sie noch am gleichen Tag, dem 23. Juni 1607, verhaftete. Bei umfangreichen Zeugenvernehmungen ergab sich folgendes Bild: Vom Nachbarn wurde die Frau der Zauberei verdächtigt, ansonsten aber von niemandem. Dieser Nachbar hatte sie einmal beobachtet, wie sie am Sonnwendfeuer ihr Vieh mit einem Tuch bestrichen hatte, außerdem war sein Kind lange krank gelegen. Weitere „Indizien" waren der seltsame Vorgang in der Kirche und die Tatsache, daß am 11. Juni ein Schauerwetter abgegangen war. Anfang Juli bekam der Pfleger den Befehl, die verdächtige Person nach München zu liefern.

Hier finden wir nun das Spiel des Kampfes zweier Linien im Hofrat. Die harte Gruppe um Wagnereckh hielt die Frau von vornherein für eine Hexe und setzte bereits vor dem ersten Vehör den „eventual schluß" durch, die Bäuerin zu foltern. Mit der Prozeßführung beauftragt wurde aber eine gemäßigtere Gruppe von Räten. [...] Diese Gruppe weigerte sich, die Bäuerin zu foltern, nachdem sie befunden hatte, daß diese „in ihrem Khopff gwalmisch, träppisch und einfältig" und somit eine „närrische, lappische oder unsinnige Person" sei. Daraufhin kam es im Hofrat zu harten Auseinandersetzungen. [...]

Der Abschluß des Prozesses verzögerte sich immer mehr, und schließlich nahm sich die alte Frau im Gefängnis, dem herzoglichen Falkenturm, das Leben. Die Verantwortung für das Scheitern des Prozesses lag beim Hofkanzler, der den Fall auch nicht hatte zu Ende führen können. Durch Dutzende weiterer Vehöre hatte er lediglich weitere Zauberhandlungen der Bäuerin, zeitlich weit zurückliegend, ans Licht gebracht: Einmal hatte sie versucht, durch Zauber Gelbsucht zu heilen, und einmal hatte sie durch Zaubersprüchlein versucht, das Wetter zu beeinflussen.

Die Aufklärung des Falles wurde trotz des Eingreifens des Herzogs Maximilian in die Reichspolitik – Reichsexekution gegen Donauwörth – sehr ernst genommen. Eine Untersuchungskommission wurde eingesetzt. [...] Diese hochkarätige Gruppe richtete ihre Kritik nun nicht gegen Wagnereckh, sondern meldete viel prinzipiellere Bedenken gegen das bisherige Verfahren in Hexenprozessen an. [...]

Prinzipiell stellt diese Kritikergruppe fest, daß zukünftig in dergleichen Prozessen anders zu verfahren sei. Die Bäuerin habe sich keineswegs „conscia criminis, de quo nullum sufficiens indicium“ umgebracht – eine sehr direkte Attacke auf den Hofkanzler –, sondern vielmehr „ex melancholia, außgestandner Tortur, langwürigem Proceß Unnd Schwermüttigkeit“ – eine Argumentation, die man eher einem Friedrich Spee zugetraut hätte. Deshalb seien in Zukunft die Prozesse in angemessener Zeit durchzuführen, und vor allem sei zu beachten,

„daß auch hinfüro in dergleichen sachen observationis, seu superstitionis vanae behutsamer Zugehen, die Tortur nit so leicht zu repetiern, contraria indicia in acht zu nemmen, mit den Zaubereyen ein Unnderschidt zu machen, die ordentlichen purgationes zuzelassen“.

Carolyn Merchant

Die Zügellosigkeit der Frau

15. bis 17. Jahrhundert

Die Nachtseite der Frau wurde symbolisch mit der Gesetzlosigkeit der Natur in Verbindung gebracht. Zwar hatte in der Renaissance der platonische Liebhaber die Frau mit wahrer Schönheit und dem Guten begabt, und die Jungfrau Maria war als Mutter des Erlösers verehrt worden; aber man glaubte auch, daß die Frauen der Natur näherstünden als die Männer, daß sie in der gesellschaftlichen Hierarchie unter den Männern ihrer jeweiligen Klassen rangierten und daß sie von einer weit stärkeren sexuellen Leidenschaft getrieben seien. Wie die wilde, chaotische Natur mußten die Frauen unterworfen und in ihre Schranken verwiesen werden.

Robert Burton malt die Gewalt der Liebeslüsternheit bei jungen wie bei alten Frauen in seiner *Anatomy of Melancholy* (1621) in grellen Farben: „Schlimmer ist sie beim Weibe als beim Manne; wenn sie schon ... eine bejahrte Witwe ist und seit langem Mutter, sucht sie noch, sehr ungeziemend, zu freien; sie mag eine noch so alte Vettel sein, ... ein bloßer Leichnam von halb erstorbenem Gefühl, so keift sie doch und muß einen Hengst haben, einen Bemeisterer; sie muß und sie wird wieder freien und sich irgendeinem Jüngling verloben." [...]

Nach dem Volksglauben der Renaissance waren Sinnenlust und Verführung durch die Frau schuld am körperlichen Ruin des Mannes; jeder vollzogene Sexualakt oder „kleine Tod", so glaubte man zu wissen, verkürzte das Leben des Mannes um einen Tag. [...]

In der bildenden Kunst des 16. und 17. Jahrhunderts wird die Frau als aufsässig und frech hingestellt; sie schlägt ihren Gatten, spielt ihm Streiche, trinkt Wein und zerrt ihn voller Geilheit ins Bett. [...]

Die angebliche Gesetzlosigkeit lüsterner Frauen kam auch in den Hunderten von Bildern und Graphiken zum Thema Hexerei zum Ausdruck. Gestützt auf eine gründlich ausgearbeitete Lehre von den Hexen, die Ende des 15. Jahrhunderts in dem antifeministischen *Hexenhammer* (1486) der beiden deutschen Dominikaner Heinrich Institoris und Jacob Sprenger sowie in einer Reihe von Kunstwerken Hans Baldung Griens und Albrecht Dürers aufkam, bedrohten in den folgenden beiden Jahrhunderten Hexenprozesse die Frauen ganz Europas, vornehmlich in den Ländern des Heiligen Römischen Reichs. Erhalten gebliebene Darstellungen des Hexensabbats bieten das Bild eines allgemeinen Chaos und einer entfesselten Natur, über welche Frauen in ausschweifendem, wahnwitzigem Treiben gebieten. [...]

Die angebliche sexuelle Lüsternheit der Frauen war einer der Gründe, derenthalben man sie der Hexerei bezichtigte und vor Gericht stellte. In einem Zeitraum von nur zwanzig Jahren erschienen zwölf Auflagen von Henri Boguets *Discours des Sorciers* (um 1590); das Buch schildert die Gerichtsverfahren gegen sechs Frauen, die des geschlechtlichen Umgangs mit dem Teufel beschuldigt wurden. [...]

Hexen, so weiß Boguet zu berichten, kopulieren mit dem Teufel zu Hause in ihrem Bett, aber auch am Hexensabbat, und können oft in Wald und Feld bei solchem Treiben angetroffen werden. Er meint auch, daß ihre Buhlen an ihnen saugen würden – eine Art der Annäherung, die Satan oft bevorzugte. Waren die Frauen in Haft, so wurden sie nackt ausgezogen und auf Hexenmale am Leib sowie auf Anzeichen des Geschlechtsverkehrs mit dem Teufel untersucht. Bei der Gerichtsverhandlung mußten die Frauen bekennen, daß der Verkehr mit dem Teufel schmerzlich war: einmal wegen der häßlichen Gestalt, in der er erschien, dann aber auch wegen des Brennens im Magen, das sein „eisig kaltes Glied" verursachte. [...]

Einer der vielen komplexen und mannigfaltigen Gründe für die Hexenprozesse war die Kontrolle und Aufrechterhaltung der gesellschaftlichen Ordnung und der Stellung der Frauen in ihr. Dem Hexenwahn fielen in der Hauptsache Frauen zum Opfer. [...] Bei der Eingrenzung der Opfer spielten religiöse, soziale und sexuelle Einstellungen gegenüber den Frauen und ihrem Standort in der zeitgenössischen Gesellschaft eine bedeutsame Rolle.

Die Frage, ob und in welchem Umfang die Vorstellungen der Inquisition über das Hexenwesen auf Tatsachen beruhten, ist nicht eindeutig zu beantworten. Die verfügbaren Quellen stammen in erster Linie von den Anklägern und Verteidigern der Hexen. Die weitaus meisten der Angeklagten waren Analphabeten und hinterließen keine schriftlichen

Zeugnisse über das, was sie glaubten und getan (oder nicht getan) hatten; die wenigen, die etwas zu Papier brachten, beteuerten ihre Unschuld. Doch in einer Welt, die fast allen Menschen als lebendiger Organismus galt, sahen die Schwachen und Entrechteten in der Hexerei ein Mittel der Rache und Machtausübung. [...]

Durch die Macht der Zaubersprüche, mit denen sie Geister beschwor, konnte die Hexe die Kräfte der Natur beherrschen; sie konnte es regnen oder hageln lassen, die Ernte vernichten und Plagen bringen. Sie konnte Rache an denen nehmen, die sie haßten, sich jene geneigt machen, die sie gern hatten, oder sich selbst und jeden anderen Menschen in ein widerliches Untier verwandeln. Frauen auf der untersten Stufe der sozialen Leiter, des Lesens wie des Schreibens unkundig, hatten kaum andere Möglichkeiten, die Bedrükkungen und Ungerechtigkeiten einer hierarchischen Gesellschaft aufzufangen und abzuwehren. Die entfesselte Leidenschaft und Gewalt beim Hexensabbat versinnbildlichte die Entfremdung der Hexe von einer Welt, die ihr wenig menschlichen Trost oder Hoffnung auf Erlösung zu bieten hatte.

Jeannine Blackwell

Schwärmerische und sündige Bekenntnisse

Ende des 17. Jahrhunderts

Die haardünne Trennungslinie zwischen „heidnischer" Ketzerei und ikonoklastischer, origineller Metaphorik der Geisteserfahrung wurde nicht nur innerhalb des Pietismus, sondern auch in anderen Sozialphänomenen übertreten. So sind die Hexenprozesse und die deutsche Mystik in ihrer langen Geschichte vom 14. bis zum 18. Jahrhundert fast Parallelerscheinungen. Selbstverständlich waren die Hexenjagden sporadisch; es ist aber bemerkenswert, daß die Prozesse zu dem Zeitpunkt den Höhepunkt überschritten, als die Introspektiven und Schwärmer aufkamen – um 1650 bis 1700. Die kurzfristige Zunahme der Hexenhinrichtungen in den 1690er Jahren entspricht einem ähnlichen Ausbruch unter den „ekstatischen Weibern“: außer den drei begeisterten Mägden von Francke hatten auch Anna Eva Jacobs („die Schinder-Anna“), Anna Margaretha Jahn in Halberstadt, Adelheid Sybille Schwarz in Lübeck, die Seherinnen Frau Gebhard und Frau Krapp und Christine Regina Bader in Württemberg prophetische Gesichte; Gott befiehlt ihnen zu predigen, die Pfarrer zu rügen oder die Regierung zu kritisieren. Auf die Verbindung Schwärmerei-Ketzerei-Hexerei deutet auch die erhebliche Zahl der Anklagen gegen prominente introspektive Frauen: Jeanne Marie Guyon wurde wegen Zauberei verhört; Anna Margaretha Jahn, Christine Regina Bader und Anna Vetter wurden verhaftet, wegen Hexerei verhört und ins Gefängnis geworfen; Anna Fleischer (Freiburg) wurde auf Grund der Beschaffenheit ihres Urins der Hexerei verdächtigt, und sogar die gelehrte Adlige Johanna Petersen, geborene von Merlau, wurde als Ehebrecherin und Teufelsweib öffentlich verleumdet. In der sehr frühen Geschichtensammlung „Das göttliche Wunderbuch“ bemüht sich der Hofprediger und Berichterstatter Johann Fabricius darum, sein Lesepublikum davon zu überzeugen, daß die weiblichen Gesichte im göttlichen Fieber nicht das Werk des Teufels seien. Anklagen auf Hexerei und Zauberei waren eine Gefahr für Frauen, die für die führenden Männer der religiösen Bewegungen eigentlich nicht existierte, und Frauenbekenntnisse spiegeln in ihrem Inhalt und ihren Selbstverteidigungsstrategien die Reaktion der Frauen auf diese Gefahr wider.

Formal und inhaltlich ähneln sich Hexenbekenntnis und Introspektivenbekenntnis im 17. Jahrhundert. Beide beschreiben sprunghafte, ketzerische, chaotische Gesichte oder Halluzinationen, in denen Christus und der Teufel als menschliche Liebhaber erscheinen, in denen Krankheit und

Heilkunde, sexuelle Gewalttat und Sozialprobleme in einer nichtchronologischen, ursprünglich mündlichen Form erzählt werden. Erst innerhalb der Institutionen des Gerichts und der Kirchengemeinde wird das Bekenntnis als schriftliche Gattung fixiert. Dort wurde es zum Exempel weiblichen Lebens, ob gut oder böse. Im Hexenbekenntnis zeigt sich eine Entwicklung des Textes, in der die Lebensgeschichte der Frau buchstäblich „zurechtgefoltert" wird. Die weitschweifige, zeitlich ungeordnete Wiedergabe der Sozialzustände im ersten Unschuldsbekenntnis der Frau wird in eine knappere, chronologisch erzählte Handlungsfolge umgewandelt, während die Folter der Frau weitergeht und sie ihre „Schuld" bekennt. Ein Kausalnexus wird festgelegt zwischen Gefühlen (Wut, Eifersucht, Rache, Hunger, sexueller Lust), Sünde (Mord, Hexenspruch, außerehelichem Geschlechtsverkehr, Teufelsbuhle) und Schuld; Reue und Zerknirschung werden dann zu dramatischen Höhepunkten der Erzählung. Diese Zerknirschung wird öffentlich bei der Hinrichtung vorgeführt, indem das Bekenntnis der stummen Frau vorgelesen wird. Die öffentlichen Hexenbekenntnisse gelten als negatives Beispiel in der Gemeindegeschichte für die Feststellung verinnerlichter Kausalzusammenhänge zwischen sinnlicher Tat und starken Affekten und der daraus folgenden Sünde und Zerknirschung. Sie stehen als Vorbild für das psychologische Modell des Quietismus, das die begangenen Sünden vor der Zerknirschung einer persönlichen Entscheidung für das Böse zuschreibt, während die Lebensphase nach der Zerknirschung eine passive Hingabe an den „Gott in uns" darstellt, der unabhängig vom Willen des Einzelnen wirkt. Nicht viel erzählte Zeit ist in den Hexenbekenntnissen der Handlung nach der „Bekehrung" gewidmet. Im Hexenbekenntnis und im Introspektivenbekenntnis wird außerdem immer aus der Haltung der Reue erzählt. Dadurch wird der weibliche Lebenslauf in eine chronologische Zwangsjacke der Selbstsuche nach den Quellen des Bösen gedrängt, anstatt daß das Leben als ein Netz gesellschaftlicher Beziehungen angesehen wird, in denen Ursache und Wirkung weder individualisiert noch streng chronologisch sind. Da die Frau gezwungen wird, die Schuld öffentlich und „freiwillig" auf sich zu nehmen, zeigt der Bekenntnis-Hinrichtungs-Komplex der Gemeinde ein Vorbild der verinnerlichten Schuld, in dem die einzelne Frauengeschichte den eigenen Untergang vorbereitet; sie gibt eine öffentliche, auf persönlicher Erfahrung basierende Erklärung dafür ab. Bedeutung der persönlichen Geschichte, Sündenkausalität und dementsprechend Demut und Selbsterniedrigung zeigen sich unter den Hexenbeschuldigten wie auch unter den Pietisten. Tatsächlich haben die Hexenbekenntnisse den europäischen Kirchengemeinden ein neues, bitter aufoktroyiertes Beispiel der Selbstprüfung geliefert.

Auch haben die Hexenbekenntnisse zu einer Neugestaltung des Wahrheitsbegriffs und der Wirklichkeitsbeschreibung geführt. Frauen wurden gefoltert, bis sie bereit waren, Bilder von sinnlichem Übel und willentlicher Zerstörung in die eigene Lebensbeschreibung einzuarbeiten. Sie mußten ihre erste Zusammenkunft mit dem Teufel, Gesichte des Hexensabbats und die eigenen sexuellen Ausschweifungen mit dem Teufel beschreiben; sie mußten die Schuld dafür annehmen und in Reue allem Bösen abschwören. Die Grenze zwischen Wirklichkeit, Wahrheit und Dichtung wurde verwischt, als diese Angeklagten „freiwillig" Männerphantasien und Wahnvorstellungen unter Folter der eigenen Lebensgeschichte einfügten.

Ingeborg Weber-Kellermann

Geheime Kräfte der Frauen

Bei Not und Tod übersprang man die sozialen Schranken, und es waren oft gerade Frauen der unteren Dorfschichten, die die sympathetischen Schutz- und Trutzvorschriften, die Segen und Beschwörungen beherrschten. Da ärztliche Hilfe dem durchschnittlichen ländlichen Geldbeutel meist zu teuer erschien, waren die magischen Kräfte dieser Dorffrauen begehrt, und auf geheimen Verbindungskanälen sandten sie ihre Botschaften in die betreffenden Häuser. Hier traten besonders die Hebammen in Erscheinung, aber auch ungelernte „weise Frauen" oder „Brauchweiber", die die Bräuche des Heilens, zuweilen auch des Verderbens, kannten. Solche überdurchschnittlich begabten Frauen besaßen ein hohes und auch gefürchtetes Ansehen, unabhängig von ihrer sozialen Stellung im Dorf. Sie kannten sich mit den Sitten und Bräuchen des Dorfes „genau nach der Vorschrift" aus, wußten Reime und Sprüche für Kindtaufen, Hochzeiten und Begräbnisse zusammenzustellen und sorgten mit einem unerschöpflichen Repertoire von Trinksprüchen und Scherzen bei Hochzeiten für Stimmung. Da sich ihre spezielle Begabung meist auf das Gebiet der Volksmedizin erstreckte, auf magische Heilungen und Beschwörungen (im Süddeutschen volkssprachlich als *brauchen* bezeichnet), erklärt sich ihre Bezeichnung als Brauchweiber aus dem Doppelsinn, daß sie sowohl die Dorfsitten wie Magie und Sympathiezauber beherrschten. Wohl gab es auch Männer mit solchen Fähigkeiten, zumal diese Kenntnisse meist überkreuz von Mann auf Frau und umgekehrt übermittelt werden sollten. Aber die Frauen waren im allgemeinen doch mehr an diesen Praktiken beteiligt, zumal wenn die Patienten Frauen waren.

War die Furcht des einzelnen – insbesondere seit dem Dreißigjährigen Krieg – jeweils ganz konkret auf Epidemien wie Pest und Cholera oder Kriegsgeschehen gerichtet, so betrafen die kollektiven Ängste eine übergeordnete Sphäre von Ordnungslosigkeit, der man hilflos ausgeliefert war. Nur lückenhaft umfaßte ein Schutzring der Sicherheit das Leben, dessen vorzeitiges Ende an der Tagesordnung zu sein schien. Neben den Männern und Frauen der Kirche trat hier – gewissermaßen als ein Gegenpol – die Gruppe jener in Aktion, die magische Mittel wie ein Werkzeug gegen irrationale Gefahren beherrschten und gebrauchten, – und das waren vornehmlich die Frauen.

Wie viele weibliche Begabungspotentiale in solcher Weise irregeleitet worden sind, sollte man bei einem Rückblick auf das Dorfleben der Vergangenheit mitbedenken.

Thomas Hauschild

Heilerinnen heute

Schlägt man den Kleinanzeigenteil einer italienischen Tageszeitung auf, springen einem bald die Angebote anerkannter Hexen und Zauberer ins Auge, die sich anerbieten, Erkrankungen am „bösen Blick“ (malocchio, jettatura) zu heilen – ähnlich den Annoncen von Warzenbesprecherinnen in der deutschen Boulevardpresse. Die besonders im Mittelmeerraum seit Jahrtausenden kultivierte Theorie der Schädigung durch neidische, gierige oder neugierige Blicke ist in Italien noch heute außerordentlich populär. [...]

Eine Vielzahl von Heilern, meist Heilerinnen (fattuchiere) hat es daher überhaupt nicht nötig, ihre Dienste in der Zeitung anzupreisen. Eine fattuchiera etwa zur Heilung von Kopfschmerzen aufzusuchen, ist vor allem im Süden des Landes oft Bestandteil des Alltages. Bei den erwähnten Schmerzen scheint es sich um die auch bei uns verbreiteten konfliktbedingten Spannungszustände der Kopfmuskulatur zu handeln, jedenfalls erklären sich die Heilerinnen für unzuständig bei Kopfschmerz, der durch zuviel Sonne oder beruflichen „Streß“ hervorgerufen wurde. Die Krankheitsursache wird mit einem Orakel ermittelt, das in vielem an psychotherapeutische Sitzungen erinnert.

Fattuchiera und Erkrankter ziehen sich in eine ruhige Ecke der Wohnung zurück. Sie nimmt ein Glas oder einen Teller voll Wasser und läßt vom Finger etwas Öl hineintropfen. Bilden sich einzelne runde Ölflecken auf der Wasseroberfläche, ist das Gegenüber ein Opfer des bösen Blickes. Da der Ausgang des Tropfenlassens von der benutzten Menge abhängt, kann die fattuchiera selbst entscheiden, ob das Orakel auf den bösen Blick hindeutet oder nicht. Der Kranke kommt mit dem Verdacht, vom bösen Blick „gekränkt“ zu sein. Durch das Orakel teilt ihm die fattuchiera ihr Verständnis seiner Situation mit. Ihre Aussage wirkt durch die Vermittlung des Orakels nicht rein subjektiv; sie geschieht in einem neutralen, vom alltäglichen Leben losgelösten Raum. Dieses Verhalten hat den gleichen Stellenwert wie in der Psychotherapie das jeweilige therapeutische „setting“, z. B. die bekannte Couch in der Psychoanalyse, welche Patient und Therapeut in einer neutralen Sphäre Spannungen und Gefühle neu überdenken läßt.

Im Anschluß an das Orakel versucht die fattuchiera, den schädlichen Einfluß böser Augen „auszubalancieren“. Sie rezitiert dazu Verse, eine kleine „Geschichte“ des bösen Blickes, so etwa:

„Vater, Sohn und Heiliger Geist;
Denk an Deine Mutter,
Denk an Deine Mutter;
Kämpfe für die Heilige Maria.
Zwei Augen haben mich beleidigt,
Vier Augen haben mich beleidigt,
Die ersten, zweiten, sechsten Heiligen,
Das ganze Universum soll das Böse wegpusten.“

Oft werden diese Verse von segnenden oder taufenden Bewegungen der fattuchiera begleitet. Sie zieht, z. B. mit einem silbernen Messer, das Kreuz auf der Stirn des Kranken und schüttet das Orakelwasser samt Ölaugen auf die Straße, damit der böse Blick auf den nächsten Passanten übergeht. Der Blick wurde dem Kranken zugefügt als schädigende „Menge", der nun heilende „Mengen" (Heilige, Dreifaltigkeit, Mutter) entgegengesetzt werden und die schließlich ausgeschüttet wird. Damit ist das Heilritual abgeschlossen; es kann aber häufiger – bis zum Erfolg – wiederholt oder bei einer neuen Schädigung wieder aufgenommen werden.

Wie wir aus detaillierten Berichten von Ethnologen wissen, führt die Behandlung oft zum Aufhören der Schmerzen; eine „tatsächliche Wirkung", die wir erst einmal ganz allgemein dem „psychotherapeutischen" Handeln der fattuchiera zuschreiben müssen. Dabei bleibt offen, wie sich diese Wirkung einstellt.

VII. Öffentliche Stellung und Emanzipation

Christiana Mariana von Ziegler

Wider die Privilegien der Männer (1739)*

Du Weltgepriesenes Geschlechte,
Du in dich selbst verliebte Schaar,
Prahlst allzusehr mit deinem Rechte,
Das Adams erster Vorzug war. [...]
Die Männer müssen doch gestehen,
Daß sie wie wir, auch Menschen sind.
Daß sie auch auf zwey Beinen gehen;
Und daß sich manche Schwachheit findt.

Sie trincken, schlafen, essen, wachen.
Nur dieses ist der Unterschied,
Sie bleiben Herr in allen Sachen,
und was wir thun, heißt Schuldigkeit.

Egon Friedell

Fehlende Gleichberechtigung in Griechenland

Antike

Diese extremste aller Demokratien war also im Grunde eine Oligarchie der gerade herrschenden Partei und wußte weder etwas von „Menschenrechten" noch von einer Gleichberechtigung der Frauen. Diese durften weder wählen noch Ämter bekleiden, weder politische Versammlungen noch Festaufführungen besuchen und sich sogar am Sport nur in Sparta beteiligen. Sie standen ihr Leben lang unter Vormundschaft: des Vaters, des Bruders, des Gatten, des erwachsenen Sohnes; hingegen blieben sie im Besitz ihrer Mitgift, von der der Ehemann nur den Nießbrauch hatte. Bei geselligen Veranstaltungen erschienen niemals die Hausfrauen, sondern bloß

Tänzerinnen und Flötenspielerinnen, Philosophinnen und Hetären, die beide ungefähr für dasselbe galten, denn die Hetären waren meist geistreich und gebildet und die Philosophinnen pflegten, zumindest in ihrem äußeren Auftreten, sehr frei zu leben. Perikles sagt bei Thukydides: „Am größten ist der Ruhm der Frau, von der bei den Männern in Lob und Tadel am wenigsten die Rede ist." Die ehrbare Bürgerin zumal der höheren Schichten führte ein Haremsleben. Sie betrat die Straße nur in Begleitung eines älteren Sklaven, des Gynaikonomos, ja sie ging nicht einmal auf den Markt; ärmere Frauen freilich waren dort häufig zu sehen, sowohl als Käuferinnen wie als Hökerinnen, aber auch sie arbeiteten niemals in Fabriken. Die Frau wurde in der Öffentlichkeit höchstens einmal als Priesterin bei einem Opfer, das weibliche Bedienung erheischte, oder als Figurantin in einem Festzug bemerkt, und im übrigen bestand ihre Lebensaufgabe darin, zuerst Geld und dann Kinder in die Ehe zu bringen.

Manfred Clauss

Die Stellung der Spartiatin

Bürger in einem griechischen Stadtstaat war der Mann, und nur Humoristen, wie die Dichter der attischen Komödie, konnten die Vorstellung einer „Weibervolksversammlung" haben. Aus diesem Grunde erfahren wir so wenig über die Frauen in der Antike, über ihre Lebensgewohnheiten und ihren Alltag. Die Frau in Sparta hingegen, die „Spartiatin", wenn wir dieses Wort einmal prägen dürfen, erregte allerdings bei den Autoren eine ähnlich große Aufmerksamkeit wie die Spartiaten.

Bei seiner Behandlung Spartas formulierte Aristoteles eine vehemente Invektive gegen die Frauen, deren Freizügigkeit ihm gefährlich zu sein schien für das Wohl der Stadt: „Dazu ist aber auch die schlaffe Zucht der Weiber sowohl für die

Absichten der Verfassung als auch für die Glückseligkeit des Staates nachteilig. Denn wie des Hauses Bestandteile Mann und Weib sind, ebenso muß man offenbar auch den Staat als nahezu in zwei gleiche Teile zerfallend ansehen, in die männliche und die weibliche Volksmenge, und wo daher eine Verfassung sich findet, bei der es mit dem Leben der Weiber schlecht bestellt ist, da muß man annehmen, daß der Hälfte des Staates die gesetzliche Ordnung fehlt. Und dieser Fall ist in Sparta eingetreten. Denn während der Gesetzgeber den ganzen Staat zur Selbstbeherrschung anzuleiten beabsichtigte, hat er doch dies Bestreben nur bei den Männern ausgeführt, bei den Weibern aber hat er es vernachlässigt, denn sie leben ungebunden in jeder Art von Zügellosigkeit und Üppigkeit. Die notwendige Folge davon ist aber, daß bei einer solchen Verfassung ein großer Wert auf den Reichtum gelegt wird, besonders wenn man dabei noch unter die Weiberherrschaft gerät" (Politik 1269 b 14–24). Hinsichtlich dieser Freizügigkeit und Freiheit der Frauen, verglichen mit denen anderer Städte, sind sich die antiken Autoren, die allerdings alle aus einer attischen Optik heraus schreiben, einig. Die Schuld an diesem Mißstand hat natürlich Lykurg, wenngleich nur ungewollt, der sich bei seiner Gesetzgebung lediglich um die Männer kümmerte. Daß es ein Mißstand war, brauchte in der Antike nicht diskutiert zu werden; Frauenregiment, oder was auch nur so aussah, war eine Sache der barbarischen Welt. Doch lassen wir Lykurg und die antiken Theorien.

Was bei den Mädchen und Frauen der Spartiaten zunächst auffiel, war ihre Beteiligung an der öffentlichen Erziehung. Schon zur Zeit Alkmans erfahren wir von Agido und Hegesichora, die „wie Pferde liefen" und von gleichgeschlechtlichen Beziehungen ähnlich denen der Männer, die sich aus der gemeinsamen Erziehung ergaben. Die Frauen Spartas waren nicht wie in anderen Städten in ihren Häusern eingeschlossen, um am Webstuhl zu arbeiten; Sparta schockierte die übrigen Griechen dadurch, daß sich die Mädchen wie die Knaben nackt an Spielen und Wettkämpfen beteiligten. [...]

Da die Frauen der Spartiaten wie ihre Männer von der Landarbeit befreit waren und zudem weitgehend im Haushalt von Sklaven entlastet wurden, sahen sie gewiß gepflegter aus als die Bäuerinnen anderer Städte. Ihre Schönheit war sprichwörtlich, ja sie sollen die schönsten Frauen überhaupt gewesen sein, wie es bereits damals in der bei solchen Vergleichen üblichen Übertreibung hieß.

Die Frauen in Sparta trugen hochgeschlitzte Kleider, was sie mit einer Aura der Erotik und Leichtfertigkeit umgab, wenngleich Plutarch nicht müde wurde zu betonen, das Miteinander entkleideter Mädchen und Jungen reduziere das sexuelle Empfinden der Geschlechter füreinander. Außer der erstaunlichen physischen Erscheinung der Spartanerinnen kursierten in Hellas Geschichten über die angebliche sexuelle Libertinage der Frauen am Eurotas, für die Helena – wie bei Euripides – das Muster abgab. [...]

Die Mädchen lebten in Sparta nicht behütet und zurückgezogen bis zur Hochzeit, sondern erhielten als Teil des Gemeinwesens ihre Schulung auch in der Öffentlichkeit, wobei zu den sportlichen Übungen noch Tanz und Gesang trat. Wenn wir in unserem Jahrhundert die Auswirkungen bedenken, die z. B. Baden, Radfahren und Körperertüchtigung generell auf die Frauenemanzipation hatten, dann lassen sich mit allen gebotenen Vorbehalten Vergleiche zur Rolle der Frauen in Sparta ziehen, die zweifellos freier und selbstbewußter aufwuchsen als in anderen Poleis. Nicht nur innerhalb des staatlich-gesellschaftlichen Gefüges, sondern auch in der Darstellung der Kunst nimmt die spartanische Frau eine Sonderstellung ein: Während in Sparta in der darstellenden Kunst der archaischen Zeit die Frau häufig unbekleidet gezeigt wird, findet sich die Nacktheit im übrigen Griechenland nur bei Hetären.

Aristoteles erwähnt in der oben zitierten Stelle den Reichtum der Frauen in Sparta und schreibt, daß zwei Fünftel des gesamten Grund und Bodens in Sparta in den Händen von Frauen seien, teils infolge der großen Zahl der Erbtöchter, teils weil große Aussteuern gegeben wurden. Das Erbtochterrecht war ein gemeingriechisches Phänomen, das allerdings in Sparta größere Bedeutung erlangte als anderswo. Es bestimmte, daß die Tochter den Besitz des Vaters erbte, wenn kein Sohn vorhanden war. Sie behielt das Erbgut, bis sie selbst einen männlichen Nachkommen hatte, der dann das Vermögen übernahm. Die Tochter wurde somit zwar nicht zur Erbin, aber doch zur Platzhalterin.

Antje Krug

Ärztinnen in der Antike

Es widerspricht der verbreiteten Auffassung vom zurückgezogenen Leben der Frauen in der Antike, daß sie in gewissem Maß im öffentlichen Leben und zum Broterwerb tätig waren. Auch an den *artes liberales* nahmen sie als Dichterinnen, Musikerinnen und Malerinnen teil. Es ist allerdings nicht nur für die Antike charakteristisch, daß sich die Frauen in der Medizin häufig auf die Tätigkeit als Hebamme oder „Frauenärztin" beschränkten. Dieser Grenzbereich des menschlichen Lebens war traditionell stark mit religiösen Bräuchen und magischen Praktiken durchsetzt und in vielen Kulturen eine reine Frauenangelegenheit. Die griechische Medizin geht aber schon frühzeitig darüber hinaus, indem die Geburtshilfe, die Maieutik, als ein Teil der ärztlichen Techne aufgefaßt wird. Eines der frühesten Zeugnisse ist ein Grabrelief des 4. Jhs. v. Chr. aus Menidi in Attika. Es stellt die „Hebamme und Ärztin" Phanostrate dar, umringt von Kindern. Die Verbindung der beiden Berufsangaben, die Bezeichnung Ärztin dazu noch in der männlichen Form ἰατρός, macht deutlich, daß hier nicht die „weise Frau" gemeint ist, sondern eine Frau, die durch ihr Wissen und ihre Erfolge Anspruch auf diesen Titel hat, „denn sie hat niemandem Schmerz zugefügt", sagt die Inschrift.

Es gab in der Tat ausgebildete und literaturkundige Hebammen und „Frauenärztinnen", denn unter dem medizinischen Schrifttum befaßten sich viele Abhandlungen mit perinataler Medizin und Frauenleiden. Soranos von Ephesos wendet sich mit seinem „Hebammenbuch" sogar ausdrücklich an praktizierende Frauen, denen theoretisch fundiertes Wissen unterstellt wird. Ganz deutlich betont im 2.–1. Jh. v. Chr. die Ärztin (ἰατρεῖνη) Mousa auf ihrem Grabrelief mit der Buchrolle in der Hand, daß sie ihr Wissen durch Studium erworben hat. Den Beruf der Scribonia Attice aus Ostia wüßten wir nicht, wenn nicht das bescheidene Terrakottarelief an ihrem Grabbau ihn zeigte: Sie war Hebamme. Sie steht einer Frau bei, die mit Hilfe eines Gebährstuhls entbindet. Das Gegenstück zu diesem Relief schildert einen Chirurgen bei der Behandlung eines Beinleidenden. Damit dürfte ihr Mann M. Ulpius Amerimnus gemeint sein – der seltene Fall einer antiken Doppelpraxis. *Medica* wird die Frau auf einem gallorömischen Grabstein in Metz genannt, die ein Kästchen in der Hand hält.

Zu den ausgebildeten Ärztinnen gehörte auch Antiochis, Tochter des Diodotos. Die Gemeinde von Tlos in Lykien gestattete ihr ausdrücklich wegen ihres ärztlichen Könnens (ἰατρικὴ τέχνη) und ihrer Erfahrung, sich eine Ehrenstatue zu errichten, allerdings aus eigenen Mitteln. Antiochis ist keine Unbekannte, denn Galen nennt sie als Erfinderin eines Medikaments gegen Milzschmerzen, Ischias und Rheumatismus. Wenn ihr Vater Diodotos der bei Dioskurides erwähnte Arzt war, so hatte ihr Beruf Familientradition. Auch Pantheia aus Pergamon stand in einer familiären Umwelt. In dem Gedicht auf ihrem Grabaltar nennt ihr Mann Glykon sie Ärztin und rühmt ihre Techne. In demselben Gedicht wird auch noch das Andenken an den Vater des Glykon, Philadelphos, beschworen, der ebenfalls Arzt war, ein weiteres Beispiel für die familiäre Bindung im Ärzteberuf.

Carl Schneider

Beginnende Emanzipation im Hellenismus

Über die *berufliche Emanzipation* der freien Frau wissen wir zu wenig, um ein klares Urteil gewinnen zu können. Es kam vor, daß Frauen mit ihren Ehemännern gemeinsam ein Handwerk ausübten. Die arbeitenden Frauen auf Terrakotten und Reliefs dürften in der Hauptsache wohl Sklavinnen gewesen sein, doch war es in Athen nicht ungewöhnlich, daß in der Erntezeit auch die Ehefrauen freier, aber armer oder verarmter athenischer Bürger als landwirtschaftliche Lohnarbeiterinnen arbeiteten. Doch blieben bei den meisten landwirtschaftlichen und handwerklichen Berufen immer gewisse Hemmungen bestehen.

Um so mehr eroberten sich die Frauen berufliche Eigenständigkeit im Wirtschaftsleben. Die reiche Frau gehörte zum Gesamtbild des Hellenismus. Solche Frauen wurden dann Wohltäter ihrer Städte und erhielten dafür hohe städtische Ehrungen, wobei ihre weiblichen Qualitäten nicht verschwiegen wurden. In Sparta, wo ein großer Teil der Verwaltung und des Besitzes der ausgedehnten Landgüter in den Händen der Frauen lag, hat das nicht nur kulturelle, sondern auch politische Folgen gehabt. Aus Ägypten kennen wir ein besonders anschauliches Bespiel: eine reiche Grundbesitzerin verwaltete ihren ganzen Besitz selbst, ordnete auch die Einzelheiten an, nahm von ihrem Verwalter die Anzeigen über Diebstähle auf dem Gut entgegen, befahl Zeit und Art der Weinabfüllung und schickte selbst ihre Transportflotte aus. Eine Ärztin kennen wir in Tlos in Lykien.

Was Aristophanes und Euripides – jeder in seiner Art – vorausgesehen hatten, trat allmählich ein. Die Frau wurde fast auf allen Gebieten dem Manne „gleichberechtigt". Man mochte noch darüber spotten, daß die Frauen ein Symposion hielten und die Männer eine Pannychis, statt, wie bisher, umgekehrt, die Entwicklung ließ sich nicht aufhalten, und für die Entstehung der hellenistischen Kultur war es gut so. An den Höfen und in den Bereichen der Kunst wurde die Frau zum schöpferischen Bildner, zugleich aber neu gesehener und verstandener „Gegenstand“ und Inhalt künstlerischen Schaffens.

Dacre Balsdon

Frau in der römischen Antike

Zu keiner Zeit haben die Römerinnen in jener halb-orientalischen Abgeschlossenheit gelebt, wie sie für griechische Frauen schicklich war. Die verheiratete Römerin war die Herrin des Hauses, die *mater familias, domina,* und teilte mit ihrem Gatten die Verantwortung für die Einhaltung der kultischen Bräuche in der Familie. Im frühen Rom führte sie als liebende, ihrem Mann gehorsame Hausfrau und sorgsame Mutter, nach damaligen Maßstäben – wie auch nach den Maßstäben der viktorianischen Epoche – ein ebenso ausgefülltes wie erfülltes Leben. Eine juristische Person war sie indes nicht. Als Mädchen war sie vollkommen ihrem Vater untertan, und als verheiratete Frau ihrem Mann. [...]

Daß nicht alle Frauen zufrieden waren, ist der Tatsache zu entnehmen, daß im 3. Jahrhundert v. Chr. die alten Ehegesetze, die sie ihrem Mann unterwarfen, durchweg einer freieren Form der Ehe gewichen waren. Die Frau blieb weiterhin unter der Macht ihres Vaters, wurde aber vom 25. Lebensjahr an der rein formellen Überwachung durch einen Vormund *(tutor)* unterstellt, konnte über eigenen Besitz verfügen und war ohne weiteres in der Lage, sich durch Scheidung von ihrem Mann zu befreien. Die Epoche, in der diese Wandlung sich vollzog, gehört zu jenen Abschnitten der Geschichte, aus denen wir so gut wie gar keine Zeugnisse haben. In den letzten fünfzig Jahren der Republik, aus denen uns eine Fülle von zeitgenössischen Berichten – zum Guten oder zum Bösen – aus der korrupten mondänen Gesellschaft des alten Roms vorliegen, war die „Neue Frau" jedenfalls schon präsent: ihre Interessen liegen außerhalb der vier Wände ihres Heims. In der Politik ist sie aus eigener Kraft eine Autorität. Bisweilen steht sie im Zentrum öffentlicher Skandale. Oder sie hat den unheimlichen Ehrgeiz, der häuslichen Einförmigkeit im Umgang mit klugen und kultivierten Bohemiens zu entrinnen. Oder aber sie hegt keinen größeren Wunsch, als die öffentlichen Interessen ihres Mannes – oder ihres Sohnes – zu teilen und seine Karriere zu fördern. [...]

Eine vollkommene Gleichberechtigung der Geschlechter wurde im alten Rom nie erreicht, denn man hielt an einer tief eingewurzelten Tradition fest, obwohl sie sich längst überlebt hatte: der Tätigkeitsbereich der Frau lag im Haus, der des Mannes ausschließlich in der Außenwelt. Was das Hauswesen betraf, blieb die Macht der Frau und auch ihr Sachverstand unangefochten. Sie war für die Bereitung des Essens, für die Kleidung, für die Überwachung der Dienstboten und die Aufzucht der Kinder zuständig, so lange sie klein waren.

Was indes ihre aktive Mitwirkung in öffentlichen Angelegenheiten betraf, war man im Hinblick auf ihre Alltagspflichten der Meinung, daß es ihr an der notwendigen Kenntnis und Erfahrung fehlen müsse. So erhielten die Frauen niemals das Stimmrecht, und es war unvorstellbar, daß sie sich je um ein öffentliches Amt bewerben könnten. Obwohl im Kaiserreich niemand an der politischen Weisheit von Frauen vom Format der Livia, Plotina oder Julia Maesa zweifelte, blieben sie doch von jeder offiziellen Beteiligung an den Regierungsgeschäften ausgeschlossen. Auf den Gedanken, daß eine Frau zur Herrscherin und Kaiserin erwählt werden könnte, kam man überhaupt nicht.

Ebenso konnten Frauen in Zivilprozessen nicht Geschworene sein und schon gar nicht vor Gericht plädieren. Bis zur Zeit Justinians durften sie noch nicht einmal zum gesetzlichen Vormund ihrer eigenen Kinder bestimmt werden. Es wurde ihnen noch nicht einmal gestattet, unabhängiger Sachwalter ihres eigenen Besitzes zu sein, es sei denn, sie hatten nach Augusteischem Gesetz die entsprechende Anzahl von Kindern zur Welt gebracht oder genossen den Ehrenstatus einer fruchtbaren Mutter.

Geschickten Anwälten paßte es oft ins Konzept, die Frauen als das „Schwache Geschlecht" darzustellen und damit anzudeuten, daß es ihnen an der notwendigen Härte fehle, um sich in der rauhen Welt des öffentlichen Lebens zu behaupten. Im Munde eines guten Redners wirkten die Worte „infirmitas consilii" ergreifend. Doch während die Römer so unaufrichtig waren, zu behaupten, daß Mangel an Erfahrung eine unüberwindliche Barriere für die Teilnahme der Frau am öffentlichen Leben sei, waren sie doch nicht unaufrichtig genug, im Ernst zu behaupten, daß die Intelligenz der Frau minderer Natur sei als die des Mannes.

Ob Frauen jemals danach strebten, sich Eingang in die Welt der großen Politik oder in Administration oder Rechtswesen zu erobern, weiß man nicht. Es ist noch nicht einmal bekannt, ob sie auch nur soweit eine Gesetzesänderung anstrebten, daß sie einen Rechtsanspruch auf Unterhalt seitens ihrer Männer erhielten.

Edith Ennen

Kauffrauen und Frauenzünfte

Mittelalter

Die hohe Rechtsfähigkeit der Frauen bot eine Voraussetzung dafür, daß sie in den Zünften zu Meisterwürden aufsteigen konnten. Es gab kaum Wirtschaftszweige, in denen sie nicht zu finden waren. Nur Schneider, Harnischmacher und Tuchscherer legten Frauen Arbeitsbeschränkungen auf und auch das nur zeit- bzw. teilweise. Die Frauen dominierten als

Garnmacherinnen, Goldspinnerinnen und im Seidengewerbe. [...]

Ausschließlich Frauenarbeit war zunächst die Seidenstikkerei. In der Wappenstickerzunft – seit 1397 – waren Männer und Frauen gleichberechtigt. Erzeugnisse von Kölner Borten haben sich bis heute auf kirchlichen Gewändern erhalten. Die Seidmacherinnen erhielten ihren ersten Amtsbrief 1437. Er ist auf ihren ausdrücklichen Wunsch erlassen worden, weil sie sich durch neue Einfälle – technische Neuerungen? – in ihrer Existenz bedroht sahen. Bis 1506 folgten noch drei weitere Amtsbriefe und zwei Transfixbriefe. Die Lehrzeit betrug im allgemeinen auch hier vier Jahre. Die Lehrmeisterin durfte einmal mit Zustimmung der Zunft gewechselt werden. Eheliche Geburt war keine Voraussetzung der Aufnahme in die Zunft. Die Hauptseidmacherin, die „heuftvrauwe", hatte ihre Werkstatt im eigenen Haus, wo sie eigene Töchter und fremde junge Mädchen ausbildete; auch die fremden Lehrtöchter wohnten bei ihr und waren bei ihr in Kost. Jede heuftvrauwe durfte vier Lehrtöchter halten, eigene Kinder nicht eingerechnet. Ein Zunftzwang ist nicht ausdrücklich verfügt worden, hat aber wohl praktisch bestanden. Die Hauptseidmacherinnen wählten jährlich zwei Frauen zu Zunftmeisterinnen und zwei Männer zu Zunftmeistern. Eheleute durften nicht gleichzeitig Zunftmeister sein. Voraussetzung für die Wählbarkeit war eheliche Geburt. Der Zunftvorstand kam alle 14 Tage zusammen, um die Zunftangelegenheiten zu besprechen, da die Zunft kein eigenes Amtshaus besaß, im Haus eines der amtierenden Zunftmeister oder einer Zunftmeisterin. Jeder Anwesende erhielt ein Präsenzgeld, und es wurde ein Imbiß – Brot, Wein, Äpfel – gereicht. Der Zunftvorstand konnte Verstöße gegen die Amtsordnung mit Bußgeldern ahnden. Die Seidmacherinnen sind überwiegend Ehefrauen. Doch hier besorgen häufig die Ehemänner den Absatz der Produktion. Einige Seidmacherinnen waren selbst als Verleger tätig. Zwischen 1437 und 1504 haben 116 Seidmacherinnen einen Gewerbebetrieb unterhalten. Im

Schnitt erwarben jedes Jahr 1 bis 2 Frauen das Amt als Meisterin und wurden im Jahr jeweils 12 Lehrmädchen aufgenommen. Die Seidmacherinnen betrieben ihr Gewerbe durchschnittlich 17 Jahre. [...]

Es gab auch bedeutende Kölner Kauffrauen, auch sie meist Ehefrauen, die auf eigenverantwortlicher Gewinn- und Verlustbasis tätig waren.

Der Anteil der Frauen am Kölner Gewürzimport lag 1460/68, je nach Gewürz verschieden, zwischen 1,2 und 19,6 Prozent. Auch im Handel mit Metallen und Metallwaren fällt der Frauenanteil ins Gewicht. Unter den Messinghändlern machten fünf Frauen 14 Prozent der Importeure aus und bestritten 19,2 Prozent der Messingeinfuhren, für die 1452-1480 Akzise gestundet wurde. Für den Zeitraum von 1452 bis 1459 beträgt der Frauenanteil 30,3 Prozent. Der Stahlimport der Cathringen Broelmann (1497-1501, 1506-1509) stand mit einem Marktanteil von 19,8 Prozent nur geringfügig dem des größten Stahlimporteurs Gerhard Betgin mit 22 Prozent nach. Hohen Anteil an den Importen der Metalle und Metallwaren haben oft Handwerkerfrauen, die für ihre Ehemänner die Rohstoffe besorgten. Es ergibt sich also eine Arbeitsteilung in dem Sinne, daß die kaufmännischen Aktivitäten den Frauen, denen das Schmiedehandwerk kaum praktische Arbeitsmöglichkeiten bot, obliegen, die in anderen Gewerbezweigen (Garnbereitung, Goldspinnerei, Seidengewerbe) den Männern zufielen, während die Frauen das Handwerk ausübten. Beträchtlich war der Anteil der Frauen am Gewandschnitt. Unter den sieben Frauen, die für mehr als 100 Tuche Akzise zahlten, sind fünf Nachfolgerinnen ihrer Ehemänner; Stina van Waveren hat über 20 Jahre lang den Tuchhandel ihres Mannes Wilhelm auf voller Höhe unterhalten; ihr durchschnittlicher Anteil am Kölner Gewandschnitt lag bei 19,2 Prozent im Jahr; sie war auch im Weinhandel tätig. Doppelberufe sind – wie im Mittelalter allgemein – oft festzustellen. Die Weinhändlerinnen waren zu einem großen Prozentsatz – bis zu 40 Prozent – Mitglieder von Ratsfamilien. Ein Überblick über die Organisationsformen der weiblichen Handelstätigkeit belegt häufig Beteiligungen an Handelsgesellschaften, Handelsreisen – allerdings mit engerem Reisehorizont als dem der Männer – und eine der männlichen ebenbürtige Führung von Rechnungs- und Haushaltungsbüchern. Grietgen van der Burg, Kauffrau in den verschiedensten Handelssparten, besaß um 1487/92 im guten Viertel St. Alban 13 Häuser.

Die Selbständigkeit, der geschäftliche Erfolg der Kölner Frauen in Handel und Gewerbe dürfte in diesem Umfang fast ohne Parallele sein. [...]

Ein Gegenstück zu Köln ist *Paris*. Schon Etienne de Boileau schildert in seinem undatierten Livre des métiers, das nach 1252 und vor 1271 entstand, die dominierende Bedeutung der Frauen im Seidengewerbe. Höppner konnte für Paris sechs reine Frauenzünfte nachweisen, alle im Seidengewerbe: die Seidenspinnerinnen mit großen, die Seidenspinnerinnen mit kleinen Spindeln, die Seidenwirkerinnen, die Wirkerinnen von seidenen Hauben und Mützen für Damen, die Hutmacherinnen, die Seidenhüte mit Goldstickereien für Damen anfertigten, die Börsenmacherinnen, die seidene Geldbeutelchen für Damen herstellten. [...]

In vielen anderen Zünften waren Frauen vollberechtigte Genossinnen, so in den Zünften der Bortenmacher, Bändermacher, Sticker und Kurzwarenhändler. Bei den Seidentuchmachern hatten sie nur das Witwenrecht. Vollberechtigt waren sie bei den Flachs- und Hanfhändlern, den Garnspinnern, Leinenwebern, Verfertigern von kurzen Leinenhosen, Filzhutmachern, Hutfütterern, Händlern mit Trödelwaren. Dagegen besaßen sie bei den Wollwebern, Walkern, Färbern, Kleidermachern und Strumpfwirkern nur eine beschränkte Berechtigung als Witwen. Verboten war ihnen die Anfertigung von sarazenischen Teppichen. Auch im Leder-, Metall- und Nahrungsmittelgewerbe standen ihnen manche Berufe offen; verboten waren ihnen die Schlächterei und die Getreidemesserei. Als Chirurgen, Barbiere und Bader waren sie vollberechtigt, als Arzneihändler beschränkt berechtigt. Nicht erwähnt werden Frauen bei den Gerbern, Schustern, Sattlern, Tischlern, Zimmerleuten, Dachdeckern, Goldschmieden und -schlägern, Bildhauern, Müllern, Getreidehändlern, Fischern und Schmieden. Höppner betont, daß unter den gewerblich tätigen Frauen verheiratete im gleichen Ausmaß beteiligt waren wie ledige. Daß die Frauen eine vollberufliche Tätigkeit in eigenen Werkstätten gerade im Seidengewerbe ausüben konnten, hat seine Gründe, sie dürften vor allem in der Fingerfertigkeit der Frau gelegen haben; rauhe Männerhände eigneten sich da weniger.

Interessant ist aber nun, daß die Frauen sich nicht nur als Hilfskräfte in einem vom Mann geleiteten Betrieb finden lassen, sondern häufig ihre eigenen Werkstätten haben. Auch gilt die besondere Eignung für die Seidenverarbeitung ja nicht für die Kauffrau. Viele vollberuflich tätigen Kölner Ehefrauen kamen aus guten Familien, waren gut verheiratet – hatten sie es nötig, Geld zu verdienen? Hier wird die wichtige Frage der wirtschaftlichen Position vor allem der mittleren Schichten angesprochen. Daß alleinstehende Frauen oft nur als Hökerin, Wäscherin, Magd usw. der blanken Not entgehen, das Existenzminimum bestenfalls gewinnen konnten, also der Unterschicht zuzurechnen sind, dürfte feststehen. [...] In Köln hat sich die Berufstätigkeit der Ehefrau offensichtlich nicht auf Unterschicht und untere Mittelschicht beschränkt. Die Kölner Verhältnisse legen vielmehr die Vermutung nahe, daß die selbständig als Handwerksmeisterin und Kauffrau tätige Ehefrau Familien der Mittelschicht insgesamt einen mehr oder minder großen Anteil am hohen Lebensstandard des Spätmittelalters gewährte.

Richard van Dülmen

Die Frau in Haus und Öffentlichkeit

Frühe Neuzeit

Die Alltags- und Arbeitswelt der Frauen in der frühneuzeitlichen Gesellschaft war wesentlich bestimmt durch die Unterordnung unter den Mann im „ganzen Haus" wie durch den Ausschluß von der Mitwirkung an öffentlichen Belangen außerhalb des Hauses. Zwar hieß dies nicht in jedem Fall, daß die Frau unterdrückt wurde und ihre Meinung über ihr Haus hinaus keine Bedeutung besaß, aber ihr Leben, ihr Lebensinhalt war maßgeblich bestimmt durch die Arbeit im Haus, durch Haushaltsführung und Kinderaufzucht. Dies gilt für die Frauen aller Stände, so unterschiedlich es je nach Haustyp auch ausfallen mochte.

Die Arbeit der Bäuerin war Teil der Ökonomie des ganzen Hauses, insofern nahm sie im bäuerlichen Haushalt eine ziemlich gleichberechtigte Stellung ein. Anders war es im Handwerkshaushalt. Während hier dem Mann weitgehend die eigentlich handwerkliche Arbeit vorbehalten war, stand die Frau dem engeren Haushalt vor. Hier war die Frau – so unabkömmlich sie auch blieb – nicht mehr im Arbeitsprozeß des ganzen Hauses eingebunden, sondern war nur mehr zuständig für die Ernährung der Familie und die Kinderaufzucht. Zwar gab es in früherer Zeit für Frauen noch die Möglichkeit, selbst ein Handwerk auszuüben, aber bereits seit dem 16. Jahrhundert war sie auch hier zusehends auf den eigentlichen Haushalt beschränkt. Wieder anders gestaltete sich das Mann-Frau-Verhältnis in den protoindustriellen Haushalten. Hier mußte nicht zuletzt aus ökonomischen Überlebenszwängen die Frau dieselbe Arbeit tun wie der Mann. So gab es hier weitgehend eine Gleichberechtigung von Mann und Frau, aber diese vollzog sich auf Kosten einer eigenen Haushaltsführung. Ebenso ein Produkt der Moderne war der Beamten- bzw. Pfarrhaushalt. Aber im Unterschied zum protoindustriellen Haushalt, einem Haushalt der Armen, lebten hier Mann und Frau in einer getrennten Welt. Aufgrund dessen, daß hier die Arbeitswelt erstmals eindeutig von der Lebenswelt getrennt war, war die Frau ausschließlich auf die Haushaltsführung beschränkt. Die Trennung der Arbeitsbereiche von Mann und Frau stärkte einerseits die patriarchalische Struktur und somit die unmittelbare Abhängigkeit der Frau vom Mann, andererseits die Emotionalisierung der familialen Beziehungen und die moralische Aufwertung der Frau. Das Leben der adeligen Frau schließlich unterscheidet sich vor allem dadurch von der aller anderen Stände, daß sie zwar offiziell der Gewalt des Mannes unterstand, aber einen eigenen Lebensraum zugestanden bekam, der frei war von Hausarbeit und Kindererziehung.

Zwar gab es bereits in der frühen Neuzeit eine klare Arbeitsteilung zwischen den Arbeiten des Mannes und solchen der Frau, aber solange Produktion, Konsumtion und Reproduktion prinzipiell nicht getrennt waren, besaß die Frau bei aller hierarchischen Unterordnung eine starke Stellung im Hause. Sobald aber die Produktion an einen anderen Ort verlegt wurde, reduzierte sich die Rolle der Frau auf die Verwaltung des Häuslichen, wohingegen der Mann der Öffentlichkeit verantwortlich war. Daß die häusliche Arbeit der Frau als nicht produktiv bezeichnet und bewertet wurde, ist erst Folge der Ausdifferenzierung der Gesellschaft seit dem 16. Jahrhundert.

Einer relativ starken Stellung der Frau im häuslichen Wirkungsbereich korrespondiert eine schwache rechtlich-soziale Stellung der Frau außerhalb dieses Lebensbereichs in der sozial-politischen Öffentlichkeit. Völlig handlungsunfähig und rechtlos war sie allerdings nicht. Viererlei ist hier besonders hervorzuheben: a) Offiziell konnte eine Frau von sich aus keine größeren Rechtsgeschäfte abwickeln, sei es einen Ehevertrag schließen, Besitz übereignen oder ein Testament aufsetzen, vor allem galt dies von einer Ehefrau, deren Mann noch lebte. Anders war es bei einer ledigen Frau oder besonders einer Witwe, die zwar nicht denselben sozialen Status besaß wie eine verheiratete Frau, aber auch ohne Schutz eines Mannes ihre Rechtsprobleme lösen konnte. b) Offiziell waren Kauf und Handel Sache der Männer, besser der Hausväter. Aber unabhängig davon, daß Bauersfrauen und Frauen von Handwerkern auf dem regionalen Markt selbst ihre Erzeugnisse anboten, gibt es nicht wenige Fälle, wo Frauen nicht nur als Witwen selbständig Handel trieben und bestimmte Gewerbe ausübten. c) An sich konnte eine Frau nicht als Zeuge vor Gericht erscheinen, ihre Aussage besaß keine Glaubwürdigkeit. Dennoch kam es häufig genug vor, daß Frauen gehört wurden. Auch schloß das nicht aus, daß Frauen als Delinquentinnen nach dem gleichen Strafmaß wie Männer bestraft wurden. d) Auch in den Kirchen, wichtigen Institutionen der frühen Neuzeit, hatte die Frau keine Einflußmöglichkeit, Prediger und Pfarrer waren nur Männer, selbst im Ältestenrat der calvinistischen Kirche saßen nur Männer. Dafür kannte aber vor allem die katholische Kirche die Einrichtung der Frauenklöster, die ausschließlich von Frauen geleitet wurden.

Zwar gab es seit je eine Trennung von Innen und Außen, von hausorientierter und außerhäuslicher Arbeitswelt, wobei die Frau immer schon stärker hausbezogen war und nur geringe Wirkungsmöglichkeit außerhalb ihres Hauses in der Männeröffentlichkeit hatte. Konnten Frauen im 15./16. Jahrhundert immerhin noch außerhäuslich tätig sein und soziale Anerkennung gewinnen, war dies im 18. Jahrhundert zumindest in der ständischen Welt unvorstellbar geworden. Die rigide Verhäuslichung der Frauenarbeit diskriminierte alle außerhäuslichen Interessen. Daran hat selbst die Aufklärung nichts geändert, sondern im Gegenteil die sozial-politischen Schranken noch schärfer gesetzt als die traditionelle Gesellschaft.

Spezifische Frauenberufe im heutigen Sinn gab es zwar in der frühen Neuzeit nicht. Doch gab es eine Reihe von berufsähnlichen Tätigkeiten bzw. sozialen Funktionen, die von Frauen ausgeübt wurden, sie konnten quasi professionell Magd, Nonne, Arbeiterin, Hebamme oder Dirne werden. Die begehrteste und verbreitetste Stellung war aber die der Hausfrau; sie war mit dem Verheiratetsein verbunden und hatte in der sozialen Skala der Zeit den höchsten Rang. Bei der Beschreibung des Hausfrauenstandes müssen wir bedenken, daß sich hier vom 16. zum 18. Jahrhundert ein beträchtlicher Wandel vollzog. Neben dem alten Typ der Hausfrau bildete sich die Hausfrau modernen Typs heraus. Die Hausfrau alten Typs war zusammen mit dem Hausherrn Vorsteherin des ganzen Hauses, das noch keine Trennung von Betrieb und Familie kennt, in dem gemeinsam gearbeitet, gegessen und gefeiert wurde. Hier übernahm die Hausfrau alle auf das engere Haus bezogenen Arbeiten als einen Teilbereich der ganzen häuslichen Ökonomie, deren anderen Teil der Hausherr zu verantworten hatte. Das Aufgabenfeld der Hausfrau modernen Typs setzt dagegen die Trennung von Betrieb und Familie bzw. Haus voraus, vor allem die Trennung von beruflicher Arbeit des Mannes und häuslicher Tätigkeit der Frau. Die Hausfrau modernen Typs ist eine Erscheinung des bürgerlichen Familienlebens. Äußerlich decken sich die Aufgabenbereiche beider Typen zwar noch lange: im Vordergrund steht die Nahrungsbeschaffung und -zurichtung, die Wäschepflege und die Reinigung des Hauses, Spinn- und Strickarbeiten, dann die Kinderaufzucht sowie die Gartenarbeit mit evtl. Kleintierhaltung. Strukturell gab es aber beträchtliche Unterschiede. Während die Tätigkeit der Hausfrau älteren Typs Teil der Ökonomie des ganzen Hauses war, die Hausfrau also letztlich die Hausarbeit mit dem Mann teilte, war die Hausfrau modernen Typs allein auf das Haus als von jeder Arbeit abgeschirmten intimen Lebensraum beschränkt, die Arbeit der Frau war der des Mannes nachgeordnet. Die Hausfrau modernen Typs brauchte zwar die vielen schweren Arbeiten nicht mehr zu tun, dafür aber trat die Schaffung einer intimen Hausatmosphäre in den Vordergrund; was für die Hausfrau älteren Typs nur nebenher geschah, rückte ins Zentrum der Hausarbeit der bürgerlichen Hausfrau: die Reinigung und Pflege des Hauses und die Erziehung der Kinder. Auf Kosten jeden Außenbezugs – wofür ja nun allein der Mann zuständig wurde – wurde die Hausfrau modernen Typs zur Wahrerin häuslicher Intimität, die Kindern eine gute Erziehung garantierte und dem Mann Erholung und Entspannung von seinen Berufspflichten bot.

Gordon A. Craig

Aufbruch der Frauen und Antifeminismus

18. und 19. Jahrhundert

Während des 18. Jahrhunderts wurden sowohl die Unterordnung der Frau wie die Neigung, sie durch Theorien zu rechtfertigen, die sich auf ihre angeborene Sündhaftigkeit oder ihren Mangel an Intellektualität gründeten, heftig angegriffen. Zum einen hatte der Einfluß des Pietismus, der im Gegensatz zum orthodoxen Luthertum den Frauen die Gelegenheit zum Selbstausdruck im Gottesdienst gab, weitreichende Auswirkungen, zu denen nicht zuletzt eine gewisse Zurücknahme der patriarchalischen Auffassung von der Familie zählte. Eda Sagarra hat festgestellt, daß die Ermutigung, die pietistische Kreise der freimütigen Offenbarung religiöser Erfahrungen und Gefühle gaben, „zu der Vorstellung beitrug, daß die Empfindsamkeit der Frauen vielleicht anders war als die der Männer, daß sie vielleicht eine Persönlichkeit außerhalb ihrer Familien hatten oder daß eine Ehe vielleicht sogar... eine Partnerschaft von Gleichen und nicht eine Erweiterung der Vater-Tochter-Beziehung war". [...]

Gleichzeitig keimte, vor allem in dem gehobenen Bürgertum, der Gedanke auf, daß die Frauen vielleicht interessantere Ehegattinnen und ihren Kindern bessere Mütter wären, wenn man sie ermutigte, Talente zu entwickeln, die über die häuslichen Fähigkeiten hinausreichten. Unter dem Einfluß von Büchern wie *Nouvelles réflexions sur les femmes* der Marquise de Lambert (1727), das in gebildeten deutschen Kreisen eine breite Leserschaft fand, entwickelte sich ein lebhaftes Interesse an der Bildung der Frauen, die man bis dahin vernachlässigt hatte. Die sogenannten moralischen Wochenschriften, Zeitschriften, die in der ersten Hälfte des Jahrhunderts englische Blätter wie *The Tatler* und *The Spectator* nachzuahmen begannen, liefen Sturm gegen den Gedanken, daß Frauen zu geistiger Tätigkeit unfähig seien, und die widersprüchliche, aber damit verbundene Vorstellung, daß Frauen, die ernsthafte Bücher lasen, ihre anderen Aufgaben nicht mehr zufriedenstellend erfüllen könnten. Sie stellten Frauen, die sich auf die häuslichen Arbeiten beschränkten, als dumm oder selbstsüchtig dar und hielten besonders junge Frauen dazu an, ihre Fähigkeiten zu erweitern, indem sie Bücher lasen, ohne sich davon durch Gewohnheit oder Vorurteil abhalten zu lassen. Die Herausgeber dieser Blätter und eine der ersten Frauenzeitschriften, Gottscheds *Die vernünftigen Tadlerinnen,* die 1725 ins Leben gerufen wurde, gingen nicht so weit, so etwas wie berufliche Ausbildung für Frauen zu fordern; es lag nicht in ihrer Absicht, die Frauen zu ermutigen, mit den Männern auf deren ureigenem Gebiet zu wetteifern. Die abstrakten Aspekte der wissenschaftlichen Disziplinen waren nichts für sie. Sie sollten über Geschichte lesen, aber keine Historiker werden; sie sollten von vielem etwas wissen, aber nichts gründlich. Ihr Ziel sollte nicht die Wissenschaft um ihrer selbst willen sein, sondern Bildung und höhere Empfindsamkeit.

Es gab Leute, die nicht willens waren, der geistigen Entwicklung der Frau diese künstlichen Beschränkungen aufzuerlegen. Sowohl der Pietist August Hermann Francke, der 1706 eine Gynäceum genannte Schule für junge Frauen gründete, wie der Erziehungswissenschaftler Johann Bernhard Basedow hielten die Frauen für genauso befähigt wie die

Männer, wenn man ihnen nur eine normale Ausbildung zuteil werden ließ, und gegen Ende des Jahrhunderts ging Theodor Gottlieb von Hippel, Stadtpräsident von Königsberg und Administrator des Gebiets von Danzig, noch weiter. In einer Schrift mit dem Titel *Über die bürgerliche Verbesserung der Weiber* vertrat Hippel den Standpunkt, daß alle angeblichen Schwächen und Minderwertigkeiten der Frauen aus von Männern geschaffenen Konventionen und Gesetzen resultierten und nach einer Befreiung durch Erziehung verlangten, die nicht nur das Wesen der Ehe verändern, sondern die Frauen auch voll in die bürgerlichen Rechte und Verantwortlichkeiten einsetzen würde.

Daß dies nicht nur müßige Theorie war, schien bewiesen zu sein, als am Ende des 18. Jahrhunderts eine Gruppe gebildeter und emanzipierter Frauen in Erscheinung trat, die sich unter bemerkenswerter Mißachtung der Konvention anschickten, den Männern ihre Gleichwertigkeit auf geistigem Gebiet zu demonstrieren. [...]

Dies waren begabte und außergewöhnliche Frauen, die jede auf ihre Weise das zehnte Gebot der Abhandlung „Ideen zu einem Katechismus für edle Frauen“ von Dorotheas Freund Schleiermacher befolgten, nämlich „gelüsten nach der Männer Bildung, Kunst, Weisheit und Ehre!“; doch ihr Tun schreckte eher manche von denen, die früher für die Befreiung der Frauen von alten Vorurteilen eingetreten waren. Schiller zum Beispiel hatte eine hohe Meinung von den geistigen Fähigkeiten der Frauen und sollte in seinen Dramen *Maria Stuart* und *Die Jungfrau von Orleans* überzeugende Porträts von Frauen zeichnen, die Macht ausübten, aber er neigte dennoch zu der Ansicht, daß die häusliche Umgebung für die Mehrzahl von ihnen die normale Lebenssphäre sei. In seinem Gedicht „Das Lied von der Glocke“ (1799 – ironischerweise erschien das Gedicht im gleichen Jahr wie das Drama *Maria Stuart*), einem Werk, das viel bewundert und im 19. Jahrhundert bei jeder Gelegenheit vorgetragen wurde, schrieb er über das deutsche Heim:

Und drinnen waltet
Die züchtige Hausfrau,
Die Mutter der Kinder,
Und herrschet weise
Im häuslichen Kreise
Und lehret die Mädchen
Und wehret den Knaben
Und reget ohn' Ende
Die fleißigen Hände
Und mehrt den Gewinn
Mit ordnendem Sinn
Und füllet mit Schätzen die duftenden Laden
Und dreht um die schnurrende Spindel den Faden
Und sammelt im reinlich geglätteten Schrein
Die schimmernde Wolle, den schneeigten Lein,
Und füget zum Guten den Glanz und den Schimmer
Und ruhet nimmer.

Carolines Kommentar zu diesem Gedicht: „Über ein Gedicht von Schiller, das Lied von der Glocke, sind wir gestern Mittag fast von den Stühlen gefallen vor Lachen", war charakteristisch und hätte Schiller nicht überrascht, der Caroline, die er „Dame Luzifer" nannte, nicht leiden konnte.

Wilhelm von Humboldt, gewiß ein Mann von normalerweise fortschrittlichen Anschauungen, scheint die Exzesse Carolines und der anderen ebenfalls ungünstig aufgenommen und sich ganz allgemein ernstlich gefragt zu haben, wie emanzipiert Frauen schicklicherweise sein dürften. [...] Humboldt heiratete eine der attraktivsten und gebildetsten Frauen seiner Zeit, Caroline von Dacheröden, deren Briefe an ihn, vor allem während der Monate, als er Mitglied der preußischen Delegation beim Wiener Kongreß war, einen lebhaften Sinn für auswärtige Angelegenheiten und das Talent zur politischen Analyse verraten. Humboldt hatte hohe Achtung vor ihr, und es gibt Anzeichen dafür, daß er sich ein wenig vor ihr fürchtete. [...] Er wünschte nicht, daß seine Frau sexuell zu emanzipiert war, und er scheint sogar bedauert zu haben, daß sie geistig so emanzipiert war. Ja, in seinen letzten Lebensjahren stand er in einem langen Briefwechsel mit einer Frau namens Charlotte Diede, der er nie erlaubte, ihn zu besuchen, und deren Reiz in der völligen Unterwerfung unter seinen Willen lag, wie sich dies in den moralischen Belehrungen und Anweisungen zur Selbstvervollkommnung ausdrückte, von denen es in seinen Briefen wimmelt. Charlotte war in gewissem Sinn die Ehefrau, die Caroline nicht sein wollte.

Nach dem Übergang von der aufgeklärten aristokratischen Welt des 18. zur bürgerlichen Respektabilität des 19. Jahrhunderts kamen solch versteckte Vorbehalte gegenüber Frauen mit intellektuellen Ansprüchen und dem Bestreben, sich mit den Männern auf eine Stufe zu stellen, zugleich allgemeiner und offener zum Vorschein. [...] Theodor Gottlieb Hippels Ansicht, daß Frauen es verdienten, an bürgerlicher Verantwortung teilzuhaben, wurde von einigen der bedeutendsten Denker des Jahrhunderts empört mit der Begründung zurückgewiesen, weibliche Betätigung im öffentlichen Bereich sei unnatürlich und unfraulich. [...] Im gleichen Geist schrieb Arthur Schopenhauer im zweiten Band von *Parerga und Paralipomena* (1851) jenes berüchtigte Kapitel 27 „Über die Weiber", in dem er sie unter viel mattem Lob als weder zu geistiger noch zu körperlicher Leistung fähig bezeichnet und erklärt, sie hätten eine schwache Denkfähigkeit und würden „im Punkte der Gerechtigkeit, Redlichkeit und Gewissenhaftigkeit (den Männern) nachstehen". Des weiteren vertrat er die Ansicht, daß sie „im Grunde... ganz allein zur Propagation des Geschlechts (existierten) und ihre Bestimmung hierin aufgeht,... sie sind keines *rein objektiven Anteils* an irgend etwas fähig" und ihrer „Natur nach, zum Gehorchen bestimmt". Das, so Schopenhauer triumphierend, „gibt sich daran zu erkennen, daß eine jede, welche in die ihr naturwidrige Lage gänzlicher Unabhängigkeit versetzt wird, alsbald sich irgend einem Manne anschließt."

Richard Wagner, bei dem sich ein anstößiges Privatleben mit einem glühenden Eintreten für die eheliche Liebe verband, schrieb 1852 an Liszt, er habe mit der Gestalt der Ortrud in seiner Oper *Lohengrin* eine Frau zeichnen wollen, „die Liebe nicht kennt. Hiermit ist Alles, und das Furchtbarste, gesagt. Ihr Wesen ist Politik. Ein politischer Mann ist widerlich; ein politisches *Weib* aber grauenhaft: diese Grauenhaftigkeit hatte ich darzustellen".

Diese schrille und, wie man das Gefühl hat, beunruhigte und aus einer Abwehrhaltung geborene Offensive gegen den Gedanken der Gleichberechtigung der Frauen auf allen Gebieten des bürgerlichen Lebens erreichte ihren Höhepunkt mit Nietzsches Angriff in *Jenseits von Gut und Böse* (1886) auf alle, die anderer Meinung waren. „Freilich, es gibt genug blödsinnige Frauen-Freunde und Weibs-Verderber unter den gelehrten Eseln männlichen Geschlechts, die dem Weibe anraten, sich dergestalt zu entweiblichen und alle die Dummheiten nachzumachen, an denen der ‚Mann' in Europa, die eruopäische ‚Mannhaftigkeit' krankt, – welche das Weib bis zur ‚allgemeinen Bildung', wohl gar zum Zeitungslesen und Politisieren herunterbringen möchten." Der Antifeminismus war hier in einer allgemeinen Gesellschaftskritik versteckt, trat aber dennoch deutlich zutage.

Solche Ansichten waren repräsentativ für die allgemeine Einstellung der Gesellschaft im 19. Jahrhundert, die jeder Mehrung der bürgerlichen Rechte für Frauen feindlich gegenüberstand. Gleichzeitig machte die Egalitätsvorstellung von der Familie, für die Schiller eingetreten war, abermals dem patriarchalischen Modell Platz. [...] Die deutschen Frauen waren in einem Vertrag gefangen, den sie, aus welchem Grund auch immer, nur um den Preis materieller Not und gesellschaftlicher Verachtung brechen konnten. Selbst wenn sie eigenes Vermögen besaßen, schützte das Gesetz es nicht angemessen vor Mißbrauch durch unfähige oder geldgierige Ehegatten, und einer der unschöneren Aspekte von Schopenhauers Schrift über die Frauen war seine nüchtern-anmaßende Feststellung, daß Frauen, da sie kein Vermögen schafften, auch kein Eigentumsrecht daran haben sollten.

Theodor Gottlieb Hippel

Über die bürgerliche Verbesserung der Weiber (1792) *

Da, wo Freiheit unterdrückt wird, kann nichts, was menschlich ist und heißt, zu Kräften kommen. – Dort ist die Ehe, dieser wichtigste und heiligste Vertrag im Staate, nichts mehr und nichts weniger als ein Kauf- und Tauschhandel. [...]

Welch eine demütigende Ehre, die man den Weibern erwies, sie auf immer unter Vormundschaft zu setzen, ihren bürgerlichen Handlungen die bürgerlichen Folgen zu entziehen und sie durch eine feierliche Sanktion zu Schatten der Männer im Staate zu machen! [...]

Was bedürfen wir weiteren Zeugnisses, als daß die Frauenspersonen auf kein öffentliches Amt Anspruch haben; daß sie (Mutter und Großmutter ausgenommen) nicht Vormünderinnen werden können; daß sie in Fällen, wo die Gesetze, der Feierlichkeit des Geschäftes halber, mehr als zwei Zeugen verlangen, nicht als Zeuginnen zuzulassen, mithin nicht als Zeugen bei Testamenten brauchbar sind, [...] daß man sie zur wahren Adoption unfähig erklärt, weil hier die väterliche Gewalt sich in ihrer rechtlichen Würde zeigt! – Wahrlich, nach diesen Beraubungen wird man auf die angeblichen Vorteile neugierig sein, wodurch die römischen Gesetze das andere Geschlecht zu entschädigen die Güte gehabt; [...] kurz und gut, sie haben das Recht, alte Kinder zu bleiben bis an ihr seliges Ende. [...]

Schon längst hatte man verlernt, daß die Ehe eine gleiche Gesellschaft sei, daß die Herrschaft im Ehestande eine beiderseitige Herrschaft der Eheleute neben einander bleibe, und daß der Mann sie sich nur durch einen *ausdrücklichen* Vertrag zueignen könne? „Nicht auch durch einen stillschweigenden?" [...]

Soll es denn aber immer mit dem andern Geschlechte so bleiben, wie es war und ist? Sollen ihm die Menschenrechte, die man ihm so schnöde entrissen hat, sollen ihm die Bürgerrechte, die ihm so ungebührlich vorenthalten werden – auf ewig verloren sein? Soll es im Staat und für den Staat nie einen absoluten Wert erhalten und immerdar beim relativen bleiben? Soll es nie an der Staatsgründung und Erhaltung einen unmittelbaren Anteil behaupten? Soll es nie für sich und *durch* sich denken und handeln? [...]

Männer, würdet ihr die Furcht nicht barbarisch und unmenschlich finden, wenn man euch alles und jedes von Freiheit bloß darum entzöge, weil ihr es mißbrauchen könntet? Wie wollet ihr denn jene Furcht nennen, die euch abhält, dem anderen Geschlechte seine Ehre wiederzugeben? Die Zeiten sind nicht mehr, um das andere Geschlecht überreden zu können, daß eine Vormundschaft wie bisher für dasselbe zuträglich sei, daß sie seinen Zustand behaglicher und sorgloser mache als eine Emanzipation, wodurch es sich mit Verantwortungen, Sorgen, Unruhen und tausend Unbequemlichkeiten des bürgerlichen Lebens belasten würde, die es jetzt kaum dem Namen nach zu kennen das Glück habe. [...]

Und Männer! Wollt ihr glauben, eine halbe Welt wäre zu eurem bon plaisir, zu eurem eigentlichen Willen, das ist verdolmetscht: zu eurem Eigenwillen da? Tiere wirken; Menschen handeln. – Warum soll das Weib nicht *Ich* aussprechen können? [...] Warum sollen die Weiber keine Person sein? Warum nicht wissen: das ist mir gut, und das ist gut, oder das ist vorteilhaft, und das ist recht?

Thomas Nipperdey

Anfänge der Emanzipation

19. Jahrhundert

Wir müssen hier etwas über die Anfänge einer Emanzipation der Frau einfügen, denn sie ist als Revolte ein Produkt der neuen bürgerlichen Familienverfassung. Um 1800 treten Frauen in den Berliner und Wiener Salons führend, gleichberechtigt, anerkannt mit intellektuellem Anspruch auf, man redet über emanzipierte Frauen, auch wenn man ein „Zuviel" (an Gelehrsamkeit etwa) abwehrt; seit den 20er Jahren spielt der Kult von Sängerinnen und Schauspielerinnen – Ausnahmen selbständiger Frauenexistenz – eine besondere Rolle, seit den 30er Jahren wächst die Zahl der Schriftstellerinnen enorm. In Vereinen – Wohltätigkeit, Fürsorge, Bildung, Kirche – gewinnen Frauen ein quasi-öffentliches Betätigungsfeld; ein neuer bürgerlich-weiblicher Beruf, der der Diakonisse, entsteht. Seit den 40er Jahren ist – von Frankreich herkommend – „Emanzipation", die Unterdrückung der Frau und deren Aufhebung, ein Thema, gelegentlich wie bei George Sand, beim „Jungen Deutschland" ergänzt durch die Kritik der Ehe im Namen der freien Liebe. Frauen wie die Pfarrerstochter Luise Aston laufen in Männerkleidung herum, rauchen Zigarren und propagieren – bescheidene – feministische Ziele. Reale Probleme entstanden. Unverheiratete berufslose Frauen wurden nicht mehr in der städtischen Familie mitgetragen, vereinsamten, suchten Tätigkeit. Im Zusammenhang mit der Mädchenbildung entstand der wichtigste bürgerliche Frauenberuf, der die spätere Frauenbewegung zunächst geprägt hat: die Lehrerin. 1848/49 hat Louise Otto-Peters (nebenbei: die Frau eines demokratischen Journalisten und Deutsch-Katholiken) mit einer ersten Frauenzeitung (1849–1852) zuerst öffentlich eine Frauenbewegung initiiert, 1865 wurde dann auf einer ersten deutschen Frauenkonferenz der Allgemeine Deutsche Frauenverein gegründet.

Bildung und „Befreiung der Arbeit“, d. h. gleiche Arbeitschancen für Frauen, das sind die bescheidenen Forderungen: wirkliche Gefährtenschaft und größere Selbständigkeit durch Bildung zum einen, Ausdehnung der als typisch geltenden weiblichen Qualitäten: Fürsorge und Erziehung auf die außerhäusliche Gesellschaft der Berufe zum anderen. Kurz vorher (1865/66) ist der ideologisch konservativere, praktisch gerichtete (Lette) Verein zur Förderung der Erwerbstätigkeit des weiblichen Geschlechts, eine Keimzelle aller Sozialarbeit, in Berlin entstanden. Diese Anfänge der Frauenbewegung sind bescheiden, aber ihre Auswirkungen haben in 50, in 100 Jahren Gesellschaft, Welt und Leben mehr als jede andere „Bewegung“ verwandelt.

Ernestine

Zu den natürlichen Rechten der Frau (1840)*

Haben denn aber die Frauen der jetzigen Zeit durch ihre Stellung, durch ihr Benehmen, durch ihre Ansprüche den Männern Veranlassung, hinreichenden Grund gegeben, sie fast in allen Stücken niederzudrücken, ihnen durch Machtgebote, oder wo solche nicht gewagt werden, durch die selten ihr Ziel verfehlenden Pfeile des Spotts, jeden Schritt aus dem häuslichen Gleise zu verwehren, ihnen Urteil, Entscheidung, Wort und Stimme in *allen Dingen* abzusprechen – kurz sie zu Maschinen herabzuwürdigen? Diese Frage verdient eine genauere Untersuchung.

Halten wir die Idee fest, daß Gott Mann und Weib mit gleichen Gaben und Anlagen ausgestattet, beide zur Aufrechterhaltung des großen Ganzen, zu nützlicher Anwendung der verliehenen Kräfte, zur Beförderung des allgemeinen und einzelnen Wohles – mit einem Wort, zu gemeinsamer Erhaltung der Lebensordnungen erschaffen hat: so müssen wir auch annehmen, daß den Frauen ein größerer Spielraum zur Anwendung ihrer Gaben angewiesen worden ist als Küche und Kinderstube, in welche man von neuem bemüht ist, das weibliche Geschlecht, wie im Mittelalter, ohne Unterschied des Standes, der Fähigkeiten, Neigungen und Kräfte zu verweisen. Abgesehen davon, daß diese beiden beschränkten Wirkungskreise nicht allen Gliedern des weiblichen Geschlechts hinlängliche Beschäftigung bieten, daß nicht alle Frauen und Mädchen in gleichen häuslichen Verhältnissen leben, eine verschiedene Erziehung erhalten und vor allem nicht dieselben Neigungen haben: so ist doch auch nicht wahrscheinlich, daß der weise Schöpfer ihnen so manche Kraft, so viele Gaben, Fähigkeiten und Talente umsonst verliehen haben sollte. Denn was nicht ausgeübt wird, sich selbst und anderen keinen Nutzen gewährt, ist ein totes Kapital. Und wir sollen nach dem göttlichen Gebot mit jedem uns anvertrauten Pfund wuchern, so viel Gutes damit stiften als in unseren Kräften steht. Also nicht allein für Küche und Kinderstube sind wir bestimmt. Dies geht ferner daraus hervor, daß nicht allen Frauen ein eigner Herd und eigene Kinder gegeben sind, Wirtschaft, Haushalt und Kinderzucht oft gar nicht von ihnen verlangt werden; daß die Vorsehung sie mitunter in Lagen versetzt, in welchen Sorge für die eigene und fremde Erhaltung Pflicht ist, Ausübung der erlangten Kenntnisse und Fertigkeiten notwendig werden, daß sie in Verhältnisse kommen, in denen sie zu anderen Beschäftigungen greifen müssen, um dem leeren Dasein Gehalt und Interesse zu geben, um für irgend einen Zweck zu leben, irgend einen nützlichen Beruf auszufüllen. Und wenn den Männern die größte Mannigfaltigkeit in der Wahl ihres Berufs gestattet wird, wenn es ihnen freisteht, nach Maßgabe ihrer geistigen und körperlichen Kräfte, nach eigener Neigung eine das Leben ausfüllende Beschäftigung zu erwählen: warum sollte uns Frauen eine so enge Grenze gezogen, wir darauf beschränkt sein, unseren Beruf blindlings zu ergreifen und nicht nach dem eigenen Gefallen, nach Maßgabe unserer

Fähigkeiten zu erwählen? – Eine solche Ungerechtigkeit, eine solche Bevorzugung gleich ausgestatteter Wesen äußert sich nirgends in der Natur, findet also auch hier nicht statt, wird nur durch Menschensinn und Menschenwillkür eingeführt. Mannigfaltig sind die Gaben, die uns der Schöpfer verliehen hat; mannigfaltig muß daher auch die Anwendung derselben sein. Wir verlangen ja nicht, uns den Männern in allen Punkten gleich zu stellen, ihre Ämter und Würden zu teilen. Wir wollen keine Alleinherrschaft, weder im Hause, noch auf dem Throne, keine uns nicht zukommenden Rechte: aber wir wollen freie Menschen sein; wir wollen unseren *Beruf*, wenn ihn die Verhältnisse nicht gebieterisch *vorschreiben*, wie unsere Ehemänner *selbst* wählen; wir wollen in einem gewissen Alter mündig werden, ohne Vormund und Kurator handeln, nicht bis ans Grab am Gängelbande geleitet, wie Blinde an der Hand geführt werden. Und diese Forderung wird und muß jeder Billigdenkende gerecht finden, diese Forderung sollten die Männer als die natürlichen Vertreter der Rechte der Frauen unterstützen; und wenn sie es nicht tun, versündigen sie sich an der Natur, versäumen die schönste Anwendung ihrer überwiegenden Kraft, vernachlässigen sie ihre heiligste Pflicht. [...]

Man raube den Töchtern der mittleren und höheren Stände nicht die Mittel, sich gleich denen der dienenden und arbeitenden Klasse zu einem bestimmten Berufe vorzubereiten, eine gewisse Selbständigkeit zu verschaffen; denn dadurch wird einem der größten und dauerndsten Übel, den häufigen unglücklichen Ehen vorgebeugt. Manches Mädchen sieht sich in die schreckliche Notwendigkeit versetzt, entweder ein ungewisses Los der Dienstbarkeit, des Gnadenbrotes bei Verwandten oder ein ohne Liebe und Achtung geknüpftes eheliches Band zu erwählen, weil ihm die Gaben, Talente oder Fertigkeiten fehlen, sich einen selbständigen ehrenvollen Beruf zu verschaffen, sich ohne fremde Hilfe in der Welt zu behaupten. Es ergreift in der bitteren Not die dargebotene Hand des ungekannten, ungeliebten oder unleidlichen Mannes und bereut ein langes Leben hindurch, nichts Tüchtiges gelernt zu haben, um sich eine unabhängige Existenz sichern zu können.

Herrad Schenk

Frauenbewegung

19. und 20. Jahrhundert

Die Not der Frauen des Proletariats zu lindern, ihre Lebens- und Arbeitsbedingungen zu verbessern und Bildungs- und Erwerbsmöglichkeiten für die Frauen des Bürgertums zu schaffen, war das zentrale Anliegen der im *19. Jahrhundert* entstandenen Frauenbewegung. Während in Frankreich erste Ansätze einer Frauenbewegung bereits 1789, im Umfeld der Revolution, auftauchten, sind in Deutschland vergleichbare Erscheinungen erst ein halbes Jahrhundert später, im Zusammenhang mit der Revolution von 1848, zu beobachten. Die Frauen, die sich, noch vereinzelt, zu Wort melden, fordern Bildung, Berufstätigkeit, aktive Teilhabe am öffentlichen Leben; zahlreiche Vereine entstehen, die zugleich politisch-aufklärerisch wirken und Hilfe in sozialer Not leisten wollen. Das Engagement der bürgerlichen Frauen sprengt den Rahmen ihrer Beschränktheit auf das eigene Heim, es ist Selbsthilfe und Hilfsangebot für andere Frauen zugleich. Die meisten dieser Initiativen sind nur kurzlebig und werden nach wenigen Jahren des revolutionären und reformerischen Optimismus, des sozialen Idealismus von einer starken konservativen Gegenbewegung erstickt. Doch als die Frauenbewegung sich in den 60er Jahren wieder zu rühren beginnt, wird sie vor allem von Frauen getragen, die schon in der Zeit um 1848 aktiv waren: Louise Otto regt 1865 den Zusammenschluß verstreuter Frauenbildungs- und Erwerbsvereine zum Allgemeinen Deutschen Frauenverein (ADF) an. Erstmals gibt es damit eine autonome, d. h. von Frauen selbst bestimmte Organisation, die sich für die Interessen von Frauen einsetzt. In der Zeit *zwischen 1890 und 1908* erlebt die erste Frauenbewegung ihren größten Aufschwung. Sie weitet sich aus; neben dem ADF entstehen zahlreiche Vereine, die sich mit anderen Frauenthemen und -forderungen befassen; sie wird in der Öffentlichkeit bekannt und ein politischer Faktor. Gleichzeitig werden mit der Ausdehnung der Frauenbewegung Gegensätze sichtbar: die Kluft zwischen bürgerlichen Frauenvereinen und Arbeiterinnenvereinen, die in der Zeit des Verbots der sozialistischen Partei (zwischen 1878 und 1890) entstand, wird unüberwindbar; die Arbeiterinnenvereine unter Führung von Clara Zetkin gliedern sich mehr und mehr der SPD an, während die bürgerlichen Frauen 1894 mit dem Bund Deutscher Frauenvereine (BDF) einen Dachverband für ihre eigene Bewegung schaffen. Auch innerhalb der bürgerlichen Frauenbewegung kommt es zur Spaltung in einen „radikalen" und einen „gemäßigten" Flügel. Die Radikalen (u. a. Anita Augspurg, Lida Gustava Heymann, Helene Stöcker) greifen neue und bisher in der Öffentlichkeit tabuisierte Fragen auf: die gesellschaftlichen Ursachen der Prostitution, die soziale Ächtung und Rechtlosigkeit der ledigen Mutter, die sexuelle Doppelmoral mit ihrer unterschiedlichen Bewertung männlichen und weiblichen Verhaltens. Außerdem fordern die Radikalen das aktive und passive Wahlrecht für Frauen. Die Frauen des gemäßigten Flügels (u. a. Helene Lange, Gertrud Bäumer) engagieren sich nach wie vor in erster Linie für die Frauenbildung, so die Reform der Mädchenschule und der Lehrerinnenausbildung oder den Zugang der Frauen zu den Hochschulen; sie greifen mit einer zeitlichen Verzögerung auch Themen der Radikalen auf, sind aber wesentlich vorsichtiger. Im gemäßigten Flügel der Frauenbewegung nimmt die soziale Wohlfahrt, ehrenamtliche karitative Tätigkeit, vor allem für Frauen aus der Unterschicht, einen breiteren Raum ein als die Forderung nach Frauenrechten. Noch gemäßigter und konservativer sind die um die Jahrhundertwende entstehenden konfessionellen Frauenverbände (1899 der Deutsch-Evangelische Frauenbund, 1904 der Katholische Frauenbund Deutschlands), die eine Verbindung der Ideen der Frauenbewegung mit konfessionellem Gedankengut anstreben. Etwa zwei Jahrzehnte lang ist der radikale Flügel der Frauenbewegung, obwohl zahlenmäßig kleiner, in der öffentlichen Auseinandersetzung tonangebend; in der unmittelbaren Vorkriegszeit aber gerät er immer mehr ins Abseits. Während die gemäßigte Mehrheit der Frauenbewegung, wie die deutsche Bevölkerung überhaupt, den Ausbruch des Krieges begrüßt und im Kriegsverlauf alle Aktivitäten auf einen freiwilligen Nationalen Frauendienst konzentriert, der an der „Heimatfront" im sozialen Bereich die Kriegsanstrengungen unterstützt, beteiligen sich die *radikalen Frauen*, teils offen, teils heimlich und versteckt, am Aufbau einer internationalen pazifistischen Frauenorganisation, der Internationalen Frauenliga für Frieden und Freiheit (IFFF). In der *Weimarer Republik* ist mit dem Stimmrecht ein wichtiges Ziel der Frauenbewegung erreicht; der radikale Flügel ist zerfallen, und innerhalb des BDF dominieren Hausfrauenverbände und Frauenberufsorganisationen, deren Interessen zum Teil gegenläufig sind. Die Frauenbewegung ist zu einer politisch nicht sehr wirkungsvollen Organisation erstarrt, die es als ihre zentrale Aufgabe ansieht, „seelische Mütterlichkeit" als weiblichen Kulturbeitrag in die Öffentlichkeit zu tragen. Mit der nationalsozialistischen Machtübernahme löst der BDF sich auf. Die größten praktischen Erfolge der ersten Frauenbewegung liegen sicher im Bereich der Mädchenbildung, doch war die Frauenbewegung um die Jahrhundertwende auch in vielen anderen Fragen eine meinungsbildende Kraft; die erste Generation von Frauen, die in qualifizierten Berufen arbeitet, ist entscheidend von ihr geprägt gewesen.

Ute Frevert

Bebel und die Frauenfrage

19. Jahrhundert

Mit diesem Paukenschlag begann August Bebel sein Buch „Die Frau und der Sozialismus“, das 1879 zum erstenmal erschien und dreißig Jahre später bereits die fünfzigste Auflage erlebte. [...]

Bebel hatte ein Thema aufgegriffen, das seit der Mitte des 19. Jahrhunderts die Öffentlichkeit bewegte, *und* er hatte diesem Thema eine prinzipielle, allgemeinpolitische Bedeutung zugemessen. Die „Frauenfrage“ war für ihn ein wichtiges Element der „großen sozialen Umwälzung“, die die Gesellschaft des deutschen Kaiserreichs bereits spürbar prägte und auf die sozialistische Revolution hinzusteuern schien. Frauen, so erläuterte er seinen Leserinnen und Lesern, seien in dieser Gesellschaft doppelte Opfer: Zum einen litten sie „unter der sozialen und gesellschaftlichen Abhängigkeit von der Männerwelt“, zum anderen unter der „ökonomischen Abhängigkeit, in der sich die Frauen im allgemeinen und die proletarischen Frauen im besonderen gleich der proletarischen Männerwelt befinden“. Ein erfolgreicher Kampf um die berufliche, juristische und politische Gleichberechtigung könne diese doppelte Unterdrückung zwar mildern, aber niemals ganz beseitigen. Eine Lösung der „Frauenfrage“ sei dagegen nur möglich im Rahmen einer „Aufhebung der gesellschaftlichen Gegensätze“. Erst dann, wenn die „soziale Frage“ als Ganze gelöst und das kapitalistische Wirtschafts- und Gesellschaftssystem aus den Angeln gehoben seien, werde auch die „Geschlechtssklaverei“ endgültig beseitigt sein.

Analyse und sozialistische Zukunftsentwürfe waren jedoch nicht alles, was Bebels Buch zu bieten hatte: Es lieferte auch konkrete Handlungsanweisungen, zeigte Wege auf, wie proletarische Frauen aus ihrer fatalen Situation herauskommen könnten. Einerseits sollten sie sich gemeinsam mit der bürgerlichen Frauenbewegung dafür einsetzen, die volle Gleichberechtigung aller Frauen in der bestehenden Gesellschaft zu erreichen. Zweitens müsse die proletarische Frauenbewegung „Hand in Hand mit der proletarischen Männerwelt" solche Maßnahmen durchzusetzen versuchen, die „die arbeitende Frau vor physischer und moralischer Degeneration schützen und ihr die Fähigkeiten als Mutter und Erzieherin der Kinder sichern". Darüber hinaus schließlich habe sich die Proletarierin in die gemeinsame Klassenkampfbewegung des Proletariats einzureihen, „um einen Zustand herbeizuführen, der die volle ökonomische und geistige Unabhängigkeit beiden Geschlechtern durch entsprechende soziale Einrichtungen ermöglicht". Ihre politische Heimat fanden die klassenbewußten Arbeiterfrauen und Arbeiterinnen folgerichtig in der Sozialdemokratie, die als einzige Partei, wie Bebel mehrfach betonte, die Konsequenzen aus der Menschenrechtsdiskussion des 18. Jahrhunderts zog.

Ute Frevert

Arbeiterinnenvereine

19. Jahrhundert

Noch während der Geltungsdauer der Sozialistengesetze (1878-1890) hatten sich in verschiedenen Städten des Deutschen Reichs Arbeiterinnenvereine gebildet. Zum Teil entstanden sie aus Organisationen, die von der bürgerlichen Frauenbewegung zur geistigen Erziehung und materiellen Unterstützung von Arbeiterinnen ins Leben gerufen worden waren. Die meisten Vereine aber distanzierten sich von Anfang an von der üblichen Frauenvereinspraxis mit ihren Selbsthilfemaßnahmen von der Kaffeeküche bis zum Wohltätigkeitsbasar und wandten sich drängenden Lohn- und Arbeitsproblemen zu. 1885 beispielsweise konstituierte sich in Berlin ein „Verein zur Wahrung der Interessen der Arbeiterinnen", der es sich zum Ziel setzte, „insbesondere die Regelung der Lohnverhältnisse" und die „gegenseitige Unterstützung bei Lohnstreitigkeiten" in Angriff zu nehmen. Der Verein, dem sogleich 350 Arbeiterinnen und Arbeiterfrauen beitraten, organisierte rasch hintereinander eine Reihe von Versammlungen, auf denen vor allem die Arbeits- und Lohnverhältnisse sowie die Bismarcksche Wirtschafts- und Sozialpolitik diskutiert wurden. Nach wenigen Monaten hatte der Verein bereits weit über 1000 Mitglieder und fühlte sich stark genug, eine Lohnbewegung der Mantelnäherinnen einzuleiten. Daraus ging kurz darauf der „Fachverein der Berliner Mantelnäherinnen" hervor, eine der ersten Frauengewerkschaften, die für höhere Löhne, einen Maximalarbeitstag und die Beseitigung der Nacht- und Sonntagsarbeit kämpfte und diese Ziele auch mit Streiks durchsetzen wollte. Doch bereits 1886 wurden alle Berliner Arbeiterinnenorganisationen von der Polizei wegen „sozialdemokratischer Tendenzen" aufgelöst und ihre Führerinnen, darunter Emma Ihrer, zu Geldstrafen verurteilt. Das gleiche Schicksal ereilte auch jene Arbeiterinnenvereine, die sich Mitte der 1880er Jahre in Hamburg, München, Stuttgart, Nürnberg, Bremen, Frankfurt, Danzig, Gera, Dresden, Braunschweig, Stettin mit ähnlichen Zielsetzungen gebildet hatten.

Selbst nach der Aufhebung der Sozialistengesetze 1890 waren die Schwierigkeiten, die einer politischen Organisation von Frauen entgegenstanden, nicht beseitigt. Während sich die Sozialdemokratie als Gesamtpartei wieder öffentlich betätigen durfte, unterlagen Frauen, zumindest in Preußen, weiterhin den restriktiven Bedingungen des Vereinsgesetzes von 1850. Danach war es ihnen generell untersagt, politischen Parteien oder Vereinen beizutreten oder an deren Versammlungen teilzunehmen. Frauen konnten also weder offiziell Mitglieder der Sozialdemokratie werden noch selber politische Verbände gründen.

Fanny Lewald

Verschämter Broterwerb*

19. Jahrhundert

Während man es für einen jungen Mann als eine Sache der Ehre ansieht, sich sein Brod zu erwerben, betrachtet man es als eine Art von Schande, die Töchter ein Gleiches thun zu lassen, wie das auch in meinem Vaterhause so geschah. Bringt irgendwo die Nothwendigkeit es mit sich, daß ein Mädchen für ihren Unterhalt arbeitet, nimmt eine Kaufmannstochter, eine Professorentochter eine Stelle als Lehrerin, als Gesellschafterin, als Kindergärtnerin an, so wird dies Ereigniß irgendwie beschönigt. Es heißt: die Tochter habe eine unwiderstehliche Neigung, die Welt kennen zu lernen, sie habe eine so große Vorliebe für den Verkehr mit Kindern, sie solle sich doch auch einmal Jahr und Tag unter fremden Menschen bewegen lernen. Man erfindet irgend eine Verwandtschaft oder Bekanntschaft mit den Familien, in welche das Mädchen eintreten soll, um der Sache einen unverfänglichen, gemüthlichen und vornehmen Anstrich zu geben; aber man entschließt sich nur in den seltensten Fällen dazu, einfach zu sagen: das Mädchen geht fort, um sein Brod zu verdienen, um doch etwas zu thun, um uns das Leben zu erleichtern; und man nimmt ihm damit die Genugthuung, seinen Entschluß von Andern gebilligt und anerkannt zu sehen, man nimmt ihm die Freude, mit welcher es vielleicht seinen Beruf ergriffen hat, und die frische, gehobene Stimmung, mit welcher man einer neuen Lebenslage entgegen treten muß, um Behagen und Fortkommen darin zu finden.

Eben so geht man zu Werke, wenn die Töchter endlich hie und da Unterricht ertheilen; und doch sind Gouvernanten- und Gesellschafterinnenstellen und Unterrichtgeben noch diejenigen Broderwerbe, welche durch die oft wiederkehrende Nothwendigkeit sich ihnen zu unterziehen, gewissermaßen als anständig und angesehener Familien nicht unwürdig, betrachtet werden. Aber es giebt zahlreiche Mädchen, denen die Kenntnisse, die Anlage für geistige Beschäftigung fehlen, die nicht lehren und erziehen können, die aber nichtsdestoweniger mittellos, also ebenfalls in der Lage sind, ihr Brod verdienen zu müssen. Auch diesen tritt das Vorurtheil entgegen, daß Broderwerb eine Schande für eine Frau oder ein Mädchen aus guter Familie sei, und nöthigt sie, es zu verheimlichen, daß sie für Magazine stricken und nähen. Jahrelang habe ich in der Berliner Gesellschaft die Witwe und die drei Töchter eines Generals gesehen, welche von der Witwenpension der Generalin, von fünfhundert Thalern, unmöglich leben konnten. Man wußte, daß sie sich zu Hause Entbehrungen aller Art aufzuerlegen hatten, und dazu saßen die unglücklichen alternden Mädchen in den Gesellschaften da, emsig an Tapisserie-Arbeiten nähend, und immer ihr Entzücken an diesen Nähereien aussprechend, während jeder Verständige sich fragen mußte: wie können Leute in so beschränkter Lage so unvernünftig viel Geld an nutzlose Arbeiten, an eine bloße kindische Liebhaberei verschwenden?

Die Generalin fand es gentil, ihre Töchter mit dieser Liebhaberei für Wolle und Canevas thöricht erscheinen zu lassen. Einzugestehen, daß die braven Mädchen noch bis spät am Abende, noch in der Gesellschaft, für ihr Brod arbeiteten, wäre nicht gentil gewesen; dafür würde es aber vielleicht manchem Manne, mit dem die Generalin eine ihrer Töchter gern verheirathet hätte, Achtung vor den armen Personen gegeben haben, über die man sich jetzt lustig machte. Ihr beharrlicher Fleiß würde vielleicht einer oder der anderen von ihnen zu einer Ehe mit einem der verständigen Männer verholfen haben, die jetzt das ewige rastlose Tapisseriennähen in der Gesellschaft einfältig thöricht fanden.

Hat in einer Familie ein Sohn keine Anlage zum Studiren, so ist man gern geneigt, ihn Kaufmann, Maschinenbauer, Techniker und in guten, verständigen Bürgerfamilien auch Handwerker werden zu lassen. Für das besterzogene, innerlich tüchtigste Frauenzimmer aber würde man bei solchem Schritte gleich wieder Bedenken tragen. Das heißt, man würde den Töchtern, auch den besten, die Schmach anthun, sie durch ihre ganze Jugend, und in diesem Falle dehnen die Familien die Zeit der Jugend für ihre Töchter übermäßig lange aus, für moralisch unselbständig, für sittlich unzuverlässig zu halten. Aus der Besorgnis, daß sie sich wie Unmündige betragen könnten, erhält man sie also lebenslang in einer Unmündigkeit, in der aus ihnen unmöglich etwas Rechtes werden kann.

Johanna Kettler

Frauen als berufliche Konkurrenz*

Der Haupteinwand, welcher gegen eine Erweiterung der Berufsgebiete für gebildete Frauen erhoben wird – und in erster Linie gegen ihre Ausbildung für dieselben – liegt in den Worten ausgesprochen: „Was sollen die Männer machen, wenn durch den Zudrang der Frauen die Berufe des Mannes, die heute schon überfüllt sind, noch mehr überfüllt werden; was also soll aus dem Manne werden, wenn es der Frau gestattet sein wird, ihm Konkurrenz zu machen?“ [...]

Die *verheiratete* Frau hat heute wie damals den Mann zur Seite, der sie versorgt. Aber die Verhältnisse der *unverheirateten* Frau haben sich von Grund auf verändert; *mit ihr also* (und mit der durch die Verheiratung nicht vollkommen Versorgten) *haben wir es daher, wie bereits erwähnt, in diesen Zeilen zu tun.* Und indem man sich nicht klar macht, daß solche Veränderung überhaupt dieser letzteren jeden Boden für ihre Existenz entzieht, – indem man übersieht, daß man mit der Frage, „soll es der Frau gestattet sein, dem Manne Konkurrenz zu machen“, *damit zugleich* fragt, „soll es der Frau ferner gestattet sein, zu existieren“, – konnte man dahin gelangen, in unseren Tagen zu *fragen*, „hat der Mann die Konkurrenz der Frau zu dulden?“ Man gibt zu, daß die Frau leben muß, und sagt ihr deshalb, „laß den Mann für dich arbeiten.“ Wenn aber kein solcher Mann sich dafür findet, – dann weiß man eben ihr nicht zu raten. Jetzt kommt die Frau auf den so einfachen und natürlichen Gedanken „Ich will selbst arbeiten, weil niemand für mich arbeiten will und ich doch leben muß.“ Und da sehen wir eine Empörung losbrechen, wie sie sonst nur den schlimmsten menschlichen Eigenschaften gegenüber zu entstehen pflegt: die Empörung des Mannes wider die Frau, die arbeiten will und nicht Almosen nehmen! [...]

Nur die vollständige Unkenntnis der bestehenden Verhältnisse kann zu der Behauptung verleiten, daß heute sich für jede Frau, die arbeiten wolle und müsse, auch Arbeit finde, von deren Ertrag sie zu leben vermöchte. [...]

Der große Unterschied zwischen den Berufsgebieten für Mann und Weib besteht eben darin, daß den Männern für *jeden* Grad ihrer Bildung Berufe offenstehen, daß dagegen jenen Frauen, auf deren veränderte, sie zu eigener Erwerbstätigkeit zwingende Stellung in der Welt man noch keine Rücksicht genommen, fast nur *die* Berufe zur Verfügung stehen, welche schon den Ungebildeten gehören und von diesen bereits „überfüllt“ sind. Wenn für eine ganze Klasse von Frauen – für die gebildeten nämlich – die heute absolut erforderlichen Erwerbsgebiete noch beinahe *ganz fehlen*, wenn viele dieser Frauen sich infolgedessen auf die einzigen ihnen erreichbaren, wenn auch für sie gänzlich ungeeigneten, auf die niederen Berufe stürzen, so ist es allerdings nicht wunderbar, daß eine Unsumme ungebildeter Frauen, von den gebildeten verdrängt, nahe am Verhungern ist, daß Zustände in Masse geschaffen werden, die auf die Dauer unhaltbar sind. Und eins steht unumstößlich fest, das mögen jene nicht übersehen, welche den ärmsten unter den Arbeiterinnen vor allem Hilfe bringen möchten: *Nie* kann die ungebildete, auf die niederen Erwerbsgebiete angewiesene

Frau von der erdrückenden Konkurrenz der gebildeten Frau ganz befreit werden, *ehe nicht für letztere geeignete Erwerbsgebiete geschaffen sind,* die es dieser ermöglichen, von der Konkurrenz mit der Arbeiterin abzustehen, zu der man sie, in Ermangelung dieser *geeigneten* Erwerbsgebiete, gegenwärtig geradezu zwingt. [...]

Wird heute den Frauen eine Anzahl von Berufen zugänglich gemacht, die ihnen ehemals verschlossen waren, so erreichen sie dadurch noch keineswegs einen Vorteil, sondern es wird nur jene Benachteiligung, die für sie aus der Veränderung ihrer Existenzverhältnisse entstand und an der sie, wie wir wissen, vollkommen unschuldig sind, einigermaßen wieder ausgeglichen. Und keineswegs haben sie daher diesen eventuellen Ausgleich als ihnen widerfahrenden Akt der Gnade, sondern als solchen der einfachsten Gerechtigkeit anzusehen. [...]

Entweder verhindert man die Frau an eigenem Erwerb – dann hat sie den Anspruch darauf, erhalten zu werden; oder man entzieht sich der Verpflichtung, sie zu erhalten – dann hat sie den Anspruch auf eigenen Erwerb. Ein Drittes gibt es logischerweise nicht.

Helene Lange

Aufschwung der Frauenbewegung*

Ende des 19. Jahrhunderts

Die Veränderungen im Charakter der Bewegung: Es war nicht nur die Lehrerinnenfrage, die anfangs der neunziger Jahre zu Neugestaltungen drängte: das ganze Gebiet der Frauenfrage war unter andere Bedingungen gestellt als bisher. Bis Anfang der neunziger Jahre waren die Erfolge der Frauenbewegung in Deutschland praktisch wie geistig gering. Die Frauen wurden auf die neuen Ziele hingewiesen, dafür erwärmt; der geistig-sittliche Hintergrund der ganzen Bewegung wurde ihrem Bewußtsein nahegebracht. Das war, was sie selbst wollten; das bestimmte auch die Wahl der Themen. „Was wir wollen und warum wir es wollen“ – „Die Frauenfrage eine Menschheitsfrage“ – „Darf die Frau denken?“ – „Pflicht und Notwendigkeit der Selbsthilfe“ – „Weibliche Charakterbildung“ – „Frauenfrage und Männerbedenken“ – das sind Themen aus den achtziger Jahren...

Die neunziger Jahre werten das alles in einer uns jetzt sehr plötzlich erscheinenden Entwicklung um... In weit größerem Umfang und in größerer Deutlichkeit erkannt, nehmen Schutzfragen, Ausbildungs-, Lohn- und Organisationsfragen, die Beziehungen zwischen männlicher und weiblicher Lohnarbeit, das Problem von Beruf und Mutterschaft die Aufmerksamkeit in Anspruch. Die einzelnen Berufe fordern Lösungen für ihre Sonderprobleme; „Richtungen“ entstehen. Die Themen „fürs Herz“ werden selten; nüchtern und konkret heißt es nun: „Die Nachtarbeit der Frau“ – „Das Leben der Fabrikmädchen“ – „Die Besoldungsverhältnisse der Lehrerinnen“ – „Die Kasernierung der Prostitution“ – „Der Mutter- und Säuglingsschutz in der Reichsversicherungsordnung“ – „Weibliche Vormundschaft“ – „Der Geburtenrückgang“ – „Das Stimmrecht der Frau in Gemeinde, Kirche und Staat“.

Diese Fülle der Probleme war nicht mehr durch *eine* Organisation zu bewältigen. Es entstanden die großen Berufsvereine; wie die Lehrerinnen, so schlossen sich auch die Künstlerinnen, die kaufmännischen Angestellten u.a. zusammen. Auch für die einzelnen Fragen der Frauenbewegung mußten Sonderorganisationen geschaffen werden, wollte man sie aus dem Stadium der theoretischen Erörterung in das der Tat, der umgestaltenden Arbeit überführen. So bildeten sich die Vereine Frauenbildung-Frauenstudium, die Sittlichkeitsvereine, die Rechtsschutzvereine.

Helene Lange

Programm des Allgemeinen Deutschen Frauenvereins 1905

Die Frauenbewegung setzt sich somit das Ziel: *den Kultureinfluß der Frau zu voller innerer Entfaltung und freier sozialer Wirksamkeit zu bringen…*

I. Bildung… Im einzelnen stellt sie folgende Forderungen:

a) obligatorische Fortbildungsschulen für alle aus der Volksschule entlassenen Mädchen;

b) eine Reorganisation der höheren Mädchenschule, durch welche diese, unbeschadet ihrer dem Wirkungskreise der Frau entsprechenden Besonderheit, den höheren Knabenschulen gleichwertig wird. Den Mädchen muß sowohl innerhalb des Rahmens der höheren Mädchenschule als auch durch Zulassung zu den höheren Knabenschulen die Möglichkeit gegeben werden, an den Berechtigungen der höheren Lehranstalten teilzunehmen,

c) unbeschränkte Zulassung ordnungsmäßig vorgebildeter Frauen zu allen wissenschaftlichen, technischen und künstlerischen Hochschulen.

II. Berufstätigkeit. Die Frauenbewegung betrachtet für die verheiratete Frau den in der Ehe und Mutterschaft beschlossenen Pflichtenkreis als ersten und nächstliegenden Beruf. Die befriedigende Erfüllung dieses Berufs muß im Interesse der Gesamtheit mit allen Mitteln der Bildung, der wirtschaftlichen Reform, des staatlichen Schutzes gesichert werden. Die Arbeit der Frau in der Erfüllung dieses Berufs ist wirtschaftlich und rechtlich als vollgültige Kulturleistung zu bewerten.

In Anbetracht der großen Zahl von Frauen, die unverheiratet bleiben, und der weiteren Zahl derer, die in der Ehe keine ausreichende wirtschaftliche Versorgung finden können, ist die Berufsarbeit der Frau eine wirtschaftliche und sittliche Notwendigkeit. Die Frauenbewegung betrachtet die berufliche Frauenarbeit aber auch in weiterem Sinne und unabhängig von jeder äußeren Notwendigkeit als Kulturwert, da auch die Frau Träger hervorragender spezifischer Begabung sein kann und bei vollkommen freier Entfaltung ihrer Fähigkeiten auf vielen Gebieten geistiger und materieller Tätigkeit Aufgaben finden wird, die sie ihrer Natur nach besser lösen kann als der Mann. – In bezug auf die wirtschaftliche Bewertung der beruflichen Frauenarbeit vertritt die Frauenbewegung den Grundsatz: Gleicher Lohn für gleiche Leistung...

III. Ehe und Familie. Die Frauenbewegung sieht in der Heilighaltung der Ehe die wesentlichste Bürgschaft für das körperliche und geistige Wohl der Nachkommenschaft und die Grundbedingung sozialer Gesundheit. Sie legt in bezug auf die sexuelle Sittlichkeit Männern und Frauen die gleichen Pflichten auf und bekämpft die doppelte Moral, die einerseits dem Manne eine in jeder Hinsicht verhängnisvolle sexuelle Freiheit gewährt, andererseits die Frau mit ungerechter Härte trifft. Sie fordert für die Frau als Leiterin des Hauses und Erzieherin der Kinder, daß sie im Einklang mit der Höhe ihrer Verpflichtung und dem Wert ihrer Leistungen auch rechtlich die gleiche Verantwortung in allen Angelegenheiten der Ehe und der Familie trage wie der Mann.

Hedwig Dohm

Stimmrecht der Frau

Anfang des 20. Jahrhunderts

Dessen seid sicher: Rechte ohne Macht bedeuten nichts. So lange ihr politisch rechtlos bleibt, müßt ihr euch mit den Brosamen begnügen, die von des Herrn Tische fallen. Der Mann ist der geladene Gast beim Lebensmahl, ihr – die Zaungäste. Nur durch eine aktive Mitwirkung an der Gesetzgebung könnt ihr eure Rechte als Mutter, Gattin, Erwerberin erfolgreich wahrnehmen.

Ich lächle in mich hinein, wenn ich daran denke, wie allmählich die Frage des Frauenstimmrechts sich entwickelt hat. Erst lachten alle. Einige Jahrzehnte später lachte die Majorität. Heut lacht nur noch die Minorität. Wer zuletzt lacht, lacht am besten – die Frauen. Noch wenige Jahrzehnte, und das Frauenstimmrecht wird eine Selbstverständlichkeit sein. Ja, der Mann der Zukunft wird schon mit der Vorstellung der absolut gleichberechtigten Frau geboren werden.

Lacht ihn aus – jenen mannsseligen Sanatoriumsarzt, der von krankhaftem Herrenstolz gebläht, jüngst verkündete: „Nur zum Dulden, Tragen, Dienen und zu nichts mehr wäre das Weib geboren."

Lernt eure Kraft kennen, meine sanften Schwestern, laßt eurem gerechten ethischen Furor die Zügel schießen. Entreißt dem Mann das Monopol der Gesetzgebung. Monopole sind Hemmschuhe der Entwicklung. Mit solchem Monopol bildet das starke Geschlecht einen Männertrust, der sich gegen die Beteiligung der Frau an den gewinnbringenden Geschäften des Lebens wendet.

Das Stimmrecht fordert!

Und fragt ihr, meine schüchternen Schwestern, ob ihr nicht euer Stimmrecht an der Sonne der Zeiten sollt reifen lassen, bis es als köstliche Frucht euch von selbst in den Schoß fällt, so antworte ich: die Schatten müßt ihr bekämpfen, die die Kraft der Sonne brechen.

Sollen wir etwa wie die Suffragettes unter Fanfarengeschmetter die Werbetrommel rühren?

Ich möchte hier einen Brief zum Abdruck bringen, den ich im Juni von einer Freundin erhielt, die gelegentlich einer englischen Vergnügungsreise zufällig Augenzeuge eines großen Zuges der Frauenrechtlerinnen in London wurde.

Sie schreibt: „Unerhört, was in den Zeitungen zusammengelogen wird! Hat man nicht bei uns den Eindruck, daß diese Frauenstimmrechtlerinnen ekelhafte Karikaturen und lächerliche Auswüchse des weiblichen Geschlechts sind, die allerorten ausgelacht werden? Glaub's nicht, glaub's nicht. Zehnbis zwölftausend Frauen jeden Alters und Standes, vornehme Damen, junge Mädchen, Arbeiterinnen, Studentinnen, Doktorinnen, Gärtnerinnen, Schauspielerinnen, Pflegeschwestern, usw. usw. kamen in wohlgeordnetem Zuge vorbei, angemessen angezogen, die meisten ‚Damen'. Voraus ritt und ging Polizei. Musikbanden spielten in Abständen, tausende von Bannern und Flaggen wehten. Auf beiden Seiten stand dichtgedrängt das Publikum, das mit ernster Teilnahme den Zug defilieren ließ. Ich stand im engsten Gewühl und habe kein höhnisches, unfreundliches Wort gehört. Viel sympathische Zurufe. Namentlich als die nach hunderten zählende Schar der Studentinnen und Graduierten kam, in ‚cap and gown' wie's ja hier alle Studenten tragen. Ich kann dir sagen, mir kamen bei dieser würdigen und sehr imposanten Demonstration geradezu die Tränen in die Augen und ich dachte dein. Der Verkehr in der ganzen westlichen Stadt war unterbrochen und niemand murrte. Abgesandte aus ganz Großbritannien und den Kolonien beteiligten sich."

Ich halte diese stürmische Propaganda der Stimmrechtlerinnen für nichts anderes als eine politische Taktik, die möglicherweise dem Geschmack und dem Temperament derer, die sie in Scene setzen, gar nicht entspricht. Allein – sie haben begriffen, daß sie aus dem Dämmer der Wünsche und Begehrungen heraus müssen in den lichten Tag des Handelns. Und sie vertauschen die stumpfe Waffe des Worts mit der schneidenden der Tat. Zephire reinigen die Luft nicht. Der Sturm tut's. Heroismus ist's zuweilen, so zu handeln, wie man nicht handeln möchte.

Petitionen, Reden, Schriften – sie schimmern nur matt und langsam durch die Kulturwelt. Öffentliche feierliche Manifestationen wie die englischen gleichen Scheinwerfern. Ihre Leuchtkraft wirkt in weite Fernen hinaus.

Die Ursachen dieser eigentümlichen Organisationsabstinenz lagen auf der Hand und waren schon den Zeitgenossen wohlbekannt. Verheiratete Arbeiterinnen – 1907 etwa 27% aller Fabrikarbeiterinnen – hatten bereits mehr als genug damit zu tun, ihre Berufstätigkeit mit den täglichen Haushalts- und Familienpflichten in Einklang zu bringen. Nach der aufreibenden Fabrikarbeit begann ihr zweiter Arbeitstag: Das Essen mußte gekocht, die Wohnung saubergehalten, Lebensmittel eingekauft und die Kinder versorgt werden. Der „arbeitsfreie“ Sonntag war für die große Wäsche und notwendige Ausbesserungs- und Näharbeiten reserviert. Zeit für politisches oder gewerkschaftliches Engagement blieb da nicht mehr. Auch die unverheirateten Arbeiterinnen konnten bei weitem nicht so frei in ihrer „Freizeitgestaltung“ disponieren wie ihre männlichen Kollegen. Ihr Feierabend war ebenfalls größtenteils mit Hausarbeit ausgefüllt, während ihre Brüder diese Zeit in der Kneipe, auf dem Fußballplatz oder eben in politischen Versammlungen verbrachten.

Entwickelte ein junges Mädchen trotz alledem Interesse an politischen Fragen, konnte es nur in den seltensten Fällen auf elterliche Unterstützung oder Toleranz hoffen. Öffentliches Auftreten schickte sich nicht für das weibliche Geschlecht, verminderte wohl gar die Heiratschancen, denn welcher Mann wollte schon eine „Emanzipierte“ heimführen? Wie stark diese Rollenklischees selbst bei Sozialdemokraten verankert waren, ist von den Frauen, die sich aktiv um eine Politisierung ihrer Geschlechtsgenossinnen bemühten, oft hervorgehoben worden. Ebenso wie Frauen innerhalb der Partei, z. B. bei der Aufstellung von Parteitagsdelegierten, durchweg hintangestellt wurden, widersetzten sich männliche Sozialdemokraten anfangs auch der Werbung und Mobilisierung weiblicher Mitglieder. Nicht einmal ihre eigenen Frauen und Töchter wollten sie in der Partei sehen und verboten ihnen nicht selten „das Versammlungsgehen, behauptend, daß sie nur den Haushalt zu besorgen, Strümpfe zu stopfen u. dergl. hätten". Diese ablehnende Haltung, die in den 1890er Jahren noch an der Tagesordnung war, schwächte sich später ab. Zu Beginn des 20. Jahrhunderts rekrutierte sich die Mehrzahl der weiblichen SPD-Mitglieder aus den Ehefrauen von Sozialdemokraten. Ihre Töchter engagierten sich zumeist in der sozialistischen Arbeiterjugend und traten dann mit 18 in die Partei ein.

Herrad Schenk

Pazifistinnen

Außenseiterinnen waren auch die Frauen, die innerhalb der bürgerlichen Frauenbewegung für den Pazifismus eintraten. Die Friedensgesellschaften waren überwiegend Männervereine, trotz der prominenten Rolle Bertha von Suttners, die eine Ausnahmefigur blieb. Erst 1914 – die organisierte Frauenbewegung in Deutschland war bereits ein halbes Jahrhundert, die Deutsche Friedensgesellschaft gut zwei Jahrzehnte alt – kam es zur Gründung eines eigenen Frauenbundes innerhalb dieser Gesellschaft, der sich in den Jahren seines Bestehens aber nicht sonderlich hervortat.

Die aktivsten Pazifistinnen in der Zeit um den Ersten Weltkrieg kamen in Deutschland aus dem radikalen Flügel der bürgerlichen Frauenbewegung. Sie traten erstmals um die Jahrhundertwende mit einer großangelegten Friedenskundgebung in Erscheinung; zwischen 1915 und 1918 kämpften sie engagiert gegen den Krieg und für die Aufrechterhaltung der internationalen Beziehungen innerhalb der Frauenbewegung; in der Weimarer Republik beteiligten sie sich am

Aufbau und an der Arbeit internationaler pazifistischer Organisationen.

Die große internationale Friedenskundgebung der Frauen wurde anläßlich der Ersten Haager Friedenskonferenz 1899 von Margarete Lenore Selenka initiiert. Über das Beziehungsnetz der Frauenbewegung wurden zur Konferenzeröffnung in 18 europäischen und außereuropäischen Ländern insgesamt 565 öffentliche Frauenversammlungen veranstaltet, die die Unterstützung der Haager Gespräche zum Ausdruck bringen sollten. Margarete Lenore Selenka und Bertha von Suttner überbrachten der Konferenz gemeinsam ein Memorandum der Frauen, in dem diese sich für einen internationalen Schiedsgerichtshof aussprachen – dessen Einrichtung, wenngleich nur mit geringfügigen Kompetenzen, dann in Den Haag auch beschlossen wurde. Alljährlich sollten anläßlich des Jahrestags der Haager Konferenz in allen Ländern ähnliche Frauenkundgebungen wiederholt werden; sie kamen jedoch nur in den ersten paar Jahren zustande. [...]

In der bürgerlichen Frauenbewegung, in Deutschland ebenso wie in anderen Ländern, waren es überwiegend Radikalfeministinnen aus den Kreisen der Frauenstimmrechtsvereine, die sich im aktiven Kampf gegen den Krieg zusammenfanden und bei dieser Arbeit mehr und mehr von der gemäßigten Frauenbewegung entfernten, die mit ihren Organisationen den sozialen Kriegsdienst der Frauen stützte. 1915 gelang es ihnen, im neutralen Holland trotz erheblicher Reisebehinderungen für einige Teilnehmerinnen einen großen internationalen Frauenfriedenskongreß durchzuführen. [...] Die Frauen beschlossen, in den verschiedenen Ländern „Nationale Frauenausschüsse für dauernden Frieden“ zu bilden, die für eine möglichst rasche Beendigung des Kriegs und tragbare Friedensbedingungen für alle arbeiten wollten. Sie einigten sich auf ein feministisch-pazifistisches Programm, das die Bedingungen für einen dauerhaften Frieden zusammenfaßte; u. a. wurde die politische Partizipation, das aktive und passive Stimmrecht für Frauen und ein Friedensschluß ohne Annexionen gefordert. [...] Etwa gleichzeitig mit den Feministinnen tagten in Bern Frauen der sozialistischen Internationale, die – ebenfalls Minderheiten in ihren Organisationen – gegen den Krieg kämpften. [...] Die Sozialistinnen verfaßten ein Manifest, in dem sie alle Frauen aufforderten, ihren Protest gegen den Krieg zum Ausdruck zu bringen.

Ute Frevert

Sozialdemokratische Frauenbewegung

20. Jahrhundert

Bereits vor dem Ersten Weltkrieg engagierte sich die sozialdemokratische Frauenbewegung stark in der Mütter- und Kinderfürsorge. Sie organisierte Ausflüge und Ferienwanderungen für Arbeiterkinder, rief Kinderschutzkommissionen ins Leben und publizierte eine Unzahl Broschüren zur Kindererziehung. Nicht verwunderlich war deshalb auch der Beschluß der sozialdemokratischen Frauenvereine, sich im Krieg dem Nationalen Frauendienst anzuschließen, der sich in ehrenamtlicher Tätigkeit den durch den Krieg verschärften Wohlfahrtsproblemen widmete. In der Weimarer Republik entwickelte sich die Sozialarbeit dann zum Hauptarbeitsgebiet der Sozialdemokratinnen. Die 1919 als Selbsthilfeorganisation gegründete Arbeiterwohlfahrt (AWO) stützte sich ganz wesentlich auf die sozialdemokratische Frauenbewegung, deren Mitglieder vor allem in der Kinder- und Jugendfürsorge, in der Schwangeren- und Wöchnerinnenarbeit aktiv waren.

War eine solche Konzentration der Frauen auf Wohlfahrtspflege und Sozialpolitik auch verständlich, kam sie doch einem freiwilligen Schritt ins politische Abseits gleich. Die sozialdemokratische Frauenbewegung der Weimarer Republik war weder völlig in die Partei integriert noch gänzlich autonom: Sie verharrte in einer merkwürdigen Zwitterstellung, die ihr in der Partei kaum Einfluß und Mitsprache gewährte und nach außen nur einen begrenzten Tätigkeitsradius zuließ. Auch in ihren theoretischen Positionen zur weiblichen Emanzipation spiegelten sich diese Unklarheit und Unsicherheit: Einerseits wurde die Berufstätigkeit von Frauen als Horizonterweiterung, als „Erziehung für das politische Leben" prinzipiell gutgeheißen, andererseits aber dem „weiblichen Naturberuf" faktisch nachgeordnet. Sicherlich kam die ideologische Verklärung des Hausfrauen- und Mutterdaseins dem Empfinden der meisten Frauen entgegen, die die Familienarbeit als stärker bedürfnisorientierte Form der Lebensgestaltung einer Fremdbestimmung im Beruf vorzogen. Schließlich meinte „Beruf" für die Mädchen und Frauen aus der Arbeiterschaft fast durchwegs ungelernte, schmutzige, schlecht bezahlte, physisch aufreibende Arbeit, deren persönlichkeitsbildender Wert zu Recht angezweifelt werden mochte. Die Tätigkeit in einer Spinnerei oder Papierfabrik war kaum jemals identisch mit befriedigender „Selbstverwirklichung", ihr Wert bemaß sich einzig und allein nach dem Inhalt der Lohntüte. Kein Wunder, daß die Frauen gern auf diese Freiheit zur Erwerbsarbeit verzichteten, sobald der Verdienst des Ehemannes ausreichte, den Lebensunterhalt der Familie zu bestreiten. Hausfrau und Mutter zu sein, schien unendlich viel sinnvoller als die entfremdete Arbeit in der Fabrik.

Diese Erfahrungen und Einstellungen griff die sozialdemokratische Frauenbewegung auf. Schon im Kaiserreich, verstärkt dann in der Weimarer Republik betonte sie die politische Bedeutung einer richtig verstandenen Mutterschaft: durch ihre bewußte Erziehungsarbeit könnten Frauen auf die Entwicklung ihrer Kinder einen enormen Einfluß ausüben, der letztlich auch über die langfristigen Erfolge der Arbeiterbewegung entschiede. Die sozialdemokratische Familie erschien in dieser Sicht als Keimzelle der Bewegung, die Mutter als deren wichtigste Bastion.

Ein solches Argumentationsmuster, so ansprechend es auch immer sein mochte, verfing sich allerdings unauflösbar in den Fallstricken einer Ideologie, die die Hochschätzung „weiblichen Wesens“ und „weiblicher Bestimmung“ seit jeher als Mittel benutzt hatte, um Frauen die Männern vorbehaltenen Rechte und Entwicklungschancen zu verweigern. Die eingleisige Orientierung auf das Rollenstereotyp „Hausfrau und Mutter“ konnte sich in einer Gesellschaft, deren Struktur im Großen wie im Kleinen, in der Staatsspitze wie in der Familie, ausschließlich von Männern dominiert war, nur zum Nachteil der Frauen auswirken. Das zeigte sich nirgends so deutlich wie in den Beschäftigungskrisen nach dem Ersten Weltkrieg, als Frauen unter Verweis auf ihre eigentliche „Berufung“ ihre Arbeitsplätze für Männer räumen mußten – ohne daß auf ihre persönliche Option Rücksicht genommen wurde. Die sozialdemokratische Frauenbewegung in Gewerkschaften und Partei kämpfte hier zwangsläufig auf verlorenem Posten, hatte sie sich doch selber, und gewiß nicht ohne gerechtfertigten Grund, die These vom Mutterberuf als „wichtigster staatsbürgerlicher Aufgabe“ zu eigen gemacht.

Karen Hagemann

Mangelnde Gleichberechtigung der Sozialdemokratinnen

Auch innerhalb der SAJ (Sozialistischen Arbeiterjugend) entsprach die Einbeziehung der Mädchen, die Mitte der 1920er Jahre in Hamburg rund 43% der Mitglieder stellten, nicht den propagierten Ansprüchen von „Kameradschaftlichkeit“ und „Gleichberechtigung“. Nur sehr langsam konnte das anerzogene geschlechtsspezifische Rollenverhalten verändert werden.

Längst nicht alle Mädchen, die der SAJ angehörten, traten nach ihrem Ausscheiden mit 18 oder 20 Jahren in die SPD ein. Nicht wenige zogen sich in diesem Alter aus der sozialen und politischen Betätigung zurück. Ihr Bestreben war es, einen Freund zu finden, der unerfreulichen Enge im Elternhaus zu entfliehen. Den jungen Frauen aus der SAJ, die dabei blieben, fehlte in der SPD häufig das Gemeinschaftserlebnis, fehlte allgemein das „Streben nach einer höheren und neuen Kultur", das sie von der Arbeiterjugend her kannten. Sie sahen keine Möglichkeit und keine Notwendigkeit zur aktiven Mitarbeit in der sozialdemokratischen Frauenbewegung, die für sie eine von älteren Hausfrauen war.

Im Vergleich mit ihren Müttern empfanden sich die jungen Sozialdemokratinnen, die bereits in der Sozialistischen Arbeiterjugend aktiv gewesen waren, als gleichberechtigt:

„Frauenaktivitäten der SPD, wie sie die Generation meiner Mutter betrieb – diesen ‚Häkelbüddel- und Klönklub', wie wir ihn damals nannten –, lehnte ich immer ab. Das war für mich kein Vorbild. Für die älteren Genossinnen mußte es wohl so sein. Wir jungen Frauen fühlten uns wirklich gleichberechtigt und sahen nicht, daß wir es nur so lange waren, wie wir uns auf die tägliche politische Kleinarbeit beschränkten. Sobald eine Frau für den Distriktsvorstand im Stadtteil, den Landesvorstand oder die Bürgschaft kandidierte, fing die Konkurrenz der Männer an...

Damals in den 20er Jahren herrschte eine große Aufbruchsstimmung, vor allem unter uns Jungen. Wir hofften auf Änderung, glaubten an den Sozialismus. Wir dachten, wenn nur erst einmal alles menschlicher wird, alle eine anständige Arbeit und Ausbildung und ein bißchen Freude im Leben haben, dann ist schon etwas erreicht..."

Gordon A. Craig

Rolle der Frauen zwischen 1918 und 1930

In allen Ländern schwächte der Erste Weltkrieg alte Orthodoxien und angestammte Amtsgewalten. [...] Die Frauen profitierten davon genauso wie die Männer. Althergebrachte Regeln über ihr Tun und Lassen besaßen keine große Glaubwürdigkeit mehr, und Tabus, die das Auftreten in der Öffentlichkeit ohne Begleitperson, den Genuß von Alkohol und Tabak oder selbst voreheliche sexuelle Beziehungen betrafen, hatten ihre Macht eingebüßt. [...]

Mit dieser neuen Freiheit ging eine neue Erfüllung einher. Die Frau spielte im kulturellen Leben der Weimarer Zeit eine prominente Rolle, und die kurzen Jahre der Republik wären unmöglich so erregend und produktiv gewesen ohne die Leistungen von Elisabeth Bergner, Tilla Durieux, Fritzi Massary und Trude Hesterberg im Theater, von Sigrid Onegin und Frida Leider in der Oper, von Mary Wigman in der Tanzkunst, von Mechthilde Lichnowsky und Vicky Baum in der Literatur und von Ricarda Huch in der Geschichtsschreibung.

Außerdem war der Weg jetzt frei für hervorragende Leistungen anderer Frauen, denn das alte Vorurteil gegen höhere Bildung für Frauen hatte aufgegeben werden müssen. Eine der bemerkenswertesten Taten der Republik war die Anhebung des Status der höheren Schulbildung für Mädchen, eine von der Reichsschulkonferenz 1920–1923 durchgeführte Reform. Die Verbesserungen in den weiterführenden Schulen trugen dazu bei, daß die Zahl der Studentinnen anstieg. Dieser Umstand spiegelte sich wiederum in der Zahl der Frauen, die nun die Barrikaden der freien Berufe stürmten oder sich in den weniger traditionsgebundenen akademischen Disziplinen wie Psychologie und Soziologie versuchten oder – wie Vicki Baums Heldin Helene Willfüer – in der Chemie.

Diese Erfolge hatten zumindest bis zur Machtübernahme

durch die Nazis 1933 Bestand. Von kürzerer Dauer – und dies mag in gewissem Maß zum Aufkommen des Nazismus beigetragen haben – waren die 1919 erzielten politischen und ökonomischen Errungenschaften.

Als Folge der Novemberrevolution erhielten die deutschen Frauen das Stimmrecht. Vor allem in Hinblick auf die Begeisterung, mit der die Frauen darauf reagierten, rechnete man damit, daß dies zu einer beträchtlichen Vermehrung der Frauenrechte führen würde. Fast 80% aller wahlberechtigten Frauen gingen 1919 zur Wahl; 8,5% der Abgeordneten der Nationalversammlung und zwischen fünf und zehn Prozent der Länderparlamente waren Frauen, und es schien unvermeidlich, daß dies zu einer Gesetzgebung führte, die Lohngleichheit, bessere Arbeitsbedingungen für Frauen und andere, lange hinausgezögerte Reformen bringen würde. Es geschah jedoch nichts dergleichen. [...]

Diesem Geiste entsprechend sahen die Parteioberen darauf, daß in ihren Organisationen die Macht in männlichen Händen blieb, und im Laufe der Zeit erhielten die Frauen immer weniger Zugang zu Parteiämtern und einflußreichen Positionen. Dies galt sogar für die Sozialdemokratische Partei trotz der Tatsache, daß die Zahl der weiblichen Parteimitglieder von 15,8% im Jahre 1924 auf 23% im Jahre 1930 stieg. In keiner Partei nahmen die Frauen je mehr als 10% der führenden Positionen ein, und auf kommunaler Ebene lag der Satz zwischen einem und zwei Prozent.

Die Kompetenz der 111 Frauen, die zwischen 1919 und 1933 im Deutschen Reichstag saßen, stand außer Zweifel. Ihre Arbeit, besonders in parlamentarischen Ausschüssen, die sich mit Bevölkerungs-, Rechts- und Bildungsproblemen und sozialer Fürsorge befaßten, war nützlich; und ihr Mut war außergewöhnlich. [...] Von den Parlamentarierinnen der Weimarer Zeit begingen vier nach der Machtübernahme durch die Nazis Selbstmord, dreizehn wurden verhaftet, zehn ins Konzentrationslager geschickt und vierzehn mußten ins Exil gehen.

Es steht außer Zweifel, daß die Anwesenheit dieser Frauen im Reichstag einige positive Auswirkungen auf die Stellung der deutschen Frauen ganz allgemein hatte, jedoch sicherlich nicht in dem Maße, wie man es hätte erwarten können. Sie stellten bald fest, daß die Parteien nicht bereit waren, für irgendeine Verbesserung der Frauenrechte zu kämpfen, die männliche Vorrechte bedrohen würde. Als es darauf ankam, stimmte nicht einmal die Sozialdemokratische Partei für gleichen Lohn bei gleicher Arbeit oder gleichen Arbeitsschutz und gleiche Arbeitsbedingungen. Gesetzesbestimmungen, die Frauen in der Familienführung und im Eigentumsrecht benachteiligten, wurden nicht aufgehoben. [...]

Möglicherweise hatte die Enttäuschung über die dürftigen Ergebnisse, die mit dem Stimmrecht erlangt worden waren, etwas mit der Tatsache zu tun, daß sich die weiblichen Wähler während der letzten Jahre der Republik immer mehr den konservativen Parteien und besonders dem Nationalsozialismus zuwandten. [...] Trotz der Tatsache, daß die NSDAP in allen die Frauen betreffenden Fragen von der Beschäftigung bis zur Bildung eindeutig reaktionär war, daß sie weder in ihrem Vorstand noch in ihrer Reichstagsfraktion Frauen hatte und daß sie aus ihrer Philosophie von der männlichen Überlegenheit kein Hehl machte, zog sie weibliche Wähler an. Ausschlaggebend war vermutlich, daß sie den Frauen versprach, die Stellung von Heim und Familie wieder zu stärken in einer Gesellschaft, deren wachsende wirtschaftliche Schwierigkeiten sie zu bedrohen schienen, und die eigentliche Würde der Frau wiederherzustellen als Gefährtin und Gehilfin ihres Gatten und als deutsche Mutter, die die Zukunft der germanischen Rasse garantierte.

Werner Abelshauser (Hg)

Frauenarbeit und Wirtschaftskrise*

Die immer noch nicht überwundenen Vorurteile gegen die Berufstätigkeit der Frauen finden angesichts der Arbeitslosigkeit von Millionen von Männern in der Bevölkerung neue Nahrung. Die Forderung, daß auf dem überlasteten Arbeitsmarkt zunächst die Frauen Platz zu machen haben, findet weithin gefühlsmäßige Zustimmung.

Die Zahl der erwerbstätigen Frauen in Deutschland betrug nach der letzten Berufszählung 11½ Millionen. In den letzten beiden Jahrzehnten ist die Erwerbstätigkeit der Frauen von 30½ Prozent aller Erwerbstätigen auf 35 Prozent gestiegen. Von diesen Frauen arbeiten etwa 5 Millionen in der Landwirtschaft, 3 Millionen in der Industrie, 1½ Millionen in Handel und Verkehr, etwa 300000 in Verwaltung und freien Berufen, etwa ebenso viele im Gesundheitswesen und der Wohlfahrtspflege, 1½ Millionen in häuslichen Diensten. Von all diesen Frauen sind Selbständige etwa 1 Million, Angestellte und Beamte 1½ Millionen, Arbeiter 3½ Millionen, 5½ Millionen sind mithelfende Familienangehörige und Hausangestellte.

Die zahlenmäßig großen Gebiete, auf denen die weibliche Konkurrenz vor allem angegriffen wird, sind die der Angestellten und Arbeiter. [...]

Übrigens kann sich kein Kenner des Wirtschaftslebens der Erkenntnis verschließen, daß der normale Lebenslauf jedes Mädchens vor der Ehe heute durch Jahre der Erwerbstätigkeit führt, und daß die Familie nicht imstande ist, die Unterhaltung erwerbsfähiger Töchter bis zur Ehe zu übernehmen. Für diejenigen Frauen, denen die Ehe wegen des zahlenmäßigen Übergewichts der Frauen im Heiratsalter heute verschlossen bleibt, versteht sich die selbständige Berufstätigkeit von selbst.

Für alle diese Frauen ist sowohl aus volkswirtschaftlichen

wie persönlichen Gründen die Forderung zu erheben, daß ihre Eingliederung in das Erwerbsleben entsprechend ihren Fähigkeiten erfolgt. Es ist weder volkswirtschaftlich erwünscht noch der einzelnen Frau gegenüber gerecht, sie etwa auf Arbeitsgebiete beschränken zu wollen, die unterhalb ihrer Fähigkeiten liegen. Aus diesem Grunde ist an der von Frauen erkämpften, durch die Verfassung gewährleisteten Bildungs- und Berufsfreiheit der Frauen unbedingt festzuhalten. Es besteht die Gefahr, daß unter dem Druck der Wirtschaftslage die Frauen auf dem Wege zu verfeinerter Leistung und wesensgemäßer Einordnung in die Volkswirtschaft zurückgeworfen werden. Vor dieser Gefahr muß gewarnt werden.

Der Familienberuf soll in der Regel als ein voller Frauenberuf angesehen werden. Die große – und wachsende – Zahl berufstätiger Ehefrauen zeigt aber, daß nicht persönliche Wahl, sondern volkswirtschaftliche Zwangsläufigkeit die tatsächliche Entwicklung bestimmt. In der Entscheidung, ob die verheirateten Frauen auf dem Arbeitsmarkt eine unvermeidbare Belastung darstellen, muß einerseits ihre wirtschaftliche Lage, andererseits Art und Grad ihrer Leistung in Betracht gezogen werden.

Wir sind weit davon entfernt, arbeitsmarktpolitische Versuche eines Ausgleichs zugunsten von Familien, in denen niemand einen Verdienst hat, auf Kosten solcher, in denen mehrere verdienen, abzulehnen. Es darf aber nicht übersehen werden, daß die Existenz weiter Schichten der arbeitenden Bevölkerung auf der außerhäuslichen Erwerbstätigkeit der Frauen mitaufgebaut ist... Es muß ferner mit allem Nachdruck gefordert werden, daß bei der Beurteilung des Rechtes auf Arbeit die fachliche Leistung der Frau, die Qualität und Eigenart ihrer Arbeit genau in dem Maße eingeschätzt wird wie beim Mann. Und es darf schließlich durch die Art solcher vorübergehenden Notmaßnahmen nicht grundsätzlich die schwer errungene, in der Reichsverfassung festgelegte Rechtsstellung der Frauen erschüttert werden.

Brigitte Bruns

Frauen im Nationalsozialismus

Der Stammtischvorwurf „Frauen hätten Hitler an die Macht gebracht“ entbehrt allerdings der Grundlage: sie wählten mehrheitlich christlich und national-konservativ (Katholische Zentrumspartei und Deutsch-Nationale Volkspartei) und stellten 1933 weniger als 6% der NSDAP-Mitglieder, d. h. unter 1% der gesamten weiblichen Bevölkerung. Mit der Machtübernahme 1933 werden die partei- und gewerkschaftspolitisch organisierten Frauenverbände verboten, die übrigen zur Auflösung oder Gleichschaltung (bei Ausschluß ihrer jüdischen Mitglieder) gezwungen. Die Protagonistinnen der Frauenbewegung: Radikale Pazifistinnen, Sozialistinnen, Demokratinnen werden ins Exil getrieben. Andere Frauen leisten Widerstand in Familie, Nachbarschaft, Betrieben und illegalen Organisationen, zahllose werden verhaftet und interniert oder hingerichtet, Tausende als sogenannte Asoziale, Rasseschänderinnen, Rassefeinde und Politische in Konzentrationslagern ermordet.

Der traditionsreiche BDF (Bund Deutscher Frauenvereine) zögert mit der Selbstauflösung bis Fristablauf (1934). [...] Erbe des BDF – mit NS-loyalen sich gleichschaltenden Frauenverbänden – tritt das neugeschaffene Deutsche Frauenwerk e.V. (DFW) an, Pflichten (sogenannte Gleichstellung) treten an die Stelle von erkämpften Rechten (Gleichberechtigung).

Alle NS-Frauenorganisationen unter Leitung der „Reichsmutter“ Gertrud Scholtz-Klink – disziplinarisch dem Stellvertreter des Führers unterstellt – werden vom Berliner Reichsfrauenführungsamt gesteuert. Als einzig verfügbare Ersatzöffentlichkeit gewinnen sie erhebliche Bedeutung. Mit ihren hohen Integrations-, Organisations- und Aktivierungsmöglichkeiten wirken sie gleicherweise emanzipierend wie affirmativ und systemstabilisierend.

Bis 1941 ist allein in der NS-Frauenschaft und dem DFW jede fünfte Frau organisiert. Eine Vielzahl von Aufgaben und ehrenamtlichen Tätigkeiten in NS-Frauenschaft, Volkswohlfahrt, DFW, Frauenarbeitsdienst (FAD) und Frauenamt der Deutschen Arbeitsfront (DAF) bieten ersatzweise Berufsethos, sozialen Aufstieg, und sind oftmals Voraussetzung für die schlecht entlohnte Berufsausübung. Die in Landwirtschaft, Jugenderziehung, Verwaltung und Wohlfahrt erprobte und weltanschaulich geschulte, energische, disziplinierte wie disziplinierende BDM-, FAD- und DAF-Führerin ist das Gegenteil des propagierten Ideals der Mutter.

„Wir ... bejahen die Ausbildung und amtliche Eingliederung der Frauenkräfte zum Besten der Nation, soweit sie nicht in Ehe, Familie und Mutterschaft ihren nächstliegenden Dienst am Volksganzen leisten." (Grundsätze der NS-Frauenschaft)

1933–1935 sind Abbau der Arbeitslosigkeit und wirtschaftliche Autarkie Schwerpunkte der NS-Innenpolitik. Die Ideologie von Blut und Boden, Volksgemeinschaft und Familie, müssen den Prozeß der Arbeitskräfte-Umverteilung in die rückständige Landwirtschaft und private Hauswirtschaft verklären. Die Anti-Doppelverdiener-Kampagne leitet 1933 die arbeitsmarkt- und bevölkerungspolitischen Maßnahmen des Regimes ein, die verheiratete Frauen zur Freimachung ihrer Arbeitsplätze bewegen und in die Verbrauchswirtschaft, d. h. den „art- und naturgemäßen" Familien-, Hausangestellten- und unterbezahlten Sozialdienstbereich abschieben sollen.

„Die Frau muß aus dem Produktionsprozeß verjagt werden! Man muß ihr im Dritten Reich beibringen, mit dem Gelde, was der Mann nach Hause bringt, auszukommen." (Gregor Strasser)

Ebenso werden mit der Erweiterung des Gesetzes zur Rechtsstellung weiblicher Beamter von 1932 und dem Gesetz zur Wiederherstellung des Berufsbeamtentums sowie dem 10% Numerus clausus für Studentinnen, verheiratete (später auch unverheiratete), nichtarische und politisch mißliebige

Beamtinnen aus dem Öffentlichen Dienst entfernt, der akademische Nachwuchs gebremst. Dequalifizierung und politische Entmündigung der Frau haben nachhaltige Folgen, die Entlastung des Arbeitsmarktes von weiblichen Erwerbstätigen dagegen kaum Einfluß auf das absolute Wachstum (um 6%) der Frauenerwerbsarbeit, einschließlich der Verheirateten und Mütter. Die Anprangerung der Frauenemanzipation als liberalistische Auswüchse der Systemzeit begleitet die ideologische Überhöhung der Frau als Mutter und Hüterin des Volksganzen.

„Das Wort Frauenemanzipation ist nur ein vom jüdischen Intellekt erfundenes Wort und der Inhalt ist von demselben Geiste geprägt. Die deutsche Frau brauchte sich in den wirklich guten Zeiten des deutschen Lebens nie zu emanzipieren." (Adolf Hitler)

Praktische Hilfe leistet das Gesetz zur Förderung der Eheschließungen, Steuervorteile und Ehestandsdarlehen bis zu 1000 RM bei Berufsaufgabe ködern die ohnehin vom Erwerbsleben überforderten Frauen zur Abkinderung (pro Kind 25%) des Darlehens. Kindergeld und -beihilfen, Mütterurlaub und Freibeträge für Hausangestellte sollen Frauen zur Gebärschlacht anhalten. [...] Strafverschärfung der §§ 218, 219, 220 (Abtreibung, -Beihilfe, Verhütung) bis zur Todesstrafe und Schließung der Sexualberatungsstellen, Ehegesundheitsgesetz mit Nachweispflicht für Gebär- und Zeugungsfähigkeit sowie strengste Kontrolle der Prostitution überwachen das „erbgesunde" Bevölkerungswachstum und politisieren den Privatbereich. [...]

„Ein Minimum an Intellekt und ein Höchstmaß an physischer Eignung machen die Frau erst zu dem, was sie werden soll: Fruchtschoß des Dritten Reiches. Sie hat die höhere Mission, die Entrassung zu hemmen. Sie dient Zwecken der Zucht und Aufnordung des Deutschen." (Joseph Goebbels)

Der Rückgang der Arbeitslosigkeit durch erhöhte Rüstungsanstrengungen beschleunigt nach 1935 die Lockerung der Einschränkungen zur Frauenarbeit. Arbeitsbuch und Reichsvermittlungsstelle erfassen weibliche Erwerbstätige systematisch. Mit Vollbeschäftigung und dem mit Kriegsbeginn 1939 einsetzenden Arbeitskräftemangel erzwingen schließlich Notverordnungen den Frauenarbeitseinsatz für die Volksgemeinschaft. Frauen stehen ab 1938 in Pflichtjahr, Ertüchtigungs- und Arbeitsdienstpflicht, ab 1941 im Generalgouvernement und im Kriegshilfsdienst ihren Mann, die Ideologie der „tapferen Kameradin" – der „Lebens-, Arbeits- und auch Kampfgefährtin des Mannes!" (Adolf Hitler) – verdrängt die der „ewigen Mutter" aus Opportunitätsgründen. Das Hausfrau- und Mutterdasein erscheint nun vielen angesichts steigender Arbeits- und Kriegsausbeutung (50 Std. in Betrieben) als Schutznische des Systems, wie verstärkter Arbeitsboykott, Anstieg der Notehe- und Eheschließungen und der Geburtenrate eindringlich zeigen.

Ute Frevert

Frauenfrage nach 1945

Nach dem Zusammenbruch des „Dritten Reiches" im Frühjahr 1945 brachen allerdings nicht nur die alten politischen Konfliktlinien wieder auf – auch die Auseinandersetzungen zwischen Frauen und Männern erhielten neue Nahrung. Zwar hielten sozialdemokratische wie kommunistische Frauen wie schon in der Weimarer Republik an einer geschlechterübergreifenden Organisation fest und bekämpften die Bestrebungen bürgerlicher Frauenvereine in den Westzonen, erneut eine selbständige, überparteiliche Frauenbewegung zu etablieren. Bereits 1946 fand die erste SPD-Frauenkonferenz in Frankfurt statt, wurden hauptamtliche Frauensekretärinnen in den Bezirken und beim Parteivorstand angestellt. Reform des § 218, Wohnungsnot, Flüchtlingsfragen waren „Dauerbrenner“ in den ersten Frauenversammlungen und -konferenzen. Aber auch die politische und rechtliche Stellung der Frauen im neuen Staat wurde heftig diskutiert. Nach der Erfahrung der Nazi-Zeit, als Frauen aus dem politischen Leben entfernt und zu vielen qualifizierten Berufspositionen nicht mehr zugelassen worden waren, drängten vor allem Sozialdemokratinnen und Kommunistinnen auf eine juristisch unangreifbare Fixierung des Gleichberechtigungsprinzips. Nur dem engagierten Einsatz der Anwältin Elisabeth Selbert im Parlamentarischen Rat war es schließlich zu danken, daß der Satz „Mann und Frau sind gleichberechtigt“ als Artikel 3 Absatz 2 in das Grundgesetz der Bundesrepublik Deutschland aufgenommen wurde.

Doch ähnlich wie in Weimar zeigte sich auch jetzt sehr schnell, daß Gesetze und Verfassungen mit der sozialen Wirklichkeit nicht viel gemein haben müssen. Gewerkschaften und Parteien blieben auch in den 1950er und 1960er Jahren überwiegend Männerorganisationen. 1948 waren nur knapp 19% der SPD-Mitglieder Frauen, und erst in den 1970er Jahren stieg der Frauenanteil merklich an. In politischen Entscheidungsgremien waren Frauen so gut wie gar nicht repräsentiert oder lediglich für „Frauenfragen“ zuständig.

Diese „Frauenfragen“ unterschieden sich ebenfalls nicht sonderlich von den Problemen, die in der Weimarer Republik akut und aktuell gewesen waren. Nach wie vor galten mindere Qualifikationen, schlechtere Entlohnung und mangelnde Aufstiegschancen als typische Kennzeichen weiblicher Erwerbsarbeit. Die bekannten Rollenstereotype erfreuten sich weiterhin uneingeschränkter Akzeptanz und großer Beliebtheit, zumal sie während der NS-Zeit mit großem Propagandaaufwand intensiviert worden waren. Verheiratete Frauen konzentrierten ihre Kraft lieber auf Haushalt und Kinder, worin sie von der öffentlichen Meinung und der Arbeitsmarktlage unterstützt wurden. 1950 war nur knapp ein Viertel aller Ehefrauen erwerbstätig – weniger als 1907! Die

Knappheitserfahrung der Nachkriegsjahre förderte darüber hinaus eher individualistische Einstellungen und Handlungsmuster: Die Versorgung der eigenen Familie, der soziale Aufstieg im „Wirtschaftswunderland" standen im Mittelpunkt der Wünsche, Hoffnungen und Zielperspektiven, denen Arbeiterfrauen in den 1950er Jahren folgten. Für politisches Engagement fehlten sowohl Zeit als auch Interesse, so daß die Mobilisierungs- und Werbekampagnen der Parteien ins Leere liefen. Von einer proletarischen Frauen*bewegung* konnte man in den 1950er und 1960er Jahren noch weniger sprechen als in der Weimarer Republik. Erst die Gründung einer „Arbeitsgemeinschaft sozialdemokratischer Frauen" im Jahre 1973 markierte hier einen Neuanfang, der sich nicht zuletzt an den Impulsen der jungen „autonomen" Frauenbewegung orientierte.

Sibylle Meyer/Eva Schulze

Frauen in neuer Rolle

Während Frauen durch die Organisation der Überlebensarbeit eine Aufgabe hatten, die sie bewältigen mußten und die ihrem Leben einen Sinn gab, waren die Männer zunächst weitgehend orientierungslos. Sie mußten sich von ihren Frauen versorgen lassen und fanden sich in dem zerstörten Berlin und den insgesamt veränderten sozialen und politischen Strukturen kaum zurecht.

Aus dieser Konstellation resultierte ein Machtverlust der Männer und damit ein Wandel innerfamiliärer Strukturen. Für Frauen bedeutete ihr Machtzuwachs vor allem aber eine Ausdehnung ihrer Verantwortung und Ausweitung ihrer Arbeit. Sie versuchten, die Konflikte zwischen den Familienmitgliedern, insbesondere zwischen Vätern und Kindern, auszugleichen. Trotz extremer räumlicher Enge bemühten sie sich um eine gemütliche Atmosphäre. Sie wurden erwerbstätig, um das Haushaltsbudget aufzubessern und ökonomisch unabhängig zu werden. Sie nahmen dabei Haushalts- und Berufspflichten gleichermaßen ernst.

Nach erfolgreicher Integration der Männer in das Berufsleben stellten sich die traditionellen Familienstrukturen nur teilweise wieder ein. [...] Aber der Zuwachs an Selbständigkeit und Selbstbewußtsein der Frauen war nicht mehr rückgängig zu machen.

Sie beteiligten sich an den anstehenden Entscheidungen, wollten verstärkt in der Familie mitbestimmen und ließen sich ihre erlernten Fähigkeiten nicht mehr nehmen. Zusätzlich wendeten sie einen großen Teil ihrer Stärke für die Aufrechterhaltung des Familienlebens, die Pflege verwandtschaftlicher Beziehungen und die Sorge für die Kinder auf. Die Familienorientierung weiblicher Handlungsweisen blieb auch in den 50er und 60er Jahren bestehen, für immer mehr Frauen kam jedoch die Berufsarbeit als zusätzliche Aufgabe hinzu.

Bei der Analyse der Lebenssituation der Familien drängt sich ein Vergleich der Situation der Ehefrauen mit der alleinstehender Frauen auf. [...] Man kann – egal, ob Frauen verheiratet, verwitwet, geschieden oder alleinstehend waren – von einem kollektiven Schicksal sprechen. Die unterschiedlichen Arbeiten, die Überleben und Wiederaufbau ermöglichten, wurden von allen Frauen geleistet. Die Veränderung der Lebenssituation, der Bruch der kollektiven Kontinuität der Frauen, trat ein, als die Männer aus der Gefangenschaft heimkehrten.

Erst die Rückkehr der Männer teilte Frauen in zwei Gruppen: Alleinstehende und Verheiratete. Diese Veränderung ist kein datierbares Ereignis, sondern ein kontinuierlicher Prozeß, der bis in die 50er Jahre hinein dauerte. Die Bedeutung, eine verheiratete oder alleinstehende Frau zu sein, wurde immer relevanter, je mehr Männer aus der Gefangenschaft zurückkehrten und je klarer die Gesellschaft die Rekonstituierung der „vollständigen“ Familie positiv bewertete. Ein Mann als Haushaltsvorstand galt wieder als soziale Norm, alleinstehende Frauen und ihre Lebensform – alleine oder in Frauenfamilien zu wohnen – wurden als Abweichung von der Norm definiert. Dies wurde für die „Alleinstehenden“ zur spürbaren Diskriminierung, während die Ehefrauen von der sozialen Wertschätzung in ihrem Aufgehen in der Familie und der Arbeit für die Familie eher unterstützt wurden.

Gleichzeitig verschlechterte die Rückkehr der Männer die Chancen aller Frauen auf dem Arbeitsmarkt. Die Heimkehrer wurden bevorzugt für die knappen Stellen eingesetzt und verdrängten die Frauen ganz oder in schlechter bezahlte Tätigkeiten. Die Wirtschaftskrise Anfang der 50er Jahre spitzte die Konkurrenz zwischen Männern und Frauen, aber auch zwischen Alleinstehenden und Ehefrauen weiter zu. Geschlechtsspezifische Diskriminierungskampagnen zielten darauf, vor allem Ehefrauen in das Heim und an den Herd zurückzudrängen.

Gerade für Ehefrauen bedeuteten diese schlechteren Arbeitsmarktbedingungen nur zu oft, daß sie ihre Erwerbstätigkeit aufgaben bzw. aufgeben mußten und sie damit abhängig vom Verdienst des Mannes wurden.

Die Gruppe der alleinstehenden Frauen mußte hingegen trotz der verschärften Konkurrenz auf dem Arbeitsmarkt erwerbstätig bleiben, weil sie ihre Familien ernähren mußten.

Während die alleinstehenden Frauen neu gewonnene Kompetenzen und Handlungsspielräume, die aus der aufgezwungenen Selbständigkeit resultierten, weiterhin nutzten, mußten die Ehefrauen nach Rückkehr ihrer Männer diese Handlungsspielräume und den damit verbundenen Machtzuwachs in der Familie gegenüber dem Ehemann durchsetzen.

Die Leistungen der Generation von Frauen und Männern, die durch Kriegs- und Nachkriegsereignisse um viele Jahre ihres Lebens betrogen wurden, sind bislang zu wenig be- und geachtet worden. Frauen haben Beachtenswertes geleistet.

Sie haben in den unmittelbaren Nachkriegsjahren das Überleben ihrer Angehörigen ermöglicht und später die heimgekehrten Kriegsgefangenen, die Kranken und Versehrten gepflegt und ihre depressiven Männer wieder aufgerichtet. Sie versuchten, die Kriegsauswirkungen von ihren Kindern fernzuhalten und ihnen ein friedliches Aufwachsen zu ermöglichen. Ihre täglichen Arbeiten sind ein wichtiger Beitrag zum Wiederaufbau.

Josef Mooser
Aufwertung der Frau in der Familie

Weitere Wandlungen innerhalb der Familie gingen von zwei anderen Entwicklungen aus. Einerseits verringerte sich mit der Verbesserung der Schul- und Berufsbildung sowie der weiblichen Berufstätigkeit die Bildungsdistanz zwischen Mann und Frau; andererseits nahm durch die Berufstätigkeit der Ehefrau deren Bedeutung in Ehe und Familie zu. Seit 1900 hat sich die Erwerbsquote der Arbeiterehefrauen – wie auch der Ehefrauen in anderen sozialen Klassen – kontinuierlich erhöht, wenn man einmal die unmittelbare Nachkriegszeit nach 1945 ausnimmt. 1925 waren 23% der Arbeiterehefrauen hauptberuflich erwerbstätig, 1957 33% und 1966 46%, wobei seit den 1950er Jahren insbesondere die außerhäusliche Erwerbsarbeit von Müttern häufiger wurde. Die Entwicklung erfolgte gegen das erklärte männliche Selbstbild als „Ernährer" der Familie. Dieses wurde jedoch durch die Massenarbeitslosigkeit um 1930 und 1950 erschüttert, während im übrigen der letzte Krieg auch andere traditionelle Aspekte der Männlichkeit gründlich ernüchtert hat. Vermutlich stieß der Abbau des Patriarchalismus aber auch deshalb auf so wenig Widerstand, weil die Frauenarbeit einen expandierenden Arbeitsmarkt füllte und innerhalb eines geschlechtsspezifisch segmentierten Arbeitsmarkts wenig Konkurrenz für die Männer bildete, die Frauen jedoch die Doppelbelastung von Haushalt und Beruf auf sich nahmen und im übrigen die Einkommen der Familien vermehrten. So wie in den früheren Jahrzehnten das Überleben, so verdankte sich in der jüngsten Vergangenheit der relative Wohlstand der Arbeiterschaft insbesondere dem Verdienst der Frauen. Ihre Berufsarbeit blieb nämlich, bei einem Wandel der Hauptmotive, vorwiegend familienbezogen: Nicht mehr aus Not, sondern für den Aufbau eines „kultivierten" Lebens, für ein eigenes Haus und den Aufstieg der Kinder arbeiteten die Frauen.

Charakteristisch ist die Aufwertung der Frau innerhalb der Familie durch ihre steigenden beruflichen und häuslichen Leistungen. Diese unscheinbare Emanzipation der Arbeiterfrau stößt freilich immer noch auf Grenzen; daß davon und von der Familie als einem Hemmschuh der Frauenemanzipation heute unter den Arbeitern offensichtlich weniger die Rede ist als unter den Frauen und Männern anderer Schichten, gründet vielleicht in der generationenlangen Erfahrung, daß die solidarische Kooperation in der Familie (und Verwandtschaft) für das Durchkommen und Fortkommen der Arbeiter notwendig war.

Herrad Schenk

Die neue Frauenbewegung

In der *Bundesrepublik Deutschland* ist die formale Gleichberechtigung der Frauen erstmals im Grundgesetz verankert. Die Ausdehnung der Frauenerwerbstätigkeit in der Zeit des Wirtschaftswachstums der 60er Jahre setzt viele Frauen, besonders Mütter mit kleineren Kindern, dem Streß der Doppelbelastung und den inneren Widersprüchen der Frauenrolle aus. Auf diesem Hintergrund entsteht, zunächst als

Ausläufer der Studentenbewegung, Anfang der 70er Jahre in der Bundesrepublik wie in den meisten westlichen Industriestaaten eine neue Frauenbewegung. Um eine Streichung des § 218 zu erreichen, gehen Tausende von Frauen bei zahlreichen Demonstrationen und Aktionen gegen das Abtreibungsverbot auf die Straße; über diese Kampagne bildet sich das Bewußtsein von der Existenz einer neuen Frauenbewegung. Die überall entstehenden Gruppen (Theorie-, Gesprächs-, Selbsterfahrungs-, Aktionsgruppen) sind beeinflußt von einer breiten Rezeption amerikanischer feministischer Literatur; aus lockeren und kurzlebigen Gruppen entwickeln sich Mitte der 70er Jahre autonome Frauenprojekte, die den eigentlichen Kern der Frauenbewegung ausmachen. Ihre Schwerpunkte liegen im gesundheits- und sozialpolitischen sowie im kulturpolitischen Bereich. Aus der Kampagne gegen den § 218 entstehen Beratungs- und Gesundheitszentren. Die Thematisierung der verschiedenen Formen von Gewalt gegen Frauen führt in vielen Städten zum Aufbau von Frauenhäusern, in denen von Männern mißhandelte Frauen mit ihren Kindern Zuflucht suchen können, und zur Einrichtung von Notrufzentralen für vergewaltigte Frauen. Die ersten Projekte im kulturellen Bereich sind Buchläden und Frauenverlage; innerhalb von wenigen Jahren erscheinen Hunderte von Veröffentlichungen zu Frauenthemen, erzählende Frauenliteratur, feministische Theorie und Kulturinterpretation; unter den vielen feministischen Zeitschriften sind vor allem „Emma“ und „Courage“ bekanntgeworden. Besonders wichtig für die Weiterentwicklung feministischer Gedanken erscheinen Kontaktnetze zwischen Frauen in bestimmten Arbeitsbereichen: so in der Frauenforschung an den Universitäten, der Künstlerinnen und Schriftstellerinnen, der Frauen in den Medien und in der Erwachsenenbildung. Die Errichtung von Frauencafés, Frauenkneipen, Frauenzentren und Frauenferienhäusern hat entscheidend zur Entstehung einer feministischen Subkultur beigetragen. [...]

Ohne Zweifel hat die Frauenbewegung in den letzten Jahren einen großen Einfluß auf das Selbstverständnis vieler Frauen gewonnen – auch solcher Frauen, die sich nicht als Feministinnen bezeichnen oder sich sogar von der Frauenbewegung abgrenzen würden. Auf der anderen Seite hat sich die allgemeine gesellschaftliche Situation der Frauen gegenüber den 70er Jahren eher verschlechtert: Zunehmende Erwerbslosigkeit und verschärfte Konkurrenz um Arbeitsplätze bedrohen die ökonomische Unabhängigkeit vieler Frauen; zugleich wollen konservative Kreise ihnen den Platz in der Familie wieder schmackhaft machen. Auf diesem Hintergrund ist die Abkapselung mancher Frauenprojekte in der feministischen Subkultur zwar verständlich, aber problematisch; es besteht Gefahr, daß die Verbindungslinien zwischen ihnen und den Frauen am Rand der Frauenbewegung abreißen, die in ganz anderen Lebenssituationen stehen, aber die Ideen weiter in die Gesellschaft transportieren. Auch das Kultivieren irrationaler Tendenzen in der Frauenbewegung (Natur- und Körperkult, Magie und Okkultismus) ist nicht unproblematisch, weil es der öffentlichen Auseinandersetzung und dem verschärften Geschlechterkampf Energien entzieht. Zugleich ist die Vermarktung der Frauenbewegung und die Verwässerung ihrer Ideen zu einem Modejournal-Feminismus in vollem Gang.

Herrad Schenk

Frauen für den Frieden

Bei den Frauen, die seit Ende der 70er Jahre in der Friedensbewegung arbeiten, finden sich die meisten weltanschaulichen Elemente wieder, die uns schon aus den ersten Jahrzehnten des Jahrhunderts bekannt sind: es gibt einen marxistisch-sozialistischen Widerstand gegen Militarismus und

Krieg, der nicht notwendig mit einem grundsätzlichen Bekenntnis zur Gewaltfreiheit verbunden sein muß; es gibt einen Pazifismus, der sozialistisch, religiös-christlich, humanistisch oder unbestimmt alternativ motiviert ist, ohne daß ein Bezug zur Geschlechtsrolle hergestellt wird; schließlich gibt es Frauenfriedensgruppen, die aus sehr unterschiedlichen Gründen von Frauen aufgrund ihres Geschlechts ein besonderes Engagement oder eine besondere Rolle im Kampf um den Frieden erwarten.

Die meisten Frauenfriedensgruppen kamen als Protest gegen die geplante Einbeziehung der Frauen in die Bundeswehr zustande. Die Diskussion um diese Frage warf innerhalb der Frauenbewegung all die Themen wieder auf, die vom Ende des vorigen bis in die 20er Jahre dieses Jahrhunderts hinein die Gemüter erhitzt hatten: das Verhältnis der Frauen zu Waffen und Krieg, zu Macht und Gewalt, die Frage nach dem „natürlichen" Pazifismus der Frauen oder ihrer besonderen Verantwortung für den Frieden. Die öffentliche Diskussion dagegen enthüllte ein erschreckendes Ausmaß sexistischen Denkens. [...]

In der Diskussion innerhalb der Frauenbewegung, wie sie sich schriftlich in Flugblättern und Stellungnahmen einzelner Gruppen und Initiativen und vor allem auch in den Zeitschriften *Courage* und *Emma* niederschlug, zeigte sich sehr bald, daß mit der Frage „Frauen und Militär" sehr viel weitergehende Probleme aufgeworfen werden, die gewiß nicht mit einem einfachen Pro oder Contra abgetan werden können.

Alice Schwarzer und mit ihr die *Emma* vertritt in der Bundesrepublik die Position, alle Laufbahnen der Bundeswehr auch für Frauen zu öffnen. Für sie steht eine Analyse der Gründe im Mittelpunkt, die für die bisherige Beschränkung der Wehrpflicht auf Männer verantwortlich waren. Der Ausschluß der Frauen vom Dienst mit der Waffe ist ihrer Ansicht nach ein Ergebnis sexistischer Diskriminierung, zumal sich in der Geschichte häufig belegen läßt, daß unterdrückte Bevölkerungsgruppen keine Waffen tragen durften. [...] Wie Mathilde Vaerting in der ersten Frauenbewegung ist Alice Schwarzer davon überzeugt, daß Frauen keine friedfertigere Natur haben als Männer; ihrer Ansicht nach ist die weibliche Friedfertigkeit anerzogen und ein Begleitprodukt der weiblichen Unterdrückung. Obwohl sie der Bundeswehr als Institution durchaus kritisch gegenübersteht – und im Falle eines weiblichen Wehrdienstes Kriegsdienstverweigerin wäre –, lehnt sie einen grundsätzlichen Pazifismus ab. Aus der Geschichte werde klar, „... daß für den Frieden und seine Erhaltung manchmal gekämpft werden muß".

Dagegen ist die Zeitschrift *Courage*, um die sich seit Beginn die öko-feministische Strömung sammelt, zum Forum eines neuen feministischen Pazifismus geworden. Hier äußern sich vor allem die Frauen und Frauengruppen, die die Einbeziehung der Frauen in die Bundeswehr ablehnen, sowohl in Form einer allgemeinen Wehrpflicht wie auch als freiwilligen Dienst, sowohl die Soldatinnenfunktionen mit wie auch ohne Waffen. Darüber hinaus propagiert die Mehrzahl der Frauenfriedensgruppen die vorsorgliche „Verweigerung aller Dienste", also auch der im Kriegsfall von den Frauen erwarteten Hilfsdienste im zivilen Bereich – wie vor ihnen in der ersten Frauenbewegung L. G. Heymann und Anita Augspurg.

Manche der Kriegs- und Zivildienstverweigerinnen meinen mit ihrer Ablehnung nur die Institution Bundeswehr, deren ausschließliches Verteidigungsinteresse und damit deren Legitimität sie bezweifeln. Sie verurteilen bewaffnete Gewalt – von Männern oder Frauen – nicht grundsätzlich, sondern unterscheiden zwischen Verteidigungs- und Angriffskriegen, zwischen revolutionärer und staatlicher Gewalt. [...]

Die eigentlichen Pazifistinnen unterscheiden nicht zwischen „falschen" und „richtigen" Kriegen, sondern lehnen Militär und Waffengewalt grundsätzlich ab, für Frauen wie für Männer; ihr großes Ziel ist der Abbau der Bundeswehr und die Entmilitarisierung der Gesellschaft: „Auch Männer sollen raus aus der Bundeswehr!"

In den Aktionen und Stellungnahmen zahlreicher Frauenfriedensgruppen fließen Öko-Feminismus und Neue Weiblichkeit zu einer Variante des feministischen Pazifismus zusammen, die in vieler Hinsicht dem der 20er Jahre ähnelt. Das patriarchalische System verkörpert demnach Gewalt und Zerstörung, nicht nur kriegerische, sondern auch Umweltzerstörung durch eine menschenfeindliche Wissenschaft, Technik und Wirtschaft. Die Frauen sind die Advokatinnen des Lebendigen, die durch die Macht der Verweigerung die destruktive Maschinerie zum Stillstand bringen müssen.

Mit der Diskussion um die Öffnung der Bundeswehr für Frauen, die Anlaß für die Entstehung der ersten Frauen-Friedens-Initiativen war, waren viele Fragen bereits angesprochen, die die Frauenfriedensbewegung noch jetzt beschäftigen: Sind Frauen tatsächlich friedfertiger, weniger aggressiv und gewalttätig als Männer? Ist eine größere Friedfertigkeit die Ursache dafür, daß sie selten in soldatischen Kollektiven zu finden sind? Haben Frauen – ungeachtet der Frage, ob sie weniger oder genauso aggressiv sind wie Männer – aufgrund ihrer Geschlechtsrolle oder ihrer gesellschaftlichen Situation eine besondere Verantwortung für den Frieden? Ist die feministische Bewegung den Prinzipien des gewaltfreien Kampfs verpflichtet? In welchem Verhältnis stehen Frauenbewegung und Friedensbewegung zueinander?

Elisabeth Beck-Gernsheim

Berufstätige Frauen heute

Auch im Verhältnis von „Frau und Beruf“ werden seit den 50er und mehr noch seit den 60er Jahren einschneidende Veränderungen sichtbar, die sich – teils direkt, teils indirekt – auch auswirken auf das Verhältnis von Frau und Familie. Die groben Entwicklungslinien sind bekannt: Gesetzliche Regelungen, die die Berufsmöglichkeiten von Frauen beschränken, werden beseitigt. Mehr Frauen als früher erreichen mittlere Positionen, einige wenige gelangen darüber hinaus bis in die Chefetagen. Mehr Berufsfelder als früher werden für Frauen geöffnet, ja, das Motto staatlicher Programme heißt sogar „Frauen in Männerberufe". Auch die typische Form der Frauenerwerbstätigkeit verändert sich. Die strukturellen Verschiebungen im Erwerbsbereich, die gegen Ende des 19. Jahrhunderts begannen, setzen seit den 50er Jahren rapide sich fort. Der Weg geht „aus der Hauswirtschaft auf den Arbeitsmarkt" – z. B. in Büro, Verkaufstätigkeit oder Gesundheitsberufe. Dazu einige Zahlen:

1950 arbeiten noch 38% aller Frauen in der Landwirtschaft, 1980 dagegen nicht einmal mehr 7%.

Im Zeitraum 1950–1970 steigt die Frauenerwerbstätigkeit im Bereich Handel und Verkehr um 120%, im produzierenden Gewerbe um 74%, im Dienstleistungsbereich um 80%.

1950 ist jede dritte berufstätige Frau eine mithelfende Familienangehörige. 1980 trifft dies nicht einmal mehr für jede zehnte zu. In diesem Zeitraum erhöht sich der Anteil der unselbständig Beschäftigten unter den Frauen um insgesamt 112%.

Wenn derart die Frauenarbeitsplätze zunehmend familienferner und „lohnabhängiger" werden, so hat dies nachhaltige Konsequenzen für den weiblichen Lebensentwurf. Dies wird deutlich, wenn man mit früheren Generationen und Gruppen vergleicht, die bis zur Eheschließung im elterlichen Betrieb gearbeitet hatten und damit auch in ihrem „Berufsleben" der Kontrolle von seiten der Familienangehörigen ausgesetzt waren – während heute immer mehr Frauen aus dieser dauernden Familienaufsicht freigesetzt sind. So gesehen geht mit dem Rückgang der Frauenarbeitsplätze in der Landwirtschaft und in sonstigen Familienbetrieben, mit der Öffnung neuer Berufsfelder für junge Frauen ein Gewinn an Unabhängigkeit von der Herkunftsfamilie einher.

Darüber hinaus werden seit den 50er Jahren auch weitreichende Veränderungen erkennbar, wenn man typische Verlaufsmuster des Frauenlebens betrachtet. Zunächst einmal wird – in Deutschland wie in anderen Industrieländern – eine sehr starke Zunahme der Erwerbstätigkeit verheirateter Frauen verzeichnet: Immer mehr Frauen bleiben nicht mehr nur bis zur Heirat, sondern bis zur Geburt des ersten Kindes berufstätig, und einige kehren ins Berufsleben zurück, wenn die Kinder groß geworden sind. In einer zweiten Stufe kommt es – wiederum in der Bundesrepublik wie in anderen Industrieländern – zu deutlichen Verschiebungen im Verhältnis zwischen Mutterschaft und Erwerbstätigkeit, die sich insbesondere in einem Anstieg der Müttererwerbstätigkeit niederschlagen. So ist für immer mehr Frauen Berufstätigkeit heute weit mehr als nur eine Zwischenphase. „Nicht erwerbstätig zu sein wird für Frauen zur Ausnahmesituation, immer deutlicher begrenzt auf die Phase der Erziehung kleiner Kinder.“ [...]

Mit der größeren Selbstverständlichkeit, die die Berufsarbeit im weiblichen Lebenszusammenhang gewinnt, verändert sich auch ihre Bedeutung. Jetzt, wo sie nicht mehr nur Absicherung für den Notfall ist, sondern über viele Jahre hinweg zu einem wesentlichen Teil des Lebens wird, gewinnen arbeitsinhaltliche Motive stärkeres Gewicht: Berufsarbeit wird zunehmend auch als Medium zur Entwicklung persönlicher Interessen und Fähigkeiten gesehen.

Sandra Scarr

Wenn Mütter arbeiten

Die schlechte Presse für arbeitende Mütter kommt zum Teil von kulturellen Normen, die gerade erst anfangen, sich zu verändern. Man darf nicht übersehen, daß in den 60er, ja sogar noch in den 70er Jahren, nur eine Minderheit der Mütter von Vorschulkindern gearbeitet hat. Das Gemeinwesen und der weitere Familienkreis war gegen die Berufstätigkeit von Müttern eingestellt. Die Erfahrungen der Kinder in Tagesbetreuung wurden von der Gemeinde negativ bewertet. In der öffentlichen Meinung galt ein Kind in Tagesbetreuung als ein vernachlässigtes Kind. Während die anderen Mütter zu Hause sind, Plätzchen backen und dem Seelenleben ihrer Kinder Anregungen geben, lungert das arme fremdbetreute Kind in einer Ecke herum, bis Mami von der Arbeit kommt. Von solchen Bildern leben die Märchen über Tagesbetreuung.

Während die Einstellung zu Tagesbetreuung generell negativ ist, ist die Einstellung zu mütterlicher Betreuung positiv, ohne daß diese Alternativen untersucht worden wären. Es wird allgemein angenommen, daß Mütter zu Hause eine Menge Zeit mit direkten Interaktionen mit ihren Kindern verbringen, Lernspiele mit ihnen spielen und sie geistig fördern. Das Märchen, daß Mütter, die zu Hause sind, bedeutend mehr Zeit in die intensive Beschäftigung mit ihren Kindern investieren, wird von einer neueren, großangelegten Studie über die Zeiteinteilung von berufstätigen und nichtberufstätigen Müttern entlarvt. Die Studie hat genau untersucht, wieviel Zeit Mütter jeden Tag mit welchen Beschäftigungen verbringen. Sie fand heraus, daß Vollzeit-Mütter, während sie mit ihren Kindern zusammen sind, viel mehr Zeit mit Fernsehen verbringen als mit irgendeiner anderen Beschäftigung (im Durchschnitt einundzwanzig Minuten am Tag). Nur das gemeinsame Essen mit den Kindern (dreizehn Minuten) hat eine ähnliche Anziehungskraft wie das Fernsehprogramm. Im Gegensatz dazu verbringt die Durchschnittshausfrau weniger als zehn Minuten am Tag damit, ihrem Vorschulkind etwas vorzulesen oder mit ihm zu spielen.

Tatsache ist, daß die Mutter, die zu Hause ist, sich die meiste Zeit mit dem Haushalt beschäftigt. In Familien der Mittel- und Arbeiterschicht verbringt das Kind einer Vollzeit-Hausfrau nur 5 Prozent seiner Zeit im Wachzustand in direkter Interaktion mit der Mutter. [...]

Eine Mutter, die zu Hause ist, ist normalerweise zu beschäftigt, als daß sie viel Zeit für direkte Interaktionen mit ihren Vorschulkindern haben könnte. Mag sein, daß sie Plätzchen backt, aber sie staubsaugt auch, wäscht, macht Betten, bügelt, wischt Staub, geht einkaufen und chauffiert die Kinder. Da sie einsam ist, verbringt sie vielleicht auch einige Stunden am Tag am Telefon oder vor dem Fernseher. [...]

Die Untersuchungen über die Zeiteinteilung haben auch gezeigt, daß berufstätige Frauen genausoviel Zeit in *direkten* Interaktionen mit ihren Kindern verbringen wie nicht-arbeitende Frauen. Der einzige Unterschied besteht darin, daß sie natürlich nicht genausoviel Zeit mit ihren Kindern verbringen, indem sie einfach nur da sind. Die Bedeutung des indirekten Kontakts mit der Mutter ist fraglich; niemand hat gezeigt, daß die bloße Gegenwart irgendwelche positiven oder negativen Auswirkungen auf die kindliche Entwicklung hätte. Der gesunde Menschenverstand sagt einem: Kinder müssen Erwachsene zu Hilfe rufen können, wenn es nötig ist. Aber muß die Hilfe von der biologischen Mutter kommen? Vermutlich nicht. [...]

Mütter, die zu Hause sind, haben einen großen Vorteil gegenüber denen, die berufstätig sind: Muße. Wie Sie vielleicht aus persönlicher Erfahrung wissen und wie diese Studie zeigt, opfern arbeitende Frauen nicht die Zeit mit ihren Kindern; sie opfern ihren eigenen Schlaf und ihre Muße. So manche übernächtige berufstätige Mutter schafft die Kleinen morgens in die Kinderkrippe, nachdem sie den ganzen Abend vorher damit verbracht hat, den Kühlschrank zu putzen. Das Zeitungslesen und Pflanzen-Umtopfen wird bis zum Wochenende warten müssen. Die Durchschnittsmutter, die nicht berufstätig ist, arbeitet pro Woche fünfzig Stunden zu Hause; die Durchschnittsmutter, die berufstätig ist, verbringt fünfunddreißig Stunden pro Woche mit denselben hausfraulichen Tätigkeiten, zusätzlich zu ihrer Fünfunddreißig- oder Vierzig-Stunden-Woche. Das ergibt eine Siebzig-

bis Fünfundsiebzig-Stunden-Woche für die berufstätige Durchschnittsmutter. [...]

Für die berufstätige Mutter ist das Zusammensein mit den Kindern nach der Arbeit eine kostbare Zeit, bevor sie das Abendessen herrichtet, Wäsche in die Maschine steckt und auf allen vieren ins Bett kriecht.

Herrad Schenk
Der neue Weiblichkeitsmythos

Es gibt noch andere Tendenzen in der Neuen Frauenbewegung, die reaktionäre Züge haben, das heißt, Gefahr laufen, sich als Bumerang gegen die Feministinnen zu wenden. Global können sie als der „neue Weiblichkeitsmythos" bezeichnet werden. Sie äußern sich z. B. in einer schwärmerischen Aufwertung der physischen Mutterschaft, in extensivem Körper- und Naturkult, in der Koketterie mit Irrationalität und Mystizismus.

In der Öffentlichkeit ist das Bild der Feministin als „amaterneller" Frau verbreitet. [...]

Seit einigen Jahren gibt es eine Gegenwelle, die vor allem die Bedeutung des Körpererlebnisses der Mutterschaft betont und Schwangerschaft, Geburt und Stillen als einen zentralen Teil des Frauseins in den Mittelpunkt weiblicher Identität rückt. Der „alte Weiblichkeitsmythos", dem die erste Frauenbewegung verfiel, stellte die „seelische Mütterlichkeit" als das „wesensgemäß Weibliche" in den Mittelpunkt und übernahm damit nach und nach das kulturell vorgeformte Frauenbild als eigenes Ideal. Im „neuen Weiblichkeitsmythos" der gegenwärtigen Frauenbewegung hat die „Mütterlichkeit" eine nur untergeordnete Bedeutung, in seinem Mittelpunkt steht die Wiederentdeckung des Körpers. Menstruation, Schwangerschaft, Geburt und Stillen – Vorgänge, die von der patriarchalischen Kultur tabuisiert und ins Dunkel verbannt wurden – sollen von ihrer Negativbesetzung befreit werden; sie sollen aus der Fremdbestimmung durch die Institutionen (Krankenhaus, Pharmazie) wieder in den eigenen Erlebensbereich gerückt werden. Dies findet seinen Ausdruck in Selbstuntersuchungs- und Selbsthilfegruppen, in Schwangerengruppen und in Gruppen, die gemeinsam stillen.

Eine andere Variante des „neuen" Weiblichkeitsmythos besteht in der radikalen Ablehnung von „männlichen" Denkstrukturen, also von Rationalität und Wissenschaft. [...]

Das Unbehagen am „männlichen" Erkenntnisprozeß führt zu einem Interesse an Magie und Spiritualismus, an Mythen und Märchen, an vorgeschichtlichen Matriarchaten und Göttinnenkulten mit ihren Ritualen. Dieses Interesse ist aber nicht nur ein historisches, das sich auf die Wiederaneignung eines Stückes verschütteter Geschichte der Frauen richtet. Sondern der neue „weibliche" Spiritualismus meint ein (Wieder-)Erlernen medialer Fähigkeiten, die dann im Kampf gegen das destruktive „männliche Prinzip" eingesetzt werden sollen. „Ein Aspekt der aus der Frauenbewegung heraus entwickelten Spiritualität ist der Kampf auf medialer und spiritueller Ebene gegen den unabdingbaren männlichen Willen, jegliche Energie, derer er habhaft werden kann, auf ein Ziel zu richten: Tod, Vernichtung, nunmehr auf planetarischer Ebene." Die Zunahme des Interesses an „weiblicher Spiritualität" ist an den in letzter Zeit sehr zahlreichen Veröffentlichungen in diesem Bereich, vor allem im Verlag Frauenoffensive, abzulesen; extreme Ausdrucksformen dieses Interesses – „feministische" Hexenzirkel und Göttinnensekten, Gruppen, die „feministische" Astrologie betreiben u. ä. – gibt es in der Bundesrepublik, im Gegensatz zu den USA, allerdings noch kaum.

Kritisch an diesen Tendenzen in der Frauenbewegung ist m. E. nicht, daß sie bestimmte Themen aufgreifen, die im patriarchalischen Weltbild verdrängt oder unterbewertet oder in bestimmter Weise verzerrt werden – im Gegenteil, ich bin überzeugt, daß darin positive neue Orientierungsmöglichkeiten liegen, die der Feminismus bietet. Es geht dem Feminismus ja gerade darum, eine neue Weltsicht, ein verändertes Verhältnis zur Natur, zum Körper, zum anderen Menschen zu schaffen. Zum „neuen Weiblichkeitsmythos" werden diese Ansätze erst dann, wenn sie Mutterschaft, Körper, Natur, Gefühl ins Zentrum weiblicher Identität stellen. Problematisch ist die – selbstverstümmelnde – Annahme der alten patriarchalischen Formeln „Frau gleich Körper", „Frau gleich Natur", „Frau gleich Gefühl und Irrationalität" – auch dann, wenn ihnen durch die selbstgewählte Identifikation mit diesen Elementen ein positives statt des kulturüblich negativen Vorzeichens verliehen wird.

Feminismus ist der Kampf um die gesellschaftlich definierte Frauenrolle, die Ablehnung der Definition des Frauseins durch den Mann bzw. die patriarchalische Kultur. Was reaktionär im Sinn des Feminismus ist, kann nur aus dieser Definition abgeleitet werden. Reaktionär ist demnach nicht nur die Festlegung von Frauen auf die Mutterrolle, wie sie vor allem von konservativen und konfessionellen Kreisen vorgenommen wird. Reaktionär ist auch der „neue Weiblichkeitsmythos" in der Frauenbewegung selbst, weil er sich an den alten Vorstellungen vom „wesensgemäß Weiblichen" orientiert. So schleicht sich durch die Hintertür wieder die alte biologistische Argumentation ein, die die Feministinnen gerade entlarven wollen. [...]

Die erste Frauenbewegung akzeptierte im Verlauf, daß „weiblich" gleich „mütterlich" sei und ließ sich auf die Formel von der „Verschiedenartigkeit, aber Gleichwertigkeit" der Geschlechter ein. Es gibt in der gegenwärtigen Frauenbewegung Gruppen, die akzeptieren wollen, daß „weiblich" identisch ist mit Körperverbundenheit, Naturnähe, Gefühlsbestimmtheit, Irrationalität. Dieser neue Weiblichkeitsmythos ist reaktionär, weil er freiwillig eine kulturell zugeschriebene Regieanweisung für Weiblichkeit übernimmt.

Autoren- und Quellenverzeichnis

Alle genannten Werke sind im
Verlag C. H. Beck, München, erschienen.

WERNER ABELSHAUSER, geb. 1944, ist Professor für Sozial- und Wirtschaftsgeschichte an der Ruhr-Universität in Bochum.
Werke: Deutsche Sozialgeschichte 1914–1945. Ein historisches Lesebuch (Herausgeber zusammen mit Anselm Faust und Dietmar Petzina). 1985; Der Ruhrkohlenbergbau seit 1945. Wiederaufbau – Krise – Anpassung. 1984.
Frauenarbeit im 1. Weltkrieg 166
Textilarbeiterin 167
Frauenarbeit und Wirtschaftskrise 350
Aus: Deutsche Sozialgeschichte, S. 221 f.; S. 115 f.; S. 123 ff.

GÜNTHER ANDERS, geb. 1902 in Breslau, emigrierte 1933 nach Paris, 1936 nach Amerika; 1950 kehrte er nach Europa zurück und lebt seitdem in Wien. Zuletzt erhielt er 1983 den Theodor-W.-Adorno-Preis der Stadt Frankfurt.
Werke: Die Antiquiertheit des Menschen. 1. Band: Über die Seele im Zeitalter der zweiten industriellen Revolution. 2. Band: Über die Zerstörung des Lebens im Zeitalter der dritten industriellen Revolution. [7]1985/[4]1986; Hiroshima ist überall. 1982; Mensch ohne Welt. Schriften zur Kunst und Literatur. 1984; Besuch im Hades. Auschwitz und Breslau. Nach „Holocaust". [2]1985; Die atomare Drohung. Radikale Überlegungen. [5]1986; Der Blick vom Turm. Fabeln [2]1984; Tagebücher und Gedichte. 1985. Lieben gestern. Notizen zur Geschichte des Fühlens. 1986; Mariechen. Eine Gutenachtgeschichte für Liebende, Philosophen und Angehörige anderer Berufsgruppen. 1987.
Kinderlos gebliebene Emigrantinnen 205
Aus: Lieben gestern, S. 28 ff.

OTTILIE BAADER
Fabrik- und Heimarbeit als Näherin 160
Aus: Deutsche Sozialgeschichte, Bd. II (Nachweis: Gerhard A. Ritter), S. 415 ff.

DACRE BALSDON, a. o. Professor für Alte Geschichte in Oxford.
Werke: Die Frau in der römischen Antike. 1979.
Eheschließung im alten Rom 67
Frau in der römischen Antike 301
Aus: Die Frau in der römischen Antike, S. 203 ff.; S. 48, 312 f.

HANS-GEORG BECK, geb. 1910, studierte in Rom und München und lehrte von 1950–1975 als Professor für Byzantinistik an der Universität München. Er war langjähriger federführender Herausgeber der Byzantinischen Zeitschrift und zeitweise Vizepräsident der Deutschen Forschungsgemeinschaft, Mitglied des Wissenschaftsrates, Präsident des Deutschen Studienzentrums in Venedig. Werke: Das byzantinische Jahrtausend. 1978; Byzantinisches Lesebuch. 1982; Byzantinisches Erotikon. 1986.

Aus: Byzantinisches Lesebuch, S. 346.

RAINER BECK, geb. 1950, Dr. phil., studierte Geschichte und Volkswirtschaft in München und Berlin; er veröffentlichte Arbeiten zur Sozial- und Wirtschaftsgeschichte des 17. und 18. Jahrhunderts.
Werke: Streifzüge durch die Jahrhunderte. Ein historisches Lesebuch (Herausgeber). 1987.

Aus: Die Kultur der einfachen Leute (Nachweis: Richard van Dülmen), S. 135ff.

ELISABETH BECK-GERNSHEIM, Dr. phil. habil., hat zur Zeit eine Gastprofessur für Soziologie an der Universität Gießen. Sie arbeitet vor allem in der Familien- und Frauenforschung.
Werke: Die Kinderfrage. Frauen zwischen Kinderwunsch und Unabhängigkeit. 1988.

Aus: Die Kinderfrage, S. 77–80.

BARBARA BECKER-CANTARINO, Research Professor in German an der Ohio State University (USA).

Aus: Deutsche Literatur von Frauen I (Nachweis: Gisela Brinker-Gabler), S. 149–152.

WOLFGANG BEHRINGER, geb. 1956, promovierte über die Hexenverfolgung in Bayern.

Aus: Kultur der einfachen Leute (Nachweis: Richard van Dülmen), S. 72ff.

ROSMARIE BEIER, geb. 1953, Dr. phil., Sozialhistorikerin, seit 1984 im Museums- und Ausstellungsbereich tätig, wissenschaftliche Mitarbeiterin des Deutschen Historischen Museums, Berlin.

Aus: Die Arbeiter (Nachweis: Wolfgang Ruppert), S. 217ff., 223.

Albrecht Beutel, geb. 1957, ist seit 1984 wissenschaftlicher Assistent an der evangelisch-theologischen Fakultät der Universität Tübingen.
Werke: Martin Luther. Briefe an Freunde und an die Familie (Herausgeber). 1987.

Johanna Beyer, geb. 1951, Dr. phil., lehrt in verschiedenen Institutionen der Erwachsenenbildung.
Werke: Frauenhandlexikon. Stichworte zur Selbstbestimmung (Herausgeberin zusammen mit Franziska Lamott und Birgit Meyer) (1983).

Jeannine Blackwell, Assistant Professor an der Universität von Kentucky (USA).
Schwärmerische und sündige Bekenntnisse 285
Aus: Deutsche Literatur von Frauen I (Nachweis: Gisela Brinker-Gabler), S. 271 ff.

Helmut de Boor, Dr. phil. (1891–1976).
Werke (zusammen mit Richard Newald): Geschichte der deutschen Literatur von den Anfängen bis zur Gegenwart. 8 Bde. Band 1: Die deutsche Literatur von Karl dem Großen bis zum Beginn der höfischen Dichtung (770–1170). Bearb. von Herbert Kolb. [9]1979.

Helga Brandes, Dr. phil., Privatdozentin für Neuere deutsche Literaturwissenschaft an der Universität Oldenburg.
Das Frauenzimmer-Journal 240
Aus: Deutsche Literatur von Frauen I (Nachweis: Gisela Brinker-Gabler), S. 452–459.

Gisela Brinker-Gabler, Dr. phil., ist Literaturwissenschaftlerin und unterrichtet Vergleichende Literaturwissenschaft an der State University of New York. Herausgeberin der Taschenbuchreihe ‚Die Frau in der Gesellschaft' (S. Fischer).
Werke (als Herausgeberin): Deutsche Literatur von Frauen, Band I: Vom Mittelalter bis zum Ende des 18. Jahrhunderts. 1988; Band II: 19. und 20. Jahrhundert. 1988.

Brigitte Bruns, modegraphisches und kunsthistorisches Studium in München; Forschungen zum Kunst-Exil als Mitarbeiterin des biographischen Handbuchs der deutschsprachigen Emigration nach 1933 am Institut für Zeitgeschichte in München.
Frauen im Nationalsozialismus 352
Aus: Frauenhandlexikon (Nachweis: Johanna Beyer), S. 204–208.

Carl Büchsel
Werbung auf dem Land 54
Aus: Deutsche Sozialgeschichte I (Nachweis: Werner Pöls), S. 76f.

JOACHIM BUMKE ist Professor für germanische Philologie an der Universität Köln.
Werke: Mäzene im Mittelalter. Die Gönner und Auftraggeber der höfischen Literatur in Deutschland. 1979; Ministerialität und Ritterdichtung. Umrisse der Forschung. 1976.
Frauen als Gönnerinnen höfischer Dichtung 224
Aus: Mäzene im Mittelalter, S. 242–247.

JOACHIM HEINRICH CAMPE, Pädagoge, Sprachforscher und Verleger (1746–1818).
Die Schriftstellersucht 243
Aus: Die deutsche Literatur Band IV/2 (Nachweis: Walther Killy), S. 987f.

MATTHIAS CLAUDIUS, Dichter (1740–1815)
Ein Wiegenlied beim Mondschein zu singen 18
Aus: Der ewige Brunnen (Nachweis: Ludwig Reiners), S. 13f.

MANFRED CLAUSS, geb. 1945, ist Ordinarius für Alte Geschichte an der FU Berlin.
Werke: Geschichte Israels von der Frühzeit bis zur Zerstörung Jerusalems. 1986; Sparta. Eine Einführung in seine Geschichte und Zivilisation. 1983.
Die Stellung der Spartiatin 295
Aus: Sparta, S. 102–105.

GORDON A. CRAIG, geb. 1913 in Glasgow, emeritierter J. E. Wallace Sterling, Professor für Geisteswissenschaften an der Universität Stanford, Vizepräsident des Internationalen Historikerverbandes, verfaßte zahlreiche, zum Teil auch ins Deutsche übersetzte Werke zur europäischen und deutschen Geschichte. Er erhielt 1981 den Historiker-Preis der Stadt Münster.
Werke: Über die Deutschen. 72.–82. Tsd., 1984; Deutsche Geschichte 1866–1945. 50.–58. Tsd., 1985; Geschichte Europas 1815–1980. 1984; Das Ende Preußens. 1985; Zwischen Krieg und Frieden (zusammen mit Alexander L. George). 1984; Geld und Geist. Zürich im Zeitalter des Liberalismus 1830–1869. 1988.
Aufbruch der Frauen und Antifeminismus 312
Rolle der Frauen zwischen 1918 und 1930 347
Aus: Über die Deutschen, S. 169f., 172–175; S. 183–187.

HENRIETTE DAVIDIS (1800–1876)
Treues Dienen 133
Aus: Deutsche Sozialgeschichte I (Nachweis: Werner Pöls), S. 331f.

WALTHER DIETZE, geb. 1926, studierte Germanistik, Philosophie, Slawistik und Geschichte. 1963–1975 war er Ordinarius für Geschichte der Deutschen

Literatur in Leipzig. 1975–1982 Generaldirektor der nationalen Forschungs- und Gedenkstätten der klassischen deutschen Literatur in Weimar. Er lebt in Weimar.
Werke: Treffliche Wirkungen. Anekdoten von und über Goethe, herausgegeben von A. und W. Dietze. 2 Bände. 1987.
Zwei alte Gräfinnen 208
Aus: Treffliche Wirkungen I, S. 343 f.

HEDWIG DOHM, Dramatikerin, Erzählerin, Essayistin; geb. 1833 in Berlin, gest. 1919.
Reform der Mädchenschule 39
Weibliches Studententum 44
Stimmrecht der Frau 337
Aus: Die Frau ist frei geboren, Bd. II (Nachweis: Hannelore Schröder), S. 256 ff., 261; S. 264 ff.; S. 278 ff.

RICHARD VAN DÜLMEN, geb. 1937, Professor für Neuere Geschichte in Saarbrücken.
Werke: Theater des Schreckens. Gerichtspraxis und Strafrituale in der frühen Neuzeit. [2]1988; Kultur der einfachen Leute (Herausgeber). 1983.
Hinrichtung einer Kindsmörderin 195
Aus: Theater des Schreckens, S. 103 f.
Die Frau in Haus und Öffentlichkeit 308
Aus: Unveröffentlichtes Manuskript (das Werk erscheint voraussichtlich 1989 im Verlag C. H. Beck).

ELISABETH ENDRES, Dr. phil., geb. 1934, ist Literaturkritikerin und Publizistin in München.
Frauen, schreibt für Frauen! 251
Aus: Neue Literatur der Frauen (Nachweis: Heinz Puknus), S. 11 ff.

EDITH ENNEN hatte vor ihrer Emeritierung den Lehrstuhl für Mittelalterliche und neuere Geschichte, rheinische Landesgeschichte an der Universität Bonn inne. Ihr zentrales Forschungsgebiet ist die europäische Stadt des Mittelalters und der frühen Neuzeit (Frühgeschichte der europäischen Stadt. Bonn 1953. Die europäische Stadt des Mittelalters. Göttingen [4]1987. Ges. Abhandlungen. Bonn 1977 [Band 1], Bonn 1987 [Band 2]).
Werke: Frauen im Mittelalter. [3]1987.
Sklavinnen in Genua 124
Arbeit der hörigen Bauersfrauen 137
Die weibliche Frömmigkeitsbewegung 258
Kauffrauen und Frauenzünfte 303
Aus: Frauen im Mittelalter, S. 108 ff.; S. 87 ff.; S. 110–115; S. 157 ff., 161–164.

EDUARD FUCHS
Heiratsannonce 62
Aus: Deutsche Sozialgeschichte II (Nachweis: Gerhard A. Ritter), S. 330.

HORST FUHRMANN, geb. 1926, ist Präsident der „Monumenta Germaniae Historica" und Professor für Geschichte an der Universität Regensburg. Er hat für seine Forschungen über die pseudo-isidorischen Fälschungen, zur Geschichte der Päpste und der ökumenischen Konzilien zahlreiche in- und ausländische Ehrungen erhalten und ist Ehrendoktor der Universitäten von Tübingen und Bologna.
Werke: Von Petrus zu Johannes Paul II. Das Papsttum: Gestalt und Gestalten. ²1984; Einladung ins Mittelalter. 1987.
Frauenarbeitshäuser 139
Aus: Einladung ins Mittelalter, S. 48.

UWE GERBER, geb. 1939, ist Professor für Evangelische Theologie in Basel und Darmstadt und hat das Buch im Kontakt mit feministischen Theologinnen geschrieben.
Werke: Die feministische Eroberung der Theologie. 1987.
Feministische Theologie heute. 268
Aus: Die feministische Eroberung der Theologie, S. 152–155.

ELISABETH GÖSSMANN, Dr. theol., Dr. phil. habil., Dr. theol. h.c., Professorin am Department für westliche Philosophie der Seishin-Frauen-Universität in Tokyo. Sie gibt seit 1984 das „Archiv für philosophie- und theologiegeschichtliche Frauenforschung" heraus.
Frauengelehrsamkeit 232
Aus: Deutsche Literatur von Frauen I (Nachweis: Gisela Brinker-Gabler), S. 185, 187, 196f.

JOHANN WOLFGANG GOETHE (1749–1832)
Zeugnis für eine tückische Köchin. 131
Aus: Treffliche Wirkungen II (Nachweis: Walther Dietze), S. 6.

HANS-WERNER GOETZ, geb. 1947, lehrt an der Ruhr-Universität Bochum mittelalterliche Geschichte.
Werke: Leben im Mittelalter. Vom 7. bis zum 13. Jahrhundert. ³1987.
Heirat im Mittelalter 69
Aus: Leben im Mittelalter, S. 39ff.

OSKAR MARIA GRAF, Schriftsteller (1894–1967)
Entbindung auf dem Bauernhof 176
Die alte Mutter im Austrag 211
Aus: Landleben im 19. Jahrhundert (Nachweis: Ingeborg Weber-Kellermann), S. 145; S. 266f.

Ferdinand Gregorovius, geb. 1821, gest. 1891, war lange Jahre als Journalist tätig, wurde aber für seine kulturhistorischen Studien berühmt. Werke: Geschichte der Stadt Athen im Mittelalter. 1980; Lucrezia Borgia. 1982; Wanderjahre in Italien. [4]1986.

Mädchenerziehung im Renaissance-Italien 22

Bildung und Wissenschaft der Frauen in der italienischen Renaissance 229

Aus: Lucrezia Borgia, S. 36f.; S. 38–41.

Catharina Regina von Greiffenberg, Dichterin (1633–1694)

Irr-Gedichte uber die Bäum-Blühte 267

Aus: Die deutsche Literatur III (Nachweis: Albrecht Schöne), S. 247f.

Aaron J. Gurjewitsch, geb. 1924 in Moskau, ist heute leitender wissenschaftlicher Mitarbeiter am Institut für allgemeine Geschichte der Akademie der Wissenschaften der UdSSR.

Werke: Das Weltbild des mittelalterlichen Menschen.[3]1986; Mittelalterliche Volkskultur. 1987.

Schwarzer Zauber 275

Aus: Mittelalterliche Volkskultur, S. 134–138, 140, 143.

Karen Hagemann, geb. 1955, ist seit 1987 wissenschaftliche Mitarbeiterin am Institut für Geschichtswissenschaften der TU Berlin, vorher wissenschaftliche Mitarbeiterin im Museumsbereich.

Ausbildung von Arbeitertöchtern 45

Mangelnde Gleichberechtigung der Sozialdemokratinnen 345

Aus: Die Arbeiter (Nachweis: Wolfgang Ruppert), S. 74ff.; S. 78.

Hans-Egon Hass (1916–1969)

Werke: Die Deutsche Literatur. Texte und Zeugnisse. Bd. V; 2 Teilbände: Sturm und Drang/Klassik/Romantik (Herausgeber) 1966.

Thomas Hauschild, geb. 1955, studierte Ethnologie, Volkskunde und Religionswissenschaften in Hamburg.

Heilerinnen heute 290

Aus: Der Mensch und sein Körper (Nachweis: Arthur E. Imhof), S. 104ff.

Karin Hausen ist Professorin für Wirtschafts- und Sozialgeschichte an der TU Berlin. Sie forscht seit langem zur Familien- und Frauengeschichte. Herausgeberin von: Frauen suchen ihre Geschichte. Historische Studien zum 19. und 20. Jahrhundert. [2]1987.

Hedwig Heger, geb. 1933, ist ordentliche Professorin für Deutsche Literatur an der Universität Wien.

Die Lebenszeit. Vom aufgeschobenen Tod und der Kunst des Lebens. 1988.
Frauen im besten Alter 206
Aus: Die gewonnenen Jahre, S. 180–183.
Körperliche Überlastung der Landfrauen
(zusammen mit Geneviève Heller) 147
Aus: Der Mensch und sein Körper, S. 137–155.

Karl-Ernst Jeismann, geb. 1925, ist Professor für Neuere Geschichte und Didaktik der Geschichte an der Universität Münster mit Arbeitsschwerpunkt Bildungsgeschichte im 18. und 19. Jahrhundert. Von 1978 bis 1984 war er Direktor des Georg-Eckert-Instituts für internationale Schulbuchforschung in Braunschweig.
Werke: Handbuch der Bildungsgeschichte III: 1800–1870 (zusammen mit Peter Lundgreen). 1987.

Johann Heinrich Jung-Stilling, Schriftsteller (1740–1817)
Waschtag bei Stillings 108
Aus: „Ich bin mehr Herz als Kopf" (Nachweis: Michael Maurer), S. 308 f.

Katharina II. von Rußland (1729–1796)
Werke: Memoiren. Herausgegeben von Anneliese Graßhoff. 1987.
Entbindung im Zarenpalais 174
Aus: Memoiren, S. 201 f., 205, 207, 210.

Rosa Kempf
Münchner Fabrikmädchen um 1910 165
Aus: Deutsche Sozialgeschichte II (Nachweis: Gerhard A. Ritter), S. 273.

Johanna Kettler
Frauen als berufliche Konkurrenz 332
Aus: Die Frau ist frei geboren II (Nachweis: Hannelore Schröder), S. 205, 208 f., 213 ff., 219 ff.

Gebet in Kindsnöten s. Walther Killy

Walther Killy, geb. 1917, ist ordentlicher Professor für Deutsche Philologie und leitete bis 1985 das Forschungsprogramm an der Herzog-August-Bibliothek in Wolfenbüttel.
Werke: Schreibweisen – Leseweisen. [2]1984; Die deutsche Literatur. Texte und Zeugnisse (Herausgeber); Band IV: 18. Jahrhundert. In Verbindung mit Christoph Perels herausgegeben von Walther Killy. 2 Teilbände. 1983.
Gebet in Kindsnöten 177
Aus: Die deutsche Literatur IV/2, S. 191.

19. Jahrhundert, zur politischen Kultur der Revolutionszeit 1848 sowie im Bereich Arbeiterkultur, Regional- und Lokalforschung.

Aus: Die Arbeiter (Nachweis: Wolfgang Ruppert), S. 192ff.

Martin Luther (1483–1546)

Aus: Briefe an Freunde und an die Familie (Nachweis: Albrecht Beutel), S. 67f., 118f.

Mechthild von Magdeburg, Mystikerin (um 1212–1283)

Aus: Die deutsche Literatur I/1 (Nachweis: Helmut de Boor), S. 580f.

Michael Maurer, geb. 1954, studierte Germanistik, Geschichte und Philosophie in Tübingen und London.
Herausgeber des Bandes „Ich bin mehr Herz als Kopf". Sophie von La Roche – Ein Lebensbild in Briefen. [2]1985.

Carolyn Merchant, geb. 1936, ist Wissenschaftshistorikerin und lehrt an der Universität von Kalifornien (Berkeley) Umweltgeschichte, Philosophie und Ethik.
Werke: Der Tod der Natur. Ökologie, Frauen und neuzeitliche Naturwissenschaft. 1987.

Aus: Der Tod der Natur, S. 256–259, 261f.; S. 147–156.

Birgit Meyer, Dr. phil., geb. 1949, ist Professorin für Frauenpolitik und Frauenarbeit an der Fachhochschule Esslingen. Mitglied der Sektion Frauenforschung in der Deutschen Gesellschaft für Soziologie. Mitherausgeberin des Frauenhandlexikons (Nachweis: Johanna Beyer).

Sibylle Meyer, Dr. phil., ist wissenschaftliche Mitarbeiterin am Institut für Soziologie an der TU Berlin.
Werke (zusammen mit Eva Schulze): Wie wir das alles geschafft haben. Alleinstehende Frauen berichten über ihr Leben nach 1945. 1985; Von Liebe sprach damals keiner. Familienalltag in der Nachkriegszeit. 1985.

Aus: Frauen suchen ihre Geschichte (Nachweis: Karin Hausen), S. 175, 193f.

Aus: Von Liebe sprach damals keiner, S. 216ff.

Justus Möser, Politiker, Publizist und Historiker (1720–1794)
Die ideale Verblichene 110
Die Tage gehen mir so langsam 120
Aus: Die deutsche Literatur IV/1 (Nachweis: Walther Killy), S. 179ff.; S. 176ff.

Josef Mooser, geb. 1946, ist Professor für Neuere Sozial- und Kulturgeschichte an der Universität Bielefeld.
Die proletarische Hausfrau 115
Aufwertung der Frau in der Familie 360
Aus: Die Arbeiter (Nachweis: Wolfgang Ruppert), S. 109f.; S. 115f.

Olympia Morata, Literatin und Humanistin (1526–1555)
Die Blumenwiesen der Musen 220
Aus: Deutsche Literatur von Frauen I (Nachweis: Gisela Brinker-Gabler), S. 141.

Wolfgang Amadeus Mozart (1756–1791)
Kleiner Rat 52
Aus: Der Ewige Brunnen (Nachweis: Ludwig Reiners), S. 195.

Hans-Jörg Nesner, geb. 1959, erzbischöflicher Kanzler in München. Mehrere Veröffentlichungen zur Kirchengeschichte, besonders in der Prinzregentenzeit.
Der Hexenhammer 279
Aus: Teufelsglaube und Hexenprozesse (Nachweis: Georg Schwaiger), S. 97ff.

Reinhard M. G. Nickisch, Dr. phil., Akademischer Direktor am Seminar für Deutsche Philologie der Universität Göttingen; 1987/88 Gastprofessur in Urbana/USA.
Briefschreiberinnen 238
Aus: Deutsche Literatur von Frauen I (Nachweis: Gisela Brinker-Gabler), S. 389ff.

Thomas Nipperdey, geb. 1927, ist Professor für Neuere Geschichte an der Universität München. Von 1967 bis 1972 wirkte er an der FU Berlin. Er war 1970/71, 1978/79 und 1984/85 Mitglied des Instituts for Advanced Study in Princeton und 1974/75 Fellow von St. Antony's College in Oxford. Seit 1985 ist er Mitglied der American Academy of Arts and Sciences.
Werke: Deutsche Geschichte 1800–1866. Bürgerwelt und starker Staat. ⁴1987; Nachdenken über die deutsche Geschichte. Essays. ²1986; Religion im Umbruch. Deutschland 1870–1918. 1988.
Das Dienstmädchen 131

Aus: Deutsche Literatur von Frauen I (Nachweis Gisela Brinker-Gabler), S. 88f.

Dietmar Petzina, geb. 1938, ist Univ.-Professor für Sozial- und Wirtschaftsgeschichte an der Ruhruniversität Bochum.
Werke: Deutsche Sozialgeschichte. Ein historisches Lesebuch (Herausgeber zusammen mit Werner Abelshauser und Anselm Faust). 1985.

Werner Pöls, geb. 1926, ist Ordinarius für Neuere Geschichte an der TU Braunschweig.
Herausgeber des Bandes: Deutsche Sozialgeschichte. Dokumente und Skizzen. Band I: 1815–1870. [3]1979.

Heinz Puknus ist freier Publizist und Lektor in München. Zahlreiche Editionen, Aufsätze und Rezensionen.
Werke: Wolfgang Hildesheimer. 1978. Neue Literatur der Frauen. Deutschsprachige Autorinnen der Gegenwart (Herausgeber). 1980.
Neue Frauenliteratur 253
Aus: Neue Literatur der Frauen, S. 255f., 258–261.

Hans-Herbert S. Räkel ist Professor für deutsche Sprache und Literatur an der Universität Montreal (Kanada).
Werke: Der deutsche Minnesang. Eine Einführung mit Texten und Materialien. 1986.

Georg Ratzinger
Bäuerinnen brauchen keine Bildung 36
Aus: Deutsche Sozialgeschichte II (Nachweis: Gerhard A. Ritter), S. 417f.

Elisa von der Recke, Schriftstellerin (1756–1833)
Werke: Tagebücher und Selbstzeugnisse. 1984.
Undank gegen die Kinderfrau 129
Aus: Frauenleben im 19. Jahrhundert (Nachweis: Ingeborg Weber-Kellermann), S. 23.

Ludwig Reiners, geb. 1896, gest. 1957, war Industrieunternehmer, Schriftsteller und ist durch vielgelesene Bücher wie die Gedichtanthologie ‚Der Ewige Brunnen' (433. Tsd. 1988) bekannt geworden. Werke: Der Ewige Brunnen. Ein Hausbuch deutscher Dichtung. 1988; Sorgenfibel. Oder über die Kunst, durch Einsicht und Übung seiner Sorgen Meister zu werden. 1988; Stilfibel. Der sichere Weg zum guten Deutsch. 1979; Stilkunst. Ein Lehrbuch deutscher Prosa. 1980.

Gerhard A. Ritter, geb. 1929, ist Professor für Neuere und neueste Geschichte an der Universität München.

Werke: Sozialversicherung in Deutschland und England. 1983; Wahlgeschichtliches Arbeitsbuch. 1980; Deutsche Sozialgeschichte. 1870–1914 (zusammen mit J. Kocka). ³1982; Wahlen in der Bundesrepublik (zusammen mit M. Niehuss). 1987; Herausgeber (zusammen mit Jürgen Kocka) der Sozialgeschichtlichen Arbeitsbücher I–V.

Werner Rösener, geb. 1944, ist wissenschaftlicher Referent am Max-Planck-Institut für Geschichte in Göttingen. Er ist mit Arbeiten zur Sozial- und Verfassungsgeschichte des Hoch- und Spätmittelalters hervorgetreten.
Werke: Bauern im Mittelalter. ³1987.

Aus: Bauern im Mittelalter, S. 191 f.; S. 193 ff.; S. 190 ff.

Dorothee Henriette von Runckel

Aus: Die deutsche Literatur IV/2 (Nachweis: Walther Killy), S. 1017–1020.

Wolfgang Ruppert, geb. 1946, ist Professor für Ästhetik und Kulturgeschichte in Bielefeld.
Werke: Die Arbeiter. Lebensformen, Alltag und Kultur von der Frühindustrialisierung bis zum „Wirtschaftswunder" (Herausgeber). 1986; Die Fabrik. Geschichte von Arbeit und Industrialisierung in Deutschland. 1983.

Hans Sachs, Dichter (1494–1576)

Aus: Die deutsche Literatur II/2 (Nachweis: Hedwig Heger), S. 745 ff.

Christian Gotthilf Salzmann, Pädagoge und Philanthropinist (1744–1811)

Aus: Die deutsche Literatur IV/1 (Nachweis: Walther Killy), S. 256–259.

Sandra Scarr ist Professorin für Entwicklungspsychologie an der University of Virginia (USA).
Werke: Wenn Mütter arbeiten. Wie Kinder und Beruf sich verbinden lassen. 1987.

Aus: Wenn Mütter arbeiten, S. 54–59; S. 34–37.

Herrad Schenk, geb. 1948, Sozialwissenschaftlerin, lebt als freie Schriftstellerin und Romanautorin in Bonn.

Werke: Die feministische Herausforderung. 1980; Frauen kommen ohne Waffen. 1983; Freie Liebe – wilde Ehe. 1987.

Aus: Freie Liebe – wilde Ehe, S. 88f.; S. 29–33; S. 91f.; S. 87; S. 96f.; S. 154f.

Aus: Die feministische Herausforderung, S. 127f.; S. 159–162.

Aus: Frauenhandlexikon (Nachweis: Johanna Beyer), S. 86f.; S. 88, 90.

Aus: Frauen kommen ohne Waffen, S. 46–49; S. 82–87.

Friedrich Schiller (1759–1805)

Aus: Über die Deutschen (Nachweis: Gordon A. Craig), S. 169.

August Wilhelm Schlegel, Schriftsteller (1767–1845)

Aus: Der Ewige Brunnen (Nachweis: Ludwig Reiners), S. 820.

Christine Schmarsow, geb. 1946, ist heute hauptamtliche Stadträtin im Magistrat der Stadt Kassel und als Referentin zuständig für den Bereich Schule, Jugend, Weiterbildung und Statistik.

Aus: Frauenhandlexikon (Nachweis Johanna Beyer), S. 42f.

Carl Schneider, geb. 1900, gest. 1977, war Privatdozent und Professor an den Universitäten Leipzig, Springfield (USA), Melbourne (Australien); sein Arbeitsgebiet war die Antike und das Frühe Christentum.
Werke: Geistesgeschichte der christlichen Antike. 1970; Die Welt des Hellenismus. Lebensformen in der spätgriechischen Antike. 1975.

Aus: Die Welt des Hellenismus, S. 63f.; S. 58ff.; S. 44f.

Aus: Geistesgeschichte der christlichen Antike, S. 384f.

ALBRECHT SCHÖNE, geb. 1915, ist ordentlicher Professor der Deutschen Philologie in Göttingen. Von 1980 bis 1985 war er Präsident des Internationalen Germanistenverbandes.
Werke: Aufklärung aus dem Geist der Experimentalphysik. Lichtenbergsche Konjunktive. ^{2}1983; Götterzeichen, Liebeszauber, Satanskult. Neue Einblicke in alte Goethetexte. ^{2}1982; Kürbishütte und Königsberg, ^{2}1982; Die Deutsche Literatur. Texte und Zeugnisse III: Das Zeitalter des Barock. (Herausgeber). 1968; Georg Christoph Lichtenberg. Briefwechsel (zusammen mit Ulrich Joost); Goethes Farbentheologie. 1987.

JOHANNA SCHOPENHAUER, Schriftstellerin (1766–1838)
Brautstand einer Kaufmannstochter 52
Aus: Familiengeschichte (Nachweis: William H. Hubbard), S. 242f.
Eheleben 87
Aus: Die deutsche Literatur V/2 (Nachweis: Hans-Egon Hass), S. 1334f.

HANNELORE SCHRÖDER ist Dozentin an der Universität von Amsterdam und seit 1970 Mitarbeiterin verschiedener Frauengruppen.
Werke: Die Frau ist frei geboren. Texte zur Frauenemanzipation I: 1789 bis 1870. 1979; II: 1870 bis 1918. 1981.

K. G. SCHRÖDER
Verzweiflung über den Tod der Kinder 180
Aus: Die deutsche Literatur IV/1 (Nachweis: Walther Killy), S. 134f.

CHRISTIAN FRIEDRICH DANIEL SCHUBART, Dichter und Musiker (1739–1791)
Werke: Briefe. 1984.
Ehekrach bei Schubarts 92
Aus: Briefe, S. 132–140.
Gelehrte Weiber 239
Aus: Die deutsche Literatur IV/2 (Nachweis: Walther Killy), S. 985f.

REGINA SCHULTE, geb. 1949, Dr. phil., studierte Geschichte, Germanistik und Sozialkunde in Bonn und München; wissenschaftliche Mitarbeiterin am Institut für Geschichtswissenschaften an der TU Berlin.
Bauernmägde 152
Aus: Frauen suchen ihre Geschichte (Nachweis: Karin Hausen), S. 113, 118ff., 127.

EVA SCHULZE, Dr. phil., ist wissenschaftliche Mitarbeiterin am Institut für Soziologie an der TU Berlin.
Werke (zusammen mit Sibylle Meyer): Wie wir das alles geschafft haben.

Alleinstehende Frauen berichten über ihr Leben nach 1945. 1985; Von Liebe sprach damals keiner. Familienalltag in der Nachkriegszeit. 1985.

Aus: Von Liebe sprach damals keiner, S. 216ff.

Georg Schwaiger, geb. 1925, ist ordentlicher Professor für Kirchengeschichte des Mittelalters und der Neuzeit in der Katholisch-Theologischen Fakultät der Universität München.
Werke: Teufelsglaube und Hexenprozesse (Herausgeber). 1987.

Johann von Schwarzenberg, Jurist (1463–1528)
Bambergische Halsgerichtsordnung (1507).

Aus: Die deutsche Literatur II/2 (Nachweis: Hedwig Heger), S. 148f.

Ina Seidel, Schriftstellerin (1885–1974)

Aus: Der Ewige Brunnen (Nachweis: Ludwig Reiners), S. 203.

Alexander Smith
Werke: Leben und Taten der berühmtesten Straßenräuber, Mörder und Spitzbuben. 1987.

Aus: Leben und Taten, S. 217f.

Oscar Stillich

Aus: Deutsche Sozialgeschichte (Nachweis: Gerhard A. Ritter), S. 256ff.

Klaus Tenfelde, geb. 1944 in Erkelenz, hat vor seinem Studium mehrere Jahre als Bergmann gearbeitet; heute ist er Professor für Neuere Geschichte an der Universität Innsbruck.
Werke: Streik. Zur Geschichte des Arbeitskampfes in Deutschland während der Industrialisierung (Herausgeber zusammen mit Heinrich Volkmann). 1981; Herausgeber der Reihe Bergbau und Bergarbeit im Auftrag der IGBE; Bis vor die Stufen des Throns. Bittschriften und Beschwerden von Bergleuten im Zeitalter der Industrialisierung (herausgegeben zusammen mit Helmuth Trischler). 1986.

Aus: Bis vor die Stufen des Throns, S. 299f.

Unbekannte Verfasser

Abbildungsverzeichnis